· 第九卷 ·

辛亥革命战争

清代战争全史 ◎ 李治亭 杨东梁 主编

陈芳 著

中山大学出版社
· 广州 ·

版权所有　翻印必究

图书在版编目（CIP）数据

辛亥革命战争/陈芳著. —广州：中山大学出版社，2021.3
（清代战争全史/李治亭，杨东梁主编；第九卷）
ISBN 978-7-306-07096-8

Ⅰ. ①辛…　Ⅱ. ①陈…　Ⅲ. ①辛亥革命—研究　Ⅳ. ①K257.07

中国版本图书馆 CIP 数据核字 (2021) 第 018699 号

XINHAI GEMIN ZHANZHENG

出 版 人：	王天琪
策划编辑：	徐　劲
项目统筹：	李　文　赵丽华
责任编辑：	高　洵
封面设计：	刘　犇
责任校对：	叶　枫
责任技编：	何雅涛
出版发行：	中山大学出版社
电　　话：	编辑部 020 - 84110283，84113349，84111997，84110779，84110776
	发行部 020 - 84111998，84111981，84111160
地　　址：	广州市新港西路135号
邮　　编：	510275　传　真：020 - 84036565
网　　址：	http://www.zsup.com.cn E-mail: zdcbs@mail.sysu.edu.cn
印 刷 者：	广州市友盛彩印有限公司
规　　格：	787mm×1092mm　1/16　24 印张　400 千字
版次印次：	2021 年 3 月第 1 版　2022 年 11 月第 2 次印刷
定　　价：	70.00 元

如发现本书因印装质量影响阅读，请与出版社发行部联系调换

总　序

李治亭　杨东梁

2015年春夏之交，中山大学出版社策划了一个选题——清代战争史，并盛情邀请我们主持其事，组织撰写团队。

这实在是机缘巧合，我们都曾研究过清代战争史，发表过相关论著，期待将来能写出一部完整的清代战争史。多少年过去了，终因种种缘故，迟未动笔。现在，中山大学出版社有此创意，我们自然乐于玉成！于是，就设计出一套共九册的"清代战争全史"丛书，并约请了九位研究有素的中青年学者共襄此举。在本丛书的撰写接近完成之际，有必要把我们对有清一代战争的认识及本丛书撰写思路披露于众，以与各册的具体阐述相印证，也许读者会从中获得对清代战争的新认识。

一

提起战争，即使未经历过战争的人们也会懂得：战争就是杀戮、毁灭、灾难……尽管人们厌恶战争，但战争或迟或早总是不断发生。数千年来，在世界各地发生的大小战争不计其数。仅世界性规模的大战就有两次，几乎将全人类都卷入其中。即使今天，战争也仍然在地球上的某个地方进行着。可以说，战争与人类相伴相随，自从产生了私有制，形成不同利益的阶级及集团，战争便"应运"而生。人类的历史证明，战争是人类生活的一部分，在其要爆发的时候一定会爆发，实非依人们的意志为转移。

在中国数千年漫长的历史进程中，充斥着无数的战争记录，二十四史中哪一个朝代没有发生过战争？从传说中的黄帝大战蚩尤开端，到有文字记述的夏、商、周时代，战争从未间断过。史称"春秋战国"时期的四五百年间，实则是"战争年代"，从上百个诸侯国，兼并成七国，最后，秦战胜诸国，一统天下。自秦始，王朝的兴替，哪个不是通过战争来完成的（只有个别王朝通过政变或所谓禅让获得政权）！再者，几乎每一代中原王朝都面对北方及其他边疆地区的"夷""狄"政权，彼此冲突不断，战祸惨烈，又远胜过地方割据与农民起义。其历时之久长、战事之激烈、规模之庞大，为世界所仅见。例如：

西周末年，西夷"犬戎"族攻到骊山，杀死了西周最后一位国君周幽王。

匈奴与中原王朝之争，自周秦，历两汉，至魏晋，几近千年，战争不断。

隋朝西北与突厥，东北与高句丽，征战频繁，终至亡国。

唐朝与突厥、高句丽的战争也是烽火连天。

北宋先与契丹族建立的辽王朝争战数十年；以后女真族崛起，建立金王朝，先灭辽，再灭北宋；继而蒙古族崛起，先后灭西夏和金，建立元王朝，再灭南宋，一统天下。

明朝建立后，与北方蒙古族的战争持续了很久，与东北女真族的战争也时断时续。努尔哈赤统一女真各部后，又与明军在辽东地区征战了近30年，直至明亡。同时，明政权与西南土司之间的战争，也旷日持久。

以上所列，主要是中原中央王朝与边疆各民族之间的战争，不过举其大略，具体战役则不胜枚举。

贯穿中国古代史的反封建战争，是农民起义。历朝历代都发生过规模不等的农民起义。其中，陈胜、吴广起义敲响了大秦帝国的丧钟；赤眉、绿林起义导致了新莽政权的覆灭；东汉末年的黄巾起义动摇了东汉王朝的根基；唐末黄巢领导的农民起义，声势浩大，席卷全国；元末的农民大起义，历时近20年激战，终把元朝推翻；明末的农民大起义，持续17年，直至攻占首都北京，宣告明朝灭亡！

这是清朝以前历代农民战争之大略，其战役何止千百次！

还有一类战争，即统治阶级内部各政治、军事集团之间的战争。例如：西汉宗室吴王刘濞发动的"七国之乱"；东汉末年的军阀混战，进而演变成"三国鼎立"；西晋的"八王之乱"及少数民族进入中原，最后形成南北朝的对立；唐中叶后有藩镇反唐的"安史之乱"；明初则有燕王朱棣起兵夺位的"靖难之变"；等等。这些战争，都属于统治阶级内部为争夺最高统治权而引发的武装斗争。

以上各类战争中,绝大多数属于中华民族内部各阶级、阶层,各民族,各政治集团之间的战争,并不存在近代意义上的国与国之间的战争。少数例外的是中原王朝对高句丽、安南的战争以及明万历年间援朝抗倭的战争。

清朝以前的历代战争,大略如此。

下面,有必要对清代战争做一全面回顾,以扣本丛书主题。

以明万历十一年(1583)努尔哈赤起兵创业为开端,迄宣统三年(1911)清帝退位,共历328年,战争的历史贯穿了清史的全过程。若与历代战争相比,有清一代展示了各类战争的全貌,其战争次数之多、战争时间持续之久、战争规模之大,可以说,超过了以前任何一个朝代!

第一,清统一全国之战。以努尔哈赤创业为起点,以康熙二十二年(1683)收复台湾为标志,实现了国家统一,其间恰好是100年!在这一个世纪的战争中,历经女真诸部统一之战,明(包括南明政权)清之战,与李自成大顺军、张献忠大西军之战,与台湾的郑氏政权之战,还有清军与部分地区抗清武装之战,等等。在中国历史上,还没有一个王朝经历过如此之久的统一战争!

第二,清朝同西北准噶尔分离势力展开的战争。始自康熙二十九年(1690)征剿噶尔丹,经雍正朝,至乾隆二十四年(1759),历70年。先后同噶尔丹策零、达瓦齐、策旺阿拉布坦、阿睦尔撒纳等为首的分离势力展开不间断的征战;又在南疆回部,平定了大小和卓之乱,始将新疆完全纳入版图。道光时,大和卓博罗尼都之孙张格尔发动叛乱,清军反击,历三年将其平定。同光年间,又有浩罕军官阿古柏入侵,勾结国内分离势力占领天山南北,经左宗棠率兵西征,新疆才得以重归版图。

第三,雍正五年(1727),在西南少数民族地区实行"改土归流",引起部分土司反抗,遂爆发平定土司的大规模征战。至乾隆时,战事再起,此即大、小金川之战。

第四,康熙年间,西藏动乱,清军进藏,驱逐准噶尔叛乱势力;乾隆年间,廓尔喀(今尼泊尔)入侵我国西藏,清军迎击,终将其击溃。

清代农民战争的规模也超过历代水平。先有嘉庆元年(1796)爆发的白莲教大起义,后有道光末年爆发的太平天国起义。白莲教起义使清王朝元气大伤,成了清朝由盛转衰的转折点。太平天国起义则始于广西,挺进两湖，沿长江顺流东下，奠都江宁（今南京），清王朝竭尽全力，耗时14年才将其镇压下去。同时，北方还有捻军起义，角逐于中原地区；在云贵等地，则有回民、苗民起义。在台湾岛，康熙时有朱一贵、乾隆时有林爽文先后两次起义。嘉庆时，天理教在山东、河南起义；更有部分天理教徒闯进北京皇宫，造成古今之"奇变"！

由清圣祖决策撤藩引发了"三藩之变"，平西王吴三桂率先反清，其他两个藩王（靖南王耿精忠、平南王尚之信）随即响应。战乱波及八省，持续八年，以吴三桂等失败而告终。清代统治阶级内部为争夺政权引发的战争，仅此一例。

清代还有以前历朝所不曾经历过的战争，即康熙年间的两次雅克萨抗俄之战，以及近代以来反抗西方殖民主义侵略的战争。正如人们所熟知的，诸如第一次、第二次鸦片战争，中法战争，中日甲午战争（包括台湾军民抗击日本侵略之战），八国联军侵华及义和团反帝之战，沙俄侵占东北及东北义军抗俄之战，英军入侵西藏之战，等等。自道光二十年（1840）以来，迄光绪二十六年（1900），西方列强（包括东方后起的日本军国主义）侵华与中国军民的反侵略战争，前后持续了60年。

清代战争史上的收官之战，当属革命党人发动的武昌起义。此战一打响，便敲响了清王朝的丧钟。不久，宣统皇帝退位，清朝就此灭亡！清代的战争史至此谢幕。

以远古黄帝战蚩尤的涿鹿之战为开端，至清代最后一战——辛亥革命，共历4600余年。可见，中国战争史之漫长，在世界战争史上恐怕也是独一无二的！至此，人们不禁会发出疑问：战争何以不断发生？直到当今文明高度发达的时代，世界上战争不但没有停止，规模反而更大，杀伤力更强，破坏程度更深，其原因是什么呢？这就不能不牵涉到战争的本质问题。

19世纪上半叶，普鲁士杰出的军事战略家克劳塞维茨在其不朽的《战争论》中，阐述了关于战争的一个基本思想："战争无非是政治通过另一种手段的继续。"① 毛泽东进一步发挥了克氏的观点，更明确地说："政治是不流血的战争，战争是流血的政治。"② 他在《中国革命战争的战

---

① ［德］克劳塞维茨：《战争论》（中文版），第25页，陕西人民出版社，2001。
② 《毛泽东选集》第二卷，第447页，人民出版社，1966年横排本。

略问题》中，又具体指明，战争是"用以解决阶级与阶级、民族与民族、国家与国家、政治集团与政治集团之间的矛盾的一种最高的斗争形式"①。总之，战争是关系到国家、民族、阶级、政治集团命运的生死搏斗，是一种特殊的社会活动形态。远离战争，和平发展，一直是人类社会孜孜以求的梦想。但现实的世界却是残酷的。只要世界上还存在着阶级，还存在着国家，战争就不会消灭。因此，我们必须不断地了解它的来龙去脉，研究它的发展规律。

战争的实践也推动人们开展对战争的研究，总结其胜败的经验与教训，并在认识战争的过程中提出种种军事理论主张，用以指导战争，以获取战争的胜利。如同政治、经济、文化诸领域的学术研究一样，军事学、战争论也是一门特殊的学问。春秋战国之交，这门学问被称为"兵家"，与儒、墨、法、名及黄老等学说并列为"诸子百家"。孙武、吴起、孙膑、尉缭等都是兵家的代表人物，他们的著作《孙子兵法》《吴子兵法》《孙膑兵法》《尉缭子》，及战国时由齐国大夫合编的《司马法》（即《司马穰苴兵法》），流传百世。其中，以《孙子兵法》最为著名，已成千古不朽之作，它所阐发的军事思想及作战原则与规划，为历朝历代所继承，用作战争攻防的指南。如今，《孙子兵法》早已走出国门，为世界各国兵家所公认，如美国西点军校便将此书列为教学的必读之书。

值得注意的是，自秦汉以后，尽管战争并未减少，也出现了一些军事家、战略家，但军事理论的研究却相对薄弱。宋代曾公亮、丁度等编辑了《武经总要》，朱服等人校订了我国古代第一部军事教科书——《武经七书》（即校订《孙子》《吴子》等七部兵书）。明代戚继光撰《纪效新书》，颇有影响；茅元仪辑《武备志》，汇集兵家之书2000余种，算是略有成效。到了文化繁盛的清代，典籍如林，著述山积，唯独兵书不足；学者之众，文艺千万，"兵家"却寥若晨星！何以至此？历来以"战"为国之"危事"，视为凶险，故学者罕有论兵之人；又清代科举制度盛行，文人沉湎于八股，武人少通文墨，故兵家论述稀见。总之，不论什么原因，自秦汉以降，迄清代，有关军事、战争的研究并没有超越前代。

---

① 《毛泽东选集》第一卷，第155页，人民出版社，1966年横排本。

二

中国几千年来历朝历代之兴亡盛衰,战役、战斗无数,内容丰富而厚重,适足以构成一部系统的中国战争通史!其中,清代战争史就是中国战争通史中最精彩的篇章之一。

清朝是我国历史上最后一个封建王朝,它处在从传统社会向近代社会转型的重要历史时期,处在中西文化碰撞、交流,中国逐渐卷入世界历史漩涡的特殊时代,各类社会矛盾错综复杂,不同性质的战争此起彼伏,不但对当时而且对以后的中国社会都产生了深刻影响,留下了许多宝贵的经验教训,这些都是后人要认真研究和总结的。那么,学术界又如何对其展开研究,并取得了哪些成就呢?下面就做一简单的学术回顾。

早在20世纪初,清亡前后,国人耻于列强侵华、中国丧权辱国,刘彦的《鸦片战争史》于1911年出版。其后,又有两部鸦片战争史问世。1929年,王钟麟的《中日战争》,由商务印书馆出版;1930年文公直的《最近三十年中国军事史》,由太平洋书店出版。至40年代,谢声溢的《中国历代战争史》(1942)、黎东方的《中国战史研究》(1944)等也相继出版。

中华人民共和国成立前,有关中国战争史的探讨不过如此,已出版的这几部战争史,尚缺乏深入、全面的研究。专门研究整个清代战争史、中国近百年战争史的著作则付之阙如。正如毛泽东在《改造我们的学习》一文中指出的:中国"近百年的经济史、近百年的政治史、近百年的军事史、近百年的文化史,简直还没有认真动手去研究"①。该文写于1941年,距1840年鸦片战争爆发约100年。

这种状况在中华人民共和国成立后稍有改变。但有关战争史的研究,明显偏重于中国近代战争及历代农民战争。例如,1950年至1955年间,先后出版了与《鸦片战争》同名的五本通俗读物,仅有一部可算作学术著作,即姚薇元的《鸦片战争史实考》(新知识出版社1955年版)。1955年至1965年,魏建猷、方诗铭、来新夏、蒋孟引等四位学者,分别撰写出版了关于第二次鸦片战争研究的著作。此外,牟安世的《中法战争》(上

---

① 《毛泽东选集》第三卷,第756页,人民出版社,1966年横排本。

海人民出版社1955年版）也于此时出版。中日甲午战争是当时的一个研究热点：贾逸君的《甲午中日战争》（新知识出版社1955年版）、郑昌淦的《中日甲午战争》（中国青年出版社1957年版）、陈伟芳的《朝鲜问题与甲午战争》（生活·读书·新知三联书店1959年版）、戚其章的《中日甲午威海之战》（山东人民出版社1962年版）等，也于这一时期问世。

农民战争史研究，主要集中在太平天国运动、义和团运动以及各地农民起义几个主题。史学领域堪称"热门"的有关太平天国史的著作就有八部之多。其中，较有影响的成果，当推罗尔纲的《太平天国史稿》（中华书局1957版）、戎笙的《太平天国革命战争》（生活·读书·新知三联书店1962年版）等。史学界还关注清代中叶以后的农民起义，如白莲教、天理教、捻军、苗民以及上海小刀会、山东宋景诗等农民起义，发表的论著颇多。再有就是关于辛亥革命史的研究，成果如陈旭麓的《辛亥革命》（上海人民出版社1955年版）、章开沅的《武昌起义》（中华书局1964年版）、吴玉章的《辛亥革命》（人民出版社1961年版），但这些还算不上纯粹的战争史著作。

概括这一时期的战争史研究，著作者的本意似乎不在军事与战争本身，战争不过是外在形式，着眼点则在于阐发阶级斗争理论。故其研究远未深入。虽然这些著作不失为爱国主义教材，但终归学术含量不足。

十年"文革"动乱，极"左"思潮泛滥，学术凋零，整个历史学研究领域被"影射史学"笼罩，更何谈战争史研究？

改革开放，拨乱反正，迎来了史学研究的春天，战争史研究也呈现出空前盛况。军事科学院率先推出全三册的《中国近代战争史》（军事科学出版社1984—1985年版），这应该是第一部较为完整的中国近代战争史，具有学术开创意义。但这一时期研究成果仍然集中在鸦片战争、太平天国、中日甲午战争、辛亥革命等专题①，属于旧题新作。值得称道的是，

---

① 这些著作是：茅家琦等《太平天国兴亡史》，上海人民出版社，1980；金冲及、胡绳武《辛亥革命史稿》，上海人民出版社，1980；章开沅、林增平《辛亥革命史》，人民出版社，1981；郦纯《太平天国军事史概述》，中华书局，1982；孙克复、关捷《甲午中日海战史》，黑龙江人民出版社，1981；戚其章《甲午战争史》，人民出版社，1990；罗尔纲《太平天国史》，中华书局，1991；茅海建《天朝的崩溃：鸦片战争再研究》，生活·读书·新知三联书店，1995；萧致治《鸦片战争史》，福建人民出版社，1996；等等。

这些著作摒弃了"阶级斗争为纲"的治学理念，实事求是地表达了作者较新的学术见解。另一部较有代表性的著作，当推戴逸、杨东梁、华立的《甲午战争与东亚政治》（中国社会科学出版社1994年版）。该书不但进一步阐释了战争与政治的关系，而且把甲午战争史的研究内容扩展到整个东亚地区。该书为纪念甲午战争一百周年国际学术研讨会的推荐图书，并由日本学者翻译成日文，在日本出版。

从军事学眼光看，这些"战争史"还不是严格意义上的战争史之作，说到底，仍是政治观念的图解。从战争史的角度讲，尚没有明显的突破。

改革开放时期，战争史研究新进展的突出表现之一，是开拓新领域，研究新课题，产生新成果。例如，明、清（后金）战争持续近半个世纪，其战争史内容极为丰富，多少年来，一直无人问津。直至1986年，孙文良与李治亭的《明清战争史略》（辽宁人民出版社1986年版）问世，才弥补了该项学术空白。该书2005年江苏教育出版社再版，2012年中国人民大学出版社重版，可见此书已得到社会认可。

民国以来，清代战争史研究一直局限在鸦片战争、太平天国运动、甲午战争、辛亥革命、义和团运动等几个重大历史事件的范围内，其中鸦片战争史10余部、甲午战争史近10部。学界和读者急需一部清朝军事或战争通史。迟至1994年，杨东梁、张浩的《中国清代军事史》（人民出版社版）问世，才填补了这一重要空缺。尽管军事史与战争史还是有差异的，但该书也勾勒出清代战争的基本状况。稍晚，1998年多卷本《中国军事通史》（军事科学出版社版）出版，其第十六卷为由邱心田、孔德骐撰《清前期军事史》，第十七卷为由梁巨祥、谢建撰《清后期军事史》。同年，杨东雄、杨少波的《大清帝国三百年战争风云录》（中原农民出版社版）问世。

2000年以后，有关清代战争史、军事史的研究成果层出不穷，又形成一个不大不小的高潮。世纪之初，有郭豫明的《捻军史》（上海人民出版社2001年版）、廖宗麟的《中法战争史》（天津古籍出版社2002年版）；到2015年，则有十几部鸦片战争史出版，内容大同小异，如欧阳丽的《鸦片战争》、李楠的《鸦片战争》、张建雄的《鸦片战争研究》、刘鸿亮的《中英火炮与鸦片战争》、张建雄与刘鸿亮的《鸦片战争中的中英船炮比较研究》等。中法战争史研究也推出新书，如汪衍振的《中法战争》（中国青年出版社2012年版）。甲午战争史亦有新著面世，如许华的《再见甲午》（人民出版社2014年版）、杨东梁的《甲午较量》（中国青年出版社2015年版）等。

与此同时，有两部中国战争通史出版。一部为《中国历代重大军事战争详解》，全九册，其第八册为《清代战争史》，第九册为《近代战争史》，由吉林文史出版社于2006年出版。另一部是武国卿与慕中岳的《中国战争史》，其中第七卷为"清朝时期"，这部多卷本中国战争通史于2016年由人民出版社出版。

值得注意的是，台湾地区学者也颇关注清代战争史研究。早在1975年，罗云的《细说清代战争》由台北祥云出版社出版。自1956年始，台湾又集中全岛军事专家与史学家合力编纂《中国历代战争史》，历时16年，至1972年书成，1976年由黎明文化事业公司出版。该书出版后，复成立"修订委员会"予以审订，至1979年完成。全书共18册，近500万言。其中，第十五册至第十七册为清朝战争史，最后一册（第十八册）为太平天国战争史。这是一部中国战争全史的鸿篇巨制，实属空前之作。该书"修订委员会"阵容强大：由蒋经国任主任委员，聘请钱穆、王云五、陶希圣、蒋复璁、黄季陆、方豪等学术名家出任委员。其规模之庞大、内容之翔实、文笔之流畅是有目共睹的，但在史观把控、材料搜集、学术规范等方面仍有可斟酌之处。

任何一部史书都难称完美无缺，必然要受到认识水平和客观条件的限制，因此，存在一些缺陷也是不足为怪的。已经面世的战争专史或通史，必将为其后的战争史研究提供借鉴。我们撰写"清代战争全史"时，上面提到的研究成果俱有参考价值。

纵观以往百年特别是改革开放以来清代战争史研究的状况，我们觉得有三点是值得思考的。

其一，研究的着重点不平衡。从各时期战争史出版的状况看，一个明显的现象是：其内容主要集中在鸦片战争、中日甲午战争、中法战争、太平天国运动、义和团运动、辛亥革命等主题，仅鸦片战争史就多达20种，其他的也有四五种或七八种。相反，清兵入关前以及清朝前中期，虽然战事频发，内容丰富，却少有学者问津，研究成果不多。其中原因，一方面是自中华人民共和国成立后，近代史从清史中分离出来，成为一个独立的研究领域，并且成为显学。这固然是政治思想教育的需要，但对完整的清史研究不能不产生一定影响。另一方面，研究经费不足、研究人员缺少也限制了清代战争史研究的进展。改革开放后，清史研究突飞猛进，成果累累，琳琅满目，唯独清代前期战争史研究不显，除有关个案战役的零星论文发表外，并无一部战争史著作问世。直到 1986 年，始见孙文良、李治亭的《明清战争史略》出版；至今已过去了 30 余年，该书仍是国内唯一的一部明清战争史。清代战争史研究明显落后，是毋庸置疑的。

其二，忽略了战争本身的特色。在以往战争史研究中，一种倾向是，以政治史观为指导，把战争史写成政治史，而忽略了战争本身的特色。战争史的要求，是写战争，也就是以军事斗争为主要内容，如战争准备、战场环境、战争过程、指挥艺术、后勤保障、武器装备等。当然，国家的政治状况、经济与财力等，是孕育战争的母体和保证战争进行的物资条件，无疑也是不可或缺的重要因素。

其三，没有处理好人与武器的关系。在战争中，武器和人的因素哪一个更重要？这是一个老问题了，但时至今日，仍有一些学者过分强调武器的作用。毛泽东早就指出："武器是战争的重要因素，但不是决定因素，决定的因素是人不是物。"① 这是对以往战争中人力、物力对比的科学总结。我们从清代战争史中也足以证明这一论断。仅以近代为例，在中法战争中，冯子材率领清军，面对装备精良的法军，仍取得了镇南关大捷；甲午中日战争时，北洋海军的实力与日本相比并不弱，结果却在"避战保船"的错误方针指挥下，全军覆灭。可见，武器不是战争胜败的决定性因素！

我们讲人是决定因素，但绝不否定物的重要作用，"落后就要挨打"，这是我们从近代备受列强欺凌的事实中总结出来的深刻教训。在近代，中国与西方的差距是明显的。在生产方式、政治制度、科学技术、人员素质等方面，清朝统治下的中国都远远落后于世界潮流。洋务办了几十年，虽然聊胜于无，却没有取得突破性的进展，所以有人说"仅有空名而无实效"②。恩格斯讲，战争的胜负"取决于人和武器这两种材料，也就是取决于居民的质与量和取决于技术"③。无数事实证明"落后就要挨打"是一条铁律。

---

① 《毛泽东选集》第二卷，第 437 页，人民出版社，1966。
② 〔清〕王韬：《弢园文录外编》卷三。
③ 《马克思恩格斯选集》第三卷，第 210 页，人民出版社，1972。

三

任何学术研究，都应坚持继承与创新相结合的原则。对前人或当代学者的研究成果及科学结论，毫无疑问应予以借鉴与吸收。但学术研究的脚步是不能停滞的，更重要的是要在前人的基础上大胆创新！所谓学术创新，就是突破传统观点，放弃已不适用的成说、规则，提出新说新解，补充前人之缺失。一句话，发前人所未发、论今人所未论，纠正其谬误，开拓学术发展之路。我们这个学术团队正是遵循这一原则：在继承以往研究成果的基础上，坚持学术创新，力图写出一部富有个性特点的清代战争史。那么，本丛书有哪些特点呢？

特点之一，在于"全"，它系统地展示了有清一代战争的全过程。本丛书以努尔哈赤于明万历十一年（1583）起兵复仇为开端，终结于最后一战——辛亥革命战争（1911），历时328年。在这漫长的历史过程中，凡发生的较重要战争，均无遗漏。一般战争史著作，对具体战役的描述失之于简，本丛书则要求对每场战役战斗尽量展示其全过程，全景式地再现战争的历史场面。

特点之二，是规模大。本丛书共九册，330万字。综观已经问世的中国战争史，尚未有一部断代战争史达此规模。

特点之三，是体例上的创新。体例是对全书框架的整体设计，如同盖一座楼，设计方案好坏，直接关系到建筑物的质量、使用价值及美观程度。传统的战争史体例模式或以时间为序，从首战直写至战事结束；或按战争性质分类，将同类战争分成若干板块，组合在一起。我们则在认真研究清代战争全过程的基础上，分析与归纳其战争特点，试图打破传统的体例模式，重新设计全书的架构，从九个方面（分为九册）来构建有清一代的战争史系列。

清朝创业伊始，即以战争为开端，先战女真诸部，后战明帝国、大顺军，由辽东入关，定鼎北京；复战大顺、大西农民军，由山陕而四川；伐南明，平定江南；最后战郑氏，收台湾。至此，统一大业告成，历时一百年。故首册名曰《清代统一战争》。

国家统一不久，整个西北地区又燃战火，历经康、雍、乾三朝，血战70年，终于统一蒙古，平定西藏、青海的叛乱，此战横跨两个世纪。故名曰《西部世纪之战》。

西北分离、分裂势力再燃战火。道光年间，叛乱头目张格尔在浩罕汗国支持下，骚扰南疆，清廷出兵平叛，终于活捉张格尔，献俘京师；以后，浩罕军官阿古柏入侵，直至新疆大部分地区沦陷。左宗棠临危受命，力挽狂澜，终将新疆收复。故称《保卫新疆之战》。

当时西南地区实行土司制度，实际处于半独立状态，清朝推行大规模"改土归流"，遭到反叛土司的抗拒，战争由此而起。同时，西南邻国缅甸、越南因多种原因与清王朝发生冲突，导致清缅、清越战争。故名为《西南边疆之战》。

台湾岛孤悬海中，战略地位重要，对内、对外战争频繁，故自成一个系列。前有收复台湾之战，后有朱一贵、林爽文起义及甲申、甲午两次保卫台湾之战。故名《清代台湾战争》。

自 1840 年开始，西方列强不断发动侵华战争，其间有两次鸦片战争、中法战争、甲午中日战争、英军侵藏战争、八国联军侵华战争等，为清代战争史的重要组成部分。故名曰《近代反侵略战争》。

东北地区有其特殊性，即沙俄不断蚕食、侵吞东北领土，前有雅克萨之反击战，后有日本入侵东北，直至沙俄占领东北全境。故以《保卫东北边疆之战》为一册，叙述其全过程。

清代农民武装反清斗争频发，以清代中叶以后为盛，如川楚陕白莲教起义、太平天国运动、捻军起义等大规模农民战争，还有少数民族（以农民为主体）反清战争等，足以构成一个战争史系列。故集中编为一册，定名为《农民反清战争》。

清代最后一次大规模战争，毫无疑问，就是辛亥革命战争，此战结束后不久，大清王朝寿终正寝。故《辛亥革命战争》即为本丛书的殿后之作。

以上九个部分组成有清一代的战争全史。

我们认为，这九个部分或称九种类型的战争，基本反映了清代战争史的全貌，充分体现了其战争的特点。纵的方面，以时间为线索贯穿了清王朝的兴、盛、衰、亡；横的方面，以空间为线索，突出了发生在不同地区的战争特色。有些战争未囊括在"纵横"之中，就按战争性质分类，如农民反封建、各民族反侵略、辛亥革命反帝制等，各有特点，自成一种类型。

如此布局，是根据清代战争的不同特点做出的，反映了清代战争的真实面貌。仅以保卫新疆之战为例，从清初到清末，新疆地区战事频发，其中既有追求统一的战争，也有平定叛乱的战争，更有驱逐外来入侵势力、捍卫国家主权和领土完整的战争，在同一个地区却体现了战争的多样性、复杂性。这有利于读者更加全面地认识清代战争。

特点之四，在于观察视角上的全面性，即不就战争论战争。研究战争史、编写战争史，最忌讳孤立地看待战争，只关注战争本身，却忽略与战争有关联的其他方面，这就是单纯军事观点，把本来复杂的战争历程简单化了。

我们认为，考察每次战争，必须将战争置于时代大背景下，考察作战双方的经济状况、军资储备、精神要素（包括国家领导人的决策能力、军队统帅的指挥才能、民族的精神面貌、人民对战争的态度、参战人员的素质等）。这些都是关系战争胜负不可缺少的因素。"战争的胜负，主要地决定于作战双方的军事、政治、经济、自然诸条件，这是没有问题的。然而不仅仅如此，还决定于作战双方主观指导的能力。"[1] 我们需要"大局观"，或称"全局观"，也就是要全方位地关注与战争直接或间接相关的方方面面。以上认识是我们研究、撰写"清代战争全史"丛书的指导思想，我们将努力在实践中贯彻之。

那么，怎样才能写好战争史呢？这是我们一直关注并在不断深化认识的问题。坦率地说，对于军事或战争，本丛书的主编和全体作者基本上是"门外汉"（因为我们没有战争的经历和经验）。为克服自身的弱点，力求避免以往战争史研究中的某些缺失，我们提出，要正确处理好九个方面的关系：

其一，战争的必然性与偶然性。从理论上说，任何事情的发生都有其必然性，而必然性往往通过偶然性表现出来。历史上的重大战争的发生各有其必然性，至于哪一天爆发，却是出于某种偶然。本丛书要求，对每场战争之发生，首先要从社会诸矛盾中，以及交战双方矛盾逐渐激化的过程中，寻找战争的必然性；从战争发生的直接原因，或称导火线来确认其偶然性。只有按此思路去研究战前的种种矛盾，才能说清楚战争的由来。

---

[1] 《毛泽东选集》第一卷，第166页，人民出版社，1966年横排本。

其二，战略与战术。战略是指导战争全局的计划和策略，战术则是进行战斗的原则和方法。前者是全局，后者是局部，两者密不可分。战略目标是通过各个具体的战役、战斗来实现的，如果战役、战斗都失败了，战略目标也就化为乌有！本丛书要求，既要突出战争的战略指导，又要具体阐明指挥者的战术原则，两者不可偏废。

其三，在叙述战争过程时，交战双方都应兼顾，不以其为正义方或非正义方而决定详略。也就是说，要写清楚作战双方的战略、战术，如一方写得过多过细，另一方写得少而笼统，势必出现一方独战而无交战了。

其四，战役的共性与个性。凡是战争，不论大小，必然是交战双方的互动。每次战役作战的双方都有筹划、准备，调兵遣将，这就是战役的共性。所谓个性，是指每次战役、战斗并不尽相同。例如，各自的战法或谋略不同，战场地形、地貌不同，战场状况瞬息万变，经常出现意料不到的新变化，如此等等。这些就构成了各个战役、战斗的不同特点。本丛书强调，要写出每次战争、每个战役、每场战斗的特点，不雷同，力戒千篇一律，只有这样，才有可能把战争史写得更真实可信！

其五，战争与战场。这两者自然是密不可分的，试问哪场战争、战斗不是在特定的战场上对决的？但以往战争史多数战场不明，只有地名，却无具体的地形、地貌，实则是把战争的空间隐去了！在军事上，占据有利地形、控制交通线、据险而守等，是打赢一场至关重要战役的必要条件，故对战场的描述是战争史必不可少的组成部分。本丛书要求，每写一场战役特别是重大战役，要在材料许可的前提下，把战场写得具体细致些。

其六，将军与士兵。战争是人类的一种实践行为，人是这一实践过程中的主角，所以，写战争必写人！须知统帅或将领在一场战争、战役中扮演着主要角色，因此，要把他们的智慧、勇气，乃至个性、作风等逐一展示出来；而当军队投入战场，与对方捉对厮杀时，无疑士兵就成了战场的主人，他们的勇气、意志、作战技能往往是决定胜负的关键因素。不言而喻，写战争史不写统帅、将领的运筹帷幄，不写士兵在战场上的战斗表现，战争史将变得空空洞洞而索然无味。总之，战争史不写人，就不能成为名副其实的战争史！

其七，战争的阶段性。在一次历时较长的战争中，自然会形成若干个阶段。写战争全过程，重在写各阶段的衔接与异同。通过对战役不同阶段的描写，以反映战局的不断变化，反映出战争的发展规律。

总　序

其八，战役的胜与败。每次战役结束后，胜败自不难分辨，即使难分胜负，也可以看出交战双方的各自得失，这是不言自明的。问题的关键是要求对胜败做出有深度的分析。何以胜，何以败，何以不分胜负，都应有理论上的阐述，给人以启迪。有的战役，很难以胜败论，遇此情况，只需如实反映战况，不必做出结论。

其九，正义与非正义战争。这是就战争的性质而言的。对于帝国主义列强侵华，尽人皆知，是非正义的侵略战争，自无疑义。但对于国内战争，如何界定，却是一个复杂问题。总之，不能一概而论，要区分不同情况，给出不同定位。我们的标准是：不站在清王朝的立场，不以维护清政权的利益为转移，而是要坚持维护中华民族的整体利益，维护国家的主权和领土完整；凡分裂祖国、分裂中华民族，闹割据、搞独立的集团和个人，都应予以否定。如新疆噶尔丹叛乱及其后的张格尔之乱，皆属分裂、分离势力背叛祖国的活动。又如明清鼎革之际，天下大乱，已分裂成几个军事政治集团，他们之间的火拼、搏斗，意在争夺天下。这里，既有民族的冲突，也有阶级的斗争，还有权力之争。对此我们要做具体分析，不可简单地厚此薄彼，表现出明显的倾向性。

以上所列九个方面的问题，可以勾勒出我们撰写清代战争史的"路线图"。当然，肯定地说，归纳得还不够全面，只是提出了一些基本的规则，以便统一本丛书作者们的思想，以求认识上的趋同。同时，我们也鼓励各位作者勇于创新，在基本趋同的规则下，努力发挥个人的才智，使每册战争史各具特色，精彩纷呈。

最后，还要说说史料和语言。目前已出版的清代战争史，一个明显不足就是史料单薄。受史料局限，一些战役、战斗写得不够形象生动，而是干瘪平庸。本丛书强调，各位作者一定要厚集史料，除《清实录》、《清史稿》、各种官书等基本史料外，更要注重参考历史档案，以及个人文集、地方志书、国外记载等。只有史料丰富，战争史的内容才能随之而丰富。

一部书的质量如何，文字表达也是一个重要方面。我们要求作者使用精练的现代汉语书面语言，力求准确、流畅、简洁、生动。我们的语言应该有中国的做派，有时代的生命力，只有如此，读者才会欢迎！

我们期望这套330万字的"清代战争全史"丛书能成为一部爱国主义教材，因为它讴歌了无数为国家的统一、为维护国家主权、为正义的事业而勇敢战斗的仁人志士。同时，也揭露、鞭挞了那些残暴、凶恶的外国侵略者以及分裂祖国、分裂民族的历史罪人，把他们永远钉在历史的耻辱柱上！

这部战争史能否符合要求，能否实现我们的愿望，只有等待广大读者的鉴定和批评指正了。

2017 年 7 月 6 日

于北京神州数码大厦

内容简介

清末最后一次大规模战争统称为辛亥革命战争,性质上属于推翻清朝帝制的战争,主要包括辛亥年武昌首义和各省武装起义。

辛亥年八月十九日(1911年10月10日)夜晚,武昌新军起事。经过一夜激战,于次日凌晨占领藩署,接管藩库,十八星旗飘扬在武昌城头。恩格斯曾说,革命之际是"一天等于二十年",武昌首义看似猝发,却并非偶然,它是之前武装起义和革命宣传造势的能量聚集的总爆发。自1895年孙中山举行第一次广州起义后的十来年间,兴中会、华兴会、光复会和同盟会领导的反清武装起义连绵不断,主要有惠州起义、湘赣边界起义、萍浏醴起义、西南中越边境中华革命军起义、皖浙起义、广州庚戌起义和辛亥黄花岗起义。这些起义虽然均以失败告终,却是可以燎原的星星之火,悲壮、惨烈的黄花岗起义更为民主革命事业奏响了一曲生命的赞歌。稍后的蜀中发难实为辛亥年革命战争的序幕。

武汉三镇光复后,"中华民国军政府鄂军政府"的"民军"与北洋清军主力在汉口、汉阳鏖战,此为辛亥革命战争期间最大规模的战争,也是持续时间较长、最为激烈的战争。由于武汉是长江流域华中地区首屈一指的大城市,武汉保卫战实属现代城市之战。40多天的奋战,革命军誓死守卫汉口、汉阳,吸引了北洋军的主力,为各省起义宣告独立、脱离清廷赢得了宝贵的时间。而武昌起义后,各省响应速度之快和规模之大超出人们的意料:湖南率先宣告独立,使湖北免去腹背受敌之忧,此时距离武昌起义只有12天;到10月底,陕西、江西、山西、云南四省相继宣告独立;11月上旬,在上海起义带动下的南方诸省——江苏(除南京外)、浙江、安徽、福建、贵州、广西、广东相继起义给予清政府第二次决定性的打击;11月下旬,西南重庆、成都也宣告独立。各省起义有力地声援了武汉,使得革命在全国成遥相呼应之势,清朝专制帝制大厦之倾覆成为定局。

南京之争夺事关"挽武汉垂危之局,开南北统一之基"。12月初,江浙联军攻取南京城后,南北对峙格局正式形成。南北议和时,双方有战有和,在对峙中存在着极大的变数,构成了以军事为基础的政治博弈。议和成,战争终。南京临时政府的成立将辛亥革命战争推向辉煌。

辛亥革命战争是胜利的,它推翻了2000多年的封建专制统治,建立了中国历史上第一个资产阶级性质的民主共和国。从此,共和的观念深入人心。

目　录

一、革命风暴乍起 ······ 1
1. 广州起义 ······ 5
2. 惠州起义 ······ 11
3. 华兴会与长沙起义 ······ 17
4. 革命力量汇聚 ······ 22

二、星火渐燎原 ······ 33
1. 萍浏醴起义 ······ 39
2. 中华革命军中越边境起义 ······ 47
3. 皖浙起义 ······ 63
4. 广州庚戌、辛亥起义 ······ 75

三、蜀中发难 ······ 85
1. 湘、鄂、粤三省保路 ······ 87
2. 四川保路运动 ······ 98
3. 四川保路同志军起义 ······ 118
4. 荣县独立 ······ 131

四、武汉鏖兵 ······ 135
1. 武昌首义 ······ 139
2. 汉口之战 ······ 169
3. 汉阳之战 ······ 180
4. 起义鄂军回师武汉 ······ 193

五、各地响应 ……………………………………………… 197

1. 湘、赣起义 ………………………………………… 200
2. 陕、晋起义 ………………………………………… 211
3. 上海起义 …………………………………………… 249
4. 东南四省起义 ……………………………………… 262
5. 西南、华南五省"独立" …………………………… 276
6. 藏、蒙、新、甘、宁、青"独立" ………………… 305

六、江浙联军攻克南京 ………………………………… 317

1. 驻守南京之清军 …………………………………… 320
2. 秣陵关起义 ………………………………………… 324
3. 江浙联军会聚镇江 ………………………………… 328
4. 南京外围之战 ……………………………………… 331
5. 一次攻城 …………………………………………… 332
6. 天堡城争夺战 ……………………………………… 333

七、辛亥革命战争的辉煌与暗淡 ……………………… 337

参考文献 …………………………………………………… 352

附录　本卷涉及的战役战斗名录 ………………………… 358

后记 ………………………………………………………… 361

一、革命风暴乍起

一、革命风暴乍起

19世纪60年代初期，清政府被迫与英、法媾和结束了第二次鸦片战争；然后联合中外反动势力，镇压了太平天国农民起义，暂时消除了两个致命的威胁。咸丰十一年（1861），清文宗去世，其遗孀东太后慈安、西太后慈禧联合文宗之弟恭亲王奕訢成功地发动宫廷政变，颠覆了以肃顺为核心的八大臣"顾命"体制，开启了晚清特有的太后垂帘亲王辅政的权力格局。恃强的慈禧太后逐步成为实际的最高决策者，她放手恭亲王与地方督抚施行"洋务新政"，即：改旧例，起用汉人担任重要职位；支持地方督抚采纳西方军事和技术手段开展"自强运动"；减免赋税，以期恢复农业经济；重振科举取士制度；整肃纲纪，提倡个人俭朴风尚；对外尽力维持和平关系，即所谓"外敦信睦，隐示羁縻"。之后十几年里，清帝国表面平静，似乎度过了危机，史称"同治中兴"。事实上，清王朝日益没落的真相被"洋务新政"的假繁荣所掩盖，尤其是边防新出现的一系列问题及应对无策暴露了清政府在应对新挑战时的无能，使衰象丛生。

同治十三年（1874），日本军队悍然入侵台湾。为能让日本退出台湾岛，清政府花50万两白银平息了事端，并同意对日本的侵略行为不加谴责。这种软弱表现甚至给侵略者造成这样的印象：清政府会心甘情愿地为所承受的侵略花钱买单。

以后，此类事情愈演愈烈。

光绪四年（1878）年末，对西方事务一无所知的满洲贵族、盛京将军崇厚出使俄国，竟擅自与俄国代理外交大臣签订丧权辱国的《里瓦几亚条约》，名义上是将伊犁收回，事实上是将该地区7/10的土地割让给俄国，将伊犁变成一座孤城。条约约文送回国内后，朝野一片哗然。在全国一片声讨的舆论中，清政府只好拒签条约，重新派出年轻有为的外交官曾纪泽（曾国藩之子）出使俄国，经过艰苦的谈判，同时以陕甘总督左宗棠积极备战为后盾，最后，中俄于1881年签订《中俄伊犁条约》，争回了伊犁南境的大片领土及诸多要隘，更正了有关通商条款，所割土地面积减为7万平方千米左右。但这只是中国近代外交史上绝无仅有的一次虎口夺食。

两年后，即光绪九年（1883），法国入侵安南（今越南），法军进攻在越南北部山西、北宁的清军。翌年，又调集海面部队进攻台湾，并袭击福建马尾的中国兵船，清政府被迫宣战，中法正式开战。战争期间，清军虽于马尾海战大败，但在陆地上取得了镇南关大捷。在此情况下，李鸿章等却主张"乘胜即收"，于是，在清政府的同意下，英国人金登干代表清政府在巴黎与法国谈判并签订了《中法停战条件》，后在天津正式签订《中法会订越南条约》（《中法新约》）。这场战争清政府是没有赔款，但是，却应允边界通商，减轻税则以及在中国境内的筑路权，同时还承认越南为法国的保护国。而法国仅仅撤走在台湾和澎湖列岛的军队，并通过谈判，取得了战场外的胜利。法国的这一做法很快就被英国效仿。一年后，缅甸在英国的唆使下宣布解除与清朝的藩属关系，接受英国的保护，英国仅给清政府留了一点面子：允许缅甸每 10 年向北京纳贡一次。

与中国东北地区毗邻的朝鲜是明清以来极其重要的藩属国。鸦片战争后，西方列强遂向朝鲜施压，要求朝鲜全境对它们开放，日本更是极尽全力向朝鲜渗透。壬午年（1882）朝鲜发生兵变，日本乘机派兵干涉其内政，清政府不得不承认日本从此享有向朝鲜派兵的权利。中法战争期间，日本乘机渔利，派人诱使李鸿章签订《中日天津会议专条》。该条约进一步确认朝鲜也受日本保护，确认了日本具有同中国同等的向朝鲜派兵的权力。甲午年（1894），朝鲜爆发东学党起义，朝鲜政府向清政府求援，日本一面诱使清政府出兵，一面却借口保护侨民暗中运兵，其在朝鲜的兵力远远超过清军。当朝鲜局势已趋平稳时，清廷准备撤军，日本却大举增兵，清廷不得不派兵增援。日军则迅速占领朝鲜王宫，控制了朝鲜政府，又在朝鲜丰岛海面突袭清军的运兵船；与之同一天，日本陆军以优势兵力对牙山清军发动进攻，清军撤往平壤。日本不宣而战，甲午中日战争爆发。战争开始后，日军在平壤战役中大败清军，又将战火烧到中国东北境内，并通过黄海海战、威海卫之战使北洋舰队全军覆没，迫使清政府签订了丧权辱国的《马关条约》。条约主要内容是中国承认"朝鲜是完全无缺之独立自主国"，即承认日本对朝鲜的控制，中国不但割让台湾和辽东半岛（后赎回），赔偿两亿两白银，还开放通商口岸和允许日本人在中国办厂。甲午战败对中国社会震动之大、影响之深，是前所未有的。

这时，有识之士不甘坐以待毙，他们为民族的振兴寻找新的出路。康有为、梁启超等维新志士希望通过效仿俄、日维新变法以实现"救亡图存";孙中山等革命志士则认识到,只有革命才是医治千疮百孔国家的最好药方。维新运动转瞬即逝,随之而来的八国联军侵华之役,更让中国人民认清了清政府的卖国本质。革命浪潮日渐高涨。在20世纪的最初10年间,孙中山、黄兴等先后成立革命组织,发动武装起义,当时已经成型的新型知识分子群体是诞生革命骨干的摇篮,其中尤以留日学生最为突出,他们为革命推波助澜,再也不愿意为这个"洋人的朝廷"抬轿子了,他们要推倒这个丧权辱国、腐败无能的政权,建立一个新的民主共和国。同盟会的成立标志着革命大风暴即将到来。

1. 广州起义

光绪二十年(1894)夏,孙中山在好友陆皓东的陪同下经沪北上,带着修改多遍的《上李傅相书》试图面见李鸿章,希望自己能得到重用,进而实现"通过改革拯救中国"的理想。

孙中山(1866—1925),广东香山县(今中山市)翠亨村人,幼名帝象,稍长取名为孙文,号日新,后改为逸仙,中山是化名。(图1.1)因为从事秘密活动,孙中山有多个化名,"中山樵"是其中之一(辛亥革命后,"孙中山"这一名字方在国内流传开来)。家族数代躬耕,到他出生时家境已陷贫困,故其"早知稼穑之艰难"。孙中山从小性格倔强,富有正义感,不墨守成规。村里说书者常讲洪秀全的故事,他暗以"洪秀全第二"为志。光绪五年(1879),13

图1.1 青年孙中山

(作者2016年9月摄于中山市孙中山故居)

岁的孙中山随母亲投奔在国外谋生的兄长孙眉，在檀香山（即火奴鲁鲁，今美国夏威夷州首府）开始接受西式教育。光绪九年（1883），因信仰基督教之事被兄长送回家乡，先后在广州、香港求学。光绪十年（1884），他再度赴檀香山，兄长逼其学做生意，但他不感兴趣，坚辞。返回香港时正值中法战争爆发，已经成年的孙中山目睹香港工人罢工给予法军打击的场面，感到很振奋，闻听清军"不败而败"则让他很沮丧，内心强烈的怒火使他萌发了革命之念头，"始决计倒清"①。

光绪十三年（1887），孙中山入广州博济医学院读书。第二年，何启在香港创办西医书院，该校初成立时招收通中西文学生，由于香港无应者，于是派人到广州、佛山医学院招生，两处共得4名，孙中山是其中之一。在香港读书期间，他经常与陈少白、尢列、杨鹤龄等好友畅谈国家大事，抨击清廷腐败，并与反清秘密组织三合会有联系，时人称之为"四大寇"。

光绪十八年（1892），孙中山以优异的成绩从医学院毕业，经香港总督向北洋大臣李鸿章推荐，他与同学江英华打算到北京谋职，候缺入仕，却因两广总督衙门的人百般刁难而放弃。这次经历使他对清吏很反感。然后，凭借所取得的医生执医资格，他先后在澳门、广州开药局行医。当广州东、西两药局经营渐有起色时，他自己专注于"物色反清志士，畅谈时政"，"悬壶于澳门、羊城两地以问世，而实则为革命运动之开始也。时郑少良则结纳会党，联络防营，门经既通，端倪略备"②。光绪十九年（1893）冬，孙中山曾召集志士开会，提议成立一个团体，以"驱除鞑虏，恢复华夏"为宗旨，众人表示赞同，但未付诸实践。

光绪二十年（1894）年初，东、西药局被迫关闭。一是因为孙中山交友广泛，所费浩大，经常用药局费用垫付，导致药局入不敷出，资金短缺；二是因为孙中山无心经营，他的兴趣主要在政治活动方面。年轻的孙中山已认定医生只能医治好病人的伤痛，无法救国家、民众于水深火热之中。这时候，他也曾试图结交康有为。康有为要求他持门生帖拜师，孙中山认为康有为过于骄傲，选择放弃，然后返回翠亨村家里，关起门来做文章，准备进京上书。

---

① 陈锡祺主编：《孙中山年谱长编》（上）第41页，中华书局，2003。
② 陈锡祺主编：《孙中山年谱长编》（上）第67页，中华书局，2003。

一、革命风暴乍起

他在上书中以一个游历海外并学习过外国语言、文学、政治、数学与医学之人的口吻，呼吁当下中国要学习欧洲各国的"富强之本"，提出"人能尽其才、地能尽其利、物能尽其用、货能畅其流"①。文中也批评了清政府这些年来只学习"船坚炮利"的做法，认为"农政之兴尤为今日之急务"，并表示自己愿出国考察农业而先行动起来。

孙中山为上书做了充分的准备：在广州，他请曾任澳门海防同知的魏恒写信给盛宣怀，希望其向堂兄盛宣怀推荐自己；到上海后，拜访著名报人王韬，上书之稿不仅有王韬的润色，还被王韬函介于直隶总督李鸿章的幕僚罗丰禄、徐秋畦；当时的商界名流郑观应见过孙中山后，对他甚为欣赏，也给盛宣怀写信请求其帮助这位志存高远的"少年英俊"。但是，当孙中山到达天津后，李鸿章借口军务繁忙，既没有见他，也没接受他的建议，仅给他农桑会出国护照一张。

孙中山非常失望。不过，通过这次北上，他在京、津一带近距离目睹了清朝统治的种种黑暗与腐朽，知道"和平之法无可复施"，须改温和手段为强迫手段，于是，毅然决然回到武力推翻清王朝的最初目标上来。

甲午中日战争的爆发，使得民族危机空前严重。

光绪二十年秋冬，孙中山再次来到檀香山，在兄长孙眉的帮助下，于十月二十七日成立兴中会。会上通过孙中山拟定的章程，明确以"振兴中华，挽救危局"为革命的宗旨，以"驱除鞑虏，恢复中国，创立合众政府"为秘密誓词。章程还对会员入会之会底银、兴中会机构及选举办法、议事办法等做了规定。兴中会一成立，孙中山就组织华侨子弟练兵操，为将来起义做准备。兴中会的成立标志着一个不同于康、梁改良派的新型知识分子革命团体登上了历史舞台。

第二年年初，孙中山回到香港，召集旧友在香港创设总部，并拟扩大檀香山兴中会组织，经友人周旋，与香港辅仁文社合并，成立了香港兴中会，设会所于香港中环士丹顿街13号，挂牌"乾亨行"做掩护。

香港兴中会成立后的头一件大事就是着手筹备广州起义。首先确定了领导人的分工：杨衢云在港主持；谢缵泰、黄咏商等担任助手负责后方接应和财务，包括筹措经费，购运枪械；孙中山与陆皓东、郑士良等到广

---

① 《上李鸿章书》，《孙中山选集》上卷第7页，人民出版社，1956。

州，建立广州兴中会分会，对外称"农学会"，积极联络会党、绿林①、游勇、防营、水师。孙中山亲订农学会章程若干条，极言促进普及教育和科学的农业，说明中国非研究农学、振兴农业绝不足以致富强之理。"农学会"也曾得到当地官绅潘宝璜、刘学询等人列名赞助。之前，开设药局时，孙中山借医术广交各界人士，已有一定的社会影响；这次又以"农学会"的名义很好地掩护了起义筹备工作。经过他的动员，先后有会党首领朱贵全、丘四，北江绿林头领梁大炮，清朝水师官员程奎光以及学界朱淇等加入兴中会，并参与起义的具体筹划。

中日《马关条约》签订，举国震动，各界民众对丧权辱国的条款无不义愤填膺。身为封疆大吏的两广总督李瀚章（李鸿章之长兄）在危难之际不为朝廷分忧，却借离任之机不择手段地为自己积敛财富，其中"裁兵遣勇"是一个肥缺，但隐患也大，因为被裁撤的兵勇没有得到起码的安置费而流落街头，成为无业游民或盗贼，那些未被遣散的士兵对这种克扣肥私的行为也感到愤怒。初夏时节，广州城聚集了两三千人。孙中山认为起义时机到了。

起义计划经过反复研究才确定下来。最初，孙中山主张"发难之人贵精而不贵多"，认为只要组织100人左右的敢死队突袭广州城中的将军、总督、巡抚、水师提督等重要衙署，杀死重要官吏，即可使全城陷于混乱；再以一部分人埋伏于城内要塞，准备阻击城外入援的清兵；同时分头放火，以壮声势，起义即可成功。显然，这一计划太过冒险，众人以为不可。讨论后决定，采取"分道攻城"策略，集中目前的人力、物力，同时齐集在广州，突然举事，具体分工是：杨衢云指挥香港一路；孙中山带着郑士良、陆皓东（图1.2）、陈少白及军

图1.2　年少时的陆皓东

（作者于2016年9月参观中山市孙中山故居时所摄。陆皓东是孙中山的发小，去世后只找到这一张照片）

---

① 绿林：指反抗官府或打家劫舍的武装组织。

一、革命风暴乍起

官数人、欧美技师在广州指挥调度,其中,刘裕统领北江一路,陈绵顺统领顺德一路,李杞、侯艾泉统领香山一路,麦某(其名不详)统领龙眼洞一路;"镇涛"兵舰管带程奎光策动水师届时响应。

由杨衢云指挥的香港武装是起义的主力,起义时由他们发动,预定集中在香港的会员3000人于起义前一天晚上搭乘夜船进广州,并以木桶装载短枪,充作胶坭,瞒报关税。① 待清晨到岸后,立刻动手,冲击衙署,广州其他几路伏兵届时响应。炸弹队在各区施放炸弹,以壮声势。吴子才一路在潮汕响应,以牵制广州东部的清军。

起义日期预定在光绪二十一年(1895)九月初九日重阳节,因为这一天有广东相沿重九祭祖扫墓的风俗,革命党人可以利用祭扫人群往来频繁的时机运械聚众。

起义旗帜决定用陆皓东设计的青天白日旗,以"除暴安良"为口号,参加人员臂缠红带以便相互识别。

七月初十日,在广州的领导成员开会,商讨攻城具体计划,包括拟写讨清檄文、安民布告和对外宣言英文书。会后,孙中山租王家祠为指挥机关,又在城外咸虾栏设分所,以便各方联络,贮藏枪械。同时,孙中山又与陆皓东分工,陆皓东常驻指挥机关,孙中山则来往于广州、香港及家乡,联络会党和防营。

八月二十二日,各方面都准备停当,香港兴中会总部召开一次会议,本拟公举一位会长,称为"伯理玺天德"(president,总统),以便统一领导。不料在人选上产生了严重分歧,一部分同志推举孙中山,一部分同志推举杨衢云。争论的结果是,由杨衢云出任会长,总负责起义。第二天,孙中山返回广州,香港的军械、经费仍由杨衢云保管,待起义发动时随香港同志一同带至广州。

起义前,敌我力量悬殊。起义军主要由游民、流氓无产者、会党组成,包括参加过甲午战争被李瀚章遣返原籍的兵勇,也有用金钱收买来的。驻守广州的清军正规军有一万多人,装备精良,训练有素。

---

① 30多位领导人各备警卫人员100多名,从而使就地能集结的武装人员达3000人,并另有3000人届时从省外来赴援。见王杰译《孙中山谈一九八五年广州起义》,《广东社会科学》1984年第1期,原文为英文,初载于上海《大陆日报》1911年12月8日,标题为译者所加。

重阳节清晨，按照既定计划，准备就绪的各分部派人到指挥部请命，等令待发。8点钟，本应是起义行动的时刻，却接到香港来的电报——"货不能来"，要求延期两天。鉴于当天发动起义已不可能，孙中山将行动经费发给会党首领，要他们回去听令，并致电香港："货不要来，以后待命。"

起义机关在当天就被两广总督谭钟麟派人封锁了，官府从两处搜捕到陆皓东、程奎光等6人及军器、军衣、铁斧等物品。原来，负责起草"讨清檄文"的朱淇之兄朱湘是个举人，获知起义消息后，怕受牵连，早在起义前一两天就向督抚告密；又，驻香港的密探韦宝珊也在港侦探到兴中会起义的准备情况，经港督电告两广总督谭钟麟。

而杨衢云仍在香港积极布置。接到孙中山"待命"的电报时为时已晚，所有的武器都已经被送上了"泰安"号轮船。是日为星期日，照例不能起货，违者将受重罚，所藏军械可能会泄露。杨衢云复电"接电太迟，货已下船，请接"，并让朱贵全、丘四等随船出发。他不知道广州机关已被官府抄封。

九月十一日清晨，船抵达广州码头时，正好掉进清兵已布置好的陷阱，朱贵全等40余人被捕，其他人知道事情败露，一哄而散。不久，陆皓东、朱贵全、丘四等在广州就义；程奎光被捕后受杖刑，伤重，不日死在监狱中。据孙中山后来披露，当时有16人被捕处斩，其中仅7人与起义有关。广东按察使也发出告示，悬赏缉捕孙文、杨衢云、陈少白等。

十一日晚，孙中山乘坐自备汽船与家人经澳门抵港，后与郑少良、陈少白乘日本货轮"广岛丸"东渡日本。杨衢云也离开香港到印度、南非躲避。香港兴中会总机关处于瘫痪状态。

广州起义失败的直接原因是，香港的队伍和枪械没有按时到位，杨衢云因故不能按时执行任务。这说明这时的兴中会缺乏强有力的领导组织能力。此外，行动松散，会员成分复杂，保密工作做得不好，急于求成，也是导致失败结局的重要原因。

尽管如此，广州起义仍然影响深远。起义给清政府造成极大的震动和恐惧，清政府下血本通缉逃往伦敦的孙中山就是明证。

在时人眼里，广州起义充其量还是密谋叛乱，因为当时社会的主流思潮是改良维新，人们对暴力革命尚不认可。对于孙中山来说，这次起义是他领导的第一次武装反清起义，因此，以后的反清起义都可以看作是广州起义的延续和发展。

2. 惠州起义

广州起义失败后，孙中山成为清政府通缉犯名单上的头号人物。此后15年，他不能公开踏上国土一步，过香港也只能乘船临时停泊。

光绪二十三年（1897）秋，孙中山再次来到日本，化名"中山樵"，往来于东京、横滨之间，结交日本友人，继续从事革命活动。此时的兴中会处境极为困难，内部实已形成孙、杨两派，不是团结一致干革命。

维新变法失败后，康、梁及其弟子也到日本继续活动，革命派与立宪派关系时好时坏，错失合作良机。本来在戊戌变法前，双方都曾派联系人商谈合作之事，但"久无成议"；由孙中山举荐给横滨侨商子弟学校的徐勤，初到日本时与孙中山、陈少白来往紧密，国内变法开始后则与革命派日渐疏远；变法失败后，闻听康、梁到达东京，孙中山主动伸出橄榄枝，并借助日本友人穿针引线试图与"康党"合作共事，岂料康有为居"功"自傲，自称"身奉光绪的衣带诏"不便往来；稍后，梁启超出面代表师门主动拉拢兴中会，孙中山没有设防，给予梁启超等许多帮助，如梁启超赴檀香山时，孙中山写信推荐给哥哥孙眉，希望予以支持，于是，孙眉带头、众华侨跟着加入其组织，相信其"名为保皇，实为革命"的宣传，并纷纷捐款资助，结果檀香山兴中会组织被架空，立宪派以"合作"之名抢占了兴中会的活动地盘和群众。光绪二十五年（1899）六月，康有为在加拿大的维多利亚建立"保皇会"，标志着保皇派与革命派的政治对峙正式开始。

参加过维新运动的湖南浏阳人唐才常与同乡谭嗣同、长沙人毕永年是志同道合的朋友，变法失败后立志要"举兵除奸"，为谭氏报仇。毕永年（1869—1902），湖南长沙人，字松甫、松琥，化名安永松彦，早有反满思想，往来湘、鄂，结识哥老会首领，并入会受封为"龙头"。光绪二十四年（1898）秋，毕永年到日本求见孙中山，申请加入兴中会。唐才常到日本后，经毕永年引见拜访了孙中山，但在政治目标上，他始终游离于保皇与革命之间。唐才常与毕永年都曾向孙中山建议两派联合发动武装起义。孙中山回应道：如果康有为能够皈依革命真理，废弃保皇成见，不独两党可以联合救国，我更可以使各同志奉为首领。但即使是这样的让步，也没有让康有为放弃"保皇"宗旨。

光绪二十五年（1899）十月，兴中会邀请哥老会、三合会各头目集会于香港，与会者有陈少白、郑士良（图1.3）、杨衢云、毕永年、杨鸿钧、李云彪、张尧卿、宫崎寅藏（日籍会员）等，决定将三会结成一个大团体，取名"兴汉会"，会上公举孙中山为总会长。会后，杨衢云辞去兴中会会长职务。孙中山与杨衢云冰释前嫌。兴汉会是为策划鄂、湘、粤三省同时举事而成立的。会后，毕永年、杨鸿钧、李云彪等前往日本，与孙中山商议三省起义之事。

图1.3 郑士良

（引自《侠骨忠魂——郑士良传》，台湾近代中国出版社，1983）

孙中山同意举事，先派毕永年带着平山周赴湘、鄂各省考察哥老会势力，做起义准备。同时，孙中山又委托陈少白到香港创办《中国日报》，从宣传上与保皇派相对抗。

保皇派则先下手为强，康有为以"勤王"的名义筹款30余万两，许诺要以重资资助唐才常的行动。唐才常遂组织以"讨贼勤王"为目的的自立军，在汉口英租界设立自立会机关，负责指挥事宜，起义日期定在光绪二十六年（1900）七月十五日。哥老会首领杨鸿钧、李云彪也报名领款，答应一起起义。这样，长江地区的会党力量为保皇党人所用。

但是，由于康有为的资助款一直拖延不兑现，起义无法按期发动，原定的五路大军只有大通一路没有接到延期通知，按时起事，与清军相持七昼夜后失败。七月二十七日，处于观望状态的湖广总督张之洞派兵包围自立会机关，逮捕了唐才常等20余人。第二天，唐等11人遇害。

"勤王运动"以血的代价教训了那些对改良存有幻想的爱国人士。

不久，义和团运动爆发，孙中山认为兴中会发动起义的契机到了；同时，帝国主义列强插手中国事务，也为孙中山等的革命活动带来了严峻考验。英国驻港总督怂恿广东省"独立"，牵线促使孙中山与两广总督李鸿章合作；日本的台湾总督儿玉源太郎口头表示支持孙中山，实际上是想借机控制福建。

六月二十一日，孙中山乘"佐渡丸"路过香港时召开起义准备会议。参加会议的有杨衢云、陈少白、邓荫南、谢缵泰、史坚如、李纪堂等。会议决定派郑士良前往惠州联络三合会准备起义，又派史坚如、邓荫南等赴广州准备策应，杨衢云、陈少白、李纪堂等则在香港担任接济饷械事务。

起义地点选在惠州的三洲田（今深圳市盐田区三洲田水库）。这个地方一向为会党的渊薮，郑士良联络的潮州、惠州、嘉应各属会党和绿林首领均聚集于此。该处离香港新界不远，便于联络和接济，且地势险要、山深林密、路径迂回；又地处远僻，少有清军驻扎。起义地点基本符合孙中山光绪二十三年（1897）与宫崎寅藏曾经讨论过的3个选择条件：急于聚人、利于接济、快于进取。

据冯自由回忆，惠州起义要达到两个目的：一是实现反清，二是"可致意力守，遏外人入侵"①。具体到未来新政府，则是要建立"一个新的华南联邦共和国"②。当时的计划是，如果革命军顺利占领了惠州，则乘胜南下广州，然后出师两广，先控制江南，再挥师北伐，直逼京城；也可以从惠州出发，沿海北进闽、浙，同时号召长江流域革命党人响应，再进行北伐，一举推翻清王朝。

起义骨干均来自嘉应一带的三合会和新安县的绿林。兴中会对他们除用金钱支持外，也进行了一些兴中会宗旨的宣传工作，如起义前的会党分子对外宣称"驱除满洲政府，独立民权政体"就是明证。起义指挥部以三合会首领黄福为元帅，郑士良为军师，绿林首领黄庭耀为先锋。郑士良是当地会党的重要人物，与黄福曾有私交。

起义带有浓厚的会党色彩，比如，起义者的装束是头缠红布，身穿白布镶红号褂；起义旗帜上书"大秦国"与"日月"等字样。

郑士良在三洲田召集上述会党群众约600人，枪械300支，等待时机成熟。

但形势变化很快，3个月后的一天，广东巡抚德寿听到风声，立即派

---

① 冯自由：《刘学询与革命党之关系》，《冯自由回忆录：革命逸史》（上）第56页，东方出版社，2011。

② 郝盛潮主编：《孙中山集外集补编》第12页，上海人民出版社，1994。

水师提督何长清率新旧靖勇和虎门防军4000余人进驻深圳与沙湾,陆路提督邓万林率惠州防军驻守淡水、镇隆,以堵塞三洲田出路。

闰八月十五日,革命军采取先发制人的策略,由黄福率精锐80人夜袭沙湾,歼敌40人,俘敌30人,初战告捷。

在接下来的半个月内,革命军连克沙湾、永湖、三祝等地,队伍发展到1万多人,并重创清军。

然而,郑士良在惠州三洲田率会众拟乘胜向深圳推进,进攻新安,向广州前进,却接到孙中山的来电,告知枪械不能由港转运,要求革命军改道进取闽南,接应他从台湾运械内渡。据孙中山后来回忆,台湾总督儿玉源太郎曾口头上表示兴中会起事以后可相助,这促使他改变原定计划,即不直逼省城广州,而是先占领沿海一些地方,然后向福建推进,他则到台湾等候;待革命军进抵厦门,他就携带枪械弹药渡过台湾海峡,亲自督战。

于是,革命军转向东北,直趋镇隆,大败清军于佛子坳生擒归善县丞兼管带杜凤梧,夺得洋枪700余杆、子弹5万发。又败清军于永湖,追杀至白芒花。二十六日攻克崩冈墟,清军提督邓万林中枪坠马逃跑。附近群众闻讯前来参加起义。

二十七日,革命军从崩冈墟出发,二十八日进至三多祝时,队伍已经扩充至两万多人。大部队准备直指厦门,迎接总部的给养和援助。

就在这时,日本方面完全变卦。闰八月下旬,日本政府改组,伊藤博文再次出任内阁总理。鉴于义和团的喋血苦战,列强不得不放弃瓜分中国的企图,改倡"保全主义",维持清王朝,使之为他们效力。于是,伊藤博文明令不许孙中山在台湾活动,并禁止日本军人应聘参加中国革命军,也严禁武器出口中国,更不允许孙中山从台湾进入厦门。而且孙中山托日本进步党干事、议员中村弥六订购的军械,拿到手时几乎全部是不能用的废铁。孙中山只得派参加起义的日本友人山田良政向郑士良传递命令:"政情忽变,外援难期,即至厦门,亦无所得,军中之事,请司令自决进止。"①

郑士良部转战月余,弹药枪械得不到补充,又收到孙中山关于"自

---

① 陈春生:《庚子惠州起义记》,陈锡祺主编《孙中山年谱长编》上册第252页,中华书局,2003。

决"的指令,士气因此大受影响。而且,聚集在三多祝的革命军遭到四面麇集的清军的进逼和围困。闰八月二十九日,郑士良将邻近之人解散,余下队5000余人分水陆两路退回三洲田。途中又遭到清军袭击,部队被迫彻底解散,郑士良、黄福、黄耀庭先后退到香港,日本友人山田良政迷路遇害。山田良政对孙中山很敬佩,他原是东亚同文同院南京分院教师兼干事,知道惠州起义之事,旋即参加,牺牲时年仅33岁。

  史坚如在广州因为筹款不足,军械尚无着落,一时不能召齐会党,就改用暗杀督抚的手段来策应。史坚如(1879—1900),字经如,原名久纬,后改坚如,广东番禺人。他与同志宋少东等在广东抚院后租一住宅,将地道挖至广东巡抚德寿的卧室下面,埋置了炸药。九月初六日,炸药爆炸,但并未达到刺杀德寿的目的。两三天后,史坚如因人告密被捕,十八日遇难,年仅22岁。

  清政府派人到起义者中间劝降,杨衢云一度动摇,曾提出这样的"议和条件":兴中会首领以道府任用;准带军队五千;赏洋若干。杨还劝降陈少白,并为此事写长信给孙中山(为孙中山严厉拒绝)。尽管如此,两个月后,杨衢云还是被清政府派人暗杀了。

  惠州起义是兴中会第二次武装反清起义,虽然失败了,却称得上近代中国民主革命的第一枪。黄兴后来这样评价:"堂堂正正可称为革命者,首推庚子惠州之役。"①

  惠州起义之所以失败,总体上讲,是因为当时的革命时机尚未完全成熟,革命力量还很弱小,敌人的势力却很强大。具体原因主要有以下两点。一是武器军饷准备不足,起义的军费和武器的来源寄望于外援。孙中山曾请求法国驻日公使哈马德为起义者提供"武器或军事顾问",也曾寄希望于国内的统治阶层,如在起义前,为了筹款,曾化名为高野长雄,委托平山周向在上海的刘学询求助巨款,应允刘学询的条件是让其主持未来的新政府。二是起义部队的战斗势头正向好的方向发展时,却舍近求远,不切实际地向福建、厦门方向运动,长途跋涉,孤军作战,没有配合力量,犯了军事大忌,势必失败。

  三洲田村起义遗址现已被水库淹没,只在水库干涸期,部分村落遗址

---

① 湖南省社会科学院编:《黄兴集》第180页,中华书局,2011。

才会露出水面。三洲田起义前的准备工作主要是在三洲田村进行,指挥部最初也设在三洲田村,后期搬到罗氏大屋(今深圳龙岗区马峦山上)。三洲田起义纪念浮雕和孙中山雕像如图1.4和图1.5所示。

图1.4　三洲田起义纪念浮雕

(作者2017年9月1日摄于惠州中山公园)

图1.5　惠州中山公园的孙中山雕像

(作者2017年9月2日摄于惠州中山公园)

一、革命风暴乍起

3. 华兴会与长沙起义

20世纪初年，留日学生将"爱国要革命"的口号推向一个新的高点。他们明确宣布与清政府势不两立。国内外新型知识分子团体在反清斗争中发挥了重要的引领作用。

中国人赴日留学起于维新变法，成气候于"清末新政"。留日学生可以说是中国人"以日为师"、文明开化之果。光绪二十二年（1896），清政府派出13名学生赴日本学语言，以培养翻译人才；光绪二十三年（1897），杭州派出2名学员赴日本学蚕丝技术；光绪二十四年（1898），"戊戌政变"后的冬天，张之洞、刘坤一等封疆大吏派遣学生到日本学军事，很快，所学专业由军事扩展到工商业、师范教育等各科；光绪二十七年（1901），清政府开始从政策上鼓励人们去日本留学，各省遂争相派出学生。从此，留日学生人数逐年递增，到光绪三十一年（1905）达到高潮。

短短几年时间，留日学生群体在思想上和行动上都发生了巨变。由宣传爱国的"励志会"到"支那亡国二百四十二年纪念会"（简称"支那亡国纪念会"）再到"拒法""拒俄"爱国运动，由学界革命、省界革命到全国革命，由启蒙到行动，彰显了时代特色。他们宣传民族独立、民主革命的理论，与孙中山的革命纲领逐渐合拍。留日学生的革命活动为一场革命风暴的到来奠定了坚实的舆论基础和社会基础，留日学生是辛亥革命骨干的重要来源。国内新型知识分子也不甘落后，他们与留日学生同进步，并形成上海与东京遥相呼应之态。

华兴会是国内第一个倡导起始即进行武装起义的革命团体，也是众多革命组织中影响较大的一个。

华兴会的领导人黄兴（1874—1916），原名轸，号杞园，字廑午。后改名为兴，号克强。湖南善化（今长沙）人，家境略为宽裕，有田产。（图1.6）22岁考中秀才，24岁到湖北武昌两湖书院求学。光绪二十六年

(1900)曾协助唐才常运动清军中的湘籍军人暗中支持起义,这是其第一次参与策反清军之事。光绪二十八年(1902)春夏之季,28岁的黄兴以官费生的身份到日本东京弘文书院速成师范班学习。在这一年,黄兴的思想完成了质的飞跃。他认识到,爱国不仅是要做一名合格的国民,更要探索救国救民之道。在这期间,他积极参与各种"救亡图强"的活动:参加湖南《游学译编》《湖北学生界》两本杂志的编辑工作,并负责军事栏目的一些文章和探究,如《游学译编》杂志第十二册发表了他关于"二十世纪之军事"的文章;日俄战争初期,东京留日学生自发成立200余人的拒俄义勇队,黄兴是该组织的中坚人物,当时的追随者有蓝天蔚、蔡锷等留日士官生;稍后,拒俄义勇队改名为"学生军",黄兴列乙区三分队,朝夕操练;"学生军"遭到留日公使蔡钧忌恨,蔡买通日本警方向他们施压,"学生军"遂改名为"军国民教育会",公约为"养成尚武精神,实行爱国主义",会员们从事多方面有利于武装起义的工作,如制造炸弹、学习射击和西方军事学理论,"此实学界民族革命团体之嚆矢,而公乃被推为归国实行革命第一人焉";① 军国民教育会成立后不久便派遣"运动员"分赴国内从事革命活动,黄兴本来被公举为会计,无须回国,但他毅然踏上归途,投入武装反清行列。

图 1.6 黄兴
(引自湖南社会科学院编《黄兴集》,中华书局,2011)

在留日学生中间,黄兴以其人格魅力吸引着众多青年学生。他平时不多言,性格温和,但意志坚定。鲁迅曾在《因太炎先生而想起的二三事》中回忆黄兴在留学期间并没有断发,也没有大叫革命,"略显其楚人的反抗的蛮性者",因为不满日本学监的规定,故意赤膊从浴室走至自修室。那时的黄兴时刻关注国家的兴亡。在拒俄运动期间,过度忧愤严重影响了他的身体健康,导致咯血。

---

① 刘揆一:《黄兴传记》,中国史学会主编《辛亥革命》(四)第276页,上海人民出版社,1981。

一、革命风暴乍起

留学归来后,黄兴先到武昌,在两湖书院演说满汉畛域及改革命国体政体的理由,遭到顽固学派反对;黄兴与他们辩论一天,获胜;湖广总督张之洞知道后,将他驱逐出省。回到湖南后,黄兴在明德学堂任教,主持师范班并兼任中学的历史、体操和小学的地理、博物等课程教习。在教学中,他适时地宣传革命思想,还大量翻印邹容的《革命军》、陈天华的《警世钟》《猛回头》,散发到军学各界,扩大了革命宣传。同时,为创办华兴会组织做准备。

经过一段时间的酝酿,在光绪二十九年(1903)九月十六日黄兴30岁生日时,十几个朋友以祝寿为名聚在一起,秘密协商成立专门从事反清活动的华兴会,吴禄贞从武昌赶来参加。这是一次筹备会。

岁末除夕,在明德学堂校董龙璋的寓所,华兴会正式成立。到会者有百余人,举黄兴为会长,宋教仁、刘揆一为副会长。华兴会的主要成员大体上都是留日学生和国内新式学堂的知识分子,多为湖南籍。

华兴会对外采用办矿的名义,取名"华兴公司",标明公司任务是"兴办矿业",集股100万元作为资本。实际是以矿业代表革命,以入股代替入会,股票就是会员证。当时还提出了"同心扑满,当面算清"的口号。

华兴会没有成文的政纲和章程,仅以"驱除鞑虏,复兴中华"为其宗旨。① 从字面上看,该宗旨似乎只提出"反满",然而,华兴会的"反满"有这样的含义:首先与反帝爱国相联系,因为清王朝已经是洋人的"守土官长";其次,已经不是狭隘的种族革命,华兴会重要成员陈天华在绝命书中表白,"满洲民族,许为同等之国民,以现世之文明,断无有仇杀之事";再次,华兴会的"反满",从其宣传内容来看,主要是宣传"满汉畛域及改革国体政体之理由",主张推翻清王朝,建立一个完全的资产阶级共和国,以独立于世界。

华兴会一成立就提出要发动武装起义。实现方法和途径是以一省为根据地,辅之以他省的响应。黄兴在成立大会上讲道,英法革命是市民革命,中国的国情决定中国是国民革命,既无北京市民可用,又不能与异族

---

① 杨世骥:《辛亥革命前后湖南史事》第114页,湖南人民出版社,1982。

之禁卫军同谋,只能是国民自己发难,只宜采取"雄踞一省与各省纷起之法"①。这也是日后黄兴制定军事战略的指导原则。

华兴会还成立了同仇会和黄汉会等专门机构。同仇会专门负责联系会党,其对会党力量的指挥调度,由会党本身来部署安排。黄汉会专门负责运动军队,陈天华、李燮和等曾是负责人。他们准备在长沙起义。

哥老会是他们首先要争取的对象。湖南哥老会首领马福益(约1865—1905),原名福一,湖南湘潭人,佃农出身,身材魁梧,富有胆略,遇事果断,仗义疏财,为人公正。马福益年轻时加入哥老会,因人品、才能出众而受到会友尊重,后迁居醴陵(今醴陵市)县渌口镇,自行开堂放标,招收党徒,徒众很快发展到万人,主要以农民、工人和行商小贩为主,势力遍及醴陵、湘潭、浏阳等县并及江西、湖北两省。马福益后来又到湘潭的雷打石开石灰窑,当上了总工头,手下的窑工有1000多人,多半加入他的会堂,马福益遂成为本地名副其实的龙头大爷。光绪二十五年(1899)秋,孙中山派人到长江流域联络会党,马福益曾派人响应;十月,兴汉会成立时,马福益派部属李云彪、杨鸿钧、张尧卿等人参加会议;光绪二十六年(1900),自立军起义,马福益也积极报名。这说明马福益很值得争取。又,华兴会副会长刘揆一曾经救过马福益的命,是马福益的"恩哥",因此,黄兴与刘揆一派刘道一去联络马福益,晓以大义,马福益遂同意举事。随后,乔装打扮的黄兴、刘揆一与马福益约在一个岩洞中秘密会面。3人交谈甚欢,颇有"桃园结义"的意味。

这次会面,他们拟订的起义计划是:在十月十日西太后70岁生辰这天趁湖南全省官吏聚会庆祝时,将预先埋下的炸药引爆,乘机发动长沙起义。省城内,拟由武备各校学生联络新、旧各军;省城外,分五路响应,以会党为主力。所有军队由华兴会指挥与监军,公推黄兴为主帅,刘揆一与马福益为正、副总指挥。

该计划拟订后,华兴会又派人游说江西防营统领廖铭缙届时响应,派周维桢、张荣楣等与四川会党接洽,让宋教仁、胡瑛联络湖北革命团体科学补习所,由杨毓麟、章行严(即章士钊,笔名黄中黄)往沪宁联络革命人士,并推荐熟悉军务的会党分子刘月升、韩飞等数百人加入湘、赣等省

---

① 刘揆一:《黄兴传记》,中国史学会主编《辛亥革命》(四)第277页,上海人民出版社,1981。

一、革命风暴乍起

防清军里。这些团体中,科学补习所的同志有的也是华兴会成员,两个团体约定互相支持。

为筹备起义经费,黄兴卖掉长沙东乡近300石租谷的祖遗田产,经营图书仪器印刷业务的张斗枢先后捐款万余元,龙璋、刘揆一、彭渊恂、柳聘农、陆鸿逵5人或破产,或告贷,筹措了一部分经费,其中约有二万三千余金备购枪械,① 后在上海秘密购置长枪500杆、手枪200支,并通过龙璋经营的小火轮运抵长沙郊区备用。

华兴会很重视起义的宣传工作。反清革命的宣传书刊在长沙书店里"罗列满布,触手即是",克期起事的风声也在街头巷尾传播。宣传工作有革命票、回天票、飞龙票等形式,冠以强汉会、英雄社会、国民自治会、团体演说会等名色。

那些闻风回来参加起义的留日学生在船上就热血沸腾,言及起义,激昂慷慨,在一旁的清廷密探听着都胆战惊心,这自然造成严重泄密。起义计划外泄更有如下两个原因。一为组织机关活动半公开化。起义前50天,哥老会在浏阳牛马集市上开堂拜盟,同仇会举行少将授予仪式和赠送枪支马匹,这无疑等于直接告诉了地方官府他们将要起事。二是内部人员不能严守秘密。由于会员发展太快,鱼龙混杂,会员中混入像刘佐楫这样专门向官府提供情报的密探,情报被层层传到湖南巡抚陆元鼎处,陆立即命令湖南巡防营逮捕了会党五路巡查何少卿、郭合卿。

至九月十六日,黄兴家被差役围堵。黄兴之子黄一欧飞奔到明德学堂报信,众人闻讯,帮助黄兴成功出逃至上海。其他重要骨干也先后避上海等处,马福益则逃到广西避难。清政府在全国大肆搜捕华兴会会员和会党头目。

黄兴在上海避难时,秘密召集会员在租界内成立爱国协会,再次策划动员大江南北的军、学两界在鄂、宁等处准备起义和开展暗杀活动,但因受万福华行刺王之春案的牵扯,拟订的计划不得不放弃。

光绪三十一年(1905)春,马福益听到风声小一点,又潜回洪江密谋,重新部署起义。他派谢寿祺到上海与黄兴取得联系,黄兴表示同意并予以支持。姜守旦等筹划萍浏醴起义,黄兴要求马福益发动雷打石会党和

---

① 刘揆一:《黄兴传记》,中国史学会主编《辛亥革命》(四)第278页,上海人民出版社,1981。

萍乡、安源煤矿矿工中的会党成员响应。黄兴与刘揆一返回汉阳，将藏在一个商人家的枪支运往洪江，中途行踪暴露，只得弃械逃跑。而马福益从广西回湖南时因身份暴露而被捕，官府将他押解到长沙杀害。五月，黄兴的身份在上海租界暴露，只得逃到日本再谋打算，刘揆一与他同行。

长沙起义虽然失败了，但是，它是国内革命运动发展中一个重要的里程碑。华兴会在两湖等地的频繁活动，传播了民主思想，播下了革命种子，对国内革命运动的发展起了重要的促进作用。而且，华兴会骨干也是即将成立的中国同盟会的骨干。

4. 革命力量汇聚

光绪三十年（1904），除了华兴会，各种革命团体像雨后春笋般在内地建立起来。

湖北科学补习所于光绪三十年五月成立。会员锁定军、学两界。留日士官生是先驱，如吴禄贞和蓝天蔚等。吴禄贞（1880—1911），字绶卿，湖北省云梦县人，参加过光绪二十六年（1900）的自立军起义，与黄兴结识于日本，参加过华兴会成立大会，并参与长沙起义的策划，是首批留学回国的正规军校毕业生，因专业过硬，得到湖广总督张之洞的重用，在湖北新军中曾担任过帮办、会办等重要职务。吴禄贞平时注重宣传革命思想，为此团体的成立奠定了群众基础。蓝天蔚是另一位激进的革命宣传者，立志"救亡图强"，留学日本时担任过拒俄义勇队队长，回国后一直不忘初志。正是有这层关系，刘静庵、曹亚伯、胡瑛、李亚东等在科学补习所成立伊始即注意发展新军士兵和军官，并刻意派遣同志通过参军打入新军内部。

科学补习所的章程由吕大森起草，经过胡瑛、朱元成、康建唐审查后提交大会通过。名为研究科学，实则以"革命排满"四字为宗旨。

科学补习所一成立，就与黄兴的华兴会约定：湖南发难，湖北响应。虽然后来的行动顺序颠倒，但说明两湖之行动息息相关。

一、革命风暴乍起

长沙起义因消息泄露未果,科学补习所受到牵连,仅存在4个月就被张之洞强令取消。除王汉施因暗杀户部侍郎铁良事败自杀外,科学所成员的身份都没有暴露,革命火种得以保存,至辛亥武昌起义前,湖北新建立的诸多革命团体,如日知会、共进会和文学社都与科学补习所有渊源。

日知会不是成立于光绪三十年(1904),它发起于光绪三十一年(1905)春节前后,正式成立于光绪三十二年(1906)一月,是湖北革命团体中承前启后的一个革命组织。原科学补习所会员刘静庵对日知会的发展贡献最大。刘静庵(1875—1911),又名刘敬安,湖北潜江人,在湖北马队营当兵,该营管带为黎元洪。刘静庵在长沙起义的风声过后回营,受到黎氏猜疑,遂请长假离营,经牧师胡兰亭的介绍到教会管理日知会的书报。日知会是圣公会内一个阅报室,为圣公会会长黄吉亭牧师创设,目的是"以开民智"。圣公会是基督教的一个派别,有一处设于武昌高家巷,由中国籍牧师胡兰亭主管,其人有进步倾向,刘静庵与之相熟。科学补习所关闭前,官府到处搜查可疑之人,刘静庵曾藏匿于圣公会躲避。待做了日知会的书报管理员后,刘静庵遂决定借教会来掩护革命活动。

刘静庵与革命同志商议后,重建了组织,另订了章程,以日知会作为联络中心。凡宗旨相同者自由入会,以乐捐方法筹措经费,一般一元,多者5元。未捐款及未签名入会的,只要宗旨相同,一样被视为同志。会内设干事、评议两部;干事部又设为总务、经理、文书、交际4科。众人公推刘静庵为总干事,其余20人为干事。会员和会外同志200余人,分别来自军界、学界、新闻界和宗教界,其中尤以军界同志为最多,有军官、见习士官、士兵,如彭楚藩、熊秉坤即是"新军"中的士兵。他们有一定的文化基础,投笔从戎,以备为将来发难提供方便。

萍浏醴起义失败后,日知会也被告发,刘静庵等被捕入狱。在教会朋友的援助下,刘静庵免于死刑,但遭终身监禁。在监狱中,刘静庵仍"与同狱胡瑛、吴贡三、李亚东等秘密组织一中华铁血军","阴与日知会会员变名分设各机关通声气,实为日知会破案后革命运动之中坚"[①]。日知会在刘静庵被捕后无形解散,武昌、汉口间的革命运动暂时转入低潮。

光复会成立于光绪三十年(1904)十月,是浙籍人士在上海建立的一

---

① 冯自由:《日知会首领刘敬安》,《冯自由回忆录:革命逸史》(上)第201页,东方出版社,2011。

个革命团体。蔡元培、陶成章、龚宝铨、章太炎是主要筹办者。陶成章（1878—1912），字焕卿，浙江绍兴人，到日本留学时懂得起义非有军队不可，一心想入军校，未能如愿。军国民教育会会员龚宝铨与他是莫逆之交，很支持他发展会党势力以备将来借助。龚宝铨（1886—1922），原名国元，字未生，是章太炎的女婿，也是章太炎欣赏的革命青年。

温台处会馆和爱国学社两个小团体是光复会成立的基础。

温台处会馆由爱国学社学生敖嘉熊发起。光绪三十年（1904）春夏，敖嘉熊历经嘉兴、温州、台州、宁波等地，密谋控制地方"财兵二权"来发动武装起义，为方便联络浙东和浙西等各地秘密会党，在嘉兴设立温台处会馆，并拟在松江、湖州、杭州设立分馆，以完成攻占南京的起义计划。嘉兴温台处会馆没有提出明确的政治纲领，还不能起到组织领导的核心作用。恰恰在此时，陶成章回到浙江，依托温台处会馆的平台，一方面联络会党，一方面结纳革命同志，为光复会的成立做了大量基础性工作。

在此期间，陶成章约好友魏兰一起不辞辛苦，走访联络会众，宣传革命思想，活动至嘉兴，力图发展会党。他们的走访工作做得踏实细致，每到一处，注重社会调查，包括搜集会党、兵营、贫富户、地理、钱粮 5 个方面的资料，同时，还把革命小册子和革命报刊分发给群众。不少会党和进步群众由此接受了革命的思想。

爱国学社的成立缘于上海南洋公学的"墨水瓶风潮"，时间是光绪二十八年（1902）。该校学生有一个班级平时就很反感一位封建保守的国文教师，结果，因一个旧墨水瓶子放在该教师的教台座椅上导致全班学生被开除，进而引起全校风潮，上院、中院全体学生退学以示抗议。蔡元培当时担任南洋公学中院教习，对于校方的处理甚为不满，愤而辞职。在此之前，蔡元培、章太炎与若干同志组建中国教育会，并创立一所学校取名为"爱国女校"。一部分从南洋公学退学学生拟借中国教育会之助继续学业，遂筹设了爱国学社。这样，退学学生全体加入中国教育会，经费及各种校务均由该会负责，膳食自理，生活则完全自治，性质与传统学堂不同。之所以称为"学社"，是因为平常教学活动是一部分会员教，一部分会员学，退学中的高年级班的学生负责教授低年级学生。爱国学社也会邀请名师来讲学，如章太炎讲《訄书》，学生从中接受革命新思想。又，南京陆师学堂闹风潮，章士钊代表南师学生来上海洽谈。征得蔡元培等的同意后，陆师学堂退学学生也全体加入学社，爱国学社学员增多，声势大振。蔡元培的号召力与中国教育会、爱国学社新学界的吸引力加在一起,群贤毕至,少长咸集,差不多成为上海革命界的一个中心。

翌年(1903)夏,"苏报案"发生,蔡元培避走青岛,章太炎被捕,邹容自首,一部分学员退社,爱国学社转为秘密活动。

光绪二十八年十二月初十(1903年1月8日)《苏报》影印版如图1.7所示。

图1.7 《苏报》

(引自上海市政协文史资料委员会编《辛亥革命之上海风云》第23页,上海市文史资料委员会,2011)

同年冬,蔡元培返回上海,再度主持爱国女校。蔡元培组织女校师生进行毒药和炸药的研制,准备施行暗杀,特别暗嘱女校教师俞子夷研制一种粉末状的毒药以备用。许多革命人士也愿意往来议事,爱国女校不仅在学术上欣欣向荣,也是革命者聚集、活动的场所。

光绪三十年(1904)秋,陶成章向龚宝铨提议,将浙江、江苏和安徽等省的革命同志联合起来,按照东京浙学会的原旨,建立一个更大的革命团体。同年冬,龚宝铨在上海成立"暗杀团",蔡元培知道后请求参加,也有说法是东京暗杀团成员何海樵发展蔡元培加入。①"暗杀团"遂改名为"光复会",又称"复古会",德高望重的蔡元培被举为会长,蔡元培这年虚岁37岁。龚宝铨与陶成章住在爱国女校内,曾译催眠术,"据说以此术亦可用作暗杀工具"②。

在蔡元培、陶成章、龚宝铨的影响下,绍兴学界、商界的进步人士和各属会党纷纷加盟入会。光绪三十一年(1905)年初,徐锡麟到上海拜见蔡元培,经蔡元培介绍入会。已是同盟会会员的秋瑾,从日本回国后经徐锡麟介绍加入光复会。章太炎在狱中通过蔡元培筹商会务,属于创始人之一。

光复会的政治纲领反映在入会誓词中,即"光复汉族,还我河山,以身相许,功成身退",核心词是"光复"二字。按照章太炎的解释,改制同族,谓之革命,驱除异族,谓之光复。《光复军告示》则明确宣布,誓扫妖氛,重建新国,图共和之幸福,报往日之深仇。把光复、复仇与新国、共和联系在一起。

光复会会员主要由新型知识分子、会党、商人、工匠和少数地方绅士组成,前两者占有很大的比例。光复会成立半年后,温台处会馆因缺少资金而解散。陶成章与龚宝铨、徐锡麟在绍兴创立大通师范学堂,为光复会革命总机关,并以此掩护他们招集培训金华、处州、绍兴各府会党成员接受训练。以后,秋瑾在此发展了600多名会员。光复会遂成为江浙地区最有影响力的革命团体之一。

光复会与会党结成联盟是当时形势的选择,其中,龙华会起着重要的中介作用。龙华会的首领张恭为光绪二十八年(1902)举人,曾就读于杭州紫阳学院,是一个新旧合璧的知识分子。张恭为发动群众,自己出谷100石,倡导成立积谷会并获官府批准,取得广大民众支持,入会人员大量增加。就在中举前后,张恭与友人参加了反清会党终南会。不久,终南会会主病卒,副会主离开浙江,张恭被推举为副会主,将终南会改名"龙华会"。龙华会竖起"反满"的旗帜,其对未来社会蓝图的构想体现了中下层群众的愿望,《龙华会章程》带有浓厚的反清复明的思想及主观社会

---

① 谢一彪:《光复会史稿》第27页,人民出版社,2009。
② 俞子夷:《蔡元培与光复会草创时期》,全国政协文史和学习委员会编《亲历辛亥革命:见证者的讲述》(上)第20页,中国文史出版社,2010。

主义的色彩，对浙东一带广大群众有一定的吸引力。光绪三十二年（1906），张恭率龙华会骨干到绍兴大通学堂学习，加入了光复会，把龙华会纳入资产阶级民主革命的轨道。

光复会成立后，其活动并没有局限在宣传鼓动层面，也曾筹划武装起义。在华兴会密谋起义时，陶成章来到上海，与蔡元培、黄兴达成"闽浙两省为后援"的共识，响应计划具体是："先以计袭取金、衢、严三府，然后由严州出安徽以扼南京，由衢州出江西以应长沙，而用金华之师以堵塞杭城之来兵，且分道以扰绍兴、宁波、湖州各县，以震撼苏杭。"① 此后，陶成章、魏兰等与龙华会秘密商定响应湘鄂起义的具体部署。这次起义计划最终未能实现，但光复会从成立起，一直很重视武装革命。徐锡麟、秋瑾谋皖浙起义是其宗旨的体现。尽管以后光复会主要领导成员曾经表现出复杂性的一面，可是，如同兴中会、华兴会一样，光复会也有其应有的历史地位。

除了上述几个影响较大的革命团体外，光绪三十年（1904）前后，在国内还曾出现其他一些爱国革命团体。在上海，如旅沪福建学生会（后来在福州设立支会），蔡元培、刘师培、陈去病等组织的对俄同志会并发行日报《俄事警闻》，黄兴起义失败避难时组织上海青年学社；在安徽，陈独秀等发起组织了爱国会；在江西，有自强会曾谋响应华兴会的起义；在云南，有誓死会，取"誓与满清偕亡"之意，云南革命"发轫于此"；在贵州，科学会的创建目的是修学和革命。

20世纪初年，在国外，留日学生在日本东京也开始建立革命团体。最早的是励志会，成立于光绪二十七年（1901），宗旨只是"交换知识""联络感情"，因内部成分复杂，故影响力不大。光绪二十八年（1902），青年会成立，会所就设在支那亡国纪念会原址，留日学生中的激进分子开始有了自己的组织，有了一个固定的聚集中心。光绪二十九年（1903），各省同乡会纷纷成立，有很多青年会会员担任编辑员，尤其是拒俄事件的发起和军国民教育会的成立，青年会会员发挥了更重要的作用。青年会组织的出现，是留日学生革命运动高涨的预兆。当留日运动蓬勃兴起时，他们中的激进分子开始同孙中山建立联系。

---

① 冯自由：《浙江志士与革命运动》，《冯自由回忆录：革命逸史》（下）第752页，东方出版社，2011。

广州起义失败后，孙中山逃亡到日本，建立了横滨兴中会。不过，这时的兴中会除在横滨和香港外，其他地区的组织几乎都处于解散状态。随着留日学生的增多，经常有留学生来拜访孙中山，商谈国事，但是，孙中山在思想上还没有认识到青年学生才是革命的骨干力量。

光绪三十一年（1905），"大明顺天国"事件暴露了兴中会内部组织的涣散和思想的混乱；① 东京的留日学生经过拒俄运动后，革命气氛益加浓烈；上海"苏报案"后，大众知识分子思想的革命化以及国内星罗棋布的政治团体，呼唤着一个更大的革命政党产生。中国同盟会在这年的夏天诞生了。

同盟会成立得很及时。国内，在各种学生运动和群众性的抵制美货爱国运动的大背景下，清朝统治者接受立宪派的建议，派出5名大臣出洋考察，准备行宪以规避革命而"自保"。国外，欧、美留学生的革命思想日渐成熟，尤其是1904年由署理湖广总督端方派往欧洲各国学习实业的湖北武昌各学堂学生，他们中有20多人是武昌花园山机关成员，在出国前曾议定三策，其一是"寻孙逸仙，期与一致"。所以，他们一路追寻，在欧洲落脚后，将住址通知旧金山的刘成禺，并邀请孙中山来欧游历。② 刘成禺（1876—1952），本名问尧，字禺生，笔名壮夫、汉公、刘汉，原籍湖北武昌，生于广东番禺，在武昌先后师从梁鼎芬、辜鸿铭和容闳，辛丑年（1901）加入兴中会，第二年到日本与孙中山相见，坚定革命之志，以公费生身份入日本成城陆军士官预备学校。其间，与蓝天蔚、李书诚等创办《湖北学生界》，并在此刊上发表《史学广义》，宣传民主革命思想；同时，受孙中山委托编写《太平天国战史》作为革命宣传资料。也因此，刘成禺受到驻日公使、留学生监督的监视。又，在留学生新年聚会上，他慷慨陈词，抨击清朝官员，不被驻日公使、留学生监督所容，被迫离开日本，失去官费资格。但他回到湖北后，仍秘密进行革命活动。1904年，刘成禺到美国加州大学继续深造，兼任旧金山《大同日报》主笔。经刘成禺穿针引线，孙中山欣然受邀前行。

---

① 大明顺天国起义：光绪二十八年（1902）十二月二十七日至三十日先由兴中会谢缵泰、李纪堂与太平天国余部洪全福共谋在广州起义，拟建立"大明顺天国"，预定容闳为临时政府总统，因事泄失败。此次起义也是兴中会庚子起义失败的余绪。

② 陈锡祺主编：《孙中山年谱长编》（上）第323-324页，中华书局，1991。

一、革命风暴乍起

孙中山在欧洲数月,收获最大的是从思想根底上认识到学生知识分子尤其是留学生的革命潜力,认为将他们吸收入革命队伍是必然选择。留欧学生则非常佩服16字纲领的简洁、明了、有力,他们愿加入其革命团体以示支持。孙中山受到很大的鼓舞,一回到东京,就着手落实吸纳学生,创建新的革命组织。

而等候在东京的黄兴在日本友人宫崎寅藏介绍下与孙中山见面(也有说是由杨度介绍)。孙、黄二人一见如故,立即商讨要建立一个更大的革命团体。当时,留日学生中间,以华兴会成员居多,黄兴的态度影响了主要成员宋教仁、陈天华等,他们对此予以支持。

在筹备会上,孙中山提议"驱除鞑虏,恢复中华,创立民国,平均地权"为新革命团体的政治纲领,有人对"平均地权"持异议,要求取消之。孙中山从世界革命趋势与当时社会民生问题的角度做了耐心的解释:"平均地权即解决社会问题之第一步方法,吾党为世界最新之革命党,应高瞻远瞩,不当专向种族政治二大问题,必须并将来最大困难之社会问题亦连带解决之,庶可建设一世界最良善富强之国家云云。"① 孙中山最后指出,现代文明国家最难解决的是社会问题,中国可以未雨绸缪,防微杜渐,来谋全体人民的福利,"本党系世界最新之革命党,应立志远大,必须将种族、政治、社会三大革命,毕其功于一役"②。可见,这时的孙中山对于革命目标和方略已有着深思熟虑的透彻见解,政治语言运用恰到好处,加上雄辩的口才、世界性的眼光和平易近人、谦虚诚恳的态度,给留日学生留下极好的印象。孙中山作为革命领袖已无可争议。

中国同盟会(以下简称"同盟会")正式成立的那天,黄兴宣读《同盟会章程》。章程规定,本部机构分为执行部、评议部、司法部,3个机构之上设总理,执行部由总理直接管辖,下设庶务、内务、外务、书记、会计、调查6科,6科又以庶务科最为重要,总理不在总部时,就由庶务科干事代行其职权。虽然以后在实际工作中,评议部和司法部从未独立发挥作用,但是,其机构设置的宗旨是仿"三权分立"原则,权力互相监

---

① 冯自由:《浙江志士与革命运动》,《冯自由回忆录:革命逸史》(上)第249页,东方出版社,2011。
② 冯自由:《浙江志士与革命运动》,《冯自由回忆录:革命逸史》(上)第245页,东方出版社,2011。

督。章程还规定，在国内外分设9个支部，即国内分东、西、南、北、中5个支部，国外则有南洋、欧洲、美洲、檀香山4个支部，9个支部皆直接受东京本部管辖。同盟会虽然在组织上未能完全统一国内外各个革命团体，但是，它是一个被革命者认同的全国性的领导组织。

当天会上，总理一职由黄兴提议由孙中山担任，未经投票手续便通过；仅次于总理的庶务一职众人推举黄兴来担任。黄兴本人诚实肯干，协助孙中山主持本部工作。同盟会会员田桐在《同盟会成立记》记录中认为黄兴是大家心目中仅次于孙中山的革命领袖。由于华兴会全体加入，加上光复会会员等加入，同盟会成为东京最大的一个革命团体，自然成为各个革命小团体的路标，革命斗士们都会聚在以孙、黄为中心的同盟会周围，誓言要推翻清政府，建立一个民主共和国。

同盟会成立后，孙中山又在同年十一月二十一日同盟会机关报《民报》发刊词中确定三大主义之名词——"民族""民权""民生"，① 进一步宣传16字政治纲领，且"民生主义"比"平均地权"更易理解，集民族革命、政治革命和社会革命于一体。三民主义就是革命的奋斗目标，引领武装反清革命大步向前。

同盟会在东京一经成立，会员们立即投入战斗，并且在斗争中成长。光绪三十一年（1905）秋冬之交，留日学生的政治觉悟在反对《取缔清韩留日学生规则》运动中得到提高。原来，同盟会成立后，清政府发觉中国留学生在日本活跃非常，便与日本政府勾结，设法制止革命思想蔓延，遂出现所谓的"取缔规则"：规定取缔中国留学生的政治活动，剥夺言论自由，禁止集会结社，检查书信，强迫青年遵守清朝法令，以压制异端。中国留学生知道后，群情激愤，强烈抗议，部分同学罢课集会以示反对。原华兴会骨干陈天华本来对于集体罢课的态度并不强硬，但他气愤于《朝日新闻》对中国学生的不实报道，更气愤于学生中的懦夫，遂写下万余言的《绝命书》，在东京大森海湾投海自杀。之前，陈天华所著《警世钟》《猛回头》等革命读物早已深入人心，陈天华的蹈海行为刺激反取缔规则运动走向高潮，学生们决定罢课集体归国，秋瑾是罢课归国的召集者，她在给兄长的信中写道："近日留学界全体同盟停课，力争规则之辱，不取

---

① 冯自由：《同盟会四大纲领及三民主义溯源》，《冯自由回忆录：革命逸史》（上）第463页，东方出版社，2011。

销则归国交涉,因公使不为助力,难达第一之目的,故决议全体归国,故纷纷内渡已及二千余人。妹亦定此月归国……"①

最终,反取缔规则运动在清政府和日本当局的双重压迫下走向低谷。在当时东京的留学生中间,依据政治倾向可划分为3派:一派是北洋系的学生或者贵胄子弟,一派是中立派,再一派是革命派。在反对取缔规则运动中,甚至在革命派中也有主张"以学业为主"的胆小怕事者。这就使得运动有了裂缝。孙中山知道后,也不赞成全体留学生回国,担心革命力量流失。留日学生会干部汪精卫等收缩战线,加上两国政府恩威并重,反取缔规则运动逐渐收场。不过,这次斗争激发了不少青年学生的爱国热情,一些青年正是通过这次斗争受到启发和教育,开始靠拢或直接参加同盟会。此运动也让留日学生的斗争方法和组织原则得到演练,他们的群体认同感和归属感得到加强,为以后的革命做了准备。

同盟会成立后注重联盟。同盟会主要通过吸纳会员,把各个革命团体、组织会聚在旗下,联盟形式多样。一种是完全融入成为一体,如华兴会全体成员加入同盟会,不再保留组织。一种是你中有我,我中有你,如光复会保留了自己的组织机构,许多会员是双重会员身份,如秋瑾、陶成章、蔡元培等。同盟会高度重视那些有影响力的人物加盟,如光绪三十二年(1906)九月中旬,黄兴携带孙中山的委任状回到上海,为蔡元培主盟入会,蔡元培一度任光复会会长和同盟会上海分会会长。还有一种是松散的联盟,主要是指与国内革命团体的关系,如湖北分会会长余诚回国发展组织,余"倚日知会进行。会务得同盟会之指导,声势更大"。那些来往于东京、武汉的同志经武汉时必访日知会,日知会的会员也积极参加同盟会的相关活动。光绪三十二年(1906)冬,姜守旦约哥老会准备萍浏醴起义,同盟会总部派胡瑛、朱子龙、梁钟汉3人到武汉策划响应,胡瑛在湖北筹款,得到日知会等的支持,虽然日知会无大笔经费资助。

同盟会成立以来,因条件有限,没有建立起自己的武装,所以,通过对可联合的武装力量进行动员和策反并将之引导到革命道路上成为其主要任务。而在实践中经历了运动会党到运动新军的转变,当时受主、客观条件限制,革命党人多数情况是依赖会党。同盟会成立前,孙中山本人加入

---

① 秋瑾:《致秋誉章书》(十一),《秋瑾集》第46页,上海古籍出版社,1991。

檀香山洪门致公堂，一来为解决革命经费铺路，二来欲将洪门改造为一个具有资产阶级性质的组织。同盟会成立后，他即动员洪门人员加入，在越南西贡首先试验，越南洪门团体加入同盟会，形成"会内联合"形式的联盟；辛亥年则是旧金山同盟会会员加入洪门的"堂内合作"。值得一提的是，海外洪门又出钱又出力，对革命事业的发展发挥了重要的作用。据统计，1895—1911年4月发动的10次武装起义中，海外洪门所捐款额为百万元以上，其中，1907—1908年第二次至第八次起义，就捐助了60余万元。① 而策反新军在广州起义中得到演练，虽然起义失败，但是为武昌起义做了示范。对于会党与同盟会这种特殊关系，日本浪人平山周认为，洪门在中国18个省中，有山堂数十个，其组织虽同，但各地自为统属，绝少联络运动，又无总括之大本部，自近时革命党人投其中，全国名山，始谋合一。对于会党的弱点，晚年的孙中山这样写道，固结洪门团体，符合群众心理的楷模来传播民族国家思想，是手足患难之联络，"然彼众皆知识薄弱，团体散漫，凭借全无，只能望之为响应，而不能用为原动力也"②。

总之，中国同盟会是中国大地上一个全新的革命团体，所提出的三民主义纲领是时代所趋，人心所向。正如李大陵所概括的："从同盟会成立到武昌革命爆发，同盟会无疑是中国革命运动的主流。无论就组织大小活动和诉求来说，同盟会都是此期间最重要的团体。"③

---

① 李山主编：《三教九流大观》第1210页，青海人民出版社，1998。
② 孙中山：《建国方略》，《孙中山文集》第857页，团结出版社，1997。
③ 张玉法：《辛亥革命史论》第19页，三民书局，1993。

二、星火渐燎原

二、星火渐燎原

同盟会成立以后,在孙中山的主持下,首先完成以下两大方面的工作:在组织方面,创建国内外支部或分会;在宣传方面,打赢了同保皇派的论战。

政治组织建设是即将开始的武装斗争的政治保障。光绪三十一年(1905)八月初十日,孙中山派冯自由、李自重两人赴港,在香港、澳门、广州等处加强联络,组织同盟会分部,以扩张革命势力,并让冯自由主持香港《中国日报》的编辑事务。这是同盟会派员回国之始。九月初九日,孙中山坐船由横滨经上海到越南,过香港,为陈少白等人主盟入会;到了越南,组成越南同盟会分会;冬天,新加坡同盟会分会已经完成筹备工作,于翌年三月十三日正式成立,成为南洋英、荷两属地的总机关,成立地点就在孙中山下榻的"晚晴园"。到该年年底,国内多省由本省同盟会会员建立了分会,其中尤以两湖地区最为活跃。

经费是政治组织发展的基础。在同盟会成立4个月后,孙中山即以组织的名义筹措革命经费。先是在越南同盟会分会成立时,3次与闽粤华侨富商会面座谈。一是动员他们加入同盟会,以同盟会整合各立门户的洪门。二是向侨商募款。孙中山担心公开募捐会受到法国殖民当局干涉,就成立广东募债总局,以"中华民务兴利公司"的名义发行千元票面债券2000张,正面刊"公债本利一千圆券",右侧写"第一回□字第□□号。广东募债总局一年内还清",左侧写"总理经手收银人孙文印。天运岁次乙巳年十一月□日"(字样均为竖版)。债券在横滨印刷好后带到越南,到十一月十五日已经签发第135号债券。此次筹款是同盟会成立后的第一次行动,虽然未达到预期目标,但证明筹款是革命的一项重要工作。于此,学者徐渊概括得很到位:"孙中山一生都在为革命奋斗,同时,一生也在为筹款而奋斗。"① 光绪三十一年十二月（1906年1月）初七日，同盟会又以孙中山的名义，印制"中国革命政府债券"，债券两面分别为英文和法文，规定：中国革命政府约定付给持券人一百元；本政府在中国成立一年后，由广东政府官库或其海外代理机构支付。债券印好后，孙中山由南洋过香港当面交给冯自由。这些债券所筹经费曾用于黄冈、镇南关、河口诸役。河口起义失败后，所余债券移送新加坡，后销毁。清政府对同盟会发行债券很警惕，外务部还专门致电英、荷公使，禁止孙中山发售任何军务债票。②

光绪三十二年六月（1906年8月），因"苏报案"坐牢的章太炎（章炳麟）服刑期满，一出狱就被孙中山派来的留日士官生仇亮等接到东京，负责编辑同盟会机关报《民报》（图2.1）。

图2.1 《民报》

早在光绪二十五年（1899），孙中山、章太炎二人就在横滨相识，他们彼此欣赏，并在"排满"方面形成共识。章太炎（1869—1936），原名学乘，字枚叔，别名炳麟，号太炎，浙江余杭人。其家学渊源深厚，23

---

① 徐渊：《说说"中华民务兴利公司债券"真相》，《钱币博览》2007年第4期。
② 陈锡祺主编：《孙中山年谱长编》（上）第362－366页，中华书局，2003。

二、星火渐燎原

岁师从俞樾研习古文经学，30 岁时已是有名的儒师。康梁变法时，他参与编辑《时务报》，以改良派自居，曾投靠张之洞，幻想通过张之洞之力推动变法。焉知善变的张之洞在变法前向后转，推出《劝学篇》以示效忠于清廷，他愤而离开湖北，加入维新变法的行列；戊戌变法失败后，被清政府列入黑名单，逃到台湾避难。光绪二十六年（1900），唐才常在"勤王"还是"革命"态度上模棱两可，章太炎剪辫以示革命之决心。光绪二十七年（1901），章太炎在《国民报》上发表文章，正式点名批判梁启超，公开与改良派决裂。翌年，章太炎因与唐才常的交往以及在苏州任教时"言论恣肆"，再次遭到通缉，复至日本，经秦力山穿针引线与孙中山再次会面。孙中山以高规格的礼仪接待他，二人就革命后的典章制度和土地赋税问题深入交换了意见。章太炎还与秦力山发起"支那亡国二百四十二周年纪念会"活动，并亲自起草《宣言书》。虽然此纪念活动受到日本当局破坏未能如期进行，但在留学生中间产生了影响。不久，章太炎回到上海，住在租界内，与蔡元培一起兴办中国教育会并开展讲学活动。光绪二十九年（1903）春夏之际，他为邹容《革命军》写序，大造革命舆论。清统治者遂制造"苏报案"，将他投入监狱，殊不知他的革命名声却因此大振。

现在，革命"三巨头"聚在一起，并进行了合理的分工：孙中山负责发展组织、筹措经费，黄兴主庶务及军事，章太炎主《民报》搞宣传，3人各司其职、各负其责。

光绪三十二年（1906）秋冬间，孙中山、黄兴、章太炎等人制定了《革命方略》。《革命方略》包括《军政府宣言》、《军政府与各国民军之关系》、《军队之编制》、《战士赏恤》、《军律》（二十二条）、《招降清朝兵勇条件》、《招军章程》、《对外宣言》、《略地规则》、《因粮规则》、《安民布告》、《扫除满洲租税厘捐布告》等文件，明确提出了革命党人武装反清的基本策略。《革命方略》的主要精神在于组织国民军、推翻清王朝、建立军政府，是日后各地起义的指导性文件。

其中，《军政府宣言》是纲领性文件，其内容分为四纲三期措施，对军政府每期的任务有明确规定。第一期为"军法之治"，即在军事斗争和军事管制时期，军政府的任务是破敌之后要以扫除积弊，废除暴政，纠正风俗为主，并办教育、修道路、设警察、兴实业等；"军法之治"的单位往下到县一级，实施期限一般为 3 年，3 年后进入第二期。第二期是"约法之制",军政府以地方自治权归于人民,地方议会议员及地方行政官皆由人民选举产生,军政府自揽国事,实施时间以天下平定后 6 年为期限。第三期为"宪法之治",军政府解兵权、行政权,国民公举总统及公举议员以组织国会,自此,国家政事依宪而行之。此宣言发挥了"今日革命之经纶暨将来治国之大本"的作用。

《革命方略》中对组织国民军的任务有具体规定:首先,国民军是以主义集合,非以私人号召;国民军招募 18 岁以上 40 岁以下"凡有志愿充当国民军之人",其中包括各地革命军和投降的清朝兵勇。国民军人入营之始,必须宣誓遵守同盟会的政纲,宣誓服从国民军军律。这说明中国同盟会已经明确了通过建立军队来实现政治主张,遗憾的是,国民军在辛亥革命前一直没有建立。

《革命方略》对"略地办法"和"军需问题"也有涉及。"略地"是要把清王朝统治的地方,上自省会、下至州县,通过国民军攻占、义民响应或敌军反正置于军政府控制下。军政府对所控制之地区将实行缴收敌人军械粮食、查封府库官业、官印文书、破监狱尽释囚徒等政策。军需是打仗之必要准备,《革命方略》规定国民军每军设立因粮军,专司因粮一事,按"每日经十人养一兵"的原则,"凡军行所至之地,因人民多寡,以定驻军多少"。"军需问题"主要提出解决军需供应问题的办法,即没收一切清朝的官产及反抗军政府的清朝官吏和其他分子的家产,给价收买军政府境内一切可应用的货物,向境内有家产的人借用现银和按财产多寡抽收捐输,发行军事用票等。

孙中山等把武装斗争夺取政权作为革命的头等任务无疑是正确的。《革命方略》被同盟会会员传回国内,在各省秘密流传,成为革命后新政权立章建制的准绳。当然,《革命方略》毕竟是纸面上的东西,如何在革命实践中有效落实才是关键所在。特别是《革命方略》对革命战士的来源和根据地建设没有予以高度重视,甚至可以说是"十分忽视和无能的"[1]。《革命方略》所存在的这些局限性也是同盟会政治纲领的局限性,是故,到辛亥武昌起义,由同盟会或由其他革命团体领导组织的较大规模的反清起义有十多次,均以失败告终。尽管如此,星火可燎原。

---

[1] 隗瀛涛、吴雁南主编:《辛亥革命史》(中)第 653 页,东方出版中心,2010。

二、星火渐燎原

1. 萍浏醴起义

光绪三十二年十月中旬（1906年12月初）到十二月中旬（1907年1月底），在萍乡、浏阳和醴陵交界处爆发了以洪江会会众为主力、由同盟会员组织领导的武装起义。（图2.2）

图2.2 萍浏醴起义形势

（引自辛亥革命武昌起义纪念馆编《辛亥革命史地图集》第53页，中国地图出版社，1991）

自从洪江会首领马福益被清统治者逮捕杀害后，会党兄弟们对清统治者更加痛恨，一直在寻找机会复仇。马福益遇害后，洪江会的整体力量并没有受到多大损失，其基本情况大致如下。浏阳的会党势力最大，共分为3股，主要代表人物为龚春台、姜守旦、冯乃古，各领人马数千人。其中,龚春台、冯乃古均属于哥老会,平日相对独立;姜守旦的帮会为"洪福齐天堂",即洪福会,平日以遵守江湖规矩为安,与龚春台也无往来。萍乡安源煤矿有会党数千人,煤矿包工头萧克昌是首领。醴陵会党首领为李香阁,他们同龚春台保持着紧密的联系。但主要问题是,这些会党群龙无首,急需一个统一组织来领导。

光绪三十二年(1906)夏初,同盟会湖南分会负责人之一禹之谟和宁调元组织了"公葬陈天华和姚宏业"的活动,陈、姚两位湘籍青年正值风华正茂之年,为促成革命事业,陈天华在日本投海,姚宏业在上海投江自杀。禹之谟的目的是想以二人的壮举激励湖南青年一代的革命热情,借机宣传革命思想。禹之谟当时亦提倡实业救国。湖南巡抚庞鸿书当时未敢阻挡,事后却找借口将禹之谟逮捕入狱,又因无法罗织罪状,就将其移到常德监狱监禁起来。清政府如此做法,更加激起革命同志的怒火,反清思想在湖南迅速传播。

就在这时,同盟会会员刘道一、蔡绍南等从日本回到湖南,目的是"运动湘军,重振会党"。据刘揆一所讲,他们此行是受黄兴所派,临行前,黄兴一再叮嘱他们做好会党的思想工作,称:"今之倡议,为国民革命,而非古代之英雄革命,洪会中人,犹以推翻满清,为袭取汉高祖、明太祖、洪天王之故智,而有帝制自为之心,未悉共和真理,将来群雄争长,互相残杀,贻害匪浅。望时以民族主义、国民主义多方指导为宜。"①刘道一回长沙后,积极接触相关人员。他约十几个志士在长沙陆洲船上集会,这是首次会议,参加会议者多是原华兴会会员。会上,刘道一、蔡绍南转达了黄兴以往联络会党的意见:革命军发难,以军队与会党同时并举为上策,否则亦必会党发难,军队急为响应之。会上,刘道一还透露了其兄刘揆一与黄兴正在运动鄂、赣、宁各省,乘时响应。会议明确要求同盟会要与会党联合,同时并举,又对各项事务做了分工,议定于年底官署封印时发动起义。

会后,刘道一留在长沙全盘负责筹备工作,并和同盟会东京本部联系。蔡绍南回到家乡萍乡上栗活动,在当地人魏宗铨的配合下开展宣传动员和联络会党工作。魏宗铨是明德学堂的学生,家境富裕,世代贩运萍

---

① 刘揆一:《黄兴传记》,中国史学会主编:《辛亥革命》(四)第282页,上海人民出版社,1981。

二、星火渐燎原

煤,虽不是同盟会会员,却很敬佩黄兴。这些活动将各派山堂力量联合在一起,形成了以洪江会为基础的一支武装力量。

蔡绍南、魏宗铨二人曾约集各会党首领龚春台、萧克昌、沈益古、廖叔保、邓廷保等百余人在萍乡蕉园聚会,以为祖先做"冥寿"为名,举行开山堂大典,统称"六龙山",号称"洪江会",推选出龚春台为大哥,"称奉孙中山先生命,组织机关,以备驱策",以忠孝仁义堂为最高机关,下设文案、钱库、总管、训练、执法、交通、武库、巡查为"内八堂",各司职务。又设从第一至第八路码头官,为"外八堂",其下还设有"红旗""跑风"等职,负责侦察通讯、联络。① 另外,在麻石设活动机关,魏宗铨的全胜纸笔店被用来接待会友、筹划经费和议事。

会后,他们大力吸纳会员。入会程序较为复杂:初由红旗介绍,告码头官许可,由码头官监视入会。待正式入会时,先饮公鸡血酒宣誓,誓词为:"誓遵中华民国宗旨,服从大哥命令,同心同德,灭满兴汉,如渝此盟,人神共殛。"再读如下口号:"六龙得水遇中华,合兴仁义四亿家,金相九阵王业地,乌牛白马扫奸邪。"又喊内口号"同德"、外口号"擒王"。以上礼仪完成后,给入会者一面布票,票面上横写"还我河山",左书"忠孝仁义堂",右注第几路第几号,中书会友姓氏,票底另有四语云:"一寸三来二寸三,六龙得水遇奇奸,四五连一承汉业,全凭忠孝定江山。"出于保密的考虑,入会仪式一般于晚间进行。

在五六月间,龚春台、蔡绍南等约集各路首领秘密聚集于萍乡县属大岭下弹子坑的慧历寺,召开了一次重要会议。会议决定:准备制造和购买军械火药;派人联络姜守旦、冯乃古,争取他们两部加入洪江会;又派蔡绍南、魏宗铨赴上海、日本,与中国同盟会取得联系,要求其接济军械,请示起义日期。

八月初,蔡绍南、魏宗铨把工作交给龚春台、许学生、李金奇以后,抵上海,找到同盟会湖南分会的宁调元、李发群。李发群介绍魏宗铨入盟,并开具往东京同盟会本部的介绍信函。蔡绍南、魏宗铨正要启程赴日时,突然接到龚春台的急信,急忙返回。

原来长江中下游各地淫雨连绵,洪水横流。江西南部、湖北西部、四

---

① 邹鲁:《魏宗铨》,《中国国民党史稿》(下)第1227页,东方出版中心,2012。

川东南部遭受水灾。位于湘赣两省接壤处的萍浏醴地区灾情更重，官僚豪绅乘机囤积居奇、哄抬粮价，导致安源矿工的生活状况急剧恶化；贫民生活犹如立锥，对地方官员极为不满。

其时，洪江会发展太快，会内人多嘴杂，对起义之事很难保密。萍浏醴三县的官绅听到风声后也在暗中密谋抓捕。八月十五日中秋节，麻石按例酬神开戏，戏场有3处，每处每天聚众数千人。二十日，三县官绅突然派出防勇到麻石搜捕会党。会众猝不及防，纷纷逃散。第三路码头李金奇被追踪，跳入醴陵的白兔潭，不幸牺牲。这对起义队伍是一个沉重的打击。

蔡绍南、魏宗铨从上海回来后，看到风声日紧，就分赴浏阳普迹寺和萍乡安源，联络萧克昌、冯乃古等，商议在农历年底同时举事。萧克昌表示同意，其部下则建议提早发动，因为年末工人要回家过年。正在这时，李金奇的副手张折卿被捕。张折卿一向在萍乡一带活动，在矿工中很有影响，他的被捕让矿工们更为激动，于是有传闻说矿工们要到醴陵劫狱。官府遂加紧行动，将张折卿杀害。几天后，会众借书院放假的机会，在萍乡上栗书院聚集千余人，举行追悼李金奇的活动，此举暴露了革命军的力量。地方政府闻风，加强了防范，并急派军队赴各乡缉拿大头目。

九月三十日，地方政府侦得大头目孙绍山等要在萍、浏边境的萍实里聚众别开山头，派兵查拿。孙绍山得到消息后躲避起来，清兵在他的山棚里拾得蔡绍南、姜守旦、孙绍山等名片8张，另有名单一纸，上有"复龙山本月十四开山祭祖，扭转汉氏得明朝"等字样。得此"罪证"，醴陵知县汪文博立即贴出"严禁匪会，解散胁从，令已入匪会者速缴票自首。设自新桶悬渌江桥，许具悔人自投名条"的布告。① 负责人之一许学生来不及逃脱，被捕遇害。

萧克昌被部下说服，暗中派人至上栗总机关商议克期举义，拟先劫安源矿警枪支，再攻占萍乡县城；同时，由姜守旦占浏阳后合攻长沙。上栗市方面以准备未周，外援尚无安妥答复，坚嘱这边不要轻举妄动。

十月上旬，清府派巡防营二哨驻安源煤矿，萧克昌觉得形势已经迫切，但仍不敢轻举妄动。清巡防营管带胡某以萧克昌部属甚众，也不敢擅

---

① 黄一良辑：《一九〇六年萍浏醴起义的几件史料》，中国科学院历史研究所近代史资料编辑部编《近代史资料》第11册第65页，知识产权出版社，2006。

二、星火渐燎原

自挑起冲突。双方处于对峙之状。萧克昌在犹豫不决中错过了起义的好时机。地方士绅不同情起义军,带领清军抄没慧历寺机关,僧人全部被逐出,起义队伍失去了一个掩护据点。十月十四日,醴陵知县汪文博致电安源代办铁路局林总办嘱办停车,电文为:"探确醴匪拟合安源匪起事,醴已严备,请停车严查。"① 安源一处已经受到严密的监视。

十月十七日晚,蔡绍南、龚春台召集各路首领在萍乡县(今萍乡市)高家台开紧急会议。会上有两种意见:一种是各路码头官认为各县洪江会众已有十多万,应该先下手,会攻长沙、南昌两城;另一种是龚春台、蔡绍南、魏宗铨等几个组织者认为"军械不足,主稍缓以待后援"②。持前一种意见的人较多。直至翌日清晨,总指挥部还在讨论争执中,而从各处聚集来的会众人数越来越多,会党首领之一廖叔保就机集合两三千人在麻石高举"大汉"字样的大旗两面,另举上书"官逼民反""灭满兴汉"字样的小旗百余面,向上栗市进发。起义不得不发,龚春台等檄告姜守旦、冯乃古等处同时发动,并分发了所藏的少数军械、火药、土炮、长矛、大刀等武器,决定以攻取上栗为第一站,占领后即以此为根据地。

上栗是萍乡县北乡的中心市镇,离县城80里③,离浏阳、醴陵两县的边界都不过20里左右,水路能通长江、汉口,地理条件是非常有利于起义队伍的。

十月二十日,两万多起义者头缠白布,有的手持各种武器,有的则赤手空拳,向上栗进发。革命队伍声势浩大,但存在两大弱点:一是起义队伍中许多人对起义的意义没有达成真正的共识;二是起义者缺少作战经验和训练,也没有组织起一个有效的指挥机构。与此同时,革命军的武器装备比较简陋,战士手持的多是木杆、刀矛、鸟枪、抬枪、小手枪等,不少人还是徒手。清军的武器不但精良,而且作战经验远胜于革命军。双方军力形成鲜明对比。

十月二十一日晨,革命队伍到达上栗,驻在上栗的清军只有20人,

---

① 黄一良辑:《一九〇六年萍浏醴起义的几件史料》,中国科学院历史研究所近代史资料编辑部编《近代史资料》第11册第66页,知识产权出版社,2006。

② 邹永成口述、杨思义笔记:《邹永成回忆录》,中国科学院历史研究所近代史资料编辑部编《近代史资料》第10册第89页,知识产权出版社,2006。

③ 1里为0.5千米。下同。

听到风声就逃跑了。革命军轻松占领了要地,沿途受到民众欢迎。龚春台直抵上栗镇内万寿宫驻扎。各处响应者有四五千人。龚春台被公推为"大汉光复军南军先锋队都督",新政权张贴布告晓谕民众以稳定社会秩序。龚春台签署发布《起义檄文》,任命蔡绍南为左卫都统领兼文案司、魏宗铨为右卫都统领兼钱库督粮司、廖叔保为前营管带、沈益古为后营统带,起义队伍的领导核心初步形成。

十月二十二日,龚春台得知浏阳有数千会友听候调用,姜守旦也准备响应,于是,留沈益古领五六百人驻守上栗,其余进兵浏阳,队伍约有2万人。

姜守旦自号"新中华大帝国南部起义恢复军",发布《布告天下檄文》,集合齐山、大光洞、溪洞3处会党1万多人,进攻浏阳县城。

几路人马合在一起超过3万人,有学者统计更多。① 这时的革命军虽然在武器装备上仍无多大优势,但士气高昂,是武器精良的清军所不能比拟的。

不幸的是,清军巡防营得知上栗起义军的大部队已经离开,派步兵二哨连夜经山道来攻。十月二十五日晨,出山峡至上栗四五里的栅上,布阵开枪。理论上讲,革命军的人数比清军多,奈何没有精良武器可用,不少徒手者听到枪声后就逃跑了,少数人持落后武器抵御,如沈益古左手持锅盖,右手执大刀,连杀清兵10多人,故这场战斗革命军终因力量悬殊,以失败告终。革命军战死至少七八十人,第一个根据地陷落。

另一支清军由袁州出万载,万载虽有众多会友,但眼见清军经过,竟不敢阻击;慈化的党军亦多是空手,听闻上栗败失,不战而散。至此,革命军夺得的根据地全部丢失,前行的革命大军陷于腹背受敌的困境。

在浏阳,清军击退姜守旦的进攻后,于十月二十七日集中兵力南下,攻击已进据南市街的洪江会。革命军退到牛石岭。清军占领了有利地形。本来革命军军心已经不稳,清军一开枪,队伍就失控,开始大批逃散。坚持抵御的只有邓廷保等200余人,到日暮,起义者或战死,或逃散。牛石岭战役成为决定性的一仗,革命军主力至此全部瓦解。龚春台、蔡绍南等化名逃走。蔡绍南在途中不幸被捕遇害。龚春台到达普迹镇时,得知哥老

---

① 其统计人数是3.6万。见饶怀民:《丙午萍浏醴起义义军人数补正》,《益阳师专学报》(哲学社会科学版)1989年第3期。

二、星火渐燎原

会大头目冯乃古已被清军诱杀,遂潜往长沙匿名隐居。

醴陵的洪江会众千余人早在龚春台攻克上栗市的同一天,由李香阁率领起事,向县城进军,在距城10里处与清巡防营相遇。刚好株洲清军60来人乘火车来支援,革命军不明敌情,军心动摇,一触即溃。

安源煤矿原本就被清政府严密监控。听到起义风声,官府立即派巡防营管带胡应龙率百余人驻矿弹压。醴陵会党的左军统领殷子奇曾约安源的萧克昌会攻醴陵,萧克昌未回应;十月十八日,洪江会员罗良初在安源被捕,次日,他供出起义计划,并称大头目在萍乡安源,萧克昌马上失去了自由。

牛石岭战役失败后,清军继续向萍浏醴地区厚集兵力,清廷命江西按察使秦炳直节制三省各军。十月二十九日,南京第九镇统制徐绍桢率所部第三十四标抵江西。十一月初三日,鄂军第八镇协统王得胜也率二十九步队三营、炮队一队抵萍乡,另派步、炮一队专驻安源。在这种情况下,安源矿工起义已不可能。不日,萧克昌被捕遇害。官府又在安源矿工中间实行连环保结,无保者被开除,其中多为湘籍人,用火车押送至边界后遣散。魏宗铨、廖叔保、沈益古等人分别被捕杀。萍浏醴三县附近的洪江会会众人数虽多,听到进攻浏阳的主力溃散的消息也很快就士气低落,渐无活动了。

又,十月二十九日,清军袭击洪福会的总部驻地大溪山寨,孤立无援的姜守旦率众仓促应战,败退永安市,又退向大光洞。十一月初五日,再败于平江沙铺,姜守旦进入江西义宁县境,不知所踪。

刘道一听到麻石起义的消息后,迅速赶往长沙,欲策动新军及巡防营起义响应,不幸被清廷侦探发现,被捕入狱。湖南巡抚岑春蓂等都以为刘道一是其兄刘揆一,刘道一顺势承认,旋即被杀害于长沙浏阳门外,时年22岁。其妻听到噩耗悲痛不已,自缢而死;几个月后,其父也因悲伤过度去世。此外,还有数十名起义将领或阵亡或遇害。在东京的黄兴听闻刘道一的凶讯,哀痛欲绝,与刘揆一相抱痛哭,痛惜地说道:"吾每计议革命,惟伊独能周详,且精通英语,辩才无碍,又为将来外交绝好人才,奈何死于是役耶!"并作悼诗,首句为"英雄无命哭刘郎,惨澹中原侠骨香"。刘道一与秋瑾等是黄兴创办的学习炸弹机关的十人团组织的成员,秋瑾听到他殉难的噩讯后悲愤不已,急与徐锡麟相谋起事。① 孙中山在《孙文学说》中谓刘道一等同志是"同盟会员之第一次流血"。

萍浏醴三县的革命起义经过半个月的奋战失败了。

萍浏醴起义失败的客观原因是湖南官府势力强悍,严密防范,凶残镇压,逐一击破。而革命起义队伍自身存在诸多不足则是起义失败的主要原因。第一,起义计划不够周详。前期准备工作尚有秩序,后来,形势变得严峻了,则仓促应战。第二,起义队伍自由散漫,不听指挥,行动不统一。起义各部各存门户之见,往往擅自做主,战场上不能互相配合。洪福会的姜守旦虽答应举兵响应,却要求不受洪江会节制。正因为缺乏全盘统一指挥,起义部队必然被各个击破。第三,起义队伍缺乏战斗经验,武器装备落后,战斗力远不及清军。第四,数千安源矿工是一支重要的力量,但由于萧克昌犹豫不决,错过了起义的最佳时机。第五,起义队伍仍然脱离不了"反清复明"等陈旧口号,缺乏广泛的号召力。另外,外援不够及时。黄兴在闻听起义失败消息时"击桌愧愤",后悔他与刘揆一未能早点回国,他们原计划于十一月带械回湖南。尽管未在国内,黄兴仍被清政府列入悬赏通缉"匪目"的12人名单中。

萍浏醴起义的意义是深远的。虽然起义的性质至今仍存在争论,但多数学者赞同三省边界起义是同盟会领导下的一次具有民主革命性质的起义,应当作为同盟会领导的首次起义载入史册;并且,起义前,刘道一曾密电东京,电报被湖北电局扣压;孙中山、黄兴从日本报纸上获得起义消息后,立即派朱子龙、梁钟汉、孙毓筠、权道涵、段书云等回国;光绪三十二年十二月(1907年2月)下旬,在东京的革命党人为刘道一召开了隆重的追悼会。这些都说明这次起义与同盟会确有关联。在开追悼会前后,日本政府应清政府的请求,要求孙中山离境,理由是孙中山是此次起义的领导者,追悼殉难烈士也是此次起义的余波。孙中山离开日本后,往来于香港地区及河内、西贡、新加坡等地,又亲自策划了6次起义。从此,革命风云激荡全国。各地同盟会会员加紧活动,革命形势进一步向前发展。从这个意义上讲,正是萍浏醴起义打响了共和民族民主革命的第一枪,而安源矿工的参与更有唤起中国工人阶级革命意识的意义。

---

① 刘揆一:《黄兴传记》,中国史学会主编《辛亥革命》(四)第287页,上海人民出版社,1981。

2. 中华革命军中越边境起义

从光绪三十三年（1907）四月到三十四年（1908）三月，不到一年的时间，孙中山和黄兴在两广和云南中越边境接连发动 6 次反清武装起义。鉴于起义首领一般都用"中华革命军"相号召，也称为"中华革命军起义"。

大约在光绪三十二年十二月（1907 年 2 月）下旬，袁世凯为消除革命党在海外的活动，向清朝廷献了"拔本塞源"四策，第一策即为"对日交涉，驱逐孙中山，查禁革命党"。庆亲王奕劻遂致信伊藤博文，要求驱逐孙中山。日本政府随即下了驱逐孙中山出境的命令。伊藤博文等又考虑孙中山领导的革命如若取得胜利会涉及日本在华利益，于是授意内田良平宴别孙中山，又由外务省出面赠予 7000 元资费。带此经费，孙中山被迫离开日本，经新加坡到达越南，在河内甘必达街 61 号设立华南起义的总机关，并继续在旅越华侨富商中募集经费。

孙中山原计划是钦、廉、潮、惠四府同时起义，待造成一定的影响后再经营华南。虽说是几处同时举义，但钦、廉是重点。从地理位置上看，钦、廉位于两广边境、中国南方边陲，西有十万大山，与越南交界；南临东京湾，有钦州湾港口；东与廉州、合浦接壤；北邻灵山。钦、廉当时隶属广东省，革命军拟以此作为向南宁推进的根据地。此处离越南的边境通道不远，也便于从河内输送枪支弹药，完全符合孙中山的总战略，即：在华南地区沿海发动起义，易得海外枪械的接济；先夺取两广为根据地再北上；长江南北革命党人则发动起义响应。

从作战力量来看，革命党有两支现成武装可作为依靠的对象。一支是广西会党首领王和顺。孙中山路过西贡时曾与王和顺见面，并吸收他加入同盟会，又一起到河内部署起义事项。另一支是清军广东巡防营统领郭人漳和新军管带赵声两部。其中，郭人漳和黄兴是同乡，且有中表之亲。黄兴在长沙起义失败后，曾化名张守正，在郭人漳营中做过幕僚，蔡锷当时为参谋。赵声（1881—1911），原名毓声，字伯先，号百先，江苏丹徒（今镇江）大港镇人。江南陆师学堂毕业，光绪二十九年（1903）在日本结识黄兴后，萌生革命之志，进入南京第九镇任新军管带、标统等职；同盟会成立后，由黄兴主盟，加入了同盟会；因被告发说有反清异心，被迫离开第九镇，南下广东谋职，很快升迁为管带。在孙中山和黄兴看来，这是一支完全有把握争取的军队。

光绪三十三年（1907）三月，黄兴受孙中山指示，从香港到肇庆运动郭人漳，但获知郭人漳已调到钦廉，加之清政府扬言要港督引渡他，黄兴只好返回日本再到河内，与孙中山会合。

是时，钦廉一带正发生大规模的三那抗糖捐斗争。"三那"指钦州的东部的那黎、那彭、那思三墟。三那田地肥沃，农民多以种蔗榨糖为业。上一年，钦廉道尹又新设局开征糖捐，盘剥百姓，引起民众反抗。素有人望的刘思裕被推为抗捐领袖，表示誓不纳捐，一时参加的人数达千人。孙中山认为时机成熟。

黄兴到安南后，与孙中山做了如下部署：召集同志，聘任法国退伍军官，占领防城东兴沿海一带，组织正式军队，与钦州各乡团勇，联合举义，以图赵、郭之响应；派日籍友人萱野长知回日本，会合刘揆一、何天炯等筹备军械；派同盟会员邝敬川携款去做抗捐斗争队伍的联络工作；派胡毅生入赵声营中，动员郭、赵届时起义响应，胡毅生在上一年就受孙中山委派回国调查内地形势，桂黔川是主要目的地，已与郭人漳熟识。

钦廉之役

同盟会会员邝敬川到钦廉后，与当地会党头目梁少廷、梁瑞阳、梁疤头等相识，一起动员抗税首领刘思裕、黄世钦等加入革命队伍。刘、黄等同意在同盟会领导下将抗捐请愿升级为武装暴动。意见统一后，众人推选刘思裕为元帅、黄世钦为副元帅、邝敬川为参军，择期起义。（图2.3）

同时，黄兴也潜入钦廉，与刘思裕面议具体事宜，又另派同盟会女会员数人潜入该地。其中，庄汉翘住在刘思裕家中，与刘妻结拜为姐妹，共同策划配合。革命党人还从安南运来驳壳手枪予以支援。"由于有了革命党人的策划协助，三那反抗糖捐的斗争声势日益浩大，直接参加斗争的民

二、星火渐燎原

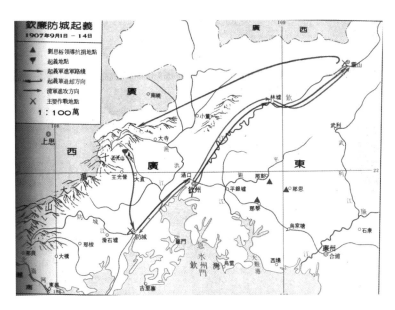

图 2.3　钦廉防城起义形势

（引自辛亥革命武昌起义纪念馆编著《辛亥革命史地图集》第 56 页，中国地图出版社，1991）

众约二万人"，邻近地方民众参加者也达两万。①

随着抗捐税斗争的深入，地方官吏以"刘思裕揭竿倡乱"上报。两广总督周馥遂令郭人漳率清巡防营三营、赵声率新军步兵一营和炮兵机关一队去镇压抗捐队伍，又通过广西提督调拨衡军二营、绥远军一营予以支援。孙中山派人送信给正在赵声营中的胡毅生，令其转达并乘机反戈起义。但信没有送到郭人漳手中（另一说为郭人漳"佯示应允"）②。总之，郭人漳带兵悄然到达抗捐队伍的主要地带，以开花炮猛烈轰击抗捐队伍，刘思裕正在高处指挥，不幸中炮阵亡。众人见元帅阵亡，顿时四散逃跑。清军到来，烧杀无度，"乡民毙命无算"。起义计划遭到破坏，钦廉一带的革命陷入低潮。

---

① 罗绥章：《钦县三那反抗糖捐斗争与钦防之役》，全国政协文史和学习委员会编《亲历辛亥革命：见证者的讲述》（上）第 390 页，中国文史出版社，2010。

② 关于郭人漳的态度，现在说法主要有这两种，见隗瀛涛、吴雁南主编：《辛亥革命史》（中）第 669 页，东方出版中心，2010；金冲及、胡绳武：《辛亥革命史稿》（2）第 497 页，上海辞书出版社，2011。

潮州起义

潮州与黄冈的起义原定是以潮州起义为主,黄冈起义为辅,事实却恰好颠倒过来。许雪秋是潮州起义的策动者。

许雪秋(？—1911),广东海阳(今潮州市潮安区)人,父亲为华侨富商,在新加坡经商。他自小随父亲在南洋学习商业,生财有道,成为当地大绅。许雪秋萌生革命之志与新加坡的氛围有关系。新加坡是南洋华侨的主要集结点之一,许多富商满怀爱国之情,密切关注国内动态,闽籍人陈楚楠、粤籍人张永福更在兴中会会员尢列的影响下,转变为推翻清朝的革命志士。光绪三十年(1904),他们创办了《图南日报》,宣传革命主张,一年内渐有起色;其间,还翻印邹容的《革命军》,新取名为《图存篇》予以散发,并托可靠之人秘密带回福州、汕头、潮州等地;又,新福州农场主黄乃裳回国时又带2000多本《图存篇》沿途分发,同时在汕头结识许雪秋、陈宏生等人,明赠书籍,暗谈革命。许雪秋所结交的学界友人吴金铭、刘凌苍平时倾向革命,也促使许雪秋在思想上完成转变。

光绪三十一年(1905)正月十二日,许雪秋约友集会,商定革命起义,大家共推许雪秋为革命军司令,拟于三月十五日在潮州起义。许雪秋派人联络外省响应,联络目标是会党、学界、工界,更设法取得潮汕铁路的建筑承办权,然后派革命党人渗入其中充当工头、工人。这是比较新颖的斗争方式。可是,由于工人中间的负责者李杏坡用人不慎,机密被泄露,清政府立即搜捕,李杏坡和参谋长吴金铭被逮捕,许雪秋依靠强硬关系的保护躲过此劫,但起义计划流产。此后,许雪秋重赴南洋,准备再举义旗。

光绪三十二年(1906),当孙中山到新加坡时,许雪秋在张永福的引见下拜访了孙中山。孙中山高度肯定许雪秋此举,重申潮汕可作为夺取广东全省的根据地,又以同盟会总理的名义任命许雪秋为"中华国民革命军东军都督",并授机宜,许雪秋遂回潮州联络会党,准备起义。许雪秋还到香港见了冯自由等,希望东京同盟会本部派人援助起义。孙中山遂派留学生方瑞麟等5人协助许雪秋开展工作。

光绪三十三年(1907)农历近年关时,许雪秋在家里集会,决定于正月初七日发难,计划由饶平县浮山墟进攻潮州城为根据地,促黄冈、惠来、丰顺等处克日发动。可是,计划赶不上变化。到了那天,天气恶劣,狂风暴雨,所联络的人马未到,起义时间只好推迟。

二、星火渐燎原

许雪秋到香港总部汇报并电告孙中山实情。孙中山回电要求他暂时隐蔽,等待与钦廉、惠州同时行动。于是,许雪秋派吴东升等人去黄冈通知陈涌波,约定四月十四日发难,他与其他人留在香港等候新的部署。

黄冈起义

东方不亮西方亮,原定配合潮州起义的黄冈却先行起义。黄冈是一个商业繁荣的大镇,也是赴闽粤必经之道,清政府于此设协镇、都司、守备及左右城守、同知巡检等文武官员,足见其重要性。热闹繁华之处也是革命者最安全的地方,众会党以此处为会集地。潮州起义计划虽未能实施,但是,风声已露,潮州镇总兵黄金福派蔡河宗带领40名防勇驻扎在此,日夜巡察。

四月十一日,北门外演戏,清军防勇在戏台前调戏妇女,引起群众不满,有人仗义执言。防勇回去后报告蔡河宗,蔡下令抓人,被捕的群众中有起义人员邱保、张善二人。革命军领袖余既成集会商议救援办法,定下当晚"硬抢"的计划。

晚上,余既成率众号称千余人(实700余人)直扑协署,与蔡军展开恶战,起义猝然开始。这时,双方的军事力量悬殊,革命军只有人多的优势,巡防营人数虽少,但武器精良。

双方进入僵持阶段时,天公不作美,天降大雨,革命军所用枪械多系土制,药弹淋湿即不能用,被清军逼退至城外。

天亮后,雨还没停,余既成主动出击,派遣队伍向城内其他衙署进攻,起义队伍气势复振。余既成派一小队纵火焚毁协署,清军军心动摇,投降缴械。革命军主要收获了九响步枪。这些步枪在当时是比较先进的兵器。清巡检王绳武和城守把总许登科被革命军处决;黄冈都司隆启被抓后,因其躯干肥硕,加以大枷,单独囚禁;同知谢兰馨逃逸。黄冈为革命军所占领。

革命军在黄冈都司署成立军政府,陈涌波任正司令,余既成、张跃为副司令,余家兴为总指挥,余通为财政,林省吾为书记。军队按照《革命方略》编为64个大队,发布檄文,宣布同盟会的纲领为革命宗旨。军政府又以"广东国民军大都督陈"的名义布告安民,免除苛税,"除暴安民",黄冈社会秩序井然有序。

战局平静两日。这两天,革命军没有及时乘虚进军潮州,是失策。

两日后,双方再战。清军虽是仓促应战,却于四月十四日凌晨到达离黄冈仅20余里的洪洲,抢先占领了有利地形。该处有士绅用石头堆成的炮垒,可避弹丸。革命军抵洪洲后,双方展开激战。清军开排枪扫射,革命军死伤众多,到中午有溃退之势。余既成知道后,"乃披发誓众,众大感动,誓与死战,气势复壮"①。起义战士负着浸水的棉胎做防弹衣,易枪为刀,与清军鏖战,暂时占上风。然而,正当清兵不支时,游击赵祖泽、于监灶率队经水路来支援。革命军处于两面夹攻中,不能抵御,败下阵来。

两日后,潮州知府李象辰发布安民文告,夸大清军的战绩,劝告百姓安分守己,要求尽快恢复市场秩序。而革命军却没有根据地做支撑,粮食与枪械等问题根本无法解决,不能坚持战斗。

四月十七日,清军占领黄冈,起义队伍则自行解散。起义人员的花名册落到清军手中,清军按此搜捕革命党众,200多人遇害。许雪秋等在汕头得知失败的消息后,退回香港。余既成、陈涌波、余通和会众不久也到香港避难。

黄冈起义失败了。

惠州七女湖之役

黄冈起义消息传来后,负责惠州起义的邓子瑜立即集合部分会党准备响应,并于光绪三十三年(1907)四月二十二日在惠州府归善县(今惠州市惠阳区)七女湖发动起义。

邓子瑜是惠州归善人,早年交结会党,深得人心。1900年曾助郑士良在惠州三洲田起义。1905年冬加入同盟会。之前,孙中山派许雪秋赴潮汕行动时,"原定惠潮两府同时并举,以分清军之势",为此,先后派遣黄耀庭、余绍卿、邓子瑜3人从新加坡返香港,办理惠州及阳江、阳春等处军事业务。黄、余两人携款后杳无音信,只有邓子瑜坚持下来。邓子瑜是个侠义之士,在会众中颇有威信。为落实惠潮同举计划,邓子瑜原部署陈纯、林旺、孙稳等在归善、博罗、龙门等处分三路举事,结果三路中仅有一路发动,起义地点就在惠州城外20里的墟场七女湖。

起义队伍当天在城外七女湖截获清陆军和水师枪械,攻克附近村镇;各处会党闻讯赶来响应,5日内集结到300余人。战斗10余日,所向

---

① 冯自由:《冯自由回忆录:革命逸史》(下)第779页,东方出版社,2011。

二、星火渐燎原

披靡。

五月初二日,林旺率义军50人与清军管带洪兆麟遭遇,洪兆麟中枪坠马,其余死伤颇多。两广总督得到报告后,电调水师提督李准快速来援。李准即从澳头登陆向革命军扑来。革命军与之展开迂回游击战,"来去飘忽",清军"疲于奔命"。战斗相持10余天,最后,革命军孤立无援,只得在梁化墟附近将枪械埋藏,自行解散。

七女湖之役也告失败。

钦廉防城之役

广西会党首领王和顺随孙中山到安南后,等待时机举事。潜伏于清军营中的同盟会会员胡毅生及钦廉会党头目梁少廷均到河内向孙中山请援,孙中山遂派王和顺去钦州腹地开展工作。

王和顺与胡毅生一起前往廉州,住在赵声的军营中。王和顺化名张德兴,由赵声颁发正式委任状,经区家墟到了钦州府城。沿途清防军认为王和顺是上级派来的,不加防范。王和顺到三那附近,立即开始联络民众。刘思裕的侄子刘显明及梁少廷均率余部赶来会合。

七月二十六日,王和顺率领200多人由三那至钦州王光山,欲袭击防城。驻防清军倒戈响应。

七月二十八日,起义军占领防城,杀死县令。王和顺以"中华革命军都督"的名义向广州和海外发布《告同胞书》,申明:以自由、平等、博爱为根本,扫专制不平之政治,建立民主立宪的政体,行土地国有的制度,使四万万人无一不得其所。然后,王和顺留祁敬川守防城,自己带队直取钦州。黄兴也亲自到郭人漳处活动。但是,此时的郭人漳因镇压三那抗捐民众,已被清廷任命为"钦廉兵备道兼钦防边防督办",政治态度发生了变化。他声称"钦州不必战,晚来便得",黄兴等人都没有生疑;旋即,郭又派人相告,钦廉道王瑚及驻钦宋安枢部已有戒备,所部不能发动。其实是郭人漳不愿做内应;同时,他还在欺骗黄兴,企图让王和顺率领一支几百人的队伍冒险进攻重兵把守的南宁。当时,革命军人数总计不及500人。王和顺等人觉得此计划不妥,决定转攻清军守备空虚的灵山。

灵山为交通要道,从此处可由小路进入广西。革命军疾行3日,到达南劳墟,沿途受到百姓的欢迎。一些民团携械加入,起义人数骤增至数千人,而枪械不足千件。

背信弃义的郭人漳知道义军转攻灵山后,不仅派出部队"衔尾追击",

还密电灵山守将提前准备;黄兴识破郭人漳的真面目后,乔装离开,留在营中的眼线(霍时安)被郭人漳借口杀害;郭人漳派兵攻取防城,使该地革命军腹背受敌。

八月初一日,革命军进攻灵山。激烈的战斗进行了两天,但革命军毫无进展。清军凭借高而厚的城墙死守,王和顺军中缺少先进的攻城器具,云梯也只有两架,准备显然不足。王和顺下令组建敢死队登梯入城,受到清军阻击,只有刘梅卿数十人成功,其他人因梯子折断作罢。入城的革命军与清军苦战一日,伤亡惨重。敌人出城作战,城外革命军不支,只得退向廉城所属地区。离廉城80里的赵声因势单力薄,也不敢响应,王和顺只好率部经狮子山退到罗蒙小洞。几天后,军中枪械短缺,王和顺以向孙中山请示为名,离开队伍,往越南,所部退回三那后解散。梁建葵率余部退到十万大山,李耀堂率百余人到那勤、大录,准备东山再起。随后的上思起义主要依靠这两支队伍。

防城起义就这样失败了。

此役经历3个阶段:王和顺到三那组织起义、占领防城、攻取灵山。战役失败原因仍然是老问题:准备工作不充分,物质基础薄弱,枪械不足(进攻灵山城,原需要30架云梯,实际只有两架);致命的是,革命军没有自己的根据地,不能进退自如,不能有充分的供给和休息;起义人员缺乏坚定的信念,行动不能一致;在攻取灵山时,敌我双方力量悬殊,又腹背受敌,战役不可避免要失败,而郭人漳的叛变更让形势雪上加霜。

镇南关之役

光绪三十三年(1907)十月末,革命军在广西镇南关起义。这次起义是钦廉防城起义的继续,也是孙中山和黄兴的既定计划之一。镇南关起义形势如图2.4所示。

镇南关起义的领导者为黄明堂。黄明堂是钦州人,壮族,为当地土司,游勇头目,与同盟会合作之前在镇南关一带活动,"屡挫清军"。经同盟会会员的介绍,加入同盟会。

王和顺、黄兴退回河内后,又加入镇南关起义的筹划讨论中。镇南关附近各炮台均建筑在山顶上,用大石砌成,山路陡峭,易守难攻。他们决定采用"里应外合"之计,争取一举成功。

十月二十六日黎明,黄明堂率领镇南关那模村乡勇80多人,由镇南关背面小路,向炮台迂回偷袭。配合参加战斗的有铁路、商店、工厂的职

二、星火渐燎原

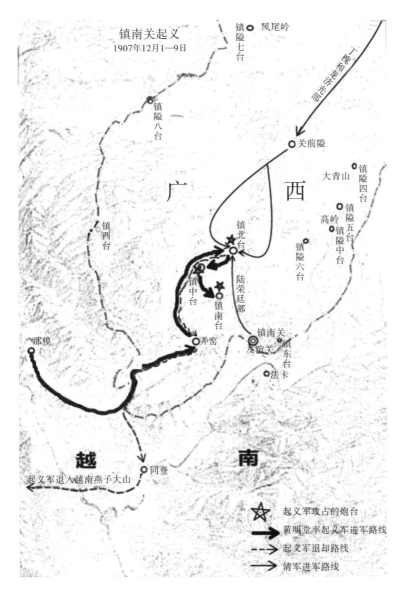

图2.4 镇南关起义形势

（原图引自辛亥革命武昌起义纪念馆编著《辛亥革命史地图集》第58页，中国地图出版社，1991）

工，做小贩的华侨200余人和国内失地农民、失业工人、苦力工人100余人，另有盘公仪、潘佩珠率领的越南光复会会员80余人，由菲律宾独立党彭西约来的菲岛同志30余人，总计400余人，并有内应。清守军只有百十来号人，遭革命军突然袭击，立即投降了。革命军乘胜占领右辅山的镇南、镇中和镇北3座炮台。

镇北的炮台地势最高，也最险峻，所拥有的武器计有德制12英寸①的大炮1门、7英寸的半野炮4门、7英寸的大炮1门、四响机关炮1门、臼炮6尊、小机枪4挺、步枪50余杆、炮弹数千发。至此，这些武器全为革命军所掌握。② 当青天白日旗随风招展时，吸引了附近的游勇参加革命队伍。第二天，清兵大部队靠近，革命军发大炮轰击，将之击退。

孙中山得到捷报，立即坐火车经越西铁路来到炮台阵地，发表演说，亲自指挥作战。二十八日，清军来攻，孙中山亲自开炮轰击，并在铁炮旁为伤员包扎治伤。这是孙中山一生中第一次如此近距离接触战场。孙中山还到附近村庄访问，宣传革命，受到村民欢迎。

不过，孙中山到现场后，很快就发现问题的严重性：弹药库存很少，根本不能坚持；只倚靠天险不能持久防御；从速购来武器也不可行；援军路途遥远，远水不解近渴。假心支持革命军的陆荣廷派200余人向炮台反扑，试探虚实后撤走。很快，革命军接到当地农民数人的急报，谓陆荣廷自带三营兵占领炮台邻近要地并与龙济光部会合，准备围攻炮台。同时，孙中山接到越南刘岐山的急件，谓运来的大宗粮食、枪械在文登被法军扣留。

料到大战在即，孙中山、黄兴、胡汉民暂时退回越南，与法军交涉争取解决粮食枪械，留黄明堂和加入同盟会的清军梁蓝泉继续战斗。

革命军奋勇战斗，几次击退清军的进攻，"总计此次的战斗，清军共死伤400余人，军官死伤者不少"③。革命军在镇南关坚持7个昼夜后，弹粮俱尽，于十一月初五日子时悄然退入越南境内的燕子大山。

镇南关起义失败。

此次革命武装起义失败的原因仍然是准备不足，缺乏后劲。且对陆荣

---

① 1英寸为2.54厘米。
② 梁列亚：《回忆镇南关起义》，全国政协文史和学习委员会编《亲历辛亥革命：见证者的讲述》（上）第374－375页，中国文史出版社，2010。
③ 梁列亚：《回忆镇南关起义》，全国政协文史和学习委员会编《亲历辛亥革命：见证者的讲述》（上）第378页，中国文史出版社，2010。

二、星火渐燎原

廷反革命的真面目识别不清,盲目信任,又太倚重外援,最后只能自食苦果。

钦廉上思起义

光绪三十四年(1908)二月,孙中山被迫离开越南,临行前将军事托付给黄兴和胡汉民,又派黄兴再次进入钦廉地区发动起义,让黄明堂、王和顺等在云南河口发动起义时,作为响应。

黄兴事先联系了郭人漳,郭答应支持枪械,实际是张空头支票。后来,冯自由从香港运来一批枪械,黄兴率领旅越华侨同盟会会员200多人和退到十万大山的人马组成"中华国民军南军",黄兴自任总司令,再次攻入钦州。清军先后投入战斗的有两万多人。

当时,清军600来人在小峰依山为阵进行堵击,黄兴采用诱敌深入之术,将清军诱离阵地,后分三路包围,一举击溃。这支军队是郭人漳所部,黄兴事先并不知道,而郭人漳以为黄兴有意袭击,遂全力与革命军激战于马笃山。后清军大败。

马笃山为革命军占领后,郭人漳派管带龙某带领三营新军来攻。黄兴指挥革命军分三路出击:一部分从左绕过其后方,一部分从右攻其侧翼,自己率一队从正面猛攻,击毙龙某及清军80余人。黄兴又乘胜取道那楼、大录诸地向桂边进攻。郭人漳部紧追不舍,黄兴采用夜袭战术,打散郭军并夺得郭人漳的军旗、坐骑。此战胜利消息传开,黄兴名声远扬,投靠革命队伍的人数每天都在增加,多时有600余人。

黄兴在钦廉上思的十几个村镇之间转战40余日,先后击败、击溃清军万余人。因弹药不足,革命军解散,起义告一段落。

此次起义是同盟会成立以来所发动的起义中成绩最好、坚持时间最长的一次。黄兴灵活运用战术,制敌取胜,威名大振,孙中山赞叹道:"照这一次战事说,革命军就是用一个人去打一百个人。像这样的战斗是非常的战斗,不可以常理论。"① 当然,革命党人也总结了经验教训,胡汉民给孙中山的信中就指出,起义一味地依靠会党,依靠外力发动是不能完成革命目标的,因为会党成员来源复杂,互不统属等弱点很难克服,"钦军也颇难复振"。没有会党,那么,革命党又能依靠什么呢?胡汉民没有找

---

① 陈锡祺主编:《孙中山年谱长编》(上册)第428页,中华书局,2003。

到答案。

云南河口起义

为响应钦廉起义，光绪三十四年（1908）三月，同盟会在云南河口起义，指挥者为黄明堂，王和顺、关仁甫做辅助。

河口位于云南南部，是通往越南的门户，隔河对面是越南的保胜，两地有铁路相通。当时有儿歌唱道：云南八大怪，一怪火车通外不通内。

清政府在这里驻有巡防营4个营，并设置河口副督办委员，由知县充任。驻军情况是这样的：两营由王镇邦自领，驻在半山炮台；一营由岑德贵统带，驻河口城内；还有一营由黄元桢统带，驻山上。胡汉民的报告书里写道："云南各营之枪，系于前年一律换为德国毛瑟者，器械可用，非如钦州集合地方兵团之械参差不伦者可比。"① 这样，从一开始，革命军就面临着严峻的挑战。不过，清军腐败的风气已经浸透到每一个官吏的血管和细胞里了，位于边陲天高皇帝远的地方更是如此。驻云南的清军军官吃空饷中饱私囊，在营的士兵甚至偷偷为法国人修铁路赚外快。

革命军的优势是对当地情况比较熟悉。关仁甫是同盟会会员，长期在云南边境活动。镇南关起义撤退下来的余部也集中在河口附近。起义队伍约有300人，构成是这样的："潜师于边界者百余人，其散布于车路一带装为苦力者二百人，清军暗约反正投降者日众……"② 暗约做内应的主要是河口当地警察。

四月初一凌晨，黄明堂率军分三路冲向河口。部分清军响应。城内的警察闻讯后杀死局长宣布起义。经过两个小时的战斗，河口即落入革命军手中。驻守炮台的清守将黄元桢随后也反正参加战斗。下午，巡防营统领王镇邦被部下所杀，全营投诚。至此，河口地区和炮台均被革命军占领。

黄明堂随即发布安民布告，严申纪律，并以"中华革命军政府"的名义向外国发布了预先拟好的宣言：旗帜鲜明地申明要推翻清政府，建造一个民主国家；表达了要与友邦睦邻友好，保护一切外国人民的财产；在军政府的占领地内外国人在条约上已取得权利继续有效，但是，如果外国人援助清政府，妨害国民革命，就将其认作敌国，若发现以战争用品接济清政府，将就地没收。

---

① 冯自由：《冯自由回忆录：革命逸史》（下）第819页，东方出版社，2011。
② 冯自由：《冯自由回忆录：革命逸史》（下）第817页，东方出版社，2011。

二、星火渐燎原

同盟会原定计划是占领河口后,要向蒙自、昆明进攻,以云南作为长久的革命根据地。因粮事和民政问题,黄明堂部不能按计划推进;王和顺部则在5天后才督兵沿铁路进攻。

不过,进攻开始后,起义部队与反正部队会合,分兵出击,一路顺利,沿途清军和民众不断加入,革命军队伍由300人增加到3000余人,连克南溪、新街、蛮耗,直逼蒙自、开化。

然而,待攻取新街后,问题就接二连三地出现了。首先,来自清军的"兵变"的人员素质堪忧。之前,他们没有远大的革命理想,接受同盟会领导的时间太短,通过各种关系运动反正以后,内心深处对革命仍缺乏清晰的认识。他们更关心饷酬和生活待遇,一旦供给不足就会有怠慢情绪,如蛮耗各处清军,开始答应投诚,听说革命军短缺粮饷,就又与革命军为敌。当时,每人每日至少要发伙食3毛钱,起义人数增加到3000余人时,胡汉民感到压力很大,仅靠就地征收和义捐是不能维持的。胡汉民在给孙中山的信中抱怨,他每天必须供足粮饷,否则就会影响下一步的进展。其次,参加河口起义的会党人员受旧意识影响颇深,组织性不强,号令不一,将领之间互不统率、各自为战,粮饷一欠缺,军队就不出发,甚至退回原地。

当实在无钱拨出、命令不能施行时,胡汉民就向孙中山求助,请黄兴来指挥。孙中山立即委任黄兴为"云南国民军总司令",节制各师,并立即到河口前线督师。四月初六日,黄兴回到河内,次日到河口。他希望尽快收复昆明。

但是,革命军存在的问题并不是来个总指挥就可以解决的。黄兴一上任就陷入窘境:变兵有5个营,既怯战,又不服从命令,连原总指挥黄明堂也不肯听从他的命令。黄明堂不肯行动的理由是担心粮食不继,甚至因此准备放弃计划。同时,他还不给黄兴提供枪械弹药。需要说明的是,此次,革命军的武器比前几次略为宽余,有的是从清军中缴获的,更多的是用筹款购买而来的,所有的武器都由黄明堂掌握。

面对如此情景,黄兴决定孤注一掷,他拟亲率一支军队冲向蒙自,黄明堂仅拨百余人给他。行军未走一里,出现"各兵群向天开枪一排,齐声呼疲倦不已"。黄兴再三抚慰无效,再走半里,士兵多作鸟兽散。"兵变"之营与会党人员不服从指挥,黄兴不得已折回河口,将前锋王和顺约来商讨办法。王和顺也因兵少弹缺存在顾虑,黄兴仍想率全军袭击蒙自,将士多不听号令。① 黄兴这时真正体会到将帅没有掌控军队的苦楚。于是，他打算返回河内召集钦州旧部重整旗鼓。祸不单行的是，他一回到河内，就被法国警察以"貌似日本人"为由逮捕，得知他是革命军重要人物后，便将其照国际惯例礼送出境。四月十二日，黄兴被迫离开战场，去往新加坡，这对革命军成败关系甚巨。

  在这期间，清军兵勇集结云南。云贵总督锡良派临安道增厚、开广镇总兵白金柱督兵南下救援，同时向清廷报告了革命军逼进的危境状况。清朝廷派刘春霖携银5万两督办云南军务，未到之前由白金柱暂代；又派署广西提督龙济光率南宁防军第七营往援，并命两江总督端方、湖广总督陈夔龙接济饷械。在援军未到之前，临安、蒙自、开化的清军处于下风，革命军若乘势沿着铁路各关口进攻，可以"不战而下"，但革命军因担心粮草不足而迟滞不进，给了敌方从容部署的机会。很快，清军对革命起义部队完成了战略大包围。

  然而，那些"兵变"参加起义的兵又"变"回去了。关仁甫带队从新街到达蛮耗后，"兵变"的士兵与清军里应外合，向革命军进攻，关仁甫无法控制，部队受损严重，只好舍弃蛮耗退回河口。王和顺一队坚持数日，曾与广西的清军在泥巴黑附近相持20余日，最后，因子弹缺乏，与黄明堂商量后打算移兵思茅，以此作为根据地，思茅镇总兵也表示愿意反正响应。结果，黄明堂先行出发，路上遭遇清军大队，败回河口；王和顺闻讯也率部退回河口。当各军退驻河口后，对进军方向意见出现分歧：有人主张背水一战，战败就退入越南；有人则主张保全队伍，移师桂林，候机再发。结果哪种主张也未能如愿。最后，退入越南的600余人还被法军缴械后"礼送"出境，分批到达南洋各地。

  而云贵总督锡良得到清朝划拨的饷银，经费有了保证，遂做如下部署：先派道员方宏纶为全军总统，白金柱督办全省军务，并亲至临安居中策应。白金柱集中注意力于蒙自，从两路抄袭，一路走蒙自大路，一路由开化西南折入，与蒙自清军会合后，向铁路沿线进攻。四月二十八日，清军收回河口。锡良于四月三十日向军机处报捷，并为属下各将领请功。

  之前，云南留日预备士官生杨振鸿和吕志伊受同盟会派遣，回国调查

---

① 冯自由：《冯自由回忆录：革命逸史》（下）第814页，东方出版社，2011。

滇越边境中法军队情况，获知法国人有谋滇的计划，认为"滇中风气晚辟，同志稀少"，要大力发展革命事业，以摆脱外侵内屡之局面。此时，听到河口战事，他们与滇籍学生倡立"云南独立会"，誓率全滇人士与"满虏"断绝关系，宣称云南独立为中国独立之基础，并开会募捐，得千余元。但他们携款抵港时，河口起义已失败。杨振鸿建议同志回到东京后成立"军事讲习会"，吕志伊遂与黄兴商议利用暑假在日本大森体育学校开班培养革命军事干部，以后参加武昌起义的孙武，湖南的焦达峰以及光复上海、南京的先锋队，汉阳的学生军多系讲习会学员；杨振鸿则到仰光与居正创办《光华日报》，宣传革命和三民主义，路过新加坡时，他谒见孙中山，得到孙中山的指示和鼓励；杨振鸿又让同学黄毓英潜入滇西腾越、永昌等地运动，为辛亥云南起义的胜利奠定了基础。这也是河口起义的余音。

河口起义的失败意味着一年多的系列起义满盘皆输。同盟会暂时没有力量再举行大的起义。孙中山总结三地起义未达到既定的目的，是因为"无非财力之不逮，布置之未周"①。其实，失败原因远不止此。常言道，失败是成功之母。此次失败最大的经验教训是同盟会领导成员对会党的明显弱点（缺乏革命觉悟和严格纪律）有所认识，孙中山相信克服之，"今后军队必能继起"②。此后，同盟会武装起义的主要倚靠力量由会党、游勇转向清政府的新军。革命者在总结经验教训中迅速成长。

就在孙中山离开日本前往南洋时，黄兴、宋教仁（图2.5）曾拟订"取满洲袭北京"的行动计划，他们打算倚重东北当地反清武装力量发动起义，响应南方。在6次起义期间，宋教仁赴东北，试图落实计划。

从宋教仁的《我之历史：日记》能找到此计划的动因与经过：三月六日，与黄庆午议商往满洲事，议定与古河氏（古清川）同往；三月二十日，与白楚香（白逾桓）、古河氏3人约定起程日期，至满洲后的策略是"联络各马贼劫取通化县款项，然后大行进取之策云云"；四月一日，他们到达安东，住在日本租界的名大和馆；四月九日，与李逢春、朱二角、金

---

① 孙中山：《致宫崎寅藏函》，广东省社会科学院历史研究室、中国社会科学院近代史研究所中华民国史研究室、中山大学历史系孙中山研究室合编《孙中山全集》第一卷第404页，中华书局，1981。

② 《胡汉民自传》，《革命文献》第三辑，第401页。

图 2.5 宋教仁

寿山、王飞卿、杨国栋、孟福亭、蓝黑牙等写信,宋教仁表达了欲与他们联合行动的设想:"若统集辽河东西、黑水南北之义军合为一团,共举大事,岂官军所能敌者?西渡山海关,则永平不守;南出喜峰口,则北京告危。大举以为革命之事,莫便宜于此……欲为割据之事则易,欲制清廷之死命则难。视公等所处之地,形势不及远矣。欲与公等通好,南北交攻,共图大举……"① 宋教仁在信中首先肯定义军有扶弱抑强、抗官济民的志向,随后说明了革命同志在南方的喜人形势,但因为山川隔绝,去京绝远。换句话说,宋教仁谋划的是通过南北夹击完成推翻清统治之大业。此设想在同盟会会员中堪为上乘。

宋教仁日记写至光绪三十三年(1907)四月九日截止,因为白楚香在碱厂招兵时暴露身份,被捕入狱,宋教仁发现自己处境凶险,终止了活动。不日,秘密返回东京。宋教仁此一行应该是对"革命三策"上策的尝试。

宋教仁东北之行虽无疾而终,但不虚此行。其间,宋教仁发现了日本

---

① 宋教仁著,文明国编:《宋教仁自述 1882—1913》第306-318页,人民出版社,2011。

有侵吞中国领土的野心,欲将延边10万平方千米的土地作为其向内陆扩张的跳板。他义愤填膺地展开了实地考察,搜集到了丰富的第一手资料,并大量利用日本、韩国方面的文献资料,用几个月的时间著成《间岛问题》,从法理、学理、地志等方面论证了此地域自周秦以来就是中国设官管辖之地,是中国的领土,从而揭穿了日本当局的阴谋;并从民族大义出发,向清政府提供了有关资料;他对日本高价收买此书没有一丝动心,而是帮助清政府与日本成功交涉,迫使日本放弃侵吞中国领土的企图。

3. 皖浙起义

在萍浏醴起义的影响下,当孙中山、黄兴在中越边境发动起义之时,徐锡麟与秋瑾发动了皖浙起义。两地起义是以光复会的名义发动的,其中,徐锡麟起草了《光复军文告》,秋瑾编制了"光复军制",并起草《普告同胞檄》,是故,此役也可称作"光复军皖浙起义"。而随后的安庆起义则代表加入革命行列的"新军"由自在向自为转变,清政府为自己培养的掘墓人登场了。

光复军皖浙起义

光复军皖浙起义之所以没有打出同盟会的旗帜,主要有如下原因。其一,光复会成立后一直以长江中下游为中心开展活动,尤其是在江浙一带会党中间建立了深厚的基础。在组织关系上,两会之间并无隶属关系,因为同盟会成立时,光复会会员只是以个人身份加入同盟会,光复会领导成员多是双重身份,如蔡元培是上海同盟会分会会长,但没有辞掉光复会会长之职,由他主盟的同盟会会员共11人,并不都是光复会会员。其二,遍查同盟会东京成立大会的名单,只有留日士官生蒋尊簋是光复会会员。以后,蒋尊簋同光复会的关系很疏远,但又非常支持秋瑾的革命活动并与之来往密切。其三,秋瑾是在同盟会成立半个月后入会的,并被推举为同盟会浙江主盟人。从日本回国后,秋瑾就一直以双重身份开展革命活动,在大通学堂任教时,经她动员入会者有的是光复会会员身份,有的是同盟会会员身份。其四,光复会另一主要成员章炳麟从上海出狱后到东京,由孙中山主盟加入同盟会并担任同盟会机关报《民报》主编,但他比较强调光复会的独立性,与孙中山融洽相处的时日并不多。其五,光复会后期的主要领导人陶成章于光绪三十二年(1906)在东京加入同盟会。秋瑾遇难后,他成为同盟会浙江主盟人。但是,作为东京光复会的主要负责人,陶成章经常为光复会争名夺利,不惜与孙中山等翻脸。其六,徐锡麟于光绪三十一年(1905)年初在上海经蔡元培介绍加入光复会,但始终没有加入同盟会。作为皖浙起义的策划者和主要领导成员,他始终遵从光复会的宗旨开展革命活动,积极运动会党准备发动起义。

徐锡麟(1872—1907),字伯荪,浙江绍兴府山阴县人,家境富裕,秀才出身。在东京参加博览会时认识陶成章、龚宝铨等人(图2.6)后,思想发生转变,之前的忧国忧民情结找到了突破点,即只有推翻清政府,才能救中国之危亡。那么,从何处入手呢?徐锡麟以为"要救国,非办学不可"。加入光复会后,徐锡麟披星戴月,在两个月内游历了浙江数县,会晤各地会党首领,如平阳党竺绍康、平阳党别支乌带党王金发、龙华会张恭,发展他们入会。因为有陶成章等之前做的铺垫,这些会党都积极响应。此时,光复会俨然是浙江会党反清革命的核心。

图2.6 徐锡麟与陶成章、龚宝铨等人合影

(1904年徐锡麟在东京结识陶成章、龚宝铨等合影留念,右一为徐锡麟。引自胡国枢《光复会与浙江辛亥革命》第258页,杭州出版社,2002)

二、星火渐燎原

为培养革命人才，在陶成章、龚宝铨的大力支持下，徐锡麟完成了筹办学堂的任务。最初，他们打算办成大通武备学堂，因清政府不允许私人创办军事学校，遂改名为"大通师范学堂"（以下简称"大通学堂"），并于光绪三十一年（1905）八月二十五日正式开学。其学制与课程设置均仿照日本振武学校（日本陆军士官学校的预备学校），同时开设师范学堂必修课程，尤其重视军事体育的教育。徐锡麟还将会党头目编入特殊班，专训兵式体操。光复会规定，凡是大通学堂的毕业生，一律加入光复会。大通学堂遂成为一个革命机关。

大通学堂办起来后，陶成章认为，革命武装若要迅速壮大，还是要在新军中谋发展。于是，他建议富家子弟"捐官学习陆军。谋握兵权，出清政府不意，行中央革命及袭取重镇二法，以为捣穴覆巢之计"①。这样，光复会起义的计划中又增添一项新内容，即"捐官到日本学习陆军"，学成归来后到新军中任职，掌握新军，从而为革命党人所用。为实现这一计划，在浙江富商许仲卿的资助下，徐锡麟、陶成章、陈志军、陈魏、龚宝铨5人成行。不料，到日本后，他们因入军校的动机受到清驻日陆军学生监督的怀疑而遭百般阻挠，最终，日本学校以身体不合格为由拒收，致使该计划泡汤。不过，他们中有的人也确实存在身体上的问题，如徐锡麟眼睛高度近视，自然不能学习军事。

徐锡麟遂回国另谋出路，即捐官而打入清政府内部，相机起事。他有一亲戚俞廉三任湖北巡抚，他希望"进京引见，分发官职"，得到俞廉三的支持。一番打点后，将分发任官地点选在安徽省。在徐锡麟看来，此地离浙江较近，便于起义互相配合。等到捐官有眉目后，徐锡麟又返回东京，在东斌学校参加了短期军事培训，专门学习劈刺骑射技术，还请日本人菊次郎教授赴日同志造币技术，以备将来之用。

大通学堂因为徐锡麟等离去，缺乏主持人，纪律松散，学生们打架斗殴，屡起风波，在当地名声日渐下降。陶成章认为革命同志培养得差不多了，主张暑期立即关门。徐锡麟不同意，坚持要办下去，但学堂已无人负责。光绪三十二、三十三年之交，学堂诸办事人诚邀秋瑾主持校事。

秋瑾（1875—1907），绍兴人，出身官宦家庭，自小喜爱读书。（图2.7）

---

① 陶成章：《浙案纪略》，中国史学会主编《辛亥革命》（三）第28页，上海人民出版社，1981。

王时泽在她的略传里这样写道："通经史，工诗文词曲，又好剑术，善骑马。"① 说明秋瑾从小就是文武双全的才女。长大后，父亲到湖南做官，将她嫁与一湖南富绅之子王廷均为妻，两人生活志趣不同，秋瑾虽与他生育一儿一女，但是婚姻生活并不幸福。光绪二十九年（1903），丈夫王廷均在京捐到一官，全家因此搬到北京居住，秋瑾有机会阅读到新书新报，眼界得到开阔，再也不愿做家庭妇女，也耳闻目睹了清政府许多腐败不堪之事，萌生革命之志。于是，夫妻约定分了家产，各自为谋。翌年夏，秋瑾独自一人东渡日本留学。到日本后，她进入专为中国女子开办的速成师范班学习，专攻教育学。在业余时间，她积极参加各种社会活动，遇有浙江、湖南同乡会及留学生会她都参加，登台宣讲革命救国，倡导男女平等；平日她衣着和服，慷慨潇洒，自名"鉴湖女侠"，意即不输给男子；又与刘道一等10人相结为秘密会，"以反抗清廷恢复中原为宗旨"，经冯自由介绍加入洪门会，受封为军师职（曰"白纸扇"）；并先后成为同盟会和光复会会员。回国后，她在浙江、上海做过教师，创办了《中国女报》。萍浏醴起义失败后，秋瑾与同盟会会员杨卓林、胡瑛、宁调元等共同商议在长江流域各省起义，主动承担了浙江方面的发动工作，在新军中发展了一批光复会会员，并产生了浙江独立起义的想法。

图2.7　辛亥女杰秋瑾

光绪三十二年（1906），徐锡麟邀请同志许克丞"同捐安徽候补道，赴安庆需次"②。徐锡麟赴任前，特派王金发到上海邀请秋瑾来杭州见面。两人在白云庵会面，达成如下共识：以安庆为重点，以绍兴为中枢，分头

---

① 王时泽：《回忆秋瑾》，中国人民政治协商会议全国委员会文史资料研究委员会编《辛亥革命回忆录·第4集》第200页，中国文史出版社，2012。

② 童杭时：《徐先烈伯荪先生事略》，浙江省辛亥革命史研究会、浙江图书馆编《辛亥革命浙江史料选辑》第435页，浙江人民出版社，1981。需次，指旧时官吏授职后，按照资历依次补缺。

二、星火渐燎原

组织皖浙起义，占领两省重镇后，分路攻取南京。安徽由徐锡麟负责，浙江由秋瑾负责，大通师范学堂毕业学生陈伯平负责浙、皖间的联络工作。

秋瑾督办大通学堂后，整顿校风，加强管理，添置武器，并注意处理好对外关系，学堂面貌又焕然一新，成为开展革命活动、发动起义的主阵地。除了利用学校培养、聚集人才外，秋瑾也派人与金华等地的会党取得联系，她自己经常找机会与会党首领促膝谈心，启发他们的革命思想；曾多次到杭州等地联系学界和军界，军界主要是新军，学界主要是武备学堂和将弁学堂，在将弁学堂创办者蒋尊簋的密切配合下，将许多大通学堂的学生转入此校深造。蒋尊簋在新军中秘密宣传革命思想，配合秋瑾培养革命军人。但很快，蒋尊簋就暴露了，"乃由同仁运动浙绅，在张抚曾处缓颊，始免受牵连"①。不得已，蒋避走福建、广东，杭州光复后才回省。

在大通学堂，秋瑾秘密编制了光复军军制，分职员为16级，以七绝诗为表记。诗云："黄河源溯浙江潮，卫我中华汉族豪。莫使满胡留片甲，轩辕神胄是天骄。"以"黄"字为首领，以下顺序推。又将各地会党及新军编成"光复军"，以"光复汉族，大振国权"编成8个军。同时，定制相应的军服、行令牌。光复会的势力遍及缙云、金华、绍兴等地，金华府的金华、兰溪、武义、永康、浦江五县成为光复会力量聚集中心。

徐锡麟到安庆上任后，靠着俞廉三的关系，与安徽巡抚恩铭很快拉近了距离并获得其信任，被委任为陆军小学堂会办。徐一面伴装生活奢华，一面努力经营学校，站稳了脚跟，仅用几个月时间，就成为安徽巡警学堂会办兼陆军小学堂监督。巡警学堂有官生100名、兵生200名，每期训练3个月。每个学生都配备毛瑟枪一支，在当时，这是比较精良的武器。

徐锡麟不露声色地开展一些革命活动，但因为受恩铭重用，不免遭人忌妒，有人就散布流言蜚语，如"日本学生多隐谋""不可靠"等，恩铭不为所动。巡警学堂的监督暴病而死，新任校长不常到校，徐锡麟成为常务负责人。他每天坚持到校督操讲课，利用各种集会发表演说，向学员灌输"振兴民族，爱护国家"的思想。课余时间又找进步学生谈心，启发他们的革命觉悟。遇节假日，以带学生郊游为名去附近地方察看地形。他也注重联络安徽军界，尤其是安庆新军，或探望，或宴请，加深彼此间的感

---

① 顾乃斌：《浙江革命记》，汪林茂主编《浙江辛亥革命史料集·辛亥浙江光复》第七卷第60页，浙江古籍出版社，2013。

情,特别是与新军步兵管带薛哲、马营管带倪映典、炮营管带吴介麟等建立起深厚友谊。他还力邀浙江人士赴安徽共谋大业,陈伯平与马宗汉到来后,成为他的得力助手,并负责赴上海购买枪支弹药和传达浙江、安徽两地军情。

在全国革命形势喜人之际,徐锡麟却面临险境。两江总督端方镇压了湘赣边界起义后,对长江中下游加强政治控制,并在南京、上海一带捕获革命党人。其中,谋刺端方的叶仰高被捕后,供出了光复会首领"光汉子"已经打入安徽官场的情报,端方将此告知安徽巡抚恩铭。恩铭并不知晓"光汉子"就是徐锡麟,还拿出端方电文,令徐锡麟帮助缉捕。徐锡麟知道必须动手了。赴沪的陈伯平和马宗汉亦来信告知,浙江方面已决定五月二十六日起义。徐锡麟乃决定于五月二十八日巡警学堂举行毕业典礼之际,趁机击杀巡抚等人,发动起义。起义主要武装力量是驻安庆的新军六十一标和巡警学校的200多名师生。

一切布置就绪后,徐锡麟正式邀请恩铭出席毕业典礼,恩铭告以已答应赴幕友母亲八旬寿辰,要求徐改期提前到二十六日。徐来不及通知各方,遂派人在花厅设宴,预埋炸药于厅下。岂知浙江单方面已将起义延期到六月初十。

起义前一日晚,陈伯平与马宗汉从上海回来,获知明日要起义,感觉过于仓促,相劝延期,但因徐锡麟决心已定,两人转而支持并筹备起义。3人反复讨论了起义相关事宜,形成《光复军告示》,陈伯平负责起草。告示矛头直指清朝统治者,声明此次革命"以余等怀抱公愤,共起义师,与我同胞,共复旧业,誓扫妖氛,重新建国,图共和之幸福,报往日之深仇",并提出5条"杀律":满人不降者杀,反抗本军者杀,乘机打掠者杀,造谣生事妨碍治安者杀,仍为汉奸者杀。徐锡麟还写好30封密函,拟天明送给新军中的革命志士,以便届时来响应。

3人对起义这样部署:起义后立即率学生占领巡抚衙署和安庆军械所,进而控制安庆全城。

清晨,3人分别携带刚从上海买回来的6支七响枪,陈伯平还带了自己研制的炸弹。然后,徐锡麟集合毕业生到操场上训话,他的话激昂慷慨中有隐晦之语。上午八时,安徽各府官员30余人按次序到礼堂参加毕业典礼。徐锡麟原定是在花厅吃酒宴。知情者巡警处收支员顾松是满人,他密告按察使,暗示徐道台不可靠。恩铭担心饭中有毒,遂直奔礼堂。

二、星火渐燎原

毕业典礼开始后,先是由官生行礼,恩铭答礼。轮到兵生时,徐锡麟突然转身向恩铭行举手礼,将花名册置于案上,声称今天有革命党要起事。这实际上向陈伯平、马宗汉二人发出暗号。

巡抚恩铭大吃一惊,惊问消息从何而来。陈伯平立即上前对着恩铭扔出一枚炸弹,自制的炸弹没有爆炸,恩铭慌作一团,准备逃跑。

徐锡麟忙说:"请不要慌张,我来捉拿革命党。"

恩铭忙问革命党人是谁。徐锡麟立即从靴筒内拔出两支手枪,分握于左右手,对准恩铭,回答:"我就是革命党。"

恩铭更加惊慌乱,还想问话,已被子弹击中。徐锡麟眼睛高度近视,朝着恩铭连续射击。陈伯平、马宗汉二人也朝恩铭射击,短时间内,恩铭身中7枪,但都没有命中要害,其护卫中弹当场身亡。另一名侍卫趁徐锡麟回室内装子弹之际,背着恩铭要逃跑,陈伯平对着恩铭腰部射了一枪,子弹由此上穿,击中心脏,恩铭回衙署后不久毙命。

当时,礼堂一片混乱,前来观礼的文武官员争相逃命。事前,徐锡麟命顾松关闭前门,但顾松并没有听命。这时顾松准备乘乱逃跑,马宗汉将其逮回,徐锡麟开枪击毙之。

徐锡麟马上指挥学生奔巡抚衙署,到抚署后才发现清军早有防备,又掉头奔向军械所。军械所是全城制高点,若能夺取之,确实可控制全城。但参加起义的学员对革命并无坚定信念,乘乱弃枪逃跑者不在少数,最后只有30余人到达军械所。军械所总办见势不妙,拿着钥匙逃跑了。这样,他们占领了军械所也无济于事,因为打不开库房门就意味着弹药得不到供给。此结果是徐锡麟预先没有想到的。徐锡麟派出学生出城联系援军,但进出要道已经被清军把持;又因为起义突然提前,新军中的革命党人并不知晓,根本来不及行动。

清军将领组织兵勇凶猛反扑,军械所很快被包围。双方激战4小时,陈伯平和3名学生中弹阵亡。清军官以重金悬赏活捉徐锡麟,赏金增至一万元,才有士兵冲锋向前,靠近军械所外墙。军械所内,眼见弹尽援绝,徐锡麟遂下令学生分散转移,再令马宗汉突围,自己殿后易装撤离。然而,突围出来的学生多数被捕,马宗汉亦被捕,徐锡麟逃到一民宅屋顶上时被包围,脚中弹,跳下来时被擒。

徐锡麟被捕后,当晚被审讯,凌晨时分,受剜心斩首的酷刑而死,时年35岁。马宗汉也随即被杀害。

安庆起义失败的经验教训是深刻的。首先,徐锡麟这种荫蔽精干、打入清军内部的斗争方式是可取的,但是在准备不充分、条件不成熟时匆忙起义,就是一种单纯的军事冒险,代价自然很大;其次,革命需要做扎实的群众工作,而不是靠暗杀或突然一击就能完成的,革命绝非徐锡麟在受审辩词里所讲的,"只要打死了他,此外文武不怕不降顺了";再次,徐锡麟盲目自信,急于求成,这种心理在早期革命者身上比比皆是,徐锡麟表现得尤为突出,归根结底是低估了敌人的实力,高估了自己的力量。尽管如此,徐锡麟之义举仍具有强烈的震撼力。他是以道台、巡警会办的身份刺杀封疆大吏的,这是有"马太效应"的。此举使地方大员们惴惴不安,两江总督端方在事发一天内向各方发电报,其中多有"人心惶惶"之语,暴露了其内心的惊慌。此事发生后,端方断言:"吾等自此以后,无安枕之一日,不如放开手段,力图改良,以期有益于天下。"① 京城因此草木皆兵,大大加强防范。兵部尚书铁良听闻自己也是徐锡麟暗杀名单上人物时,异常恐慌,"特函致民政部,饬巡警加派于三条胡同住宅,注意巡逻。并由保定特调京旗练军数十名,来京前后扈从,以防不测"②。在京师任职的孙宝瑄在日记中记曰:"皖抚遇刺,内外戒严,革命势焰益复涨盛……政府顾皇皇然不可终日。"③ 清统治者受此刺激,事发两日内,多位大臣言要立宪规避革命,上谕则有"令内外臣民,条陈宪法,以期次第施行云",他们终于下决心实行预备立宪以求自保。④ 而对革命同志来说,铁骨壮汉徐锡麟之死激起了他们更大的愤恨,如孙中山所说,他们揩干眼泪,"踵相接也",继续战斗。

两天后,秋瑾获知徐锡麟行动失败的消息,悲痛难忍。此时,清政府已察觉金华各会党事变都与大通学堂有涉,武义会党聂李唐被捕后,供出学堂教员赵卓,浙江起义时间也遭泄露;徐锡麟的弟弟被捕后也供出嫂子与秋瑾有交往并倡言革命。眼看身陷危局,同志们都劝秋瑾尽早离开绍

---

① 人尹郎:《皖变始末记(选录)》,浙江省辛亥革命史研究会、浙江省图书馆编《辛亥革命浙江史料选辑》第444页,浙江人民出版社,1981。

② 人尹郎:《皖变始末记(选录)》,浙江省辛亥革命史研究会、浙江省图书馆编《辛亥革命浙江史料选辑》第444页,浙江人民出版社,1981。

③ 孙宝瑄:《忘山庐日记》(下)第1023页,上海人民出版社,2015。

④ 人尹郎:《皖变始末记(选录)》,浙江省辛亥革命史研究会、浙江省图书馆编《辛亥革命浙江史料选辑》第445页,浙江人民出版社,1981。

兴，被秋瑾拒绝了。她抱定牺牲自己的决心，"如满奴能将我绑赴断头台，革命成功至少可以提早五年。牺牲我一人，可以减少后来千百人的牺牲，不是我革命失败，而是我革命成功"；也有说秋瑾尚不知道自己身份已暴露，"秋侠以己系女人，毫无证据，即被捕也无妨，而催金发速行，与竺等为后图"。①

六月初四日，清军包围了学堂前门，秋瑾与程毅等7人被缚到府衙。绍兴知府贵福凶残狠毒，重刑逼供，秋瑾只写出"秋风秋雨愁煞人"的供词，当地绅士汤寿潜在关键时刻竟建议假造口供处死秋瑾。于是，贵福让幕僚伪造口供，于六月初六日凌晨将秋瑾杀害于绍兴古轩亭口。

秋瑾作为第一位为辛亥革命流血牺牲的中华妇女，在全国民众的心中树立了崇高的形象。她是一个母亲，也有儿女，但为了千千万万儿女的幸福自由，她选择牺牲自己，以唤醒千千万万的人起来革命。秋瑾的死如她自己所言，是死得其所。自此，浙江乃至全国人民都知道秋瑾的故事，绍兴民众对于处死秋瑾的知府贵福甚为仇恨，革命者更加义愤填膺。各地会党和光复会的起义此起彼伏，发誓要为秋瑾报仇。

统治者原以为可以杀一儆百，结果却是引火烧身。

徐锡麟、秋瑾之死对于光复会是致命一击，损失是不可估量的，光复会从此在国内失去了维系组织的中心。吕公望在回忆辛亥革命前的岁月时曾这样说道："由于徐锡麟、秋瑾等革命的失败而身死，浙江的光复会也就无形解体。"②傅孟在《杭州光复回忆》中也说道："此后光复会发展，分别在个人方面积极进行，大体均由同盟会来主持，浙江革命运动遂注重在新军下级干部及军士基层方面打下基础。"③

安庆新军起义

安庆新军起义爆发于光绪三十四年（1908）十月二十六日。起义的发动者熊成基既是岳王会会员，也是同盟会和光复会会员，起义是以岳王会

---

① 谢震：《王季高君行述》，浙江省辛亥革命史研究会、浙江省图书馆编《辛亥革命浙江史料选辑》第469页，浙江人民出版社，1981。

② 吕公望：《辛亥革命浙江光复纪实》，中国人民政治协商会议浙江省委员会、文史资料研究委员会编《浙江辛亥革命回忆录》第161页，浙江人民出版社，1981。

③ 傅孟：《杭州光复回忆》，中国人民政治协商会议全国委员会、文史资料研究委员会编《辛亥革命回忆录》第1集第1—2页，中国文史出版社，2012。

革命团体的名义发动的,主要力量是新军。

岳王会团体成立于光绪三十年(1904),此名称蕴含着借岳飞风骨实现排满之目的,地点设在安徽芜湖的安徽公学。公学教员如陈独秀、刘师培、柏文蔚(体操教员),学生如常恒芳等激进分子是创始会员。光绪三十一年(1905)上半年,柏文蔚和常恒芳因工作关系分别在南京和安庆建立分会,重点发动新军。

柏文蔚(1876—1947),字烈武,安徽寿县人,出身书香门第,从小文武双全,在安徽武备练军学堂读书时与熊成基、倪映典成立同学会,探讨如何推动社会进步的问题。从武备学堂毕业后,正值南京新军招人,应召入伍并任队官,得到管带赵声的赏识。同盟会派安徽籍会员吴春阳回国发展组织,柏文蔚即率南京岳王会全体同志加入,赵声同时入会并担任长江同盟会主盟人。当赵声被提升为标统,因为赵声的关系,柏文蔚也晋级为管带。当时,第九镇许多官兵闻风追随加入同盟会,熊成基是其中之一。熊成基(1887—1910),江苏扬州府甘泉县人,寄居芜湖。从小立志习武救国,投考安徽武备学堂,是同学会主要成员和岳王会活跃分子。(图2.8)因为安徽武备学堂突然解散,熊成基遂去南京应征

图2.8　熊成基

新军,被赵声所在的三十三标第二营录为副目。南京开办将弁速成学堂,该学堂是专门培养新军将弁的摇篮。柏文蔚闻之,竭力向赵声推荐熊成基。赵声对熊成基考察一番后,对熊成基刮目相看,尤其欣赏他身上具有的那种激昂斗志。这样,熊成基以下士跻身将弁之列。从该校毕业后,熊成基升任炮兵排长。考虑到自身发展和将来起义的地点,熊成基遂回到安庆谋职,得任安庆新军炮兵营队官。

赵声、柏文蔚与熊成基3人之关系在全国新军中不是一例,当时革命同志为完成革命任务,荫蔽精干、互相提携。

光绪三十二年(1906)十一月,同盟会会员孙毓筠奉命回南京,与赵、柏密谋刺杀端方以为革命除害。事情泄露,赵声、柏文蔚二人只好离职,赵远走广东,柏赴东北投奔吴禄贞。赵声离职还因为之前以标统的身

二、星火渐燎原

份在明孝陵对士兵演讲"民族主义",已被两江总督端方盯梢。

此时,南京岳王会成员集体加入同盟会后,岳王会的工作重心转到安庆,岳王会安庆分部正式成立,常恒芳为负责人。常恒芳到安庆尚志学堂任训导主任,在学堂发展岳王会组织,成员中有不少是从日本留学归来的学生。陈独秀虽然是会长,但于会务发展上并不上心。

在岳王会的基础上,他们又新成立一个叫"维新会"的外围组织,安庆新军中有多人参加,常恒芳也借机进入新军中任骑兵营弁目(排长)。徐锡麟筹备起义时,这个革命团体没有参加。但是,革命青年反满情绪日益高涨,他们关注清廷的一举一动,暗中开展活动。

徐锡麟的壮烈牺牲唤起了革命志士的义愤,他们秘密地策划新的起义。熊成基不过是20岁左右的青年,却很快在革命实践中成为安庆新军中的骨干人员。是时,安庆混成协内革命同志薛哲为步兵管带、倪映典为马营队官,范传甲掌握工程营大权,他们互相支持,积极谋划,等待机会。初,倪映典被公推为安庆起义的首领,但"徐锡麟案"发生后,官府发现倪映典与徐锡麟有交往痕迹,遂将其辞退,起义筹备工作暂时受挫;但岳王会实力并未受损,反而日渐壮大。在常恒芳担心受到牵连离开安庆后,熊成基被公推为岳王会负责人。他们设立领导机关于三祖寺杨氏馆,熊成基设立专门组织起义的指挥部,由管带冷遹任指挥,薛哲为副指挥。为动员更多的人参加起义,范传甲奉命去南京新军中发展岳王会会员,却不慎泄露风声,端方下令严查安徽新军,侦察得知军官冷遹频繁参与这类活动,就将其逮捕入狱。于是,熊成基代任总指挥一职。

光绪三十四年(1908),岳王会拟借太湖秋操时发动起义,准备先拘禁端方、朱家宝等,然后攻打安庆,夺取火药库,再进兵皖北各县。后因营队被取消了参加秋操的资格,计划遂搁浅。

他们又拟出新计划:以熊成基所掌握的马炮营为主力,在安庆发难,以安庆为根据地,再协助太湖的同志策动参加会操的新军响应。恰在这时,德宗、慈禧先后去世。他们认为机会难得,于慈禧去世的第四天开会着手部署:熊成基为总司令,晚九时先由马营在城外举火为号,炮营等同时响应;攻城时,由薛哲率城内步兵营响应。熊成基根据会议决定,颁布作战密令13条,当晚立即行动。

晚九时,马营按计划发难,在熊成基的率领下,炮营全营官兵响应,马、炮两营汇合于城北,共赴弹药库。守库者是范传甲的胞弟,起义队伍顺利取得弹药返回北门。驻扎于北门外测绘学堂的步兵营士兵放火烧了营房参加起义,城外遂无敌军。熊成基全力攻城,炮兵、步兵、骑兵各当一面。城内,安徽巡抚朱家宝得到密报,已加紧防范。城内的薛哲临阵畏缩,动作迟缓,未能按时起事,在关键时刻迎面与朱家宝带领的清军遭遇,却还是不敢开火。这恰恰是起义成功的关键一步,正是由于薛哲胆小怕死,贻误了战机。范传甲的任务是率工程营在城内接应,但因为受到监视,不能如愿,本人也被逮捕。

城外,革命军奋勇攻城,终因弹药不足和炮弹无引火线,不能发挥战斗威力而败下阵来。清兵在炮火掩护下具有绝对优势,其援军也很快赶到郊外。

第二天下午十时,熊成基下令兵分两路突围。一路由他率领,经集贤关向北,进军合肥一带,欲联合那里的同志再图大举;在行进途中,与安徽提督的军队遭遇,几经战斗,死伤不少;抵达合肥时已不足百人,熊成基只好潜离队伍。另一路由程芸率领,由安庆到合肥,与清军江防营混战后,剩余不足40人,自动解散。熊成基侥幸脱身,辗转到日本避难。不幸的是,宣统元年十二月(1910年1月),他在东北谋刺筹办海军大臣载洵时被捕遇害。

革命党两年内在安庆接连发动革命起义对统治者震动很大,安徽各级官府在全省展开了疯狂反扑,大搜捕、大屠杀,革命党人范传甲等数十人被捕后惨遭杀戮,薛哲也被斩首示众,侥幸漏网者杨士道在回忆中写道:"此外被牵连的党人、学生以在全省达三万人之多。"①

安庆新军举义说明了清朝新军中具有反清革命思想者已非少数,标志着反清武装斗争进入一个新的阶段。同时也说明革命党人发动起义的依靠力量发生了转变,即由倚重会党转变为以发动新军为主。熊成基等策动新军反正的做法为后继者起了典型示范的作用。

---

① 杨士道:《熊成基安庆起义的回忆》,全国政协文史和学习委员会编《亲历辛亥革命:见证者的讲述》(上)第460页,中国文史出版社,2010。

二、星火渐燎原

4. 广州庚戌、辛亥起义

武昌起义前一年多时间里,同盟会发动了两次起义。一次是宣统二年(1910)正月的广州新军起义,另一次是宣统三年(1911)三月的黄花岗起义。这两次起义虽然均以失败告终,却预示着革命高潮即将到来。

宣统二年是农历庚戌年,同盟会首次发动新军起义,起义地点在广州,起义总指挥是从安庆南下的倪映典,领导起义的核心人物有赵声(图2.9)、朱执信、姚雨平、邹鲁等。

宣统元年(1909)七八月间,同盟会派胡汉民等在香港设立南方支部,推举胡汉民为支部长,胡汉民(1879—1936),字展堂,广东番禺人。另以汪精卫为秘书,林直勉为会计,主持华南各省革命事宜。这些同志都得到孙中山的信任。赵声从南京到广东新军谋职,受遣与郭人漳到钦廉镇压抗捐税斗争,未暴露身份,还获得上司信任,复由管带升至标统。当两广总督袁树勋意欲提拔他为广东新军第一协协统时,被端方获知,写信从中干预,结果连标统也做不成了。赵声只好离职到香港,协助胡汉民主持大计。

图2.9 赵声
(引自杨天石、谭徐峰《辛亥革命的影像记忆》第110页,中国人民大学出版社,2011)

香港支部对起义做了如下安排:以倪映典为运动新军的"总主任",邹鲁等负责防营,姚雨平负责运动陆军中、小学,朱执信等联络谘议局及学、报界人士。其他同盟会会员也各有任务安排。起义准备工作甚为周密,说明同盟会对这次起义很重视,也体现了同盟会领导能力比以前成熟。

当时，广东新军驻守广州东北郊燕塘，有步兵第一标（编制相当于团），炮兵第一、二营，辎重兵一营，工程兵一营。驻守北郊的则有步兵第二标和学生营。统计官兵人数6000余人。

倪映典（1885—1910），字炳章，安徽合肥人，时任广州新军炮兵二营右队二排排长。之前曾任江宁新军第九镇炮兵队官、安徽安庆新军任炮兵队官，与熊成基准备发动安庆新军起义时身份暴露，被迫离开安庆，辗转来到广州，由赵声推荐进入广州新军。得此机会，倪映典注意在军中发展士兵，注意保密，动员方式方法较为新颖，活动开展得很顺利。

倪映典动员的主要形式是散发传单、设置暗密机关加强与官兵的联络、讲故事等，其中又以第三种形式效果最佳。科举制度废除后，读书人参军不失为一种出路。新军编练采用招募制，招来的士兵多具有一定的文化基础。倪映典初到广州，由于语言不通，开展活动很困难，当他了解到本地人莫昌藩、钟德贻均为革命同志后（两人分别是一排排长和右队队官），即与他们商量了开展活动的办法。3人一致认为，首先应于目兵中开展爱国思想教育。于是，倪映典将洪秀全、岳飞、韩世忠等历史人物以及清军入关、扬州十日、嘉定三屠、两王入粤等历史事件编成30多章爱国故事，在士兵中进行"讲古仔"活动，以此方式激励新军反满情绪。讲故事每周开展一至两次，由倪映典和军官中革命同志主持，时间安排在各标营每天晚饭后，因为那时高级军官已经回城休息，驻营的目兵则由队长、排长率领到营外散步，活动易于进行。故事开讲后，取得了很好的效果，还吸引了其他营的士兵前来听讲。为了不暴露身份，倪映典不时改变讲故事的方式，诸如他先向队代表讲述，再由代表向各目兵传达；通过严密的组织，即营设营代表，队设队代表，排设排代表，分别完成各自的宣传任务。

宣传工作进行了3个月后，重点转入组织建设即开展加盟工作。加盟有严格的手续：开始只是在事先印好的盟单上按一个指模或签名，随着入盟人数增多，这种方法不适用，就改为发布票，每一个加盟的人员给一张布票作为凭据。但是，在布票发放过程中出现过两次纰漏，倪映典因此受到上司怀疑，被调到左队二排。倪担心换队后开展革命宣传动员受限制，遂请假辞职专心从事动员工作。他在城南租了间房子，建立秘密机关，使之成为宣传动员工作的联络中心，每当军队放假时，新军士兵常来此聚会，赵声有时也会从香港专程过来参加。

二、星火渐燎原

经过半年多的准备,到农历年底时,赵声、倪映典认为起义时机成熟,遂进行了起义的策划与部署,即以新军为起义主力,防营、巡警、会党、绿林予以配合,所定计划为:

(1) 考虑到农历年后官府要放假封印,起义日期选定为正月初三日。

(2) 起义时由炮兵营开炮为号,各标营一齐行动,预先集中在珠江以南的民军立即集合听命。巡防营和新军的革命同志无论在城内还是城外,闻炮立即响应,其他驻外地巡防新军则相机在原地行动。

(3) 赵声为临时总指挥,倪映典副之。由谘议局选举临时民政长官,并暂拟以谘议局副议长丘逢甲、议员陈炯明分任正副之职。

(4) 广东全省底定后,即出师北伐,一路由江西出长江,直取江宁,一路由湖南出武汉;赵声为北伐总司令,倪映典为副总司令。①

此时的统治者早已是草木皆兵,尤其是安庆新军炮营起义后,各地督抚如惊弓之鸟,拼命加强防范。广州新军协统张哲培发现军中有布票流传后,即刻向上级汇报。官府马上采取措施,命令军队于宣统元年年底(1910年1月)进行实弹演习,尽量减少弹药储量,甚至守卫士兵也只发5颗子弹;当听到起义的风声时,官府秘密地把新军的枪弹、炮弹运走,并把步枪枪机和火炮撞针拆掉,使士兵有枪无弹,即使有弹也不能发射。当事人张醁村在回忆中说道,离农历庚戌元旦约10天的时候,便闻悉所有发给士兵和库存的子弹均已缴存城内,我们便不能不考虑推迟起事日期了。赵声和倪映典为此事赴香港与胡汉民等商对策,准备改期动手。② 后经黄兴、赵声、胡汉民等商定,将起义日期改到元宵节。

除夕当天,二标某士兵因刻私人图章与承办人起争执,警察出面干涉,互相动手,路过的目兵8人上前助阵,警察吹哨集众,关押了这8个人。其他士兵闻听都上前打抱不平,围着警局要求放人。地方官员得到报告,一面派二标管带将8名士兵领回,一面出面弹压恐吓,围堵的士兵才陆续回营。协统张培哲为避免再生事端,决定取消军中假期。

倪映典在香港知道消息后十分焦急,建议提前起义,众人商议决定于

---

① 张醁村:《庚戌新军起义前后的回忆》,全国政协文史和学习委员会编《亲历辛亥革命:见证者的讲述》(上)第237页,中国文史出版社,2010。

② 张醁村:《庚戌新军起义前后的回忆》,全国政协文史和学习委员会编《亲历辛亥革命:见证者的讲述》(上)第241页,中国文史出版社,2010。

正月初六日发难。

  大年初一,又有负责采购的士兵10来个人与警察殴打闹事,警察开枪示警。士兵受惊也想到用枪自卫,一名士兵乘马回到二标报告,很快,更多的士兵涌入城里,将警局包围。经过宪兵的调解,新军士兵才撤回驻地。守城者得到报告后下令闭城,并在各要地关口紧急部署,还将二标各营的枪机拆卸、子弹收检,运回城内。

  大年初二,学兵营一名深得士兵信任的管带在回营时被守城旗兵误伤坠马,营中的士兵立刻躁动起来,将所有子弹搜罗到一起集中保管,以防万一。士兵们群情激愤,起义已如箭在弦上。

  大年初三早上,倪映典从香港回来,先到燕塘炮兵第一营。他发现士兵们情绪激动,当机立断,开枪打死正在讲话的管带,号召起义。各营士兵纷纷响应,起义人数约有3000人。也有人担心子弹缺乏,倪映典解释说子弹就在东门外,于是队伍分路向广州城进发。因为信息不对称,他们并不知道水师提督李准已从外地调回吴宗禹三营巡防营,驻在牛王庙教会山附近。两军迎头相遇。李准派帮统童常标、管带李景濂出面声称"调停"。倪映典知道李景濂为同盟会会员,试图争取他们共图大业。双方谈判时,童、李佯装应允,待倪映典返回时,却下令开枪。倪映典被击中坠马受擒,旋遭杀害。

  起义队伍失去总指挥,加上弹药不足,立即溃败了。此次起义,阵亡100多人,受伤被俘者有40多人,还有1000多人被遣散,只有少数同志安全退到香港。

  广州新军起义失败了,但是,对清统治者来说打击更大。清政府花大价钱编练新军,意在挽救衰亡、巩固统治,结果却是自掘坟墓。对革命者来说,此次新军起义虽败犹荣,他们对革命胜利的信心增强了,斗志也被激发出来,海外华侨很受感动。据广州新军起义组织者之一姚雨平回忆,此次起义让华侨看到了希望,他们更踊跃地输财捐钱,资助革命,此后,同盟会革命活动所需经费基本上都能得到解决。

  几个月后,刘思复等8人悲愤于广州新军起义失败,在香港组织了"支那暗杀团"。不久,汪精卫在北京刺杀摄政王,提前暴露而被捕入

二、星火渐燎原

狱。① 自此，暗杀清政府要员成为同盟会革命同志的一种主要的斗争形式。

第二年，同盟会组织发动了最后一次武装起义，即辛亥广州起义（黄花岗起义）。起义形势如图 2.10 所示。

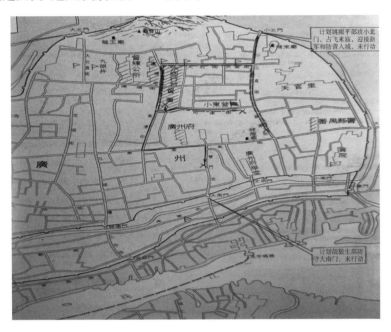

图 2.10 黄花岗起义

（原图引自辛亥革命武昌起义纪念馆编著《辛亥革命史地图集》第 64 页，中国地图出版社，1991）

宣统二年（1910）十月十二日，孙中山由美国回到南洋庇能（今马来西亚槟榔屿），召集黄兴、赵声、胡汉民等各地代表来开会，面商继续革命的计划。之前，孙中山已写信说服了黄兴，准备在广州再次发动起义。之所以还选址广州，是因为孙中山坚持认为广州运械方便、领导方便；之所以急于再次举义，是因为国内外形势有利于发动，即内地革命风起云涌，边防危机四伏，列强互签在华利益协议，重新划分他们在中国的势力范围，民族危机空前严重。

---

① 汪精卫（1883—1944），一名兆铭，字季新，广东番禺人，原籍安徽婺源。

孙中山召集会议，动员同盟会会员们要以破釜沉舟、义无反顾、与虏一搏的精神再次投入战斗，从而实现三民主义奋斗目标。他这样鼓励同志："今日吾辈虽穷，而革命之风潮已盛，华侨思想已开，从今而后，只虑吾之无计划、无勇气耳！"① 与会者接受了孙中山的意见。会议大体分工如下："内地同志舍命，华侨同志出财"；以新军为主要力量，再组织500名"选锋"会合在广州起义，占领广州后，由黄兴率一军出湖南趋湖北；由赵声率一军出江西趋南京；长江流域各省举兵响应，会师北伐。

会后，孙中山去美洲向华侨募捐购械，黄兴回香港主持工作。同时，黄兴也与邓泽如、胡汉民等到南洋各地筹措起义经费，同时购买器械。通过艰难的宣传和动员，他们先后在南洋和美洲的侨胞中筹到经费约15.7万元（一说18万元），②所购买的枪支弹药等武器经香港秘密运到广州，以供起义之用。不过，直到起义前夕，部分筹款并没有到位。

鉴于炸弹有杀伤力大、运带方便、造价便宜的优点，同盟会总部决定将炸弹作为主要的进攻武器，并将制造炸弹的重任交给有经验的喻培伦负责。喻培伦（1886—1911），字云纪，四川内江人，曾留学日本，是日本千叶医学院的学生。他到香港后，特地在当时没有开发的九龙海边荒滩上进行爆炸试验。这次试验的效果很好，特别值得介绍的是，喻培伦想出了用安全火柴做炸弹导火绳的办法，克服了过去炸药不易燃着的大缺点。据熊克武回忆，起义前一个月，喻培伦与他在广州租一处民房，作为交通站和制造炸弹的地方，"个把月工夫，总计做了半磅、一磅、两磅重的炸弹300多个，分批偷运至吴公馆储藏"；"因此，在这次广州起义的武装斗争中，几乎个个炸弹都发挥了作用"③。

宣统二年十二月（1911年1月）十八日，黄兴等在香港成立统筹部作为起义领导机构，赵声为部长，黄兴为副部长。统筹部下设八课，分别

---

① 中国社会科学院近代史研究所中华民国史研究室、中山大学历史系孙中山研究室、广东省科学院历史研究室合编：《孙中山全集》第六卷第242页，中华书局，1981。

② 黄花岗一役后，统筹部出纳课报告收支总数，共收到义捐157213元，而加拿大居各地之冠。见冯自由《冯自由回忆录：革命逸史》（上）第150页，东方出版社，2011。

③ 熊克武：《广州起义亲历记》，全国政协文史和学习委员会编《亲历辛亥革命：见证者的讲述》（上）第195-196页，中国文史出版社，2010。

二、星火渐燎原

为调度、交通、储备、编制、秘书、出纳、调查和总务课。此次对保密工作做了严格的规定，实行课长负责制。领导班子搭起来后，课长分别行动。

既然计划起义时仍以广州新军为主力，他们的发动目标遂集中于广州新军第二标及防营，办法是：通过核查旧有同盟会会员并授予任务；吸收有革命倾向的将弁入会；在品质良好的目兵中发展会员，每队至少20人。这一任务由调度课负责发动，具体由姚雨平负责联络。革命同志在新军中办报纸宣传革命思想，在巡防营中通过会党进行宣传活动。还有，新人入盟手续改为每人给一元，"令其影相存部，以坚其心"。另外，由朱执信负责发动民军响应。

起义的选锋（即敢死队）主要由同盟会会员组成，先后从东京，以及闽、苏、皖、川、桂、粤等地抽调，因为500人不足分配，后增至800人。留日学生是选锋的主力，多来自福建、广州等地。选锋队是由起义领导机关直接掌握的一支骨干队伍，在起义前到位。其任务是首先发难，扰乱清朝在广州的指挥中枢，夺取军械库，打开城门，引入城外新军，一举占领广州。

其间，同盟会东京总部也在日本成立外围组织——留日中国国民会，以抗击各国侵略者为名，实际则是"提倡尚武精神，养成以军国民之资格为主"。当国内革命风潮迭起时，留日学生纷纷回国，以省为单位组织国民军，东京总部的成员也分别被派到香港与各省担当起义骨干，同盟会东京总部"几为之一空"。这间接说明了同盟会总部的状况。

黄兴对此次起义的筹备相当周密。从年初起，就派人回内地联系策划，先是派刘承烈至武汉见居正，商议响应之事；谭人凤力主在两湖活动，黄、赵遂令其携2000银圆回湖北活动；又派邓赞丞主持江、皖、浙三省革命活动，总计费用支出达6000余银圆；广西方面也派方郡瑛联系其兄长方声涛，方声涛曾在广西新军中供职，方家三兄妹方声涛、方声洞、方郡瑛加入革命队伍是当时的佳话（方声洞在此次起义中英勇牺牲）。还有几个细节也能说明黄兴等在筹备工作时费了一番功夫：其一是绘制作战图，派喻培伦、熊克武潜入广州调查地形、路线，绘成简图；其二是输送武器，待起义的时间定下来后，派黄毅生、陈炯明等专门管理运输枪械，武器运到城中后，则由女同志秘密配送，比如将子弹藏在头发包、米包、外国颜料、罐头、婚嫁礼物等中；其三是布置秘密机关，省内机关，

"多饰以居家眷属（革命同志假扮夫妻，如黄兴与徐宗汉搭伴），这种机关事后查明达38处之多，但各不相知，以防泄漏"①。

经过3个月的准备，统筹部于三月初十日在香港开会，决定于三月十五日举事，分十路进攻，由赵声、黄兴担任正、副总指挥。就在同一天，同盟会会员温生才擅自行动，枪杀了清署理广州将军孚琦，广州官方宣布戒严，而此时部分经费及外购枪械均未到齐，起义日期只好又向后推迟13天。

三月二十五日，黄兴秘密抵达广州，在两广总督署附近的小东营建立起义指挥部。这时，因为温生才刺杀事件和内奸告密，广州官府实行全城戒严并四处搜捕革命党人，参加起义的人数锐减。二十六、二十七日两天，形势更加紧张，新军的机枪全部上缴，清军援兵不断进城，而革命军存放手枪、炸药的重要几个据点相继遭到袭击和破坏。二十八日，黄兴在焦虑中决定起义改期进行，并给香港打电报指示不要再派人来，广州的数十个秘密机关陆续收缩，已经到达广州的选锋队员中有300多人也分批撤回香港。

但是，此时的黄兴内心非常矛盾，他不甘心起义就这样收场，后来，不顾姚雨平的反对，决定孤注一掷。林时爽、喻培伦、林觉民、方声洞等表示坚决支持，他们都做好牺牲的准备。喻培伦还发誓，即使就剩他一个人，也要丢完炸弹。许多人做好了壮士一去不归的准备，如林觉民写好《与妻书》、方声洞写好《与父书》等诀别信。当晚，黄兴等决定明日即二十九日下午发动起义。有了决策，黄兴立即打电报给香港，告知新的打算，催促香港总部来援。同时，黄兴调整起义部署，因为人数不足用，原定的十路进兵计划改成四路：黄兴攻两广总督署；姚雨平攻小北门，占飞来庙，迎新军与防营入城；陈炯明攻巡警教练所配合作战；胡毅生率20人守南大门。

三月二十九日发难前夕，香港总部来电，说时间仓促来不及赶到。下午五点半，黄兴率队从小东门出发，直接进攻总督衙门。所谓的四路"义军"，其实只有黄兴率领的一路孤军，由选锋队员130人组成。参加者臂缠白布，脚穿黑面树胶鞋，在呜呜的螺角号声中奋勇向前。因为是吃晚饭

---

① 陈锡祺主编：《孙中山年谱长编》上册第529页，中华书局，2003。

二、星火渐燎原

时间，守卫总督署的只有一连卫兵，突遭袭击，纷纷逃跑，起义队伍轻松攻入总督署。黄兴四处搜索，只找到张鸣岐的父亲和妻妾，而从桌子上的茶碗、水烟筒还冒着热气可断定人刚刚离开。黄兴等对张的家属未加伤害，允其逃生，放火焚烧督署后退出。

张鸣岐只身逃出，入李准家里躲藏起来，并让一个巡捕打电话给李准，李准立刻派自己的卫队来增援。黄兴率队从东辕门撤出时，与李准调来的卫队遭遇，双方激战。林文上前欲策反，话未毕，中弹，当场牺牲；林觉民等受伤被捕；林尹民等约20人阵亡；黄兴右手两个手指中枪，血流不止。鉴于此，黄兴决定兵分三路突围：一路由徐维扬率领先锋队员40人去攻小北门，拟引城外的新军入城一同作战；一路由黄兴率领方声洞等10余人出大南门，拟与巡防营会同作战；一路由刘梅卿带领进攻督练公所。可城外的新军根本没有接到起义通知，这一路人马原是由姚雨平负责的。原本负责进攻巡警教练所的陈炯明因对起义缺乏信心，临阵动摇，做了可耻的逃兵。

黄兴等人行至双门底，与一支参加起义的巡防营相遇，带队军官温带雄本来是相助革命起义的，但黄兴与温带雄互不相识，方声洞见对方无毛巾等信号，竟一枪打死温带雄；巡防营其余成员还击，方声洞被乱枪击中当场身亡。此时，负责联系巡防营的姚雨平还是不知去向。

黄兴领着不断减少的选锋队员在城里左冲右突，在黑暗中奋战，打的是巷战，战斗到最后，余部被冲散，只剩下他一个人，最后躲避到与徐宗汉假扮夫妻的秘密机关处。刘梅卿一路在卫边街与清军遭遇，寡不敌众，队伍被冲散，刘梅卿避入民居生还。喻培伦与众人绕道继续前进，与防勇遭遇。喻培伦胸前挂着一筐炸弹冲在最前面，边走边投，弹尽力竭时被捕遇害。徐淮扬一路与从观音山和水师行台府前来的两路清军遭遇后，革命军也分两路还击，不支，两路撤退会合后，在北门高阳里盛源米店与清兵对垒，用米袋筑起简易工事，敌人几次进攻不下。双方僵持到第二天，清军纵火焚烧米袋堡垒，革命军只得被迫突围，不少同志或被捕，或当场牺牲。徐淮扬率众打算袭击小北飞来庙清军弹药库，但因人太少不能攻取，乃率选锋7人先退到三元里，再折返广州西关，不幸在高塘火车站被捕遇害。

当天，香港方面虽然没有及时派兵支援起义，但是，随后，赵声、胡汉民还是与同志分批乘船到广州。赵声乘夜船于三十日清晨上岸，得知起义已经失败，广州城门紧闭无法进入，辗转找到徐宗汉处，与黄兴会合，一起回到香港。不久，赵声因起义失败和痛惜死伤许多青年，心情过度悲伤，郁积病逝。

林觉民等被捕的革命同志遇难。林觉民（1887—1911），字意洞，号抖飞，福建闽侯人。起义前夕曾对同志言："使吾同胞一旦尽奋而起，克复神州，重兴祖国，则吾辈虽死之日，犹生之年也。"① 此次起义革命军阵亡、被捕遇害者计有百人，死难的同盟会会员有名可考者86人，其中72人的遗体被同盟会会员潘达微通过善堂出面收葬于红花岗，潘达微还将红花岗改名为"黄花岗"，即今天的黄花岗七十二烈士墓园所在地。（图2.11）

黄花岗起义是如此悲壮、惨烈，至今令人荡气回肠。只因临时改变计划仓促上阵，后继者没有响应，加之内部信息不能沟通，使得精心准备了3个月的起义最后还是成了一次军事冒险。这也说明，在敌我力量悬殊的情况下，武装起义只凭勇气孤注一掷是行不通的，更不用说没有发动广大农民、工人投身革命。但是，在极其不利的形势下，革命者们抱着必死的决心去与封建统治者顽强搏击的壮举，为民主革命事业奏响了一曲生命的赞歌，这些青年才俊用鲜血鼓舞着千千万万革命志士继续奋斗。

图2.11　黄花岗七十二烈士墓碑

（作者2016年9月摄于广州越秀区）

---

① 转引自金冲及、胡绳武《辛亥革命史稿》第二卷第485页，上海人民出版社，1985。

三、蜀中发难

三、蜀中发难

《辛丑条约》签订后,帝国主义列强在政治上加强对中国的控制,在经济上多方扩展在华势力,将投资的重点集中到修筑铁路和采矿方面,并以此作为其巩固势力范围和扩展侵略势力的手段。这种"以华治华""经济的瓜分"的伎俩被国人识破,于是,全国各地掀起了收回利权的反帝爱国运动。在收回利权运动中,尤以收路权、保路权的斗争最为激烈,并集中体现在粤汉铁路、川汉铁路这两条大动脉铁路上。

辛亥年(1911)四月,已沦为"洋人的朝廷"的清政府悍然宣布"铁路干线收归国有",拟强行接收广东、四川、湖北、湖南四省境内商办铁路——粤汉铁路、川汉铁路;然后又与英、德、法、美四国银行代表团正式签订两湖粤汉铁路、鄂境川汉铁路借款合同,借款600万英镑。其实,抛出铁路国有政策的原动力在于借款合同,此举相当于将人民争得的路权重新拍卖给帝国主义。这一卖国行径激起各阶层人民的强烈反对,湘、鄂、粤、蜀掀起了新一轮的保路运动。当湖南、湖北、广东三省的保路运动逐渐沉寂时,四川保路运动却日益高涨,从保路同志会成立提出"破约保路"至罢市、罢课等"文明"保路,再至保路同志军武装起义,很快发展为席卷全省、声势浩大的群众反清武装起义。同盟会会员吴玉章、王天杰在荣县还建立了辛亥革命第一个革命政权,是故,蜀中发难实为辛亥年革命战争的序幕。

1. 湘、鄂、粤三省保路

铁路是衡量一个国家工业是否现代化的重要指标之一。从19世纪70年代开始,不到20年时间,西方的俄、英、法、德、美等国均建成5万里以上长度不等的铁路，铁路运输成为推动这些国家现代经济发展的重要手段。中国从19世纪七八十年代开始建设铁路，在清政府垮台之前，境内修成的或正在修筑的铁路主、次干线有京汉铁路、川汉铁路、粤汉铁路、道清铁路、正太铁路、潮汕铁路、沪宁铁路、京奉铁路、京绥铁路、滇越铁路、陇海铁路、漳厦铁路、新宁铁路、广九铁路、沪杭甬铁路、南浔铁路、津浦铁路等。这些铁路的修筑有如下"特色"：

第一，由清政府自主承建的屈指可数。光绪七年（1881），李鸿章主持修建唐山至胥各庄的长9.7千米的唐胥铁路通车。该铁路7年后扩展至天津，全长130千米，6年后扩展至山海关段，即津榆铁路，此为"中华铁路"之始；光绪十三年（1887），台湾巡抚刘铭传主持修建台北至基隆的铁路，后扩展至新竹，全长78.1千米；光绪二十年（1894），张之洞主持建成大冶铁路，以方便汉阳铁厂从大冶运矿石，全长28千米；光绪三十年（1904），清政府用官款自行开始修建北京到张家口的铁路，由詹天佑主持，至宣统元年（1909）建成，全长201千米，为通往西北铁路干线的首段。芦汉铁路清政府原准备自己修筑，一年后，因资金不足而向比利时举借外债。这为以后列强利用债款掠夺中国铁路权开了一个极为恶劣的先例。

第二，绝大部分铁路由外国资本经营，修筑权受制于人。有数据显示，1911年中国共有铁路9618.1千米，由外国控制的达8952.5千米，占93.1%。① 其中，由列强直接修建经营的约占41%；列强通过贷款控制的约占39%，即英、俄、法、日、德、比、美等国，或强行擅筑，或假借"合办"，或通过贷款控制，按照各自的需要，分别设计和修建了一批宽窄标准不一、设备杂乱无章的铁路，造成中国铁路的混乱局面，而列强所取得的筑路权则成为其在中国划分势力范围的重要标志。

第三，少部分铁路由中国海内外士绅、商人兴办。经清政府同意，绅商通过成立股份制商办铁路公司，在长江流域及其以南省份修建了一些次干线铁路。例如，光绪二十九年（1903），侨居印度尼西亚的华侨商人张煜南向清政府具呈要求"招香港、南洋各华商及洋籍人等，集股一百万

---

① 严中平等编：《中国近代经济史统计资料选辑》第190页，中国社会科学出版社，2012。

两"①，在潮州、汕头之间建造铁路，得到允可。此为中国第一家商办铁路公司，此后8年里达到18家。这些铁路公司的招股方式不一致：东南沿海经济比较发达的省份，特别是江、浙两省主要采取认股和购股的方式；经济比较落后的内地各省除认购路股外，还采取抽租股和勒捐的方式，抽租股的方式涉及面较广。而中国人自修铁路意味着与外商争夺利益，所以，中国商办铁路公司一产生，就成为列强的眼中钉、肉中刺。

第四，与矿业开采权密切相关。修建铁路需要有煤铁矿业为基础，煤铁矿业发展又需要铁路运输先行。甲午战前，北洋大臣兼直隶总督李鸿章在湖北、河北、东北采用新法开采煤、铁、金、铅等矿，矿业尚能在清政府控制之下；战后，列强竞相争夺中国矿权，虽有商办或华资自办矿业，但列强占有的铁路沿线的矿区随着夺取筑路权跟进，致使中国许多重要的矿区都被强占。这对中国民族工业的发展形成致命的障碍。有具体数字为证：铁矿生产全部都靠外国贷款开采，据光绪三十二年（1906）的统计，煤矿生产外资占39.8%，中外合资占45%，两者合计84.8%。正因为路矿利益丰厚，列强将对华输出资本集中在这两个方面。

湘、鄂、粤三省的保路运动就是在上述背景下发生的，三省之保路分为废约争路风潮和拒债保路运动，前者的斗争矛头直指在华帝国主义列强，后者的斗争矛头直指清政府，也包含列强在内。

废约保路、收回路权风潮起于光绪三十年（1904）。风潮兴起的源头要追溯到光绪二十一年（1895），时任湖广总督的张之洞上疏请修南北干线，倡议以芦汉铁路为诸路纲领，四向展延，向南由汉口延至广州，为南干路。清政府大体上同意了张之洞的建议，命他与有关方面商洽筹办。当时，中国舆论界中已有"铁路自办，以杜外患"的呼声，主张路款由华商自筹，不招洋股。清政府不敢明目张胆违反众志，允诺"各省富商如有能集股至千万两以上者，着准其设立公司，实力兴筹"②。同时，清政府又明文规定修路必须采取"官督商办"的方式。这样，那些愿意集资合股的绅商就裹足不前了。这说明当时民族资产阶级力量还很弱小，尚不成气候。第二年春天，清政府再次出台一个政策，谓采纳地方大员的建议，决

---

① 宓汝成：《帝国主义与中国铁路》第185页，上海人民出版社，1980。
② 王彦威、王亮编：《清季外交史料》卷一一八第33页，台北文海出版社，1985。

定借债修路，并在上海成立铁路总公司，任命盛宣怀为督办。

清政府决定借债修路的消息一经传出，列强就一起扑了上来。美国垄断资本集团钻营最力，它们在中国设立华美合兴公司，这是一个垄断组织，拥有相当雄厚的势力，首脑为美国参议员、华尔街大亨之一的布莱士。该公司一成立，就确定了以劫持中国铁路权为主，兼及轮船、电讯、矿冶等事业的宗旨。它曾拟订一个极为广泛的铁路方案，欲垄断中国全部铁路。获悉芦汉铁路招徕外债时，该公司使出浑身解数，获得了粤汉铁路的让与权，芦汉铁路最终是商借比利时款。胶州湾事件发生后不久，光绪二十四年（1898），华美合兴公司同清政府签订《粤汉铁路借款草合同》，控制了粤汉铁路的建筑权。光绪二十六年（1900），双方又签订了《粤汉铁路借款续约》（以下简称《续约》）。《续约》中明确规定：借款额增至美国金洋4000万元，利率、折扣、抵押、还款期限、酬劳费、余利分配等项，基本照原约；全路修成期限由3年延长为5年。

尽管有合同约束，到光绪三十年（1904）秋，华美合兴公司仅修筑了广州至佛山的一段全长仅32英里①的支线，干线工程尺轨未铺。

又，《续约》明确规定，公司所享权益不得转让他国，但订约不久，合兴公司就将2/3的股权私售给比利时银团的万国东方公司，这个银团受到法、俄支持。令人气愤的是，光绪三十年年初，比利时财团改派代表来华经理一切并且擅自通知中国方面：今后粤汉铁路分成南北两段，南段归美国修筑，北段归比利时承办。

这种无视中国主权的行为大大激怒了湘、鄂、粤三省人民。本来，早在修办芦汉铁路时，三省绅商曾跃跃欲试，倡议集股修建粤汉铁路和呈请设立湘粤铁路公司，但遭到张之洞和盛宣怀的百般阻挠和反对。几年过去，铁路主干建设毫无进展，外国资本却又做出违反合同之事。湖南绅商首先提出将约作废，收回铁路自办，湖北、广东随即响应。"废约自办"的争路运动就此迅速扩展。

"废约自办"并不只是反对美国食言背约，也是反对粤汉铁路借款合同的丧权卖国，所以，夺路、售路和保路、赎路的激烈斗争就在列强及其走狗和中国人民之间展开。这场斗争大致持续了一年半的时间，其间美国

---

① 1英里约为1.6千米。

三、蜀中发难

公司虽有让步,如光绪三十一年(1905)年初,美国摩根财团向比利时收回卖出去的股票,但是三省人民坚决不让步,其他省的留美、留日学生也以各种方式支援,最终在广泛的抵制美货运动影响下,美国政府和摩根财团应允废约赎路。同年七月,中美双方签订了《收回粤汉铁路美国合兴公司售让合同》,赎回了粤汉铁路修筑权。赎回路权的代价不谓不大,连美国法学家威罗贝都供认,"这个解决的条件对中国人说是十分苛重的,因为他们被迫付出约六百七十五万美元,比美国人所已化费之数多三百七十五万元。完成这一赎买的合同的日期是1905年8月29日"①。

粤汉铁路"废约自办"运动在全国各地产生了很好的政治影响。在斗争过程中,三省分别进行筹款赎路并渐有成效。但是,张之洞在借款附带条件中答应英国,修筑粤汉铁路的路款,除中国自筹外,如需向外洋借款,应尽先与英国商借,在湖北、湖南境内另有修造铁路事宜,亦按上述原则办理,此举又埋下了帝国主义列强重夺这条铁路的祸根。

粤汉铁路赎回后,收回铁路的风潮在全国起伏不止,江浙人民收回苏杭甬(沪杭甬)铁路为一例。江浙绅商们成立铁路公司拟自办铁路,创立国民拒款会或拒约会,以抗议清政府借款修路。他们一面集股,一面开工筑路,议定浙江先修杭州至嘉兴段。江苏绅商则议定先修上海到嘉兴段,以与浙江所修之路衔接。浙江铁路认股者很踊跃,就连上海过来的学生都将零用钱拿出来购买5元一张的股票,浙江预筹股额是600万元,实收股额达920万元。但是,江浙抵抗清政府对英借款没有收到预期的效果,因为清政府根本无视踊跃认股的民众们的爱国热忱,单方面悍然宣布"无论各省官绅如何抵抗,宁用十分压力,决不为众议所夺",并且严令两江总督和苏、浙巡抚"留心访查,认真防范";并于光绪三十四年(1908)二月初四日正式同中英公司签订了《沪杭甬铁路借款合同》,向英方借款155万英镑。在此风潮前后,津镇铁路和滇越铁路路权的斗争也在进行中。虽然这些斗争均以失败告终,但是,这些斗争都可以看作辛亥保路运动全面高涨的前驱。

拒债保路

湘、鄂、粤三省绅商争回粤路路权后,铁路因种种原因都没有立即开

---

① [美]威罗贝著,王绍坊译:《外人在华特权和利益》第654页,生活·读书·新知三联书店,1957。

办。在湖南，单筹款就很不顺利。此局面的形成，很大程度上是官绅当权、商股受抑所导致。正当湘路因官绅把持而致群情激愤时，清政府以铁路不宜各省绅商自办，应一律由政府官办为借口，将已准商办的各路加以劫夺。清政府此举是为下一步举借外债、拍卖路权行方便，但欲盖弥彰。

　　光绪三十四年（1908）六月，清政府颁发了一份上谕，首先夸大由举借外债而落到帝国主义手里的所谓官办铁路的成绩，指责各省绅商自办铁路没有什么起色，表明朝廷要"另筹办理"；紧接着就把粤汉铁路和鄂境川汉铁路作为劫夺的对象，任命军机大臣张之洞兼充两路督办大臣，举借外债，相机收回官办。张之洞奉命招揽外债，英、美、俄、日、德、法等国展开激烈争夺，用近一年的时间，形成宣统元年的英、法、德三国《湖广草约》；美国不甘向隅，以清政府在光绪三十年（1904）曾许诺川汉铁路投资优先权为借口，要挟加入，于是，四国开始分赃谈判，最终形成美、英、法、德四国银行团"附加协定"。《湖广草约》是关于湘、鄂境内的两条铁路的借款合同，主要内容有：三国借款550万英镑，各占1/3，利息5厘，以两省厘金和部分盐税作抵；分25年还清；规定粤汉铁路用英国工程师，川汉铁路用德国工程师；三国分别承购材料；英德派遣会计人员稽核铁路用款，铁路盈余并须存入英德银行；支路投资有优先权。四国银行团"附加协定"主要内容是：将借款增加为600万英镑，由四国平分；粤汉铁路用英国工程师，川汉铁路用美国和德国的工程师；四国享有两湖境内的修筑权以及在延长时持续投资的优先权；除完全承认张之洞原定草约的内容外，将宜昌至四川夔州一段列进合同。清政府实质上已将两条铁路的主权全盘出卖给英、法、德、美四国银行团，只等着时机成熟宣布实行铁路国有这一"国策"。清政府与人民为敌，新一轮的保路运动复在粤汉铁路沿线掀起。

　　新一轮的保路运动仍由湖南拉开首幕。湖南如此激烈争回粤汉路权是有来由的。粤汉路全长计2000余里，经湘境为最长，有1200余里，所以，湘人视保路权为"保地权"。前次湘路收回利权拟自办，在收回的任务完成后，却在筹办方面产生官、绅、商三方你争我夺的情况，无论"官率绅办"还是"官督商办"的筹办方式，终不过是"官绅当权，商股向隅"。湘路因内部纠葛纷起，历时4年，路款既未筹妥，路工更属延宕，毫无成绩可言。

　　张之洞奉命向英、法、德招揽外债，等于将路权重新出卖。此举激化

三、蜀中发难

了湖南的学、绅、商各界与官方的矛盾,于是,在张之洞代表清政府与三国银行团代表订立湖广借款合同草约的前后,湖南的学、绅、商各界以"拒债商办"为中心的保路运动就开展起来。

参加运动的主力来自三方面:留日同乡会、谘议局初选议员和旅居各省湘籍官绅。因为力量分散,缺乏统一领导,留日同乡会向立宪派代表人物谭延闿建议组成机构统一领导保路。因之,谭延闿等在已成立的铁路股东共济会事务所基础上设立"集股会"以"集股拒债"。先是谭延闿、龙璋、陈文玮等召开"湘路股东共济会"筹备会议,并设立了事务所。经过几方面代表的协商,集股会成立,谭延闿、童光业被公推为正副会长。集股会的任务不限于集股,它还主持拒债与办报、研究湘路筹款赶修的具体办法、预备提交议案。他们还刊行《湘路新志》,宣传拒款自办。又拟订了湖南各界呈清朝廷当局的专文,推举代表专门到北京递交。① 湘籍留日学生还在日本创办《湘路警钟》杂志,"专以救济路权、监督路政,以达完全商办为宗旨"。

保路是立宪派的中心课题。湖南谘议局一成立,立即成为领导保路运动的领导核心。谘议局刚开议即通过了关于湘路无须借款、完全实行商办,以及用人培材等一系列议决案;还制定了筹款的各种办法和修路计划,决计于5年内赶修完竣。立宪派人向省内各界申明目前应筹款商办。由于有了谘议局的敦促,也由于以邮传部为主的卖国者在借债筑路问题上与两湖方官绅产生矛盾,因此,湘路公司的封建官绅以及湖南巡抚岑春蓂、湖广总督陈夔龙都改变了态度,先后参与保路运动。城乡广大民众无不积极踊跃认股,投入拒债保路斗争中。至宣统二年(1910)春,湖南集股达到高潮。

在列强攫夺铁路的刺激下,湘人集股修路很快落到实处:宣统元年(1909)七月十一日正式动工,先修长株段。在资金募集上主要采用租役累进法:由收百石入股3元起,递加至收千石入股130元止,岁得400万元;此外,还开辟了抽收房租股、廉薪股及盐斤加复银价等财源。湖南集股保路推进了保路运动的发展。

谘议局不仅是立宪派的合法讲坛,也是"全湘舆论"名义上的代表,

---

① 铸铁著:《湘路纪事》,中国史学会主编《辛亥革命》(四)第538-539页,上海人民出版社,1981。

通过创立各种团体,将原来分散的力量组织起来,扩大了拒债运动的实力,尤其是修路议决案的通过,无论对筹款拒债,争取完全商办还是湘路的修建都有推动作用。

这样,在谘议局和股东共济会的督促下,湘路公司的局面也为之一新。早于宣统元年十一月成立的"股东发起会"、办事员会议(权利董事)和查账员一一到位,湘路公司的商办实力空前增强。湘路工程进展迅速,至宣统二年十二月(1911年1月),长株段已经全线修通,年末即通车。继之,南段株郴线、北段长岳线亦于宣统三年一月(1911年2月)破土兴建。

湖北保路运动紧跟湖南而起。早在张之洞推行"以官力压商力,以外资压内资"的政策,拟举借外债修建湖广、川汉铁路消息走漏时,在日本留学的湖北学生闻风而动,呼吁要"力阻湖广铁路借款"。他们在湖北同乡会成立两湖铁路协会。借款草案签订的消息由日本《朝日新闻》刊登后,湖北籍留学生立刻行动起来,选出代表张伯烈、夏道南回省运动各团体,以争取铁路收回自办。

湖北保路运动也以谘议局为中心阵地展开。当湖南保路运动兴起后,湖北绅商也表示要一面拒债,一面力争商办。

留日学生加强宣传,促使运动在湖北立即高涨起来。张伯烈、夏道南二人四处活动。宣统元年(1909)九月初七日,张、夏二人在谘议局召开的特别欢迎会上发表演说,会议当场起草铁路协会章程。从而联合武汉商会、教育会、宪政筹备会及各团体,共同抵抗;张、夏二人随即印发《留日湖北学生铁路会代表张伯烈、夏道南意见书》(下文简称《意见书》),痛陈借债修筑铁路对于湖北人民的重大利害关系,阐明了土地、人民和统治权立国三要素之间的关系,称:"……夫立国要素为土地、人民、统治权三者,若款借路抵,则土地非我所有,土地既非我所有,则生出种种干涉,势必假手政府以压制我人民,而间接得统治权。由是操纵自如,殖民所有将渐次芟夷我人民。即令我俯首归从,亦不过奴隶犬马,万难享此等权利。至于此,当可以立国乎?"① 他们这样发问:如果铁路命脉落入列强手中,中国将何以立国?《意见书》在湖北人民中间有着振聋发聩之效。

---

① 武汉大学历史系中国近代史教研室编:《辛亥革命在湖北史料选辑》第461页,湖北人民出版社,1981。

三、蜀中发难

此次会议推举出刘赓藻等10人为铁路协会会员。

湖北铁路协会的成立加快了湖北保路运动高涨的节奏。在十月初二日特别大会召开时,到会者有3000人,各界代表登台演说,个个愤慨激昂。随后的选举职员大会,到会者也有千余人,选出前广西按察使刘心源为协会会长并为赴京请愿代表。赴京代表还有以敢言著名的宓昌墀和留日学生张伯烈。张伯烈初被提名时,欲以"人微言轻"推辞,新军二十九标陶勋臣登台断指表示"定要张君伯烈晋京",张伯烈潸然泪下,郑重许诺绝不辜负众望。受此鼓舞,会场气氛相当激昂。当赴京请愿3人离开汉口时,到车站送行者达千人。当时一位湖南人曾这样说:"湖北人之拒债,虽在湖南有之后,然其慷慨激昂,则百倍加于湖南人。"①

赴京请愿的目的在于请求清政府正式批准成立商办粤汉铁路公司。他们3次上书邮传部,从冬迄春,毫无结果。宣统二年(1910)春天,张伯烈甚至到邮传部尚书徐世昌私宅门口静坐绝食、痛哭力争。在京的湖北同乡官商学界600多人集议办法,选出代表再向邮传部呈请,邮传部被迫批准立案招股。宣统三年(1911)三月二十四日,邮传部批准湖北设立商办铁路公司,湖北人以为斗争胜利了,立即行动起来,仅四月份,公司即集到股款130多万元,并选出黎大钧任公司总理。

而四国"补充协定"形成后,英、法、美、德公使加紧催促清朝廷迅速签字,对两湖人民要求拒债自办铁路的保路风潮视而不见。然后,清朝廷于辛亥年四月十一日颁布了第一国策"铁路干线国有政策",四月二十二日邮传部与四国签订了粤汉、川汉铁路借款合同。

对此合同,当时有人持肯定的态度,理由是:其一,借款年利息谈到5厘,贷款期限40年,与之前的外债合同相比算是低利率,而且还没有附加政治条件,没有将中国铁路管理权或所有权抵押;其二,以百货杂类与盐厘捐为抵押品,风险很低;其三,日后铁路所有权和管理工作权归中方所有;其四,铁路建设过程中优先使用中国工业产品与原材料,从汉阳铁厂购买铁轨;其五,中方督办大臣有权指导外国工程师;等等。此合同一签,意味着清政府将两湖境内1800里的路权公开出卖。令两湖人民吃惊的是,一向办事拖沓的朝廷竟然在同一天下谕旨批准了合同。

---

① 铸铁:《湘路纪事》,中国史学会主编:《辛亥革命》(四)第547页,上海人民出版社,1981。

这个铁路国有政策无疑是列强对中国实行"借款夺路"侵略政策的产物,也是清政府实行"借债筑路",进一步投靠列强的一纸卖身契,其性质不异于"帝国主义的杀人政策与清王朝自杀政策的混合物"①。

这对两湖人民来说犹如当头一棒,闷、晕、愤、恨情绪一齐涌来。

铁路国有政策颁布后,湖南省城绅、商、学界又成立"湘路协赞会",致力于粤汉铁路商办,反对清朝断送主权借外债筑路。该会成立之日,到会者"千数百人",盛况空前。会上选举李达璋为会长,粟戡时、贾广询为副会长,参与者有左学谦等40人。该会分为集股、研究两部。

湖南立宪派推选议员粟戡时等4人上京请愿,要求邮传部给湖南一个明确的答复。清政府为了避免发生重大事端,影响交涉,于是对两湖拒款的要求采取了"骗"和"拖"的办法。② 在京请愿的粟戡时断手指写血书以示拒债,邮传部仍是行骗搪塞了事。湖南绅民则紧盯朝廷的一举一动,坚持拒债保路不动摇。

湖北的保路运动也一天比一天激烈。湖北省谘议局负责刊发传单,召集各界会议,对付借款问题。其中,在四官殿铁路公司召开的数千人大会上,爱国军人、学生占大多数,他们疾呼救国,尤以留日学生江元吉血书"流血争路,路亡流血,路存国存,存路救国"16个字鼓舞人心。革命党人詹大悲主编《大江报》亦如此,如《大乱者救中国之药石也》《亡中国者和平也》等文,而且后一篇大力宣传反清暴动之意(作者是何海鸣),"瑞澂阅报大怒,即逮捕海鸣、大悲入狱,并封闭《大江报》。于是舆情更加激愤,革命空气,异常浓厚,大有山雨欲来风满楼之势"③。湖北境内的川汉铁路工人"数逾四万……自闻收回国有之命,谣言四起,各包工异常惶骇",施工被迫停止,商股群起质问,并纷纷向川汉铁路宜昌分公司索回股本。筑路工人起而支持,"众怒勃勃",警察"不敢犯其锋芒"。宜昌知府派兵镇压,工人"恨官府以威劫民,霎时聚集数千人",打死清

---

① 隗瀛涛编著:《四川保路运动史》第191-192页,四川人民出版社,1981。
② 林增平、石振刚:《辛亥革命时期湖南保路运动》,湖南史学会编《辛亥革命在湖南》第197页,湖南人民出版社,1984。
③ 杨玉如:《辛亥革命先著记》第29页,知识产权出版社,2013。

三、蜀中发难

兵20余人,用暴力行动反抗清政府。①

自从国有政策出台后,广东舆论界纷纷表示反对。粤省绅商也很不甘心已经争回的利权再次落入侵略者之手。粗略统计,至辛亥年四月,广东粤汉铁路公司已实收股金2000余万元。五月初十日,粤路公司召开大会,到会股东1000余人,反对清廷"强占粤路",保持"商办之局"。他们在本公司内设立争路机关部,定期举行会议,地方报刊文章鼓吹为助。市民则拒用官发纸币,挤兑现银,抗议清政府取消商办铁路。五月二十日,公司再次召开股东大会,重申了商办决心。广东商民挤兑风潮有力地支援了保路运动,迫使两广总督张鸣岐向朝廷施加压力。

粤路股东以南洋、美洲华侨最多。当局的蛮横和一意孤行使得爱国同胞反对的声音越来越坚决,如海防华商会馆致函粤路公司,声明:"粤路国有,誓死不从";"铁路国有,必须政府自有筑路能力。今大借外债,绝非国有;籍曰国有,直为各国所有";"路亡国亡,政府虽欲卖国,我粤人断不能卖国";"有劫夺商路者,格杀勿论"。② 清皇族新内阁推出卖国卖路之政策确实是自掘坟墓。

但是,三省保路运动很快相继走入低潮,且表现方式也不完全一样。

在清政府宣布铁路国有的政策后,湖南省谘议局也曾据理力争,议员们态度坚决;待清政府下令严旨申饬后,有些议员已退缩;五月中旬,长沙各学堂相继罢课表示抗议后,地方政府更加严加防范,军警、密探日夜巡逻,议员们竟率相辞职,不予相助;待全国革命形势高涨时,分化更加明显,谘议局成员一部分背离保路运动主题,开始站到清政府一边,如谭延闿成为盛宣怀的贵宾,有的人甚至因害怕而销声匿迹,只有一小部分人走上了反清的道路,如易光羲、左学谦、龙璋、粟戡时等。在清政府的利诱与威胁兼施下,湖南保路运动没有发展成群众性的武装斗争。

湖北省谘议局议长汤化龙一直反对清政府向四国银行借款筑路。在铁路协会成立大会上,他曾历数时政的腐败,抨击邮传部尚书盛宣怀乘借款攫取回扣,媚外肥私,丧权卖国。他也是赴京请愿代表,是立宪派中的激

---

① 转引自隗瀛涛、吴雁南主编《辛亥革命史》中册第889页,东方出版中心,2010。

② 转引自沈晓敏、倪俊明《喋血南国:辛亥革命在广东》第170页,广东人民出版社,2011。

进派。① 当湖广总督瑞澂采取软硬兼施、内部分化之法，以及盛宣怀答应湖北路股照本发还后，汤化龙带头妥协，湖北保路运动趋于消沉。

广东的情况与湘、鄂又有不同。总督张鸣岐因受黄花岗起义打击而心有余悸，整日如惊弓之鸟，坚信保路运动"为乱党煽惑"，从而采取高压政策，禁止各报馆刊登反对铁路国有的任何言论，对群众性活动"随时防范，认真弹压"。粤路股东们被迫退至香港，在那里成立保路会继续斗争。原本支持和准备执行铁路国有政策的张鸣岐为平消众怒，以宁可丢官之姿态向朝廷力争归还股本，全部发还现银。广东"全系商股"，下层民众与铁路利益关系不大，此举暂缓了矛盾激化。再者，香港毕竟受殖民统治，绅商们的抗争活动规模和影响力有限，当同盟会在香港出版的报纸《中国日报》及其他各报对保路斗争极力声援时，张鸣岐禁止港报入境，拒债保路在香港的活动势头日渐减弱。

三省保路运动的共同点是均由立宪派绅商发起并领导，两湖还得到军、学各界支持，但是，立宪派有自身的局限性，他们反对革命，害怕群众，因此力图使保卫路权的斗争停留在有序的拒债进行商办的范围内，以避免引发革命。

当三省保路运动沉寂下去时，四川保路运动迅速兴起并日趋激烈。

2．四川保路运动

在湘、鄂、粤三省保路运动进入高潮时，四川保路运动方兴未艾。但在清政府来势汹汹、步步紧逼下，四川保路运动比三省保路运动来得更加猛烈。四川保路运动从宣统三年（1911）四月下旬开始，持续4个多月，呈现渐进发展曲线。3个阶段的标志性事件分别为保路同志会的成立、成都罢市和"成都血案"。"成都血案"后，保路运动进入保路战争阶段。

---

① 吴剑杰：《清末湖北拒款保路斗争述略》，《武汉大学学报》（人文科学版）1986年第5期。

三、蜀中发难

川汉铁路是四川"新政"的产物。光绪二十九年（1903），新任川督锡良在民众的压力下奏请自办川汉铁路，更可信的说法是锡良主动奏请。据说，这个对清统治者极其忠诚的大臣在出都上任前与"新政"旗手张之洞面谈后，受其鼓励，在赴任途中即奏请设立官办川汉铁路公司以示知耻后勇，目的是"以开利源而保主权"。光绪三十年（1904），川汉铁路公司在成都成立，实属开全国省级自办铁路之先河。

川汉铁路公司作为国内首家省办铁路公司，从公司成立起就有着鲜明的独立自主性，如《集股章程》第一条明确规定："川汉铁路系奏明自办。川省绅民皆自愿筹集股分，恳请不招外股，不借外债；是以专集中国人股分。其非中国人股分，一概不准入股，并不准将股分售与非中国人，以符奏案。"第18条规定："股票转售与人……惟只准售与中国人，倘转售或抵债与非中国人，本公司概不承认，股票作废。"①

在性质上，川汉铁路公司初成立时是官办，更准确的说法是官督商办。成立一年后，虽在留日学生的推动下改为"官商合办"，但绅董"不得干预本公司用人行政之权"，商办徒具形式。又一年后，公司才改成商办川汉铁路有限公司。光绪三十三年（1907），《商办川汉铁路公司续订章程》（以下简称《续订章程》）又重申："公司专集华股自办，无论整股零股，均惟华人自购，不附洋股。"章程还确定要用本国人任总工程师，需要聘任的外国人的管理权归公司，由总工程师立合同规定权限。宣统元年（1909），川汉铁路公司在成都召集第一次股东会并成立董事局，川路公司商办性质得以确定。

川汉铁路全线长3000余里，当时毛估需要白银7000万两，遂定集股筹款，以50两为一整股，5两为一小股。最初，公司股东来源有4项：认购之股、官本之股、公利之股、抽租之股。

认购之股以有资产者为对象。对于投资者配有5万两汇奏、50万两专奏、500万两奏破格优奖的鼓励制度，规定收益是只准取息分利，不准提现，但所持股票可以转售。

官本之股指"凡以官款拨入公司作为股本者"。实指拨四川地方各衙门公款作为股本投入公司，也是50两一股，股息统一付4厘行息。路成

---

① 四川省档案馆编：《四川保路运动档案选编》第128、第131页，四川人民出版社，1981。

之日，分给红利。但是，首批官本之股仅有"宝川局鼓铸二十八万两"，为数甚少，《续订章程》就没有再列其中。

公利之股是指"凡因本公司现时筹款，开及别项利源，收取余利作为本公司股本者"。因铁路而设立的股票只能提其余利作为股本，公司不能即据其利为公司私有，仍按50两一股，填给股票，且该项经营的利润必须填为公利之股票，属于地方人民，股息、红利用于地方紧要公务。川汉铁路公司成立后，为筹股进行了铸造铜圆、开发铁路材料、存款生息的再投资活动，生息330万余两，但存放上海钱庄时，因钱庄突然倒款产生了300余万两亏损。后来，清政府即以此为借口，夺路夺款。

抽租之股是公司大宗，简称"租股"，以有土地者为对象，按照粮册摊认，于每年征粮时摊租代收。抽谷入股的办法参照湖南之法变通而来，具有川省的特色，"凡业田之家，无论祖遗、自买、当受、大写、自耕、招佃、收租的十石以上者，均按该年实收之数，百分抽三"。即使持收单也有利息，总章程第24条规定为"按租抽谷，无论多寡均随时填给收单，倘照时价核计，数至五十两者，即将收单缴换股票一纸；其不及五十两者，听将收单自行收存，俟积成股数，再行换领"。①《川汉铁路按租抽谷详细章程》第9条规定："各户租数，均各按本年实收租数为准。逐年于收租时按田清查，并非以此次所查作为定额，不得以上一年丰歉多寡借口。"第10条规定："此项租谷，均抽自收租之家。其有佃户押重租轻及债户以租抵利者，但有租谷可收，数在十石以上均一律照抽；不专抽自业主，以昭平允。"第15条规定："各户抽谷，折价完缴后，即掣领收单为凭。无论已否换领股票，均按收款之下一月初一日算起，周年四厘行息，至下一年十二月照数付息。"②

租股在征收时不可避免地存在强制征收的现象，不过，租股不同于各类新捐旧税，因为租股有股息，是具有资本主义性质的有价证券，租股股东享有《公司律》规定的权利，普通百姓虽然要缴纳多年才能凑够一股，但毕竟是一种有回报的投资。从公司开办到宣统二年（1910）年底的实收

---

① 四川省档案馆编：《四川保路运动档案选编》第132页，四川人民出版社，1981。

② 四川省档案馆编：《四川保路运动档案选编》第139－141页，四川人民出版社，1981。

三、蜀中发难

租银中，租股一项占到77.5%以上。

《续订章程》还规定，"盐茶商业……尤应认购多股，赞兴轨政"。即股富者一个人可兼具三种股的资格。这样，全川7000万人，不论贫富，差不多都与川汉铁路发生了经济联系。

光绪三十二年（1906），川汉铁路开始勘测路线，最后，公司决定先由宜昌动工，鄂境宜昌以上一段暂归川省代修，订期为25年，由鄂省按原用工费备价赎回。光绪三十四年（1908），川汉铁路公司聘请了留美学生陆耀廷、胡栋朝为铁路工程师，詹天佑为总工程师，在宜昌设立了铁路分公司并设工程局，动工修筑。

列强在川汉铁路开工后更加疯狂，一方面加紧勾结和恫吓清政府，强迫清政府向它们借款，一方面诋毁造谣。清政府为维护自身的统治地位，甘心充当侵略者的走狗。皇族内阁宣布"铁路干线收归国有"，并通过"借债造路"的卖国行径将早已存在的社会矛盾激化了。这一政策的推行成为四川保路运动的导火线。川汉铁路是四川新政无形链条中至关重要的一环，折射出各种尖锐、复杂的社会矛盾。

在上一次争取川汉铁路主权的斗争中，川省人民也曾表现得非常积极，其中留日学生充当了急先锋。蒲殿俊、萧湘等即是其中的活跃分子。他们在东京成立"川汉铁路改进会"，每月定期出版《川汉铁路改进会报告》，宣传修建川汉铁路的益处，揭露官办铁路的黑幕；除了在东京募捐股金外，留日学生还动员各自亲属，承担募劝30余万两；同时，致书全蜀乡老，要求大家慷慨解囊，集股修路；他们还联名上书四川总督锡良，建议"因粮认摊"股金，强烈要求将公司由官办转为官商合办。苦于资金压力，锡良采纳了他们的部分建议，形成了后来的"铁路捐"。此举将四川官民绑在了同一架战车上。川汉铁路公司由官办到商办，蒲殿俊等留日学生也声名鹊起。

这批人毕业回省，是一股新的政治力量，宪政运动兴起，他们属于立宪派阵营的骨干。四川谘议局成立时，时任法部主事的进士蒲殿俊、萧湘顺理成章当选谘议局议长、副议长，来自教育界的罗纶当选为副议长。保卫川汉铁路是谘议局的一件大事，就在谘议局成立后不久，他们提出"整理川汉铁路公司"案，创办了《蜀报》，宣传君主立宪，要求庶民参政，同时也参加立宪请愿运动。

从经济利益上看，立宪派人士富有资财者俱为川汉铁路公司的董事和股东会的负责人,有多人是"谘议局议员兼租股股东"。在第二次股东大会上,立宪派人士控制了股东大会及董事局,形成了以谘议局为核心的谘议局、川汉铁路公司股东大会、川汉铁路公司董事局三位一体的领导体制。

在新一轮的保路运动中,这种领导体制很快就得到了检验。铁路干线国有政策颁布后,两湖民众激烈抗争之声很快传到四川。四川省谘议局也曾得到湖南省谘议局"协力争路"的通电。四川署理总督王人文(时锡良已调任云贵总督)获得邮传部、度支部的电报(速查川汉铁路公司账目)、铁路收归国有的谕旨和内阁急电后,紧急召集川汉铁路公司董事彭兰村、副董事都永和等会商办法,但不得要领。彭兰村又急忙同谘议局议长、副议长商量对策。蒲殿俊等也觉得事情棘手难办,主张召集临时股东大会来决定,这时他们对于铁路收归国有问题反应不是很强烈;众股东获知消息后,却表现得极其不安,一时"函电纷驰,争议嚣然",要求如三省一样展开保路斗争。四川保路运动就这样开始了。

四川保路运动的第一阶段从宣统三年(1911)四月十五日川汉铁路公司获悉铁路国有政策的谕令和度支、邮传两部要查账目的电报起至五月二十一日保路同志会成立为止。其间,朝廷、四川督府和川汉铁路公司几方往来可以说明这一阶段暗流涌动,是否遵循新的经济运行规则与遵守宪法实乃近代社会制度变革中最为关键而又敏感的两个问题,并具有牵一发而动全身之效。但是,清廷核心人物没有意识到问题的严重性及其影响,仍然循旧例持专制大棒一味地打压,导致事态升级。

国有政策出台后,四川立宪派人士主要有两种意见应对:一种是有条件地同意国有政策;另一种是希望朝廷收回国有成命,坚持商办之局。前一种意见在开始时占主要地位,以邓孝可和驻宜昌总理李稷勋为代表。邓孝可当时即发表了《川路今后处分议》,较为典型地表现了部分立宪派人士的心态和打算:公司处分案有对外和对内之分。对外的处分又可分为二:"一曰确查借约之性质,二曰须负条件之收回。"① 李稷勋则于四月十七日向成都总公司致电,"鄙意谓路权可归国有;若归外人,则土地人民受损甚巨,当拚力拒之"。如若清廷坚持收回铁路,"则川省人民办路用

---

① 戴执礼编:《四川保路运动史料》第 121 页,科学出版社,1959。

三、蜀中发难

款,应照数拨还现银,若尽空言搪塞,苦我川人,当抵死争之"。① 李稷勋把争财权、还要现款放在第一位。李稷勋(1860—1919),戊戌年(1898)二甲一名进士,人称"传胪公",《清史稿》谓其"精衡鉴,重实学,博学善古文"。入仕后,曾办过矿务局,开采锑矿,失败,出任川汉铁路公司驻宜昌总理,上任后热情很高。川汉铁路董事局采纳众人的意见,致电邮传部,以"众情惶惧"为由,请求予以维持原状,邮传部于此请求置之不理。朝廷还于四月二十日正式任命端方为督办粤汉、川汉铁路大臣。

四月二十四日,朝廷又下一道圣旨:"现将铁路改归官办,自降旨之日起,所有川、湘两省租股,一律停止。其宣统三年四月以前已收之款,著邮传部督办铁路大臣会同该省督抚,详细查明,妥拟办法奏明。总不使有丝毫亏损,以致失信吾民。"② 此项法令貌似清政府不会亏待百姓,其实是以法令的形式专横地剥夺了川、湘省自办铁路的权利,并且是违背宪法和立宪精神的。因为各省分设公司集股商办铁路干路之权已由《铁路简明章程》所赋予。③民众依此讨个说法是正常的应有行为。四川谘议局请川督代奏,泣恳收回成命,也表达了"四川川汉铁路关系本省权利,存废应由本省谘议局议决"④。这种温和的方式在专横者面前显得软弱无力,甚至可以说是与虎谋皮。

清廷按照它的计划施政。先是于四月二十七日派出政府查账员马汝骥抵川汉铁路公司宜昌分公司;接着,邮传部于五月初四日致电王人文,要求他迅速刊刻停止租股誊黄遍行张贴。王人文内心是倾向绅民意见的,所以致电内阁请求暂缓接收以安定人心,朝廷回电申斥责他的代奏电,并以"既经定为政策"表明了态度,仍令王人文迅速刊刻誊黄。

---

① 戴执礼编:《四川保路运动史料》第125页,科学出版社,1959。
② 戴执礼编:《四川保路运动史料》第139页,科学出版社,1959。
③ 《铁路简明章程》颁行于1903年12月,是清末经济立法中的一部重要律法,由商部模仿西方国家的铁路法编纂而成。章程规定:"各省官商,自集股本请办何省干路或支路,须绘图贴说,呈明集有的实股本若干万,详细具禀。听候本部行咨该官商原籍地方官,查明其人是否公正,家资是否殷实,有无违背定章各情。俟咨复到部,以定准驳。"见宓汝成编《中国近代铁路史资料》第三册第926页,中华书局,1963。
④ 戴执礼编:《四川保路运动史料》第143页,科学出版社,1959。

政府查账员到宜昌后，旅宜昌股董数百人迭次开会，群情激愤，均不愿停止租股，并要求速开股东特别大会。川汉铁路公司获知详情后致电宜昌董事局，要求拒绝向查账员交代，并晓以利害："租股一停，生命立绝。已定闰月十日开大会，明日先行召集各团体开会，协议抗争。如政府派员到宜接收，工程手续，关系綦重，应请俟款项清毕，通过特别大会议定办法后，再行正式交替，并祈准备对付办法。"① 同时，总公司及谘议局请总督代奏暂缓接收，并申明此乃关系本省权利，应由本省谘议局议决。川汉铁路公司这样做是符合法律程序和立宪精神的。何况，按照《谘议局章程》的规定，清政府应将商办铁路国有问题交四省谘议局议决，而后视督抚的态度再做处理，但事实并非如此。

五月初一日，川路公司召开临时股东总会准备会议，与会者 722 人。会议达成共识：呈请川督代奏，收回成命，暂勿接收，应于闰六月初十日开股东特别大会议决办法，再请旨办理。需要说明的是，"川汉铁路股东会"是宣统元年依照清政府所颁布的商律组建的，自成立起就得到四川地方政府的承认和支持，朝廷和各部都不能将其视为非法组织。特别股东大会则是在特别重大而紧急情况下召开的会议，其合法性也无可置疑。谘议局的常驻议员全体出席了这次临时股东总会准备会议，形成如下意见：要求政府把商办公司历年的用款和上海的倒账、开工的费款一律承认，偿还六成现金，搭用四成股票，并把宜昌所存现款 700 余万两白银和公司陆续接收存的股款统由此次召开的特别股东会自行议决处理。公司根据这个决议，具文呈请王人文，请之转电清朝廷。复以路权转移，应由股东会依法议决。这仍然是在法律框架内之请。

五月初五日，王人文得到端方、盛宣怀联衔密电，即所谓的"歌电"。电文措辞强硬，如"朝旨毅然官办""停止田捐""万无动摇"；如果川省定要筹还川路股款，朝廷必借外债，"必以川省财政作虚抵"。② 朝廷的意思是，全部股款更换为国家铁路股票。这样一来，川省的租股相当于蒸发了，这直接侵犯了川人的切身利益。

两天后，王人文回复歌电，说明基本情况是，川绅关于路权分甲乙两

---

① 戴执礼编：《四川保路运动史料》第 141 页，科学出版社，1959。
② 四川省档案馆编：《四川保路运动档案选编》第 376 页，四川人民出版社，1981。

三、蜀中发难

派,甲纯自办,乙主归国有,但要求不以路作抵,不提存款,全还用款。退一步,即使铁路国有,也不以路做抵押,继续求情,"人文之意,存款仅七百余万,似应尽给川人,俾彰朝廷信用而救川民之穷。已用之款较多,除倒账外,则照度支部所议办法,全换给铁路股票。虽未必尽餍川人之望,然国家既仁至义尽,或足塞川人之口"①。王人文再次说明现款要慎重处理,实关系大局,还暗示歌电内容尚未泄露。近一周的时间,王人文没有得到片言回复。

王人文犹豫再三,还是将歌电的内容转给了铁路公司。

五月十五日,铁路公司开会,将歌电内容向众股民公布。股民群情激愤,他们认识到清政府"不但要夺路,并且要谋财"。此电一传,报纸争登,各界都认为朝旨、邮传部电文前后不一致。这大大激怒了那些反对铁路国有的人,并逼着那些只争路款的立宪人士从幻想中走出来。

立宪派人士还在不断受到打击。谘议局与川路公司欲将电报内容通电全国各处,遭到电信局的拒绝。原来,早两天,邮传部盛宣怀已经下令"有关电局不得收发争路电报"。川省民众"群情于是大激"。

朝廷如此蛮干,结果可想而知。所以,五月七日,李稷勋给王人文电,谓"川路宜夔段政府派美国总工程师勘修"。此举引来宜夔工人和鄂人的群情愤怒,勘修受到巨大的阻力,清廷方松口暂缓交接;川路董事局也致汉口办事处,再次申明绝不能擅自交出修路权。五月十七日,度支部再次致电王人文,要求迅速查明川路收支详细账目;王人文转达电文给公司,成都总公司表示拒绝政府查账员查账,并致电李稷勋要坚决抵制,不得自送事权。

五月十七日,王人文把四国借款合同正式文本转给公司董事,群情更加愤怒。

以上一连串事件,"好似毒矢利刀不断向川人心脏刺入"②。

在接二连三的打击下,众人首先将矛头对准邮传部尚书盛宣怀。《蜀报》第12期上发表了邓孝可的文章《卖国邮传部!卖国盛宣怀!》。邓孝可在文中号召川省人民群众要以湘人为前驱,坚持商办,方可"死中求

---

① 戴执礼编:《四川保路运动史料》第162页,科学出版社,1959。
② 石体元:《忆成都保路运动》,中国人民政治协商会议全国委员会文史资料研究委员会编《辛亥革命回忆录》第3集第38页,中国文史出版社,2012。

生"，核心句子谓："盛之拟掠夺吾川，先举债而后掠夺，掠夺后复强我更认新债……既夺我路，又夺我款，又不为我造路。"① 邓孝可的转变具有代表性。各法团和股东此后完全改变了只争路款的主张，提出反对收归国有、反对借外债的目标。

五月二十日，在川汉铁路公司紧急会议上，发言之热烈是前所未有的，议题触及以下方面：将不承认倒款提走现金定性为抢劫；将在资政院休会之际内阁做出收路借债的政策定性为违法②；"这一系列行为，实构成了违法专擅、丧权辱国种种罪证"③。理由是既然已经实行内阁制，未经阁议，邮传部单衔处理不合适④；所签订的四国借款合同，是把用人、购料种种特权"送给"了外国人；盛宣怀所发"元电"则束缚了人民与国体的通信自由。会场气氛充满了激愤，人们已经等不及召开特别股东大会了。

而清廷还在加紧胁逼。五月二十一日的谕旨，谓载泽、盛宣怀和端方的会奏"尚属妥协"，令端方迅速前往实力奉行，并令："如有不逞之徒，滋生事端，严拿首要，尽法惩办。"⑤ 这表明清朝廷根本不考虑民情，一味蛮干，妄想以高压手段处理符合法律程序的经济问题。

这样，立宪派争路款保路权的幻想完全破灭，他们决意与朝廷决裂，而与群众结盟，逼朝廷让步。就在朝廷下令"惩办"的同一天，川路股东代表和各团体2400余人在铁路公司开会，"讨论合同对于国家与铁路存亡之关系。一时哭声震天"。与会人士当场决定组织四川保路同志会，制定

---

① 戴执礼编：《四川保路运动史料》第173页，科学出版社，1959。
② 按照《钦定宪法大纲》规定，对已经有的法律，君主不能直接命令更改或废止，须先交资政院议决可否，而后由君主钦定。当时做出"干路国有政策"的决策仅用了6天时间，仅在有关官员、主管部门和清帝（实为摄政王）间进行，资政院被撇在一边。清帝直接以命令废弃成法的行径确实属违宪。
③ 石体元：《忆成都保路运动》，中国人民政治协商会议全国委员会文史资料研究委员会编《辛亥革命回忆录》第3集第39页，中国文史出版社，2012。
④ 邮传部尚书盛宣怀主持"湖广铁路借款合同"谈判，谈成后，未把合同稿先送资政院议决，再由清帝"裁夺"，而是直接奏呈清帝。清帝阅后，亦未转交资政院议决，而是直接下旨"着邮传部大臣签字"。得旨当日，盛宣怀即与四国银行团签订正约。内容详见《清实录》第60册第946页，中华书局，1987。
⑤ 四川省档案馆编：《四川保路运动档案选编》第378页，四川人民出版社，1981。

三、蜀中发难

了《保路同志会简章》，发表了谴责清政府的宣言，还做出3项决议：不承认政府查账员；非公司办事员不能擅将股款拨付接收；川路工程不能停。会议还要求各地都要成立保路同志会的分会。在第二天的正式成立大会上，他们提出了"破约保路"的目标，并要求迅速派出讲演员分赴全省各地进行宣传。川汉铁路公司第七次股东会也就成为保路同志会的成立大会。保路同志会的成立标志着四川保路运动进入一个新阶段。

保路运动第二阶段是从保路同志会成立至成都罢市、罢课。保路同志会的成立表明了川省立宪人士决心公开对抗。而立宪人士的斗争又较为理智，如保路同志会成立时只设立文牍部、交涉部、总务部、讲演部，同志会的事务就由4个部负责，由谘议局议员兼任部长之职，并没有专设会长、副会长。其中，副议长罗纶担任交涉部长，作为议长的蒲殿俊并不出头露面。议长暂不露面，做幕后的主持者，意在保留谘议局做后盾。

保路同志会成立当天，会场气势宏大，挂横幅、设讲台，参加者有5000人上下，一度造成附近交通阻塞。会议由罗纶致辞并报告了经过，邓孝可、刘声元、程莹等相继发表演说，当谈及借款合同与国家存亡的关系时，与会群众多痛哭失声，连维持秩序的警察也相视流泪。王人文到现场后，发表讲话时态度较为诚恳，表示只要是与国计民生休戚相关的事，都要依法据理力争，他希望严守秩序，表态愿意将此向朝廷陈情代奏，不辞烦劳，不避处分。王人文的表态让保路同志会的斗争气势陡增。

会后，保路同志会组织了相当规模的请愿团。一群气派十足、着装不一的绅商学界人士步行前往督署衙门请愿，年届八十的翰林院编修伍崧生整装弃轿步行，其他绅士、公司董事和股东相拥而前，警察为队伍开道，不断有追随者临时加入请愿队伍，形成人潮涌动的壮观情景。这种由绅士带头、群众参加的游行示威在大清专制统治的时代是件破天荒的事。请愿队伍到了目的地，交涉部长罗纶进去面见总督，递交请愿书，王人文态度温和，笑脸出迎各代表，再次表态，会向朝廷据理力争到底。

王人文的态度代表了当时许多反对铁路国有政策的官绅的态度。重要人物如前邮传部、外交部尚书及督办铁路大臣唐绍仪，对盛宣怀为迎合诸亲贵的财务需要，借铁路国有名义大借外债、中饱私囊反感至极。赋闲在家半年多的他不仅拒绝了摄政王载沣发出的再度出任邮传部尚书的邀请，还亲赴各处游说，是铁路国有政策最有力的反对者之一。王人文与唐绍仪的意见是一致的，所以不愿意明令取缔保路同志会，而是顺应民意，在代奏中指斥盛宣怀"误国"。成都将军玉昆也是反对者之一。

保路同志会成立后，注重宣传和组织民众，做了大量卓有成效的工作。总会相继发表或刊发《宣言书》《白话告白》《反对借款合同歌》和《四川保路同志会报告》，向各府县派出讲演员，宣传"破约保路"之主旨。保路同志会宣传品中的要点有：宣传自办川汉铁路的反帝爱国意义，揭露清朝铁路国有政策的卖国性质；体现在宣传口号如"既夺我路，又夺我款，夺路夺款，又不修路"，"夺诸国民，送诸外人，是谓国有？是谓政策？"上；他们在责问中揭露借款合同的危害；声讨卖国贼盛宣怀；宣传新的法制、平等观，提倡立宪精神；提倡"文明争路"。宣传材料文字通俗，形式多样，加上《保路同志会报告》报道及时，免费散发，起到了启发民智的作用。而经此强势宣传，各地分会纷纷成立，两个月之内，全省成立了67个协会，分会则达120余处，形成"夏秋间，保路同志会遍布全川"之局面。①

保路同志会成立后还派出刘声元等3人赴京请愿，江潘、龚焕辰等5人赴鄂、湘、粤三省联络。前者的任务是在北京会同川省谘议局副议长肖湘宣传川人保路宗旨，将在京赞成争路的同乡联合起来抵制盛宣怀、端方及其走卒甘大璋等人夺路夺款的图谋，特别要向摄政王载沣和庆亲王奕劻请愿，揭露盛宣怀欺君罔上、媚外营私的罪行；后者是联络他省一致行动，"破约保路"。上述活动终以受挫未果。

在这一阶段，立宪派控制着保路运动的领导权，他们把光绪上谕中的话语"庶政公诸舆论""铁路准归商办"摘出来作为保路的口号、纲领。这样做为保路斗争披上了合法的外衣，在发动、组织群众保路斗争上起了积极的作用，反映出这个阶层（由地主阶级向资产阶级转化的部分士绅）向封建统治阶级争夺政治权利、经济权利的决心。

而与川汉铁路有着切身利益的各个阶级都认识到铁路国有政策无异于"抢我们财产，夺我们利权，摧残我们做亡国奴，逼我们永远熬煎"，认为"卖路是卖国的引线，重债是亡国的见端"。② 川省民众"争起入会，怔忧若狂"。妇女也组织"四川女子保路同志会"，落实"拒款、破约、修路"的宗旨。学校则成立学界保路同志会。四川各阶层，包括少数民族也相继

---

① 隗瀛涛编著：《四川保路运动史》第229页，四川人民出版社，1981。
② 《江北县志》手抄本。

加入保路运动的大潮中。

四川保路运动有如此广泛的群众参加,如前所述,主要与集股方式有很大关系。租股对川汉铁路款项的筹集的作用是巨大的。从川路公司成立第二年起截至辛亥年停收租股,6年所征集的租股数额合计928余万两。在当时条件下,可以说"无租股即永不可能有川路"①。假如川汉铁路股款总额为1198余万两(有说1645余万两),租股额占铁路股款总额的77.5%;② 川路公司"集股既早且久,股数之多,股民之众,复在各省之上"。各省所收股额比四川省少了许多,湖南只有652万元,湖北只有212万元,四川的股款除去开工用掉的和亏损掉的,尚有700余万现款。对于如此大的数目,内阁、邮传部单方面决定将之全部换成国有股票,实质上是硬性抢夺现款。再者,在宣布铁路国有后,盛宣怀在处理股款问题上大做文章,分化各省保路力量:粤路股票由清政府发还六成现款,四成"国家无利股票"(后来在张鸣岐据理力争下全部发还现银);湘、鄂商股全数发还现银,其余给"国家保利股票";四川则全部换给"国家保利股票"。所谓"国家保利股票"是根本不能指望兑现的空头支票,是对民股的无耻掠夺。"抽租之股"的铁路募资模式已将川省人民的自身利益与修筑铁路紧紧地绑在一起了,所以,保路同志会特别有号召力。

至此,几方面的矛盾促使保路运动升温,这些矛盾包括四川民众与清廷(皇族内阁)的矛盾,四川督抚与朝廷及端方的矛盾,川汉铁路总公司与朝廷的矛盾。

五月二十三日,王人文具奏弹劾盛宣怀,抨击25款借款合同"丧权辱国",请求予以治罪,提出修改合同来补救目前尚未恶化的形势,可以谢外人,谢天下之一法。③ 六月二日,王人文将罗纶等2400余人的公呈及对四国借款合同的签注意见予以代奏。公呈中要求将借款合同"即行废弃",对盛宣怀"严治其罪",罪名为蔑法媚外,误国殃民;签注意见逐

---

① 盛宣怀:《沈秉方方土致内阁代奏电》,《愚斋存稿》卷七十八;鲜于浩、张雪永:《保路风潮——辛亥革命在四川》第105页,四川人民出版社,2011。

② 关于川汉铁路股款总额各种资料统计不一:1645余万两的说法见宓汝成编《中国近代铁路史资料》第三册第1140页,中华书局,1963;1198万(11983005)的说法见鲜于浩、张雪永《保路风潮——辛亥革命在四川》第65页,四川人民出版社,2011。

③ 戴执礼编:《四川保路运动史料》第199-203页,科学出版社,1959。

条批驳了四国借款合同,指出合同即以铁路干线作抵,复将所有权限一一授之四国银行。几天后,此奏折遭到朝廷上谕的批驳和严责,批评王人文不该"率行代奏,殊属不合",并言"铁路国有政策,早经宣示。借款合同,系有旨谕令签押,决无反汉之理"。① 六月二十八日,清朝廷做出人事调整,命王人文交印赴京,川督一职由川滇边务大臣赵尔丰署理。盛宣怀还多次电催赵尔丰兼程来省。

王人文"黯然"离省,成都群众自发送其于城门外,送行者达万人。

如果说清政府调走王人文,派来赵尔丰是其权限内的事,那么,限定特别股东大会只能讨论遵旨交路付款之事就超出它的权限了,而继续违背民意任用李稷勋则更让事态进一步扩大。川汉铁路公司驻宜昌总理李稷勋在国有政策刚出台时本来是表示反对的,尤其是对抢夺现款之事坚决反对。他如此抵死争款也是有苦衷的,宜昌聚集了20多万筑路工人,宣布铁路国有后,员工如何处置?收归国有后,已动工的路段怎么办?事实上,因上面没有政策导致全线停工,但停工后因讨账生出民变,已经酿成死20人伤若干的大案。

很快,李稷勋的私心战胜了公心。当端方抵达汉口时,李向其抱怨总工程师薪水比自己高。端方听信李稷勋的一面之词。李稷勋从北京返回后,与盛宣怀商议,立即为李加薪,并变相停发总工程师詹天佑的薪金。詹天佑预感川汉铁路将由美国人接管,愤懑地离开宜昌。这是李稷勋背离初衷向朝廷靠近的第一步。第二步,为争保路款之事,他到北京,不几日就被盛宣怀收买,于是不顾民众的意愿和成都总公司的反对,同意将宜昌公司剩下的700多万两现款交由政府处置,换成国家铁路股票,以后无论盈亏,概由国家负责。李稷勋还以董事局的名义致电成都总公司,申明宜昌公司现款已经交由政府接收,公然主张将存款附股铁路。成都公司股东会当然不同意,致电李稷勋,"同志会以合同失败,目的在废约拒债,不仅保路保款"②。公司的电文明确要求李稷勋坚持废除买卖合同,将路款提回四川,以免被政府强行夺去,但李稷勋仗着有盛宣怀、端方在背后撑腰,对总公司的指令一概置之不理。保路同志会落实"废约保路"始

---

① 戴执礼编:《四川保路运动史料》第210页,科学出版社,1959。
② 四川省档案馆编:《四川保路运动档案选编》第380页,四川人民出版社,1981。

三、蜀中发难

于此。

经过较为充分的准备,股东特别大会如期召开。各方都对这次大会有所期待。在闰六月五日的预备会上,特别股东大会通过四大议案:《遵先朝谕旨保四川川汉铁路仍归商办案》《请停征新常捐输以便宽筹路款案》《创办一文捐以筹路款案》《关于设立清算机关案》。六月十一日各地股东代表来到成都,因下雨,不好举行露天会议,开幕式移到第二天的下午,署理总督赵尔丰和各司道都出席会议。到会者有 500 余人,选举颜楷为会长,张澜为副会长。会上提出一个意见书,主旨是川汉铁路归商办。意见书言辞慷慨激昂,落实行动的却只有"质问邮部""吁恳邮部""提回存款"3 条。

会后,赵尔丰向朝廷汇报时也说会场气氛是比较平静和克制的。赵尔丰参加了开幕式,并没有停留太久。他感觉自己的威望并不高,此后一段时间选择随众。

就在特别大会开幕的前一天,李稷勋给总公司发了一封"佳电":"蜀中近状嚣张,初十开股东会,闻颇有地方喜事之人参预鼓扇。其实公正绅董颇不谓然。此举非徒妨害大局,抑且不利于川人。公能发电婉劝仍遵特旨附股,必不吃亏。"① 他的电文被宣读后,会场如同鼎沸,撤李之声不断。李稷勋此举其实是为成都罢市、罢工添加了催化剂。

会议第四天,即闰六月十四日,邮传部来咨文,火上浇油,说李稷勋呈报,政府查账员马汝骥到宜昌后,即"遵照钧示,一切用款自五月初一日起均会同马道专册登记"②。总公司接到文札后认为事权暗移,路款并送,要求李自行辞职。因为李没有得到总公司同意,就把账目移交了。两日后,铁路总公司特别股东大会请赵尔丰代奏,谓邮传部盛宣怀弊通李稷勋,将四川路事权暗移邮传部及端方之手,应分别纠劾撤销。朝廷无反应。十六日,特别股东大会议决将李稷勋"照章辞退"。

闰六月二十四日,端方、瑞澂、盛宣怀上奏请李稷勋仍留办路工,并由端方下委任状,翌日,清廷谕旨批复了"同意"。其间,盛宣怀在多个

---

① 隗瀛涛、赵清主编:《四川辛亥革命史料》(上)第 238 页,四川人民出版社,1981。

② 隗瀛涛、赵清主编:《四川辛亥革命史料》(上)第 327 页,四川人民出版社,1981。

公开场合为李撑腰辩护。川汉铁路公司本来有独立的人事任免权。留任李稷勋说明新内阁、盛宣怀视川汉铁路公司人事权如儿戏,加上违法操作拐骗式地接收了宜昌分公司,触及了川汉铁路总公司的法权和人事权的底线。朝廷支持盛宣怀,即是对川汉铁路公司独立自主权的蔑视。川省人民被彻底激怒了。正是清朝廷对臣属相关人员的纵容,才令事态日趋失控。

闰六月二十九日,保路同志会与川汉铁路公司共同召开紧急大会,到会者数万人。会上通报了以上实情,全场怒吼,一致通过全城罢市、罢课的决议。第二日上午,川汉铁路公司召开股东大会,决定立即罢市、罢课、罢捐;下午二时,保路同志会召开大会,到会者数万人;下午四时,全城罢市。于是,成都全城的大街小巷一律闭户,只有油、盐、柴、米及一切饮食照常交易。重庆等地立即予以响应。

成都罢市前3日,全城秩序良好,股东会照旧进行。参考两个月来公司董事会和各法团与同志会的一系列文件,连同股东开会以来各代表的提议,股东会起草了一篇全面性的呈文,请求川督据情代奏,表示"收国有万不可行,恳将川路暂归商办,并将借款修路事件,交与资政院、谘议局详议"。赵尔丰会同成都将军玉昆等十几个省级高官联衔代奏,并报告罢市、罢课之状况。此代奏被清朝廷留中不发。股东会左等右等无结果,又以休会待命再呈内阁,直到肯定股东会作用的批答后方复会。

罢市开始后,立宪人士尽量让其处于温和状态,如散发《四川保路同志公启》:勿在街头聚群、勿暴、勿打教堂、不得侮辱官府、油盐柴米一切饮食照常发卖,5条中4条有限制群众过激的成分。此外,还设置"圣位牌",牌子正中写着"德宗景皇帝之神位",两边写着"庶政公诸舆论""铁路准归商办",要各家供在大门口,焚香膜拜,朝夕哭之;还在各街道中心点搭起"皇位台",高出檐外,宽与街等,上设香案,供光绪牌位,悬"文官下轿,武官下马"牌子。同志协会每天在此开会,颂扬先朝皇帝,声讨当今贼臣。辛亥革命元老、无产阶级革命家吴玉章称赞这是一种高明的斗争方法:"它既适合于当时人民群众的觉悟程度,又剥夺了统治阶级任何反对的借口,而且无论什么官员打从这里经过,都得下来步行,完全丧失了他们平日的威风。这种斗争方法虽是由立宪党人倡议的,但毫无疑问也是得到革命党人同意的。立宪党人取其温和而无犯上之嫌,而革

三、蜀中发难

命党人则利用它来广泛地吸引群众参加革命斗争。"①

成都罢市、罢课的消息很快传遍全川，正如御史范之杰在奏折中所说："南至邛雅，西迄绵州，北近顺庆，东抵荣隆，千里内外府县乡镇一律闭户。风潮所播，势及全川。"②赵尔丰在致内阁诸大臣的奏稿中也予以充分描述。清廷得到消息后开始惶恐不安，马上命赵尔丰"切实弹压，毋任嚣张"。赵尔丰也曾召集公司负责人、地方绅士及各街道同志会协会代表，软硬兼施，强令开市、开课，但无济于事。

七月初九日，抗捐、抗税、抗粮开始。川汉铁路公司股东决议：通告全省，自从本日起，不纳正粮、不纳捐输；通告全国，川省以后不负担外债；通告全省，不买卖房地产，停止契税。

将军玉昆联衔各司道官员上奏内阁，参劾盛宣怀操纵酿成事变，并为川民伸张正义。赵尔丰的奏折中也有"群众暴动、纷起迭出、各处伏莽，皆借此蠢蠢思动"的描述，表示对川路工人"无日不滋事端，兵警弹压为难"发愁。

很快，彭县经征局，新津、新繁厘税局，中江捐税局，灌县厘金局以及一些地方的官盐局被群众捣毁；甚至立宪派人控制的报纸也出现了"大泽恨无陈涉起"一类的激烈言论。四川保路斗争日益尖锐化，保路运动由群众性的爱国运动转向反清武装起义已顺理成章。

"成都血案"发生后，保路运动进入第三阶段。

血案是赵尔丰制造的。自从成都罢市以来，赵尔丰谨慎应对，他想八面玲珑地保全自己：向上级表明自己左右为难的困境，多次致电内阁奕劻、那桐等，希望朝廷能够体恤民情，铁路暂归商办，将借款修路一事交资政院议决；又约川府各级官员联衔致电内阁代奏"川汉铁路股东会要求铁路仍归商办的法律请求"，即将四国借款合同交资政院、谘议局分议商定新的接收办法，以维护宪政诚服民众；也曾致电内阁代奏请招兵，催促布政使尹良等致电度支部，请"速筹解决救济之法"。

然而，形势却不容许他这样左右逢源。

---

① 吴玉章：《从甲午战争到辛亥革命的回忆》，《吴玉章回忆录》第70页，中国青年出版社，1978。

② 《四川铁路案档案》，中国史学会主编：《辛亥革命》（四）第466页，上海人民出版社，1981。

朝廷下旨，一次又一次催逼，如"此次该省激动情形，有无匪徒从中煽惑，著赵尔丰确切查明，严行弹压，毋任再滋事端"。七月初十日内阁又传来电旨，电文清楚指令："切实弹压，迅速解散，毋任日久酿乱。"①七月初七日，内阁回复赵尔丰联衔致电所请，明确表示不同意将四国借款合同交院、局议决，重申铁路国有政策不能变更。

同僚也不让赵尔丰轻松。七月初五日，盛宣怀致电湖广总督瑞澂，询问能否就宜昌现驻之军先行调赴重庆，保护商埠，以作声援。瑞澂回复可以派鄂军入川。盛宣怀这样做是在将赵尔丰的军，因为赵曾说过兵警都是川人，"惧不用命"。七月初六日，铁路督办大臣端方则直接致电内阁，谓赵尔丰"抗违迭次谕旨"且"庸懦无能，实达极点"，应该给予处分。七月初八日，瑞澂、端方致电盛宣怀，嘲笑赵尔丰把川事败坏至此，寄希望于派"重臣"前往镇压。端方认为必须从严干涉，力拒民众。

七月初九日，玉昆、赵尔丰等再次致电内阁请代奏，重申将合同交资政院议决，川汉铁路归商办，并请求"特开御前会议，迅求救急弭乱的办法，勿任邮传部敷衍操纵"。末一语已说明统治集团内部有了大的裂缝。朝廷给赵尔丰等的回复是，"切实弹压，勿任蔓延为患"，否则"定治该署督之罪"。

接下来的几天，督署府的气氛沉闷而又烦躁。随着《川人自保商榷书》（以下简称《商榷书》）的出现，赵尔丰放弃了明哲保身之法，终于大胆"出手"。

七月十三日，四川铁路股东代表大会会场门口，有人散发了这个《商榷书》。据说，该书是同盟会会员朱国琛撰写的，主要揭露了帝国主义和清政府的罪恶，提出川人"共同自保"、共挽时局之危的号召；② 文中也有"竭尽赤诚协助政府，政府必当曲谅，悉去疑虑，与人民共挽时局之危，盾皇基于万世之安"之语，言辞并不是很激烈，还含有维护稳定社会之秩序之意。还有一种说法认为，"《商榷书》名曰商榷四川自保，实在宣传四川独立，表面上虽无革命词句，实则为革命独立呐喊，说它是一通

---

① 戴执礼编：《四川保路运动史料》第299页，科学出版社，1959。
② 关于《商榷书》所表达的态度是温和还是革命，有两种说法，可参见政协四川文史资料委员会、四川省人民政府文史研究馆编《四川保路风云录》第13页，四川人民出版社，1981。

三、蜀中发难

用意颇深，措词巧妙的四川独立宣言是不为过分的。"①

七月十四日，朝廷谕旨下达，明令赵尔丰解散保路同志会，查办为首之人，对不捐税者，即行拿办，扫除一切抗拒之举。

第二天即七月十五日，赵尔丰派一军官持帖到铁路公司股东会场请谘议局、保路同志会和铁路公司特别股东及代表蒲殿俊、罗纶、邓孝可、颜楷、张澜等9人到府议事，随即逮捕入狱，诱捕的理由是图谋独立，"俨然共和政府之势。晓谕不听，解散不从，逆谋日炽"，并说探查他们已经"定谋于本月十六日聚众起事，先烧督署，旋即戕官据城，宣布独立"。②同一天，赵尔丰派人查封了保路同志会和铁路公司，令荷枪实弹的军队困守会场一天，将近更鼓第三次时才允许代表和股东离开会场回家。从此，股东会无疾而终。

成都民众听到蒲殿俊、罗纶被捕的消息后，全城震动，数万人不约而同地扶老携幼，沿街比户，号泣呼冤，手握香，头顶光绪帝牌位，齐奔督署请求放人。此时，群众并没有拿武器。赵尔丰竟然下令官兵开枪屠杀手无寸铁的请愿者。一时枪声大作，群众纷纷倒在血泊之中，出现了"督署院坝，陈尸累累"的局面。受伤者则匍匐载途，光绪牌位被乱抛。赵尔丰还令马队出击，冲撞践踏，受伤者更不胜计。闻讯前来请愿的城外群众亦被惨杀数十人，造成骇人听闻的"成都血案"。

几天后，清廷将事件定性为"与革命党有关，于路事已不相涉"。赵尔丰得到清朝廷的支持，更加肆无忌惮。

统治者撕开面具，真正与人民为敌，预示着新一轮的严酷斗争即将到来，人民群众反清武装起义已经势不可当。这次血腥屠杀中遇害的绝大多数是下层劳动者，有名可查的26人中，机匠、刻字匠、学徒、裁缝、放马的、卖小菜的、装水烟者有19人。这足以说明保路运动有着深厚的群众基础。

同盟会在保路运动中的作为要予以肯定。同盟会后成立以来，川省会员先后在重庆、成都开展支部活动，童宪章、陈崇功、杨霖等在重庆设立支部，黄复生、熊克武等在成都建立支部，佘英、熊克武在泸州设立同盟

---

① 隗瀛涛编著：《四川保路运动史》第289页，四川人民出版社，1981。
② 《署川督赵尔丰致内阁协理大臣那桐等电》，中国史学会编《辛亥革命》（四）第461-462页，上海人民出版社，1981。

会机关和组织，谢持、李宅安等在西昌等地也设立机关和组织，逐渐形成了以重庆和成都为中心的若干地方机关和基础组织。随着留日学生回省谋职人数增加，同盟会会员直接或间接地在军界、警界、新式学校、会党中进行了一系列卓有成效的活动，宣传了革命思想、发展了会员，壮大了组织。他们曾在四川筹划实施了 5 次武装起义，如佘英在江安、泸州、成都、叙州（今宜宾）的川东南起义，张培爵的成都起义，熊克武的广安起义，税钟麟、秦炳的嘉定起义和"铁血英雄会"的黔江起义。这些起义虽然都失败了，但是，他们前赴后继的精神鼓舞了川人的斗争士气，在一定程度上打击了清统治者，自然也引起了官府的防范，有的同盟会会员遂以立宪派的身份活动。保路运动开始后，同盟会会员未担当领导角色，但并不表示同盟会无所作为，会员们适时地利用运动进行革命宣传和组织工作；而且，保路同志军的讲演部长是同盟会会员程莹度，赴京代表刘声元也是同盟会会员。在四川保路运动后期，同盟会起了领导革命大方向的作用。①

"成都血案"将保路运动推到一个临界点，立宪派向后退缩时，同盟会会员向前冲锋。早在同盟会会员朱之洪被推举为川汉铁路重庆股东代表时，重庆机关部立即要求朱之洪与在省党人密议伺机发动起义。到成都后，朱之洪与龙鸣剑等同盟会会员及凤凰山新军中的党人开会商议。鉴于省城军警防守严密，起事较难，而在城外州县发起，互为呼应，较易成事，于是形成如下决定：刘经文取道川南，东下威远、富顺，曹笃返自流井，方潮珍返井岩，张颐到青神、井研，龙鸣剑、王天杰到荣县。② 上述各地党人皆密商定计，伺机行动。朱之洪回重庆后将情况汇报同盟会机关。之后，同盟会召集各县党人到重庆开会，关于内部组织、人事安排亦重新决定。这为日后重庆起义奠定了坚实的组织基础。

资州罗泉井会议是一次重要的会议，闰六月初十日，同盟会会员龙鸣剑、王天杰和各地哥老会首领秦载赓、罗子舟、孙泽沛等在资州罗泉井召

---

① 傅渊希：《漫谈哥老会与重庆老关口之占领》，政协四川省文史资料研究委员会、四川省人民政府文史研究馆编《四川保路风云录》第 172 页，四川人民出版社，1981。
② 向楚：《重庆蜀军政府成立亲历记》，陈夏红选编《辛亥革命实绩史料汇编 起义卷》第 133 页，中国大百科全书出版社，2011。

三、蜀中发难

开"攒堂大会",商定起义方略。这一天也是预定的临时股东大会召开的时间,官吏无暇及此。会议在深夜举行,达成5项决议:探查敌情、交换情报、枪弹来源、粮饷问题和严肃军纪。具体如枪弹和粮饷拟向各地团练局及官绅借用来解决,同志会改称"同志军",在华阳和新津设立同志军总部。会上并推定秦载赓、侯宝斋主持东南起义工作,川西北起义由张达三、侯国治负责。

会后复决议在农历七月间各地同时或前后参差起义,以分散清军力量。会议结束后,龙鸣剑回成都,在四圣祠召开秘密会议,向众人做了汇报;以后,龙鸣剑来往于成都与各地间,有时分派同志到各地联络并督促起义。① 龙鸣剑(1878—1911),字雪峨,四川荣县人,在日本留学时加入同盟会。罗泉井会议为四川保路反清武装起义的发动铺垫了组织和思想基础,初步拟定了分散清军保存自己实力的战略部署。

反清秘密组织哥老会加入同志会,使得同志会的队伍迅速壮大。截至辛亥年,四川哥老会组织已经深入各府、州、县的城镇乡村,势力颇为雄厚。"自同志会之起也,各地哥老颇效奔走,四川之独立,哥老与有力焉。"② 哥老会带入大批下层群众,增添了反清色彩。保路同志会决定武装对抗卖国的清政府之日起,哥老会是出了力的,"若不是一方面用哥老会的关系对清军采取打进去、拉出来的办法,一方面临时聚集同志军武装力量——同志军,那么,保路同志会还是空拳赤手,而领导这场革命的孙中山先生所组织的同盟会,也仍然无所凭借"③。据袍哥会党分子傅本固回忆,至宣统元年哥老会"咚咚哐"演练团操时,已请到巡防营的军哨官即排长来做教练,"这一事实,说明当时四川的袍哥已经打入巡防军内,几乎在每队中都设有袍哥的公口,这是公开的秘密。其影响所及,划清了汉满界限,而'咚咚哐'的团操,则成为袍哥起义前的武装训练。否则,

---

① 唐宗尧、胡恭先:《资州罗泉井会议与组织同志军》,中国人民政治协商会议全国委员会文史资料研究委员会编《辛亥革命回忆录》第1集第122-123页,中国文史出版社,2012。

② 《彭山县志》卷二,附论2。

③ 傅渊希:《漫谈哥老会与重庆老关口之占领》,政协四川省文史资料研究委员会、四川省人民政府文史研究馆《四川保路风云录》第173页,四川人民出版社,1981。

在一二日要编组成军以应万急，不亦难乎"①。

而罗泉井会议之前的"新津会议"则加强了同盟会与哥老会之间的联系。宣统三年（1911）五月，新津会首领侯宝斋已召集"九成团体"（即四川的哥老会）百余人会议，决定"各回本属，预备相机应召，一致进行"，"如兵力不足，不能一鼓下成都，则先据川东南，扼富庶之区，再窥进取"②。会议推举秦载赓为川东一带同志军首领，侯宝斋领导川南起义工作。这即是日后川东南同志军的作战计划。

保路同志会为同盟会会员活动提供了合法的场所，保路同志会也是四川群众联合斗争的纽带，其以鲜明的口号号召川省民众向一个目标奋斗；又因为有哥老会参加，保证了与清军展开厮杀搏斗的基本力量；同盟会会员充分利用形势展开活动，他们有声有色的宣传工作促进了群众性的保路运动向革命方向转变。

四川保路运动起步迟于三省，却后来居上，这反映了川省民众对于通过修路改变落后的交通状况进而提高生活质量的强烈愿望，他们斗志坚定，不愿再任人宰割。四川保路运动由"破约保路"到罢市、罢课、抗捐抗粮、武装起义，日益向革命方向发展，最终成为辛亥革命的导火索。

3. 四川保路同志军起义

"成都血案"后，赵尔丰发布戒严令，紧闭城门，封锁交通邮电，加强对民众的镇压。

为了向全川人民揭露赵尔丰乃至清政府等的罪行，号召民众起义，同盟

---

① 傅渊希：《漫谈哥老会与重庆老关口之占领》，政协四川省文史资料研究委员会、四川省人民政府文史研究馆编《四川保路风云录》第176－177页，四川人民出版社，1981。

② 李祖桓：《由暴风雨前夕到革命大波》，政协四川省文史资料研究委员会、四川省人民政府文史研究馆编《四川保路风云录》第35页，四川人民出版社，1981。

三、蜀中发难

会会员龙鸣剑奔赴城南农事试验场，连夜与同盟会会员朱国琛、曹笃等斫木片数百，上面书写"赵尔丰先捕蒲、罗，后剿四川，各地同志速起自保自救"，涂以桐油，投入锦江，号称"水电报"。时值江水上涨，"水电报""乘秋涨顺流，不一日儿传遍西南"，① 各地群众闻警，纷纷揭竿而起。

四川保路同志军武装保路战争开始了。主要作战路线如图3.1所示。

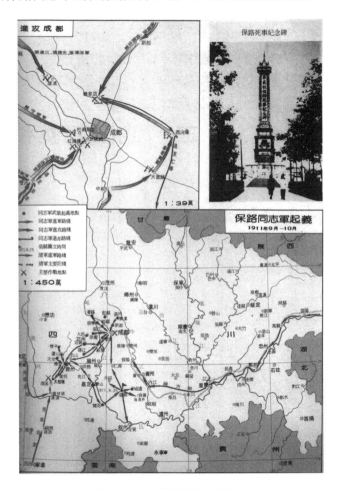

图3.1 四川保路同志军起义

（引自辛亥革命武昌起义纪念馆编著《辛亥革命史地图集》第76页，中国地图出版社，1991）

---

① 邹鲁：《光复之役》，《邹鲁全集》第5集第965页，台北三民书局股份有限公司，1976。

"水电报"发出的当晚,华阳同盟会会员、哥老会首领秦载赓,新津哥老会首领侯宝斋,温江何祖义、黄茂勋立即分别发檄起义。温江革命党人罗守经召集民军冒雨进至成都草堂寺与清巡防军作战。

围攻成都之战役

七月十七日晨,秦载赓率同志军千余人抵成都东门外,一面发出鸡毛文书,派人四处号召,一面向城内进攻。侯宝斋所率军队和双流县同盟会员向迪璋部会合,挺进成都南郊,与清军战于红牌楼,取胜后,进抵成都城下。吴庆熙率千余人称"四川同志军",与清军激战于城郊文家场。

同盟会会员、哥老会首领张捷先领导的西路同志军也由郫县分五路向成都进军。以同盟会会员蒋淳风为大队长的学生军500余人担任西路军前卫,行至犀浦附近,与清巡防军展开遭遇战,短兵相接,白刃格斗,冲杀数小时,蒋淳风壮烈牺牲,学生军大半阵亡。清方军队因伤亡惨重,也畏缩不前。

秦载赓发出"鸡毛令"两天后,应召者约有万人,与清军大战于城郊琉璃厂一带,"大张旗帜军械,围攻省城"。大队攻城不下,退至借田铺,设东路民团总机关。"各属来会,未几众逾二十余万。"①

20来万的说法可能有点夸张,但是,仅仅一两天,数万同志军云集成都城下却是事实。当时,西有温江、郫县、灌县,南有成都、华阳、双流、新津及邛州的蒲江、大邑等10余州县。一县之中,又分多起,"每股均不下数千人或至万人",聚集奔来。威远、荣县、峨边等地同志军也兼程赶来增援,荣县的王天杰、龙剑鸣是其中一支。

各处同志军一面在成都城外奋勇战斗,重创清军;一面尽可能地将各路清军封闭孤立起来,如将各路电线杆全部砍断,截阻驿递文报,使清统治者音信不通,耳目失灵;又设伏守险、扼东西要道,令赵尔丰陷于坐困之地。附近的群众积极支援同志军。同志军从东、南、北三面包围了成都。

除了"水电报"的召唤,赵尔丰的"油粉兵符"也为同志军调集兵力助了威。当赵尔丰在查知《商榷书》不足以作为谋反证据,乃令营务处总办田征葵,候补道王捸、王梓,知县路子善等伪造"油粉兵符",系木

---

① 朱之洪、梅际郇等编撰:《蜀中先烈备征录》第2卷第13页,新记启渝公司排印本,1923。

三、蜀中发难

牌,上书"调兵进省救援"字样,投入江中,随后派人从下游捞起,送交督署,作为蒲、罗等调兵造反的证据。万万没料到兵符投入的多而捞出的少,沿江眉乐各县的民众,捡此假牌,当作真事,约集团队,齐向省垣开来。赵尔丰作茧自缚。

在成都城内,赵尔丰的影响力是极其有限的。血案发生以后,赵尔丰每天派出军警若干,分赴各街,强迫铺户开门,市民只零落地应付,军警一走,依然歇业。饮食业开市多一点,总体上一片萧条。学堂学生罢课,只剩下少数教职员。各街保路同志分会的青壮年更相率出城参加同志军。赵尔丰令布政使尹良设立"筹防处",出示晓谕,又派出特派官员日夜巡视预防群众与同志军里应外合,但是,赵尔丰自己也承认民众人人在助乱,闻"兵"胜则怒,闻"匪"胜则喜。赵尔丰成了瓮中之鳖,因为电报线被同志军砍断,与朝廷不能取得联系,他恐惧担忧,连续20天通宵不敢入睡。

清廷听到同志军猛攻成都的消息后,惊恐万分,方感大祸临头。"成都血案"一发生,清廷就把赴京请愿代表刘声元押解回籍,电令鄂督逮捕由京返川途中的四川副议长肖湘,又催端方带鄂军日夜兼程快速入川。饬赵尔丰相机分别剿办,又要求端方带兵入川查办时纪律严明,不准对民骚扰。又急调湘、黔、滇等省军队援川,加派岑春煊会同赵尔丰"剿抚兼施"。朝廷同时调任3名总督大员来对付同志军起义。3位大员反应不同:岑春煊知道前途艰险,不愿全力以赴;端方还想乘机获取全川军队指挥权;坐困城中的赵尔丰艰难支撑危局,还受到京城皇室和同僚的怀疑。当他获悉端方、岑春煊要入川的电报后,写信给兄长赵尔巽抱怨,赵尔巽则马上致电内阁要求分清3人的权限。统治者之间互相夺权、推诿、彼此詈骂相继上演。这从四川司法官周善培的申诉书可见一斑。

申诉书的出现是因为端方一入川,试图检举周善培来树立自己的权威,谓其曾怂恿总督逮捕保路同志会的领导人员并请朝廷对其革职治罪。周善培写了长长的申诉书来为自己辩护。周善培在申诉书中指出,保路同志会成立、罢市和大逮捕引发大风暴,都与端方有直接的关联。申诉书最后以极其嘲弄的语气质问端方到渝后的种种举措:"先读宜昌示谕,语语严重,方服节下坚识毅力,不以既乱而易初衷。昨有自渝来者,宣诵奏请释放被逮诸人，劾办田镇及署司示文，尤服节下因时转移，勇于补救。"①

对于申诉书，驻重庆海关代理税务司施特劳奇曾评价道："这申诉书是有意义的，因为它包括了铁路事件的缘起和它发展成为四川的叛乱的经过。它出于一个身临其境的官员之手，而后来事态的发展席卷全国，完成推翻清朝的大事，因此，我认为周道台的申诉是有长久的价值的。"② 施特劳奇在上一个月月初的信中则提到清政府的控制力："我听到武昌、长沙和其他一些地方已在革命党手中。在这样的情况下，指望中央政府派遣军队到四川来增强它的地位的想法，看来将成泡影。并且，看来全省被叛乱者所控制也只是时间问题。"③ 确实，这时的清政府已无法扑灭四川人民的革命烈火了。

但是，赵尔丰都督手下武装力量和武器装备仍不容轻视，成都清军主要由新军、巡防军、亲兵、堂勇组成，后3种是由兵备道负责（能调动所属府厅州县的一切军队），赵尔丰专恃巡防军来对付同志军。四川的新军驻守省垣成都，虽然不被赵尔丰所信任，但有三营是听赵尔丰指挥的；八旗军力量不强，也归赵尔丰指挥。而且，两军的武器装备和战斗技术绝不在同一水平线上，"（清军）配备有九子枪、五子枪、机关枪、开花炮等新式武器，同志军则多为刀矛及火药枪等，缺乏训练，指挥又不统一和欠灵活，故战果不大，只歼灭驻南郊武侯祠之部分清军"④。赵尔丰的都督府戒备森严，同志军要攻取也不太容易，如将军玉昆在其家书中所说，"刻下督院如枪炮山林一般，周围左右加意保护，一入进署，新式大炮两尊，一味冷气森森，内院各处皆有军人执枪防范"⑤。而同志军所需物资供应不足，难以坚持长期战斗。这样，围困成都的战斗持续了10余天后，

---

① 《辛亥四川路事纪略》，《清末实录》第159页，北京古籍出版社，1999。

② 四川省档案馆编：《四川保路运动档案选编》第205页，四川人民出版社，1981。

③ 四川省档案馆编：《四川保路运动档案选编》第203页，四川人民出版社，1981。

④ 侯少煊、廖铭吉、林希之：《川西同志首举反清义旗》，政协四川省文史资料研究委员会、四川省人民政府文史研究馆编《四川保路风云录》第85页，四川人民出版社，1981。

⑤ 玉昆：《蓉城家书》，《辛亥革命史丛刊》编辑组编《辛亥革命史丛刊》第一辑第210页，中华书局，1980。

三、蜀中发难

同志军转而分兵攻略各州县,把武装起义的战旗插遍全川。

各地保路同志军的保路斗争依次展开。保路同志军分攻州县时,各区同志会已树帜声讨赵尔丰,"直抵州廨,毁狱轰署",推动着四川保路斗争走向高潮。其中,新津保卫战、犍为战役、大相岭阻击战尤为激烈,并有少数民族和农民起义相配合。

新津保卫战

新津在成都西南要冲,襟山带河,三面环水。当时有"走遍天下路,难过新津渡"的民谣,说明其地势之险要。占领新津,可上逼成都,下控川南,扼雅安、西昌要道。

保路同志军起义后,清军中不乏同情之士。七月十九日,清朝驻邛州(今邛崃)的巡防营第八营发生兵变,书记官周鸿勋"以哥老结纳同营",号召士兵160余人掉转枪头,击毙营官黄恩瀚,宣布起义,逼州官借饷,占据新津。周鸿勋是四川郫县(今郫都区)人,早年因犯事被通缉逃往云南避难,看到法国人修滇越公路虐待华人的惨状后,萌发民族独立思想。躲过风声后,他回乡进入巡防营,很快升为第八营的书记,在士兵中颇有影响力。巡防营的武器装备较一般民军优良,又有一定的作战经验,由于他们的加入,该路同志军很快就成为一支"劲旅"和"前锋"。邛县同志军因此更为活跃,毁警察局,砍电线杆,支援围攻成都。随后,这支队伍与南路同志军会师于新津。

新津会师是一个新起点。八月五日,侯宝斋率领南路同志军与周鸿勋的部队会师于新津后,四方应召而来,"不十数日,号称十万"。侯宝斋任川南全军统领,周任副统领,军威大振,"旌旗相望,大有震撼全蜀之势"①。

赵尔丰集中兵力向新津猛扑。八月十日,清军陆军统制官朱庆澜率陆军四营、马炮各队分两路由双流左侧向新津花桥场进攻:一路为右队,由朱率领,于当日攻占同志军防守的牧马山;一路为左队,由第六十八标统带王铸人率领,从中兴场出发,过傅家坝,经普兴场,向花桥场进军,沿途遭到同志军阻击。十一日,清军占据新津河东的旧县城,与同志军隔河对战。新津保卫战正式打响。

---

① 朱之洪、梅际郇等编撰《蜀中先烈备征录》第2卷第43页,新记启渝公司排印本,1923。

新津同志军将渡河船集中于西岸，沿河筑垒，据山扼守，芦草丛林，随处设伏，阻击清军。具体部署为：城外分三线防守，河边草地为一线，保资山为二线，山顶为三线。又将上游灌县的都江堰决破，使岷江水涨，造成阻敌渡河的天然壕堑。清军来攻，同志军则放土炮轰击，重创清军，并派兵乘舟潜渡，袭击其背侧，朱庆澜部受到打击，不得不承认新津同志军"布置周密，确有畅晓军事之人"。

同时，清方参加战斗的另一支劲旅——新军佯装战斗，并不出力，这有助于同志军在战斗中占据优势。新军中有不少同盟会会员，如姜登选、方声涛、程潜、张次方、陈锦江等，他们尽可能利用手中的指挥权，避免对同志军造成真正的杀伤。"登选率炮兵当攻新津，日施开花炮数百发，皆阴取其信管，阳相持不下。声涛为东路指挥，兵抵秦皇寺，不进，乃诡称曰：'敌众我寡也。'"① 因此，两军相持多日，清军推进缓慢。

犍为战役

犍为当时隶属嘉定府（今属乐山市），位于川西平原西南边缘，东北与荣县交界，东连宜宾、自贡两市，南接马边河和金沙江，县首府在玉津镇。

八月十二日，胡重义率5000同志军攻占了嘉定。赵尔丰立即向朝廷求救，请饬湖南巡抚"选派精壮兵队二三营，迅速赴川"。八月十五日，嘉定、夹江、叙州等地同志军在华杰、李晸熙、温耀武、周青云等人领导下，会师犍为。然后，同志军集中力量在犍为下渡口、磨子场、麻柳场与朱登五的巡防军和董福开的黔军作战。

八月十六日，同志军进攻取得胜利，占领灌县、汶川。

八月二十日，即武昌起义的第二天，隆昌县（今隆昌市）文显模、黄万里、程石溪等起义，攻克了县城。同一天，一部分同志军驻守成都城外凤凰山。十七日，朱登五率清巡防营出城进攻凤凰山，同志军牺牲270多人，清军损失100多人。这一天，端方到达万县。

双方激烈地争夺战略要地富顺盐场。八月十四日，端方给内阁的报告中也提到富顺、自流井有工徒数十万，且财物丰衍，"为匪所注目"；端方的对策是调一营黔军驻扎富顺，并命富顺县招募300名团练保护盐场。他

---

① 熊克武等：《蜀党史稿》，《辛亥革命史丛刊》第二辑第170页，中华书局，1980。

三、蜀中发难

在报告中还说明，川南张辅周所率清军被同志军困于犍为马踏场，朱登五率清军自真溪堵剿，叙府吃紧；黔军已由泸至叙。

两天后，端方到达重庆，致内阁请代奏，谓已饬黔军赶赴犍为，与朱登五军会合，抵抗保路同志军的进攻，并再次提到要加强对犍为油华溪、五通桥两处盐厂的保护。

八月十七日，犍为、新津保卫战同时展开。新津城内同志军乘舟潜渡袭击攻城的清军，牧马山同志军与之配合，三面攻击清军。八月十九日，新津同志军在八宝山的邓公场等地抗击清军渡河，无数清军的船筏被击毁漂流。清军强行渡河占领沙州后，同志军尽力阻挡，清军未能前进，退回城中。

战斗中间发生了一个小插曲。对于潜伏清军内部同盟会会员的意图，同志军并不知情，双方也没有互通信息。同志军突然袭击渡河的新军，令同盟会会员陈锦江及其所率新军百人遇难，姜登选闻讯后恼怒，改变了原来消极作战的态度，炮火猛烈轰炸，掩护新军强行渡河，新津的同志军不敌，苦战3日后被迫放弃新津，分路向外州县转移。同盟会会员方潮珍在青神指挥同志军，得知不利消息后，立即与姜登选、方声涛等联系，请其停止前进，待川南形势大定后，"易帜共议"，"方、姜如其言，按兵不进"①。

侯宝斋押辎重、枪支去洪雅，在行军途中，不幸被叛徒刺死。周鸿勋率军收复邛州、嘉定等府州，经同盟会会员范爱众、邓子完介绍加入同盟会，在资阳战役时，合编了余清所统带的内江民军，继续攻克川南各地，随后与东路军会师，配合范华阶等，转战于自贡、荣县等地。

新津保卫战坚持战斗半个多月，抗击和牵制了清军的主力，支持了川东南各地同志军的战斗，推动了全川革命形势的发展。

犍为战役仍在进行中。八月二十八日，同志军4000余人在屏山县干笼子抗击由叙增赴援犍为的右路军巡防七、八两营和黔军，自清晨战斗至午后才撤退。九月初一日，赵尔丰通过内阁电告端方"饬鄂军克期赴援，并力合攻"犍为河口同志军。九月四日，董福开带领贵州军进入犍为县城，与朱登五军会合。同志军在下渡口、麻柳场、磨子场、幺姑沱等地予

---

① 熊克武等：《蜀党史稿》，《辛亥革命史丛刊》第二辑第170页，中华书局，1980。

以打击，阻挡了清军向嘉定的前进。

九月二十一日，同志军从县属各场紧缩包围圈，会师于犍为城下，猛攻城内清军，未破。二十四日，防守嘉定府城的同志军与黔军激战于城北；三十日，朱登五带领右路军突围前往嘉定，在石板溪英勇阻击，清军四五百人返回城内。十月一日，清军朱登五部抵达嘉定，同志军与其激战后撤出城。

犍为战斗中，清军始终没有取得全胜，双方僵持战斗近两个月，至重庆、成都独立后，犍为县宣布独立。

大相岭阻击战

大相岭阻击战对于同志军来说至关重要，赵尔丰的生死系于此役。

同志军围攻成都时，赵尔丰急调护理川滇边务大臣傅华封所部边军（亦称"西军"）、第十七镇叶荃部陆军以及驻越嶲等地巡防军共一万余人，由傅华封节制，从打箭炉、泸定、宁远等地兼程集结于清溪县，企图越大相岭，经荥经、雅安趋成都救援。一旦救援成功，会改变同志军与驻成都清军现有的对峙局面。所以，荥经、雅阳等地同志军于清溪、荥经间的著名天险大渡河中段的大相岭展开阻击战。大相岭位于今四川省雅安市南部，荥经、汉源两县边境，延伸至洪雅县境内。略呈东西走向，长约110千米，宽25～50千米，面积约4000平方千米。大相岭山势崎岖，起伏难行，上下山即有百余里路程。这里是古代交通要道，南方丝绸之路即取道于此。

荥经同志会成立于七月十八日，李永忠为总指挥。李是本县廪生，号荩臣，系大铜商人。李忠义将县民编成五大哨，所需饷项费用均由县里人捐资筹集。他还派人联络了雅安罗子舟来荥经联合抵御从西昌和泸定驰援省城的清军。

罗子舟是雅安上坝县人，武功过人，不畏权势，行侠仗义，为当地义字旗袍哥领袖。之前，佘英受孙中山所遣回川准备武装起义时，曾派人与罗子舟联系，得到罗子舟的积极响应。罗泉井会议时，罗子舟应邀参加，返回雅安后，积极从事同志军的组织活动。七月二十七日晨，罗子舟先派刘殿城带领百余人，与荥经的同志军队200余人会合；午时，大部队驻新添站，准备攻城。

城内清军包括原驻守巡防军哨官纳福堂所部60多人，前卫营管带费建侯所部左哨官王廷权、王占胜和蒋哨官等士兵200余人，费部因领取饷款路过。罗、费两军到荥经，官民都觉得有山雨欲来之势。纳福堂原与同志军有联络，现在因害怕费建侯而不敢动。费建侯也知道自己处境尴尬，遂向好友——原荥经汛把总陈友柱问计。陈如实告知军情，即"纳哨官已交涉中立，还允相机协助"，表明自己同情民众，并言识时务者为俊杰。费建侯遂决定乔装脱队。费建侯出走后，决战前的清军已经是"军心惶惑，相与哗然"。

白马庙之战揭开了阻击战的序幕。罗子舟率百余同志军由南门渡河入城，人各持火枪，以大草纸一叠捆于胸腹以御枪弹。"子舟缠头赤足，口衔朴刀，手提独子毛瑟枪，率众奔向费营所驻的义丰店猛扑之。全城民众声援助威，'投诚免死'的呼声震动山岳。"① 荥经同志会的强势进攻迫使城内守军缴枪、投诚。罗子舟既得降众，补充200余支枪，兵力加强，军威大振，向外称"川南同志军水陆都督"，将李永忠为首的一般县绅悉纳入幕中，共商阻击清军大计。

之后，罗子舟与李永忠对大相岭的防务进行这样的部署：挑选健勇300人，令谭载阳、程友山领队，急行进驻大相岭之大关防守；并令其率纳福堂之部及荥、雅各县同志军之一部共4000余人分驻通天全之泥巴山（距大关100里，大相岭），通洪雅之晒垫坪（距大关70里），鹅项岭（距大关南5里）、黑荡子（距大关30余里）、达麻岗（距大关270里）、九把锁（距大关280里）、道塘头（与泥巴山相连）、乾竹山（距大关170里）、银厂河（距大关220里）、磨子沟（距大关220里）、黄沙河（距大关130里）等各隘口，以阻止西、防、陆各军东行。同志会尽力调集各乡团勇，利用有利地形，分扎要隘防堵。

在七月二十八日的激战中，同志军击毙清军5名。八月初一日，清军标统叶荃督兵600余人往大关冲击，进攻多次屡败，被同志军击毙队官一员，兵弁10多人，击伤40多人；驻越西方巡防军统领马守成（也称"马老虎"）复率队2000余人屡次冲击，均不能过大关一步。

双方相持40余日，同志军凭高险阻，奋力防御，打退了清军的多次进攻。

---

① 吴光骏、萧子臣、孔庆宗等：《大渡河、大相岭阻击清边军》，中国人民政治协商会议全国委员会文史资料研究委员会编《辛亥革命回忆录》第3集第200页，中国文史出版社，2012。

为解决后顾之忧，罗子舟回师雅安，进攻雅州府城。清巡防军1000余人来战，罗子舟屡攻不克，围困雅安一月有余，阵亡2000人，其弟罗老十也中弹牺牲。雅安虽未克，但是牵制了大批清军。雅安被围一月半，关外清军"无一兵弁援省"，有力地支援了新津保卫战和大相岭阻击战。

但是，参加防守大相岭南的降弁王廷权复叛，暗为傅华封内应，于九月八日将百余同志军将士诱杀，纵火烧大关，大关因而失守。清军蜂拥而入，占领荥经，傅华封也进驻荥经城。

罗子舟被迫率部退走洪雅、嘉定等处。围攻雅安城的同志军闻清军进入荥经，即分路撤围。傅华封部以大量伤亡突破大相岭进至雅安时，武昌起义胜利的消息传来，傅部立即落入同志军的包围中，最后在雅安被同志军歼灭。

川东北大竹县李绍伊代表川省农民参加保路武装起义。

李绍伊，秀才出身，家贫志不贫，目睹清政府腐败无能，决计伺机发动反清起义。他以大寨坪为中心组织了"孝义会"，以济困扶危为宗旨，吸收贫苦农民参加，反对贪官污吏、土豪劣绅、苛捐杂税。加入同盟会后，曾积极支持和掩护熊克武等人的革命活动。川西同志军起义后，他率孝义会会众数千人，拿起春秋刀、牛角叉、长矛、盾牌、火药枪、罐儿炮等武器，大举响应，占领大竹县城，自称"同志军川东北都督"，发布檄文，声讨清政府种种罪恶，以"驱除鞑虏，救人民于水火之中"为起义之目标。然后分兵出击，占渠江流域诸州县，"各县均自行推举官吏，宣布脱离清政府独立"①。但是，这支军队在攻打巴州时中了团练局长的假投降计，付出沉重的代价，3000余人全军覆没，将领陈英奇等10人惨遭杀害。李绍伊获得消息后，发起两次进攻，终于取得胜利。四川东北地方政权在这支农民革命军的打击下，大多数濒于瓦解。在全国革命胜利之际，李绍伊为寨门作了一副对联："人果同心，不两月推倒二百余年清政府；天真有意，未数日挽回一十八省汉河山。"不幸的是，李绍伊后来被四川督军胡景伊谋害。

辛亥秋保路死事纪念碑如图 3.2 所示。

---

① 政协大竹县委员会：《李绍伊领导大竹农民起义的经过》，中国人民政治协商会议全国委员会文史资料研究委员会编《辛亥革命回忆录》第 3 集第 259 页，中国文史出版社，2012。

三、蜀中发难

图3.2 辛亥秋保路死事纪念碑

少数民族响应同志军起义

郫、崇、灌地区同川西北藏族地区相邻,是川西藏族人民聚居区,灌县沿岷江而上是汶川,汶川藏族土司索代赓兄弟同相邻县城的汉族人士一直有来往,索代赓还是哥老会首领,与灌县哥老会张捷先、姚宝姗关系密切。川西同志军起义后,同盟会会员姚宝姗来此告诉军情,邀请索氏兄弟出征,得到响应,遂商定了进攻威州、理番(今理县)等的计划。八月下旬,索代赓即率300余人到灌县参加起义。代赓南下后,代兴率部沿江北上,进逼威州。

长期以来,清朝廷对藏族地区的统治高度重视,各县知县全系满人。防守严密,在松潘驻有清巡防营七八百人;茂县、汶川各驻有巡防军约200人。清军扼守要隘,企图阻击同志军进入藏族地区,其具体布置是:"汶川县官关某亲自率领巡防军和哥老头子马万顺(回族)等驻守灌县道上之娘子岭、龙溪一带;理番县知县荣启率五屯守备屯兵守威州;松番巡防军与茂县哥老头子王鼎、蒋秀江则扼守铁溪和白水寨。"① 可以说，清方军事力量彻底封锁了汉藏交界的进出要道。

九月中旬，灌县革命军在首领宋辅清率领下进攻娘子岭，索代兴做内应，前后夹击，突破这一重要关隘，俘获县官并击毙马万顺，清军不敌，节节败退，革命军乘胜追击，在威州激战，并用抬炮轰击城内，守城屯兵逃散。威州守备高益斋、桑福田与索代兴约好反正，遂克威州。这样，灌县至威州间的大道已通畅无阻，革命声势大振。此后，队伍回师增援崇宁，索代兴驻守威州。

松潘在汶川以北，是清军驻兵的重镇。赵尔丰曾欲调这支军队援成都，因出路受阻困守于此。索代兴派人同邻近的松潘、理番、懋功等地哥老会首领联系，得到支持，经一日战斗即将清军防线突破，击毙了守城的头目蒋秀江。清防军见大势已去，只得投降。理番则由索代兴与当地哥老会首领陈鹏九联系，陈鹏九表示愿意率队归附。懋功土司及守备对劝降不做表示，当地哥老会会众扣押县官宣布起义。同样，索代兴派松潘反正者王直三去策反绥靖屯，驱逐守吏成功起义。于是，同志军完全控制了松、理、茂、懋、汶整片地区。藏族同胞呼应同志军起义，为辛亥革命做出了应有的贡献。

在彝族阿史土目所属的海末、尔姑、莫西家的西昌彝汉群众也投身于张耀堂领导的武装起义，参加起义的有200余人。他们同汉族农民一起斩西昌知县，攻下西昌城。受此鼓舞，德昌群众也"攻城逐官"，重创清军。会理彝、汉、西番族人宣布起义，进攻会理城。

由于武器落后、缺乏统一指挥以及作战经验不足，保路同志军未能夺取成都，但是，在同志军奋战期间，民之富者出粮出财，贫者执械投入战斗，少数民族也响应，保路同志军的保路战争有力地推动了全川革命形势向前发展。

---

① 索观瀛：《松、理、茂、汶藏族人民反清斗争》，中国人民政治协商会议全国委员会文史资料研究委员会编《辛亥革命回忆录》第3集第197页，中国文史出版社，2012。

三、蜀中发难

4. 荣县独立

荣县反清起义首功要归于龙鸣剑和王天杰。龙鸣剑曾留学于东京法政大学，宣统二年（1910）回到四川，被选为四川省谘议局议员。在保路运动兴起后，他一方面利用合法身份反对清政府卖国卖路，并与立宪派"明争暗斗"；另一方面积极准备武装反清起义，是罗泉井会议的主持人之一。另一个关键人物是王天杰（？—1913），字子骧，他一加入同盟会就开始联络同志开展反清活动。保路运动开始后，王天杰动员荣县民众罢市罢课，停止税赋，接收经征局，率民军训练所学生百余人，拘留县局委员；并在龙鸣剑的策动下，以"民团训练所督办"的名义，以民团训练所学员100余人为骨干，组织民团1000余人，在荣县五保镇起义。获悉赵尔丰屠杀成都请愿群众的消息后，他与发出"水电报"后返回荣县的龙鸣剑一道筹划起兵，参加围攻成都的战斗。王天杰利用自己哥老会首领的身份，发鸡毛文书，紧急号令各场镇哥老会立即组织同志军，自备武器、钱、粮，在荣县双古场集中待命。一夜之间，号令传遍荣县48个场镇。全军进行了3天集训，就手持大刀、长矛、土枪、毛瑟枪等武器，浩浩荡荡地向成都进军。沿途中队伍不断扩大，"传檄近县，旬日之间，闻风而景从者"达两万人。①

仁寿战役是荣县同志军与清军的一次激烈的遭遇战。荣县同志军与秦载赓部会师后，组成东路民军总部，秦载赓、王天杰被举为全军正副统领，龙鸣剑为参谋长；又会合同盟会会员陈孔白所率井研民军、胡御阶所率威远同志军，再次进攻成都。在中兴场、中和场、煎茶溪一带与清军激战20余次。随后因秦皇寺战斗失利，两路民军决定分兵攻取各州县。王天杰、龙鸣剑率部取嘉定，因罗子舟部已驻此，又转攻叙府。这显然是下

---

① 《王烈士碑·王烈士传》，荣县城南富南乡王烈士祠碑文。

下策，因为分兵意味着力量分散，很容易被强敌各个击破。秦载赓领兵攻下仁寿、自贡等10余县，在井研被地方豪绅杀害。龙鸣剑积劳成疾病逝于行军途中后，王天杰无心作战，率部队回到荣县。

就在荣县同志军出发时，同盟会会员吴玉章回到荣县。吴玉章（1878—1966），名永珊，四川荣县人，光绪二十九年（1903）赴日留学，同盟会成立时任评议部评议员，并在日本办《四川杂志》，宣传革命思想，曾参加黄花岗起义。吴玉章回县后，立即主动承担起出征部队全部后勤责任。他果断地遏制了大地主对同志军的诽谤和破坏，迫使他们不敢出头抗拒按租捐款的办法，为同志军解决了粮饷问题。吴玉章又加紧训练各民团，还开设军事训练班，为出征做好军事干部人才储备。

当王天杰率师回来后，吴玉章向王天杰建议脱离清政府宣告独立，自理县政。于是，在辛亥年八月初四日这一天，王天杰召开各界会议，由吴玉章发表演说，宣布荣县独立，荣县军政府由广安同盟会会员蒲洵主持。

荣县独立"首义实天下先"，早于武昌起义半个月。荣县军政府是辛亥年同盟会会员建立的首个县级新政权。此后，荣县成为成都东南反清武装斗争的中心，各州县纷纷效法。该政权的建立对四川武装起义和武昌起义均有推动作用。

荣县独立后，王天杰、吴玉章等革命同志继续进攻威远、自流井等地。王天杰派胡御阶率挖煤工人和船夫组成的同志军回威远宣布独立，但事态发展并不顺利，胡御阶被清军所害。另有千余人直取井研城，因自贡关系全川财赋所在，遂集同志军"环而攻之"方得胜利。十月初六日，吴玉章在内江成功发动起义，成立内江政府。吴玉章任行政部长，吴庶咸任军政部长。

在武昌起义前后，清廷频频电谕四川，内容不外乎两方面：一是调兵，二是易帅。易帅，是指"简授"岑春煊为四川总督，撤去王人文川滇边务大臣职务，赵尔丰仍回任此职，岑春煊未到之前，"剿抚"事宜仍由赵尔丰督饬办理。但是，岑春煊于八月上旬到达武昌，眼见四川起义势如烈火，又与盛宣怀等意见相左，决计退而保全，在武昌起义的第二天乘轮船回上海躲避。清廷再实授总督之位，诱其急速入川，岑春煊也不为所动。至于调兵，八月十六日，清廷谕令瑞澂、余诚格"酌量选派得力湘军二三营，迅速赴川"；八月二十一日，得"武昌失守，鄂军难再调拨"的奏报，清廷只能令赵尔丰"就现有兵力，妥速进攻"。

三、蜀中发难

八月二十八日,邮传部致电端方:"所带鄂军,如未溃散,亟宜倍饷拊循。军心易转,精械难求";对于兵事,应一面招抚,一面募勇。端方的反应是上奏朝廷,要求将蒲殿俊、罗纶释放,以求得缓和局势。朝廷准奏,并对所有办理不善的地方官予以惩治,如王人文、赵尔丰均着交内阁议处。端方则张贴了释放蒲、罗等9人的告示,彰显钦差大臣之职责,但因未提前与赵尔丰沟通,引起了赵的不满。赵尔丰认为端方是"以乱济乱",要求大理院判决端方。此时的清廷已是方寸大乱,统治者惶惶不可终日。

四、武汉鏖兵

四、武汉鏖兵

孙中山在《临时大总统就职宣言》中曾这样说道:"武汉首义,十数行省先后独立。所谓独立者,对于清廷为脱离,对于各省为联合。"① 首义是对武昌新军起义公认的说法。武汉三镇成为首义之地涉及多方面的因素,从战争的角度说,就是占尽了天时、地利、人和三大要素。

武昌、汉阳、汉口三镇民间通称"武汉"。从地理位置来看,武汉是湖北的中心,地处内陆腹地长江中游,长江至此与其最大支流汉水交汇,造成了隔两江立三镇的鼎足之势。市内江河纵横,湖港交织,全境水域面积2217.6平方千米,自古就有"江城"之美誉。城市北接汉中、豫南,南纳洞庭、潇湘,上衔巴、蜀、滇,下贯皖、苏、沪,交通四通八达,堪称"九省总汇之通衢"。到近代,三镇发展的步骤与作用并不同步。

武昌位于长江东南岸,唐宋以来因是鄂州治所,常以"鄂州"指代,有时也称"武昌"或"武昌城",又称"江夏"。康熙三年(1664),湖广省分设湖南、湖北两省,武昌为湖北的省会,武昌府衙、江夏县衙、湖北巡抚衙门、湖广总督衙门均设在武昌城内。武昌是三镇乃至全省的政治中心由此形成。武昌在近代后期突破了延续古代东西发展态势而转为南北双向沿江扩展,但总体形态并没有重大变化,唯城门由9个增至10个。

顾名思义,汉口即汉水入长江之口,包括长江西北、汉江以北的地域,东南隔长江与武昌相望,西南隔汉江与汉阳相望,古代也称"夏口"。明成化、嘉靖年间,市镇开始繁荣,很快成为远近闻名的商业重镇,被誉为"楚中第一繁盛处",至少也有500年历史。咸丰八年(1858),中、英签订的《天津条约》第十款关于"长江一带各口,英商船只俱可通商",特指明汉口段以下至海沿岸,除增开镇江一口外,再选择3处地方开放,汉口成为可能开放的口岸之一。咸丰十一年(1861)春,英轮停泊

---

① 《孙中山选集》(上)第82页,人民出版社,1956。

于汉口，建立汉口海关，汉口被迫开埠通商。随着卢汉铁路的建成，汉口成为重要的贸易口岸和航运港口，20世纪初年，汉口的对外贸易额已经超过天津、广州，接近上海。因此，五国租界、十二国领事馆、多国外国银行、多家外资企业和外国航运公司相继跟进驻足。可以说，汉口也是三镇中现代化程度最高、速度最快的一个；至武昌起义前，城区规模远超汉阳，与省城武昌不相伯仲。

汉阳如武昌一样历史悠久，历来是长江中游商船集散之地，城墙内的空间形态呈椭圆形，开有南、东、西3个城门，北面因距龟山仅两三百步，未开城门；汉阳城区的发展速度在三镇中为最慢。清末，张之洞来到汉阳后，在龟山与汉江南岸相继修建了汉阳铁厂、湖北枪炮厂及湖北官砖厂等近代企业，汉阳一改前貌，呈现出空间跳跃式扩张，同时也带动城区向西、北延伸，"重工业基地""汉阳制造"之地位由此奠定。

因以上特性，武汉三镇一直以来被视为战略要地。清代地理学家顾祖禹针对清初形势，曾言"以天下言之，则重在襄阳；以东南言之，则重在武昌；以湖广言之，则重在荆州"。湖北留日学生李书城在撰文描述"救亡图存"大格局时，曾谓"湖北之在今日，固中国之中心点也"①。宋教仁从小精通地理，对武昌的战略位置情有独钟，认为雄踞武昌，联络东西南北，"然后可以得志于天下"。孙中山在辛亥革命失败后撰写《建国方略》时，对武汉的战略构想是："……为武汉将来立计划，必须定一规模，略如纽约、伦敦之大。"② 现代化的象征符号，如铁路、新军、学堂、工厂，尤其是机器工业在三镇相继出现，使武汉成为长江流域华中地区首屈一指的现代城市，所以，汉阳、汉口鏖兵之战是夺取现代城市之战。

---

① 《湖北调查部纪事叙例》，《湖北学生界》1903年第1期。
② 孙中山：《建国大纲》，《孙中山选集》上卷第232页，人民出版社，1981。

四、武汉鏖兵

1. 武昌首义

武昌首义的主力军是湖北新军。起义形势如图 4.1 所示。

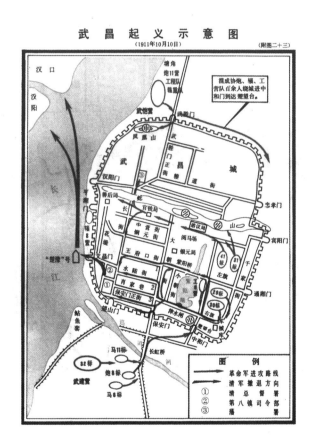

图 4.1 武昌首义示意图

(引自军事科学院《中国近代战争史》编写组《中国近代战争史》第三册,军事科学出版社,1985)

湖北新军创建始于湖广总督张之洞。张之洞（1837—1909），直隶南皮人，清流派和洋务派的后起之秀，历任山西巡抚、两广总督、湖广总督，后做到内阁大学士。在清末众多封疆大吏当中，张之洞是少有的在办学、练兵和工业建设方面都有成就的督抚。到湖北任职后，他以"富国""强兵""利民"为出发点兴办钢铁厂、枪炮厂以及轻纱工业，又筹划建设卢汉铁路，创办两湖书院。几年工夫，湖北的"洋务"成绩显著。中日甲午战争清海陆军惨败的消息传来时，署理两江总督的张之洞决心在加强工业建设的同时，以练兵与教育为突破口来挽救清王朝的颓势。光绪二十七年（1901），他与两江总督刘坤一联衔会奏的《江楚三折》（实出自张之洞手笔）成为"清末新政"的纲领；张之洞励精图治，把湖北治理得风生水起，练兵、教育、实业都居各省之榜首。

张之洞虽然是清流文官出身，但培养军事人才是这位卫道士的重中之重。他重视军事与教育，认为它们是启动"湖北新政"的动力源。所以，只要涉及教育与军事两项开支，张之洞都愿意倾囊投入。在引进日本教官和大胆推进向外派遣留学生方面，他走在各省督抚前面，诸如率先派教育考察团，率先聘任日本教官和翻译人员，率先制定留学诸政策并为他省张本和供朝廷决策。① 为推进留学计划，张之洞还以身示范，在湖北派出的首批20名学生中就有他16岁的长孙张厚琨（知府职衔）。此举得到日本方面的高度重视，特意安排"制台爱孙"进入日本贵族学校——学习院学习；光绪二十五年（1899），四川丁鸿臣赴日参观陆军大演习，有记载，学习院张之洞的文孙和刚孙，"不时背皮囊，习兵操"②。光绪二十六年（1900），日本邀请清军相关人员观操，张之洞让次孙张厚瑗（同知职衔）随同赴日本考察，还令留学的长孙张厚琨一起观操；还要次孙观操后到日本各军各工厂游历考究；③ 光绪二十八年（1902），张厚琨赴日观操回来时因马受惊触墙"碎首而卒"，张之洞感到无限悲痛。但是，第二年，当湖北派文武官员再次往日本观操时，他仍令张厚瑗和张厚琬同往，"观巨典，并游历各处，考究学校、

---

① 陈芳：《清末留日学生与地方督抚之间的政治博弈——以留日陆军士官生为中心》，《安徽史学》2012年第1期。

② 丁鸿臣：《四川派赴东瀛游历阅操日记》，王宝平主编《晚清东游日记汇编2——日本军事考察记》第320-322页，上海古籍出版社，2004。

③ 赵德馨主编：《张之洞全集》（六）第390页，武汉出版社，2008。

四、武汉鹰兵

武备、工厂等事,以开茅塞"①。张厚琬后来成为日本陆军士官学校留学生。张之洞上述行为反映了当时社会的一个共识,即士大夫所遵奉的儒家经典已经不能挽救积贫积弱的国家,各种技艺,尤其是军事才是救国之正途。因此,湖北成为清末派遣留学生的大户。

为保障这些留学生的质量,张之洞较早提倡在日本派驻专门人员监督管理留学生,但因爱惜人才,也会违反常理。庚子年间,唐才常回湖北策动起义,张之洞发现后杀了唐才常和傅慈祥(傅与吴禄贞为同期生)等人,并给日本发了照会,照会附"亲附乱党者"名单,包括吴禄贞、刘赓云、吴祖荫、卢静远等人,还特别指出刘赓云、吴祖荫"尤为狂悖,查出与湖北乱匪书信,其中言语种种,骇人听闻",吴禄贞"万万不可教训,应请日本学校查明,即行斥除";② 待吴禄贞回国报到时,张之洞欣赏其才华出众,弃前嫌,器重之,令其担任营务处帮办、将弁学堂护军总教习等职;而上了黑名单的吴祖荫回国后一样受到重用;"亲附乱党者"的卢静远竟然被纳为幕府成员,张之洞还以"武事精能,劳绩卓著",向清廷力荐"从优议叙"。光绪三十一年(1905),张之洞拟定了遵照练兵处新章程改编的湖北营制饷章,在"将领委任"的名单上,两镇的标、营、队官,两镇正参谋官均是留日士官生,尤其是蓝天蔚,对于其革命之志,张之洞是有所了解的,但视练兵为"身心性命之学"的张之洞仍予以宽容。升任内阁大学士后,他仍心系自己在湖北开创的事业,对任上派出为数众多的留日学生引以为豪,并见机提携。宣统元年(1909)五月,张之洞荐举吴禄贞为陆军协都统,锡良奏请吴禄贞督办吉林边务,这是张之洞先向东三省代总督徐世昌推荐又向锡良推荐的结果;③ 吴禄贞是同盟会会员中担任清高级将领的第一人。同年三月,张之洞致电武昌陆军小学堂总办刘邦骥,在肯定办学成效的同时,鼓励其在时局艰难时维持学堂不废,决不停办。

张之洞虽如此苦心经营,却没有达到"种瓜得瓜、种豆得豆"的效

---

① 吴剑杰编著:《张之洞年谱长编》下卷第 816 页,上海交通大学出版社,2009。
② 孔祥吉:《日本档案中的张之洞与革命党——以吴禄贞事件为中心》,《福建论坛》(人文社会科学版)2010 年第 5 期。
③ 吴剑杰:《张之洞年谱长编》下卷第 1018 – 1019 页,上海交通大学出版社,2009。

果。武昌起义之前，湖北先后派出 11 期学生赴日本陆军士官学校学习军事。这些学生回国后，或在湖北或在北京乃至全国各地都得到重用，在革命风雨来临之际，他们中的一些人选择站到革命一列，如吴禄贞、蓝天蔚、蒋作宾、李书城、耿觐文、纪堪熙、姜明经、杜锡钧等。吴禄贞、蓝天蔚在湖北期间，多次暗中组织革命活动，逐渐形成以他们为中心的秘密的"花园山聚会"。① 这些青年才俊并不如张之洞所愿，为其所用，摧枯拉朽才是他们的理想，张之洞无意中为清王朝培养了掘墓人。不过，在众多优秀留日士官生的整饬编练下，如当时练兵大臣铁良所说，湖北新军"可为沿江各营伍之冠"。可以说，湖北新军是清末陆军近代化的样板之一，张之洞有创设之功。

经过"湖北护军"的雏形、"江南自强练军"的成熟型和 5 年"练兵"新政改革型，与其他省的新军比较起来，湖北常备新军的"新"表现为以下几方面。

一是对招募对象的要求。为了让新士兵掌握洋枪洋炮等新式武器，湖北新军对入伍者的年龄、体格、籍贯、出身、文化程度和来源都有一定的要求，招募条件严格，所招募的对象必须是：身体强壮；不为非，无一切过犯；沙汰兵痞，"专择士农工商之家安分子弟"，或素有恒产者；能识字、写字并略通文理之人；考虑到湖北新军主要为地方服务，兵源以本省人为主，只有本省户籍和有家的人才有资格当兵，"一营一队，选募一府一县之人充之"，与此同时，还要挑选出生地，从身材魁梧与身高考虑，江北德安、安陆、荆门、襄阳、郧阳数府之籍贯者较合标准，故上述地方是募兵首选之地。募来之兵 3 年为一期，期满即令退伍。②

选取有文化水准的士兵入伍提高了湖北新军的文化素质，如光绪二十八年（1902），湖北新军的工程营入伍条件中有一条明确规定入伍者为 20 岁以下的识字者。此举对于"好铁不打钉，好男不当兵"的传统社会风尚无疑是一种冲击，所以，湖北读书识字者投入新军蔚然成风，入营伍之兵有一半识字。

二是采用日本军制。清朝的经制军前期为八旗、绿营，咸丰、同治年间凭借镇压太平军、捻军兴起的湘军、淮军也只能算是半经制军。到清

---

① 黄真：《辛亥革命北方英烈小传》第 11 页，北京出版社，1984。
② 冯天瑜、张笃勤：《辛亥首义史》第 76 页，湖北人民出版社，2011。

四、武汉廑兵

末,这些"练勇"不仅武器装备落后,军事素质也很差,只可以承担日常"防营"之任务,根本谈不上强国御侮,所以,在中日甲午战争中一触即溃。仿新法增设新军为众人赞成,但真正能落到实处的仅有袁世凯在天津练就的"新建陆军"和署理两江总督张之洞在南京编练的"江南自强军"。两者的共同点都是仿照德国之法、聘用德国军官训练而成。据说,张之洞高价聘请了35名德国军官担任教官。在与德国人打交道时,张之洞发现德国人有掌控中国军队的意向,有些德国军官性情傲慢,加上语言不通,工资又高,诸多问题令他颇为不悦,① 遂决定放弃德国之选,另辟蹊径。

光绪二十四年(1898),张之洞派出军事考察团赴日取经。访日考察团在日本停留半年之久,主要成员张彪、黎元洪后来分别担任了第一镇(后改第八镇)统制官和第二镇(后改第二十一混成协)协统,吴殿英则负责训练新兵。吴殿英把张之洞"忠君爱国""自强御侮"的练兵理念贯彻到强军练兵中,重点抓"选将募兵",要求将领提高文化素质和军事修养;对于培养新兵,吴殿英则根据张之洞的口授撰写了《湖北新军练兵要义》,主要内容为:人人皆习体操;各营人人操炮;马队不设马夫;营房力求整洁,宜于卫生;器械资装随身具备;待兵以礼;统带、营哨官皆亲身教练,不准用教习;将领、营官、哨官不许穿长衣;阅操之时,各官皆不许坐看。加上聘请来的日本军官尤其是留日陆军学生助阵,湖北新军是采用日本军制的成功典范,此举影响了中国近半个世纪。

三是专业化与系统化的管理模式。湖北新军管理机构初为光绪二十八年(1902)所设立的营务处,营务处下设四所——参谋所、执法所、督操所、经理所,分别由潘司、臬司、粮道、盐道兼总办。张之洞一手培养的将领张彪为四所的帮办。武昌起义前,张彪升任为提督;改制以后,督练公所取代了营务处,分设兵备、参谋、教练3处,仍由司道分任总办、帮办、提调等职。宣统二年(1910),督练公所改组,兼职改为专任,铁忠任军事参议官兼兵备处总办,吴鸿章任参谋处总办,刘邦骥任教练处总办,刘锡祺任正参谋官。铁忠和刘邦骥是士官专业科班出身,熟悉业务,

---

① [美]拉尔夫·尔·鲍威尔:《1895—1912年中国军事力量的兴起》第53-61页,中国社会科学出版社,1979;方堃:《德国插手清末军事改革述评》,《军事历史》1996年第2期。

保证了湖北新军专业化管理。

四是多兵种合成的垂直编制,建制齐全。清末新军编制,对应现代的称谓,"镇"相当于师,"协"即旅,"标"即团,"营"即营,"队"即连,"排"即排,"棚"即班。新军官阶共分为9级,即提督、总兵、协统、参将、游击、都司、守备、千总、把总。9级之外,尚有外委。镇、协都是由步、炮、骑、工、辎重等多兵种合成,这比勇营制的单一兵种前进了一大步,可适应现代战争的需要。

湖北地冲要塞,清政府在湖北设置常备军两镇,是在原混合各营基础上改编而成,每镇辖步兵两协,炮兵三营,骑兵两营,工兵一营,辎重兵一营,每镇每年给正饷银55.4338万两。光绪三十二年(1906年),按全国陆军编制序列,第一镇改为第八镇,辖第十五、第十六两协,原来的四标改为第二十九标、第三十标、第三十一标、第三十二标;马队第一标改为第八标,炮队第一标改为炮队第八标,工程第一营改为工程第八营,辎重第一营改第八营,张彪任统制,人数11906员(官佐702员,兵额11204员)。第二镇改称"陆军第二十一镇混成协",相当于今天的独立旅,步骑炮工辎各兵种齐全,不是普通的协,辖第四十一标、第四十二标及马队、炮队、辎重第十一营,黎元洪任统领,人数4888员(官佐288员,兵额4600员)。①

此外,湖北新军驻防看似合理又有漏洞。第八镇司令部驻武昌大都司巷(现在文昌正街)。镇守武昌是该镇的主要任务,并轮流出防省内重要城镇。第二十一混成协司令部驻武昌大东门内一带,主要任务是驻扎武昌、汉阳、汉口,担任警卫工作并驻防京汉铁路南段。"湖北新军少数标营散布乡镇,多数标营驻扎在武昌城内及城郊。"②

在全省各地还有巡防营、水师营等补上了新军驻防的空隙。其中,巡防营分五路驻扎,即武昌、黄冈、襄阳、宜昌、安陆驻防,每路五营,每营250～300人,共6200余人;水师驻汉阳、黄州(黄冈)、襄阳、宜昌、安陆;巡防营由张彪兼管;水师营统领为陈得龙,归长江水师提督程允和管辖。另有9000余八旗兵驻扎在荆州。各地还有未裁的绿营兵7000余人。

---

① 冯天瑜、张笃勤:《辛亥首义史》第80页,湖北人民出版社,2011。
② 冯天瑜、张笃勤:《辛亥首义史》第88页,湖北人民出版社,2011。

四、武汉鏖兵

当湖北新军成为各省新军建设的样板时,湖北革命团体加紧向新军渗透革命思想,并实施革命的"抬营主义"。

文学社和共进会是武昌首义的组织者。武汉革命团体在日知会活动的同时和日知会失败以后,先后有群学社、黄冈军学界讲习社、鸠译书社、天锡会、铁血军、安郡公益社、神州学社、蕲春学社、集贤学社、辅仁会、忠汉团、自治团、将校研究团、种族研究会、军队同盟、湖北军队同盟会、群治学社、振武学社、友兰社、益智社、竞存社、义谱社、德育会、武德自治社、振团尊心社、黄汉光复会党、数学研究所会、群英会、柳营诗社、共和会、文学社和共进会等成立。其中,文学社和共进会是在辛亥革命前夜形成的两个规模较大、组织性较强的团体。

共进会前身是东京共进会,该组织正式成立于光绪三十三年(1907),发起人主要是留日学生,如湖北的刘公(图4.2)、居正、孙武,湖南的焦达峰、杨晋康等。从光绪三十四年(1908)起,共进会发起人分头回国,在川、鄂、湘、赣等省相继成立分会;宣统二年(1910)秋,东京第三任会长刘公回国,东京共进会无形结束,共进会重心遂转移至湖北、湖南,会员多为湖北人,主要组织者是孙武。

图4.2　刘公

孙武(1879—1939),字尧卿,湖北夏口人。(图4.3)湖北武备学堂毕业,任过新军教练官,参加过自立军起义,曾是科学补习所主要成员。因谋划起义事泄,到日本避难并学习海军专业,归国后参加了日知会;第二次赴日本时参与组建共进会,是第一届共进会军务部长。在光绪三十四年(1908)冬回湖北时尽携应用文件、印信和旗帜样式,一到武汉即约集亲友组织共进会机关,吸收会员并将机关设在各人家中。另一先期归国的创始会员郑江灏则创办了《湖北日报》,共进会通讯处就设在报社内,还在上海、长沙、岳州设立联络机关。宣统元年(1909),新军三十一标邓玉麟和三

图4.3　孙武

十二标黄申芗加入共进会，二人极具宣传力且与会党有联络，经二人介绍，士兵和会党不少人加入共进会。邓玉麟（1875—1951），湖北大冶人，加入共进会后，还辗转在南京、镇江的军中发展组织。武昌起义前夕，邓玉麟奔走于武汉三镇，是革命机关与各标营之间的重要联络者。

共进会吸纳会党由刘英、刘铁兄弟开始。刘氏家世丰厚，素以结纳会党出名。当共进会吸纳会党积极分子后，为便于起事时统一指挥，遂将湖北的会党进行军事编制，组成五镇，分别设专人负责，这是共进会发展的一个重要节点。但是，在宣统元年（1909）四月到七月，因会党频繁活动，引起清政府的警戒和防范，共进会的活动不得不有所收缩。会党的纪律散漫，不易统一指挥，经过一段时间，湖北共进会决定将工作重点移到新军中。孙武的认识转变具有代表性，他曾这样说道："运动官吏，官吏利禄熏心；联络会党，会党野性难驯；今后惟有运动士兵，借矛夺盾。士兵自有枪械，是器械足；各有固定饷粮，是粮饷足；每日操练，是有纪律；又曾平匪治乱，是有历练。与其费资养人，不如运动士兵为妙。"[①]他们认定，只有运动军队，把清军一队一队、一营一营、一标一标争取过来，才能以固有的组织和现成的人员为革命工作。这就是所谓的"抬营主义"。孙武还利用当时人们误认自己为"孙文之弟"，乘势广为招徕，吸收成员，一时成效显著。

革命党人实行"抬营主义"争取成建制的新军，并在军中建立起完整的组织系统既是目标，也是实施办法。共进会为了强化组织纪律性，曾计划对五镇会党再次编制，拟将原来的5个镇改编为5个军，以刘英为副都督，统率其众；对新军内的共进会组织进行改动，按清军编制，于队、营、标各设代表，分层负责；各单位会员，20人为一支队，设正副支队长；每3个支队为一正队，设正副正队长；每一正队设参谋和书记兼交通各一人。所有军队同志编成6个军，选出各军总指挥。此计划因为形势日趋紧张，未能实现。

黄花岗起义前夕，谭人凤带着黄兴拨付的资金2000元回湖北寻求支援，孙武从中得到200元，就在黄土坡开设同兴酒楼，效仿梁山泊朱贵卖酒方式结纳同志，邓玉麟任酒楼经理，郭寄生管账，张育万做跑堂。酒楼

---

① 邓文翚：《共进会的原起及其若干制度》，《近代史资料》1956年第3期，第10页。

四、武汉鏖兵

地处武昌左、右旗之间,就在新军第二十九标、三十标、三十一标、四十一标及工程第八营、陆军测绘画学堂的附近,来吃饭的士兵络绎不绝。他们乘机发展会员,并将会员姓名登记在账本上,用钱数代表年龄,便于保守秘密。

武昌起义前夕,共进会会员在军队中有1500人左右,学堂有200余人,其他社会阶层有200余人,会党入会人数多于军、学界的总和。军界、学界、会党的联络分别由不同的人负责,如军界主要是邓玉麟、高尚志、陈孝芬等人负责。共进会入会仪式简单,会员不缴会费,组织观念不强。这种靠个人关系发展的组织当时虽然有效,但经不起考验。不过,武昌起义前,湖北新军每标都有共进会的代表,其中打响武昌起义第一枪的熊秉坤是工程第八营的代表。

文学社是当时国内纷纷兴起的进步团体中耀眼的一颗新星。它是由军队同盟会、群治学社、振武学社递嬗而来。在振武学社被破坏两个月后,文学社秘密地成立,成立时间是辛亥年元旦,地点是在武昌蛇山奥略楼,众人同意遥戴孙中山为总理,遵同盟会十六字纲领为本社纲领,但对"革命"二字低调处理,对外宣称"本社以联合同志研究文学,故名曰文学社",首次会议推第四十一标湖南籍学兵蒋翊武为主席,继推王宪章为副主席,张廷辅任总务部长,社总机关就设在武昌小朝街八十五号张廷辅寓所,又在汉口、汉阳设分机关。

蒋翊武(1885—1913),湖南澧县人。(图4.4)光绪三十二年(1906)在上海中国公学读书时加入同盟会,往返于沪、湘之间,曾参与策划萍、浏、醴的起义。宣统元年(1909),他与刘复基到武汉,与宛思演、詹大悲筹办《汉口商务报》,入湖北新军第四十一标当正兵。他也是群治学社、振武学社的主要成员。在振武学社被迫停顿期间,他积极活动建立文学社,"讨论名称及进行策略"①。文学社副社长王宪章(1885—1914),贵州遵义

图4.4 蒋翊武

---

① 章裕昆:《文学社武昌首义纪实》第18页,生活·读书·新知三联书店,1952。

人，光绪三十四年（1908）春到湖北参军，成为新军第三十标的一名士兵，后与张廷辅、王文绵等组织将校研究团，被推为团长。文学社成立时，将校研究团并入文学社，王宪章也是文学社里少有的非两湖人士。

文学社的特点是，在新军中影响力较大，除詹大悲为报界人士外，骨干领导成员几乎都是军人出身，且多为湖南人。鉴于主要成员为士兵，文学社入社手续简单。为保密起见，志愿书一经登记，即行销毁，登记办法是"用英文字母代表标营队"，分组建立基层组织，"共置六册"①；社员碰头定在每星期日下午六七时游戏时间，在各所在单位操场中进行，利用各种游戏方式，从事联络和传达某种消息及布置任务。文学社在武昌的发展先在第四十一标和第三十一标内，后到第二十九标和第三十标，再及于马、炮、工各标营和驻南湖的第三十二标。蒋翊武、刘复基所在的第四十一标是策源地；王宪章、张廷辅所在的第三十二标次之；第四十二标为最后，而社员人数却最多，该标驻地自汉阳起到河南信阳，属于战略要地。

辛亥年夏季是文学社大发展时期，六月，文学社在武昌小东门内开会，"检查在军队中发展组织的情形"，得到的统计数字为"社员人数将近两千人"，其中，"第四十一标和第三十一标为最多，约十分之二；第二十九标和第四十二标十分之一以上；第三十二标和第三十标十分之一；工程营、炮标、马标都在十分之一以上；混成协的炮、马两营以及坛角的辎重和工程两队，也是十分之一以上；各处仍在积极发展中"②。另有益智社、神州学社全体成员加入，又设阳夏支部，共有社员4000人，文学社中的湖北籍士兵人数为各革命团体之最。

共进会、文学社发展新军士兵的办法值得肯定，万丈高楼平地起，基础夯实很关键。近代著名兵学家蒋方震在《中国五十年来军事变迁史》中肯定了这一点，即："历次革命皆自外铄，其势不坚，而武昌革命则其势由内而外，由下而上，其成功也，非偶然也。"

为了适应革命形势的需要，文学社与共进会本着便于组织和发动起义的目的，加快了合作的步伐。辛亥年年初，两个组织的个别成员之间进行了10多次谈话，主要商谈联合事宜，为共进会胭脂巷会议的举办奠定了

---

① 《民心报》1912年1月26日。
② 万鸿喈：《辛亥革命酝酿时期的回忆》，中国人民政治协商会议湖北省委员会编《辛亥首义回忆录》第一辑第125页，湖北人民出版社，1979。

四、武汉鏖兵

基础。

辛亥年四月初五日,共进会在胭脂巷二十四号机关集会,参加者有刘公、孙武、居正、焦达峰、杨时杰等。与会者承认武汉另一革命团体文学社为革命宗旨相同的友党,推定具体人员与文学社联络,商谈双方合作或联合之事。此次会议也讨论了湖南、湖北互援的问题。

辛亥年四月十三日,共进会与文学社代表在长湖堤西街八号龚霞初寓所开会。这是双方之间的第一次正式会谈。① 文学社由刘尧澂(复基)、王守愚、蔡大辅出席,共进会由杨玉如、杨时杰、李作栋出席,双方交换意见畅通且颇久,此次会议"本拟谈合并问题,但杨、李并未提出,以两团体各有历史,各有组织;尤其领袖人选不易解决"②。

文学社和共进会之间的第二次协商会议虽然有进步,但由于彼此仍存戒心,未能就联合达成具体协议。③ 奇怪的是,之后两社领导人碰头协商时,关于都督候选人均提到过黎元洪。

同时,因形势发展很快,两个团体都展开了起义经费的筹措:文学社主要是士兵,捐资由士兵"月捐"的1/10勉强维持开支;共进会不收社金,靠军队以外的会员所得收入提供经费,谭人凤带来的200元很快耗尽,于是成员"八仙过海,各显神通",捐助夏布、出售祖产,甚至做贼,最后由会长刘公以捐道台的名义,从家中要来5000两汇票(合银圆7000

---

① 关于文学社与共进会两个团体之间的第一次和第二次协商会议召开的日期与举行的地点有不同的说法,本文仅列举两个。一个版本谓:第一次协商会议于四月十三日在武昌分水岭七号孙武住处召开,第二次协商会议于五月十八日在长湖堤西街八号龚霞初家中召开,见冯天瑜、张笃勤:《辛亥首义史》第213-214页,湖北人民出版社,2011。另一个版本谓:第一次正式会谈是在四月十三日在长湖堤西街八号龚霞初家中召开(龚寓会议);第二次会谈联合会于七月二十日在武昌雄楚楼召开(雄楚楼会议),确立合作关系,见张亦弛、郭国祥:《辛亥革命时期共进会和文学会的离合关系探析》,《湖北社会科学》2017年第6期。两个版本存疑点:第一,关于四月十三日在长湖堤西街八号龚霞初家中的第一次会议与当事人杨玉如的说法相吻合,但是不是第一次正式会议有待考证;第二,关于第二次协商会议或者是第二次会谈有说法不一的地方,会议地点也完全不同。笔者认为,四月十三日会议之后到七月二十二日会议召开之前双方领导同志应该还有大的会议,比较认可冯著的五月十八日会议为第二次协商会议,地点有待考证,所以,关于会议举行地点本书不复列出。
② 杨玉如:《辛亥革命先著记》第28页,知识产权出版社,2013。
③ 冯天瑜、张笃勤:《辛亥首义史》第214页,湖北人民出版社,2011。

元），才使经费问题得到解决。这笔费用也是两个团体合并后准备起义的工作经费。

七月二十二日，两个团体举行了第三次协商会议。地点是武昌雄楚楼十号刘公住宅。此次会议在合作问题上取得实质性进展，两个团体合作已成定局，并达成如下协议。

关于主帅的人选问题。当日会议讨论决定，在两个团体合作后，取消原有头衔，选出一主帅。居正建议，向上海中部同盟会请黄克强（即黄兴）、宋钝初（即宋教仁）或谭人凤来主持大计，会议决定推居正、杨玉如赴沪，携款数千元作为购置手枪之用，并派人通知在岳州驻防的蒋翊武。后来，居正、杨玉如赴上海时，黄兴还在香港，因胡瑛派人送信给他说不可轻莅险地而表现得迟疑不决，宋教仁、谭人凤也未前往，迎同盟会领导人来武昌未果。

关于新军中的革命同志的部署。当时，针对总督瑞澂正分调湖北新军分赴各地防守，革命党人做出的部署是：驻扎郧阳的第二十九标第三营由革命代表樊精纯联系同志，注意就地响应；第三十一标进入四川后，注意联络，在合适时机就地起事；第三十二标入川的一营，与第三十一标取得联系；驻宜施两营分别与第四十一标和地方志士合作；第四十一标唐牺支随队驻宜，应与第三十二标同志采取一致行动；蒋翊武从岳州回来之前，其职务由王宪章、刘复基共同负责；马八标第三营由黄维汉、刘斌一负责，届时响应武昌；派向炳昆赶回湖南，继续从事军队与会党之间的联络。这些部署在武昌起义前后大都予以实现。

而蛇山抱冰堂会议进一步健全了代表制度。据工程营总代表熊秉坤回忆，他与刘复基、王宪章等二三十人于七月下旬在武昌蛇山抱冰堂举行各标、营代表会议，制定规约，在新军的排以上队、营、标各单位及学堂各设代表，具体如宪兵营彭楚藩，第二十九标蔡济民、甘绩熙等，第三十标王宪章、张廷辅等（这些代表在准备阶段和起义中均发挥了有效的组织领导作用）。此次会议明确规定："非标代表或独立营代表，不能参加干部会议；标或独立营代表，乃能传达干部决议。"[①] 这样一个严密的代表制度在同盟会历次起义中是没有的。此制度保障指令的下达、实施与保密，直

---

① 熊秉坤：《辛亥首义工程营发难概述》，全国政协文史和学习委员会编：《亲历辛亥革命：见证者的讲述》（中）第510页，中国文史出版社，2010。

四、武汉鏖兵

接促成了十月十日夜各标营行动。甚至可以说,湖北革命党人通过代表基本掌控了湖北新军。

八月初一日,重组后的两个革命团体的主要负责人在雄楚楼十号刘公住宅举行了一个小型会议,主要研究领导人选的问题,这是迫于日益紧迫的武汉形势而召开的会议。到会的有刘复基、孙武、邓玉麟、蔡济民、李作栋、彭楚藩数人。经过充分讨论,初步决定利用清廷忙于应付四川局势的有利时机,发动武装起义,成立临时指挥部,以蒋翊武为军事总指挥,管军令;孙武为军务部长,管军政;刘公为总理,管民事。重大事务由3人会同大家共同处理。虽然这只是大致分工,一些具体安排还不是很明确,但是,起义的组织领导问题初步得到解决,会上决定第二天开大会讨论政府人选和起义计划。①

八月初二日,即雄楚楼会议的第二天,又在胭脂巷11号胡祖舜家里(图4.5)如期举行大会,出席人员除了前几次参加会议的人员外,还有各标营代表和学堂代表,如工程营熊秉坤、宪兵营彭楚藩等。蒋翊武驻岳州未回,孙武任大会主席。会上,由刘复基代表蒋翊武报告所拟的第一案"人事草案"和第二案"起义计划"。因为事先有过酝酿,经过讨论,两案得以顺利通过。

第一案"人事草案":军政府总理刘公;军事总指挥蒋翊武;参议部正长蔡济民,副长高尚志、徐达明;内务部正长杨时杰,副长杨玉如;外交部正长宋教仁,副长居正;理财部正长李作栋,副长王炳楚;参谋为张廷辅、徐万年、杜武库、王宪章、吴醒汉、唐牺支、李济臣、黄元吉、王

图4.5 武昌胭脂巷11号胡祖舜寓所
(引自上海市政协文史资料委员会编《辛亥革命之上海风云》第43页,上海市文史资料委员会,2011)

---

① 李春暄:《辛亥首义纪事本末》,中国人民政治协商会议湖北省委员会编:《辛亥首义回忆录》第二辑第154页,湖北人民出版社,1979。

文锦、杨载雄、张斗枢、宋镇华等；秘书长为谢石钦、邢伯谦、苏成章、蔡大辅、费矞等；军械为熊秉坤；司刑为潘善伯；司勋为牟鸿勋；司书为黄元斌、袁汉南、罗秉襄等；会计为梅宝玑、赵学诗等；庶务为刘玉堂、钟雨亭、李白贞、刘燮卿等。还有政治、军务筹备员若干人，其中，刘公、孙武、李作栋、潘善伯为政治常驻员，邓玉麟、刘复基为军务常驻筹备员。运输弹药等事由邓玉麟、杨洪胜负责。

第二案"起义计划"：于八月十五发动，由武胜门外塘角辎重营举火为号，同志一律左膊缠白布为帜志。① 计划由足智多谋的刘复基拟订，众人讨论后通过，起义方针得以订立。

此次会议还形成如下决定：在汉口成立政治筹备处，加紧制作起义时所需的旗帜、印玺、文告等；在武昌成立军事指挥部，加紧完备军事计划。会议主席孙武在会议收尾时再次强调起义前的保密工作。他动员各位筹备委员要积极展开工作，军政府组成人员只有在占领武昌后才可就职。最后这次胭脂巷会议订立了起义方针，对统筹发动起义具有重要的指导意义。

会后，"八月十五杀鞑子"、革命党"中秋起事"等流言传遍武汉三镇，甚至被一些小报作为消息登出来，这自然引起了官府的严密戒备。革命同志的对策是将指挥机关分散设置，采取隐蔽措施。

随着革命形势的高涨，中国同盟会对武昌首义有何安排呢？实际上，这时，除了东京同盟会总部外，还有好几个组织与共进会、文学社有关联，与革命起义有关联，它们分别是同盟会南洋支部、同盟会香港南方支部、中部同盟会、同盟会湖北分会。

同盟会南洋支部于光绪三十四年（1908）秋在新加坡成立，由孙中山与胡汉民、汪精卫等组织，主要是为了适应南洋地区同盟会分支机构蓬勃发展的需要，也与日本、越南等地禁止孙中山常住有关，新加坡也是孙中山的主要活动场所。南洋支部成立后新订了《中国同盟会分会总章》，与东京总章相比，在内容上有许多新的改动，而且分会章程增添了不少不符合总章程的新条款，却没有呈报东京总部审议通过，随后，又出现孙中山欲在海外重建中华革命党以取代同盟会，并着手修改盟书、誓词等行为。

---

① 居正：《辛亥札记 中秋记事》，武汉大学历史系中国近代史教研室编《辛亥革命在湖北史料选辑》第 135－136 页，湖北人民出版社，1981。

四、武汉鏖兵

实际上,南洋支部欲以总支的功能存在导致当时东京总部部分同志不满。南洋支部的成立并不利于同盟会的团结,更不利于同盟会在全国发挥领导核心作用,反而加剧了孙中山与光复会主要成员章太炎、陶成章的矛盾。此后,这一矛盾冲突一直没有得到很好的解决。宣统二年(1910)年初,光复会宣布重建,章太炎为正会长,陶成章为副会长,李燮和、沈钧业、魏兰在南洋组成执行总部,代行东京总部职权,这对同盟会的组织领导产生了更加负面的影响。

中国同盟会香港南方支部成立于宣统二年(1910)九月,会所设在黄泥涌道,并与香港同盟会分会相区别,即香港同盟会分会专任香港以内党务,南方支部统理西南各省之党务,胡汉民为支部长,汪精卫任书记,林直勉为会计,从此,南方支部与香港分会的权限得到清楚的划分。随后,黄兴由日本到达香港,赵声在广州新军起义前已辞去军职来到香港,起义的指挥中心是新成立的南方支部。

中部同盟会成立于黄花岗起义失败之后,酝酿时间要更早。广州起义失败后,孙中山在北美,黄兴在南洋,东京本部无人主持。赵声由新加坡前往东京后,与谭人凤、宋教仁、林时爽、张继等"日商革命进行事宜",寻求下一步动作。宋教仁主张长江革命,坚持组织中部同盟会很有必要。当时,他们约11省同盟会分会长到小石川左宗远寓所开会,宋教仁提出初步谋划方略,以革命分几步做法,从长江结合,依次推进河北。他的计划是严密组织,期以3年,养丰毛羽,然后实行,庶几一举而成;赵声以为太迂慢;谭人凤提出"事权统一,责任分担",以不限时期为原则。此次决议众人分途进行,中部同盟会者由此发端。又,在宋教仁寓所寒香园召开会议时,宋教仁提出"革命三策":在边地进行为下策,在长江流域进行为中策,在首都和北方进行为上策。① 多数参会者同意中策,或者认为中策可行。在中部发动武装起义,成为当时革命党人的共识。宋教仁对于武昌形胜有着真知灼见,助推中部同盟会成立。宋教仁与黄兴私下还有一个设想:一地首先举义,诸省迅速响应,尽量缩短战乱时间。黄花岗起义时,东京同盟会各骨干都回国参加战斗,东京同盟会几成空架子。谭人凤由日本回到香港,协助起义事宜,得知起义计划后,他认为,广州起义

---

① 邹永成口述,杨思义笔记:《邹永成回忆录》,庄建平主编《近代史资料文库》第七卷第37页,上海书店出版社,2009。

的总计划既在会师长江，那么，在江、浙、皖、湘、鄂各省就必须设立机关，联络军人，以备响应；进而指出两湖的重要性，提出应该资助两湖革命同志设立机关，提前部署，以便届时响应。黄兴同意拨款2000元给谭人凤。谭人凤立即动身北上，过武汉，以为居正是共进会主要负责人，所以将主要经费交给居正，只给孙武200元。孙武大感不平，从此与同盟会有了隔阂。

黄花岗起义失败，众多同志牺牲，黄兴等意志消沉，赵声病逝，中国同盟会香港南方支部如同虚设。宋教仁等则化悲痛为力量，加速筹划新的行动方案。宣统三年（1911）闰六月初六日，中部同盟会总会在上海北四川路湖北小学举行成立大会，宋教仁、谭人凤、陈其美等5人为总务干事，总部设在上海，设分会于苏、皖、湘、鄂、川各省。中部同盟会总会章程确定以"推覆清政府，建设民主的立宪政体"为宗旨，《成立宣言》中说明"奉东京本部为主体，认南部分会为友邦，而以中部别之"，表明它旨在专营长江流域的革命运动，并以两湖为活动中心。中部同盟会的成立标志着革命重心已经由珠江流域北移到长江流域。中部同盟会制订的计划以宋教仁的说明更加明了：以湖北居中国之中，宜首倡义；一俟湖北举事，即令湘、蜀同时响应；武昌既举，即派兵驻守武胜关，使清军队不得南下；扼长江下游，同时于南京举事，并即封锁长江海口，使敌海军舰队孤立而乘利应便以取之。从后来发展情况来看，这个部署基本上是符合实际形势的。①

同盟会湖北分会，如前所述，是建立在日知会开辟的社会基础之上的。日知会刘静庵、曹亚伯、胡瑛、张难先等是受吴禄贞花园山聚会精神影响的新知识青年。他们潜伏于新军中，发展组织，播革命火种，先为科学补习所，后为日知会。科学补习所关闭后，日知会在总干事刘静庵的组织下成立，表面上是一个宗教团体，其实是一个革命组织，还在南京、安徽、奉天等地广泛开展宣传活动，海外的主要活动基地为东京。同盟会成立后，在东京的日知会会员纷纷加入同盟会，并成为日知会与同盟会之间的桥梁，如善于做宣传的曹亚伯、范腾霄等。同盟会湖北主盟人依次有时功玖、张肪、陈镇藩、但焘，起初，时、张、但等主盟人并不积极回省内

---

① 王学庄、石芳勤：《略论中部同盟会的成立和历史地位》，《河北大学学报》1982年第2期。

四、武汉鏖兵

发展组织,余诚力主回内地策动。光绪三十二年(1906),余诚受同盟会本部派遣,回鄂主持同盟会分会事务,依托日知会,在刘静庵大力配合下,吸收同志,名为日知会会员,实为同盟会成员。当孙中山派乔义生陪同法国人欧罗几到湖北视察时,刘静庵迎于长江边,作为东道主招待并召开欢迎大会,参加者有近百人。由于欧罗几和日知会会员公开演讲革命的消息走漏,地方官吏对日知会高度关注,刘静庵自此受到监视;又探得日知会拟响应萍浏醴起义,遂将刘静庵抓进监狱,即"丙午之狱"。刘静庵被捕后,日知会几近解散,但会员们继续秘密从事革命活动,"首义三烈士"中的刘复基与彭楚藩是日知会会员,孙武、王宪章、蔡济民、吴兆麟、熊秉坤等会员则成为共进会、文学社的骨干。至武昌起义爆发前夕,同盟会湖北分会在湖北尚处于"不是一个严密的有确定机构和成员的组织"的状态。①

而共进会和文学社的许多领导同志都有同盟会会员的身份,如共进会的创办者孙武、刘公、焦达峰等,其中,孙武是在共进会创办起来后,在香港由冯自由介绍加入同盟会的;共进会上层组织者,如杨时杰、杨玉如、居正等都是同盟会会员,居正也是中部同盟会湖北分会负责人。共进会成立时,曾宣称以同盟会的宗旨为本会宗旨,以同盟会总理为本会总理。共进会的成立弥补了同盟会之前长期将革命战略重心放在华南地区的不足,为中部发展革命组织奠定了基础。在同盟会领导人等看来,共进会就是同盟会的一个分支。但是,两个革命团体与同盟会并无组织上的隶属关系,虽然它们的目标是一致的。而当共进会、文学社根据形势自行合并拟订起义计划时,中部同盟会上海总部没有及时派人参与筹划,错失领导良机,从而造成革命后的被动局面,不能不说是一件憾事。

听到革命者要行动的风声,湖北官方更加注意城池的防卫,湖广总督瑞澂频繁地调兵遣将。瑞澂本人也处于极度紧张中,与属下多次密谋后,他决定采用分化瓦解的办法,将认为"不稳"的新军分调到各处,以达到一石击二卵的效果,既分散了革命力量,又可借机镇压地方暴动。

闰六月,四川保路运动达到高潮,清廷任命铁路督办大臣端方速速赴川平息"叛乱"。端方(1861—1911),字午桥,号陶斋,少年得志,40

---

① 冯天瑜、张笃勤:《辛亥首义史》第126-127页,湖北人民出版社,2011。

岁出任湖北巡抚,历任湖南巡抚、两江总督、直隶总督,是年富力强的封疆大吏,任上有多项洋务政绩,如筹建新式学校、鼓励学子出洋留学等得到清廷肯定。五大臣出洋考察宪政,他是其中之一。其间,他学会了照相技术,慈禧去世后,本想保留葬礼图片做纪念,却被定罪,罪名为"惊扰"了隆裕太后,因此被革职赋闲在家。这次被朝廷任命为督路大臣,端方想借机东山再起,遂在鄂军护送下入川镇压保路运动,他自认为曾任湖北巡抚,统带鄂军应该没问题。

对于端方调兵的要求,湖广总督瑞澂乐得送个人情,遂将第八镇的第三十一标、第三十二标拨付随他入川。其中,第三十一标全标三营由第十六协统邓承拔、标统曾广大率领先行;第三十二标第一营作为端方卫队随行,第二营驻宜昌,第三营驻恩施待命。三营员额并非都是满额。

与此同时,瑞澂将第四十一标和第二十九标的几个营、队分别调往宜昌、襄阳、郧阳和湖南岳阳等地,具体安排是:第二十九标第三营出防郧阳;第三十标第二营移防汉口,以一队驻钟祥;第八标第一营左右两队移驻城内督署附近,护卫督署,第二营以两个队出防枣阳,第三营开襄阳、双沟一带换防;第二十一混成协所属的第四十一标第一营出防宜昌,第二营两队驻沔阳,一队驻岳州;第四十二标驻汉口、汉阳直至京汉铁路黄河南岸。这样"大洗牌"式的调动,打乱了湖北新军中原有的革命组织系统,给革命党人按预定计划起义带来困难。

雪上加霜的是,新军士兵拥有的枪子弹药也少得可怜。起义前,由于湖北新军营房中发生几起枪击、哗变事件,军官们对士兵看管得很紧,将士兵手中的弹药收走,集中存放于武昌城中和门的楚望台军械库。该军械库还存放德、日进口步枪及汉阳造步枪,为国内最大的军械库之一。因此,武昌起义第一枪打响后,楚望台军械库就成为清军与革命军争夺的主要阵地。

革命党人紧急想办法应对局势的变化。入川鄂军出发的前几天,革命机关和军中同志开会相约:一旦武昌起义,入川部队马上回鄂响应。除一般书信联络外,如用电报,则采用暗号:"母亲故"即起义成功,"母病危"即成功有把握,"母病愈"即起义失败。邓玉麟、刘复基等负责机关工作的同志还到船上为离鄂同志送行。

就在起义筹备过程中,"南湖炮队事变"加速了起义的发生。炮队事变起因是,七月十六日,少数参加革命团体的士兵为退伍兵饯行。喝酒猜

四、武汉鏖兵

拳行令正热闹时,排长赶来斥责,并报告营长予以压制。士兵一时冲动,竟涌入军火库内,拖出大炮,填入实弹,准备暴动。因为附和人数不多,发难的士兵逃走,但拖炮事件非同小可,统制张彪得到报告后下令追捕,未果,事后也没有深究。

是时,两社联合处的重要人员正在开会。得到此消息,有人主张马上发动起义。刘复基了解情况后,主张仍按原计划行动。然后,总部派人通知事件主要人员出逃,其他人员归营"听点"以麻痹官方。为躲避巡警搜查,指挥机关进行分散,原在汉口长清里的政治筹备处转移至荣昌照相馆,仍被盯梢,又迁到汉口俄租界宝善里十四号。原文学社总机关武昌小朝街八十五号为革命军事指挥部,没有移动,军事计划起草委员们在这里拟订了22条起义的具体计划。关于起义日期,因湖南焦达峰派人函告"准备不足",请缓10日,遂决定于八月二十五日两省同时行动。

湖北地方当局在南湖炮队事件后采取"外松内紧"的对策,对士兵们的进出严格审查,并禁止兵营之间互相走动。当时有传言道:"因此事而妄行杀戮,全镇必为激变。"统制张彪遂向总督瑞澂建议,应采取更加严厉的防范措施:一是收缴各营所存枪炮机钮并拆卸下来,连同各种子弹一并缴送军械总局敬慎库收藏;二是令所有标统以下、排长以上军官,每日一律驻营歇宿,不准擅自离营。张彪还亲自往返巡查,不时吹奏紧急集合号,点名或演夜操防之。张彪等以为这样做可以阻止事态向坏的方向发展,但是,他们不知道的是,武昌新军起义已成不可阻挡之势。

此时,清军驻武汉三镇的兵力部署大致是:约有3000人分驻武昌城内,4000人驻武昌城外南湖、塘角等地;有1000余人驻汉口;有500余人驻汉阳;另有武装警察2000人和巡防营、督署卫队等旧军驻扎武昌城内。

武昌首义于宣统三年(1911)八月十九日爆发。

八月十八日下午,在汉口宝善里十四号机关处,革命者在做起义前的最后准备:政治筹备处的七八个人在检查旗帜、文告、宣传品、钞票和大都督关防;楼上一角,孙武等几个人也忙着赶制炸弹。革命同志为了节约成本,自制炸药已成常态。孙武在日本学过配制炸药的技术,此时,他正在用瓷匙搅拌,身边还随意堆放着几枚做好的铁壳炸弹。被大家称为"笔杆子"的谢石钦提醒孙武,应该把炸弹移到楼下安全的地方,孙武没有理会。于是,谢石钦自己动手往楼下搬炸弹。刚刚搬完,听到楼上一声闷响,待他冲上去,楼上已是烟尘笼罩,再看孙武,脸部血肉模糊。几个人连忙用煤油帮着洗涤。原来孙武搅拌时用力过猛,触发燃点,导致炸药误爆。慌乱中,有人冷静地提出应该迅速撤离。于是,大家分开行动,两人送孙武到附近的同仁医院急救,一人过江向军事指挥部报告,其余向别处撤离。

果然,俄国巡捕一听到爆炸声就赶来了。

邓玉麟购买东西回来,到巷口发现巡捕将他们的机关包围了,略做打听,立即赶到长清里找李作栋。李作栋转达了孙武要求见面的话。二人一见面,孙武即表示马上行动或许可以死里求生,他要邓玉麟过江通知军事指挥部。

俄国巡捕勘查现场,搜到机关党人名册、旗帜、印章、文告等物件,立即断定这是革命党人的一处秘密据点,随即拘捕了6个人并移交给湖北官方。瑞澂令人立即审讯。6人中有3人是围观的普通市民,当场被释放;另外两人也没有引起警方的注意,只有十六七岁的刘同(刘公的胞弟),文质彬彬,被怀疑是革命党人。警方稍加用刑,刘同便交代了他是刘公的弟弟。① 瑞澂得到人证、物证,断定革命军确实要起义,于是一面给自己准备好逃跑的船只,一面下令全城戒严,捉拿革命党人。

一时间,城里警探四处搜查,草木皆兵,革命起义计划面临夭折的危险。

而武昌小朝街八十五号军事指挥部从早上就活跃起来。清晨,蒋翊武告假赶来,与等候在这里的刘复基、王宪章、彭楚藩、陈磊等人会商。刘复基汇报了半个月来事态的发展,转述了黄兴关于各省准备工作尚未完成,起义日期宜于推迟的意见。蒋翊武表示赞同,并立即通知各标营代表召开会议,说服各代表将起义日期延迟到九月底,与10余省同时并举。散会后,蒋翊武、刘复基留下继续商议具体行动计划。就在这时,有人前来汇报宝善里机关孙武失事的消息,他们顿感情况险恶。刘复基认为起义计划已经暴露,应该立即起事;蒋翊武则认为情况不明,不可冒昧行事。正在争执不下之际,从宝善里机关处赶来的邓玉麟、谢石钦等详述了事件

---

① 刘同是否立即投降尚有争议,因未见审讯刘同的任何记载,故不能断定其有"供认不讳"的事实。据邹永成回忆,刘同在狱中暴露信息,是故,出狱后不再给他做军政要职。见冯天瑜、张笃勤:《辛亥首义史》第236页,湖北人民出版社,2011。

四、武汉鏖兵

经过和孙武的意见。蒋翊武还是觉得准备不足,不想立即行动。刘复基反复劝说无效,遂拔枪相向道:"难道怕掉脑袋乎?"蒋翊武受此激励,方以总司令的名义下令于后半夜行动。

军事指挥部的意见一致后,刘复基马上起草起义通知,蒋翊武阅后表示同意。他们对起义做出如下安排:十八日夜十二时,城内外同时起事,以城外炮声为号;起义部队左臂系白布为标志;炮队攻打中和门,据楚望台及蛇山而击督署;工程营夺弹药库;第三十标专攻该标第一营之旗人;第二十九标以一营助攻,以二营助攻督署并捕捉督抚;第七十四标及第三十一标留省各部,分攻藩署及官钱局。这个看上去很简单的通知,在执行中发挥了重大的作用。

通知拟定后,蒋翊武让人抄写若干份,派同志分头向各标营代表及机关传递。邓玉麟与杨洪胜先通知了工程营同志,又将一些做好的炸弹搬送至杨洪胜家,嘱咐杨洪胜分批送给营中同志,他自己出城通知炮八标。但邓玉麟在路上遇到戒严,通知传到军营时已是半夜,士兵均已入睡。所以,当晚起义的计划未能实现。

而这天的傍晚,蒋翊武、刘复基、彭楚藩、陈宏诰、牟鸿勋、龚霞初等多人在军事指挥所等候。刘复基很细心,先叫来一个播放留声机的人,播放戏曲唱片,以掩护来往的同志;又命令大部分目标不明显的同志离开小朝街指挥所,以免不测。

总督衙门这一晚也极为紧张。晚上十一时,统制张彪还在到处搜查,在得到小朝街有革命党人的报告后,立即禀报瑞澂并亲率巡防兵、督院卫兵数十名至小朝街。

八十五号里面的人听到动静,在叩门声响时,刘复基马上让其他同志跳窗逃走,自己则手持炸弹站在楼上等着。清兵破门而入,刘复基扔出炸弹阻击,但炸弹未爆,阻止无效。刘复基旋即被捕,其他几个来不及走的同志连同文件一起被带到楼下。蒋翊武、彭楚藩跳窗后,被围在一个巷子。蒋翊武的外形更像一个村塾先生,警察未注意他,暂将他押在花园里。稍后,蒋翊武得空逾墙逃走。彭楚藩身着宪兵服,完全可以选择假装前来追捕革命党而免于被捕,但彭楚藩决计留下来与同志共患难。杨洪胜下午五时给工程营送了一次炸弹,恰好是熊秉坤这一棚任门卫,双方说好再送一次。晚七时(熊秉坤在回忆录《工兵八营革命实录》中说是九时)再送时,杨洪胜发现值日官声色不同,口号对不上,急忙走人。值日官遣士兵追来，杨洪胜匆促往家返回时，又遇巡警，躲避不及，"连掷数弹，自炸其手，皮破血流，痛不能支"而被捕。同时被捕的还有40多人，其中革命同志有30余人。

革命机关被破坏，意味着统一的指挥中心没有了。

而总督瑞澂见捕获这么多人，很震惊，命令组织军法庭立即会审，以参议官铁忠为主审，汉阳知府双寿和武昌知府陈树屏为陪审，他自己坐在签押房做幕后指挥。彭楚藩、刘复基、杨洪胜依次分别被提审，3人都表现出了大义凛然、临危不惧的气概，尤其是彭楚藩面对铁忠的有意开脱毫不动摇。

八月十九日凌晨五时，刘复基、彭楚藩与杨洪胜在督署辕门外被斩首。

上午，湖北官府继续搜捕革命党人，他们拿着俄国巡捕提供的秘密文件"按图索骥"，大肆逮捕可疑之人。然后，瑞澂一面布告全城平安，一面向清政府发电告捷邀功。但是，当他收到奖谕电报时，尚来不及庆贺，丧钟已经敲响。

当三烈士就义的消息传出时，驻守武昌的新军各营中的革命党人心情很不平静。因为起义非但没有在既定的时间内发动，反而赔折了3位骨干同志。这时，瑞澂等也惶恐不安。他下令关闭城门，严禁士兵出入，颁布了如新军官兵一概不得出营、一律按名册捉拿（革命者）、就地正法等命令。新军士兵被限制在兵营里，军警宪兵还在到处抓人，于是，新军中间谣言四起，那些还在军中的革命党人根本不知道自己是否在名册里，他们个个都觉得与其坐以待毙，不如奋起反抗。在这一思想的支配下，革命者们紧张地活动起来，尤其是工程第八营、南湖第八炮队和第二十九标。正是瑞澂等的步步紧逼给革命军起义制造了机会。

第一枪

晚八时，城内第八镇工程第八营打响了武昌起义的第一枪。起因是工程营排长陶启胜带护兵查铺到六棚，见第一支队队长金兆龙荷枪实弹，欲上前夺枪，因为上级给他的命令是"目兵不得擅动武器"；金兆龙着急中大喊："此时不动手，还待何时！"二排会员程定国（程正瀛）持枪击中陶启胜，打响了武昌首义第一枪，又击毙多名军官。革命党人、正目（相当于班长）熊秉坤听到枪响后，急忙取枪下楼吹响哨笛，集合队伍。

熊秉坤（1885—1969），湖北江夏人，工程第八营的革命党人总代表，

四、武汉鏖兵

他率领四五十人冲出营门,过右旗营房西营门时,按原定计划,放了三枪,以召唤驻扎右旗(右旗位于城内东南角)的各标起事。这三枪成为整个武昌起义的标志。

工程各营中的革命党人约占全营人数的四成。

革命同志听到枪声,立即整队直奔楚望台军械库。军械库由工程第八营守卫。自从听说八月十五日革命者要起义的消息后,瑞澂加紧守备,但他不知道驻库监守的军官李克果、纪堪熙、成炳荣3人中有两人是同盟会会员。据成炳荣的弟弟回忆,"呼号至右旗南营门外向楚望台鸣枪,该台守兵亦答以机枪,但均系向天空发者。于是进攻冲锋上台搜捕巡守官。巡守官多散,先兄炳荣未走被执,以系老同盟,释之。三十标第三营营长杜锡钧带队踵至,与先兄炳荣约分担守攻。先兄任楚望台、中和门、保安门、通湘门一带总指挥,杜则带队首攻督署"①,遂占领主阵地。这一史料说明了成炳荣在楚望台参加起义的经过,他与学长杜锡钧里应外合,完成了占领楚望台的任务。其后,二人继续参加战斗,以过硬的技术著称。有记载说,守库的士兵与前来夺库的士兵朝天鸣枪相呼应时,成炳荣等做了内应,加速了胜利的进程。据统计,工程营总共有400人参加起义。

第一火

城外辎重队纵了首义的第一把火。辎重队属于第二十一混成协炮队第十一营,与工程两队驻武胜门外塘角,由黎元洪统辖。之前革命军总部商定的任务是第二十一混成协直属营队放火发难。这天晚六时许,辎重队的革命同志决定提前行动,由李鹏升、黄世杰率队威胁炮队十一营。晚八时许,炮队代表蔡鹏升到营里的马棚中点燃马草,炮营管带张正基逃往青山。随后,革命党人逯华清、赵鸿声等集合多人随李鹏升、余凤斋的辎重队前进,到武胜门、大东门时城门紧闭未入,而通湘门大开,起义者担心中埋伏,也未入。后与八标炮队汇合由中和门(今起义门)入城到达楚望台,与工程第八营会合,被编为援队,参加了进攻总督署的战斗。

七时许,工程队先闻辎重队枪声,又见火起,遂由黄世杰将一排一棚营房点燃。然后,黄世杰率本队同志60余人与辎重队会合,到达武胜门。由于第四十一标队官胡廷佐率队转攻藩署,就将攻打城门的任务转交给

---

① 成致和:《辛亥武昌首义见闻录》,湖北省图书馆辑《辛亥革命武昌首义史料辑录》第95页,书目文献出版社,1981。

他。后工程队驻武胜门并占领凤凰山炮台。

炮队全体在晚九时始出营,因城门紧闭折返回营,第二天清晨,携炮四尊进武胜门,协守黄鹤楼。

右旗第二十九标、第三十标听到三声枪响后,很快响应。这两标同驻右旗营房,为第八镇第十五协所辖,归张彪统领。第二十九标排长蔡济民是文学社和共进会双重会员,两社合并后任参议长,在众多领导成员中影响力仅次于蒋翊武和孙武。第三十标中的革命党人以文学社居多,副社长王宪章为该标第三营后队正目。得知彭、刘、杨三烈士牺牲后,革命代表王文锦、彭纪麟、陈佐黄、王宪章等人秘商过起事办法。因王宪章目标显著,众人力主他离营,由其他人联络,并与工程营熊秉坤约定好发难的方式。因此,三声枪响后,第二营后队代表彭纪麟立即在楼上组织士兵站队、取枪、下楼,投入起义的队伍中。右旗第三十标、第二十九标距楚望台最近,工程营附近的陆军测绘学堂有百余名学生参加,三者均为与工程营会师的先期到达部队。

熊秉坤率众占领军械库后,集合众人讲话,根据起义前的议定,安排了下一步行动,颁布了10条军令,主要的4条为:一是本军应冠以"革命军"三字,称"湖北革命军",其兵种队号暂袭用旧制;二是本军今夜作战,应以破坏湖北行政机关,完成武昌独立为原则;三是本军作战以清督署为最大目标;四是规定了各队的任务,今夜口号为"同心协力"。①

随后,熊秉坤认为自己在营中位微言轻,怕众人不服,遂请出有反清志向的左队队官(相当于后来的连长)吴兆麟担任临时总指挥,自己甘愿退居副职。吴兆麟(1882—1942),字畏三,湖北鄂城人,曾就读于湖北参谋学校,早年参加过日知会,并任干事,后与革命组织失去联系,起义前任第八镇工程第八营左队队官,参加过两次秋操,编有《战术实施》《参谋行旅兵术》《太湖秋操纪实》,有一定的军事理论功底和军事指挥能力,平时在军中很有威望。当工程第八营起事时,吴兆麟正在楚望台值勤,听到枪响,不明就里,遂于库房附近躲避,后由汪长林带到熊秉坤前,经劝说,同意担任总指挥。

晚十时三十分,吴兆麟向士兵讲话,提出总要求:一是不得滥杀无

---

① 熊秉坤:《辛亥武昌首义亲历记》,中国人民政治协商会议全国委员会文史资料研究委员会编《辛亥革命回忆录》第2集第2页,中国文史出版社,2012。

辜,二是绝对服从指挥。一番动员后,吴兆麟正式下达了进攻督署的作战命令:前队排长伍正林带前队一、二排经津水闸向保安门正街搜索前进,攻督署前;右队排长邝名功带一、二排经紫阳桥向王府口搜索前进,攻总督署后;马荣带兵一排、黄楚南带兵一排分别从东南、西南两路向宪兵队推进;周占奎率兵两排留守楚望台北端阵地;其余几排奔赴几个城门要地或迎接炮队,或策应,或侦察。指挥中心仍以楚望台为大本营,起义口号改为"兴汉"。由于有了楚望台军械库的巨量弹药,新军将士解除了后顾之忧。至此,参加战斗的各标起义人数有3000多人。

第一炮

属于第八镇的炮八标与工程第八营是湖北新军中最有战斗力的两个营,两营装备较优,又有革命基础。炮八标从统带至队官多同情革命。统带为士官二期生龚光明,起义时正在北方观操。管带卓占标、杨起凤听到枪声逃走。同情革命的管带姜明经在队官、排长的支持下立即行动,所以,全营保持全建制参加了起义,是"抬营主义"的成功范例。该标的革命代表为徐万年,由邓玉麟负责联络。

炮八标驻地在城外南端,与驻在北端的第二十一混成协炮第十一营相呼应,负责守卫城池。该标营房位于南湖西侧、巡司河武建桥两端。下辖三营共1708人,一、二营装备小型火炮多门,三营装备大型过山炮18门。原定于八月十八日由炮八标开炮发难的指令在深夜才传达到,炮八标无法按计划行动。十九日下午,邓玉麟与李作栋雇小船绕道再次到达炮八标,议定塘角起火,一致出动。

"……午后八时,闻十字街火起,知有变。越半句钟,炮队围墙外放枪两响,炮队三营迅即驾马拖炮,先行带队,计攻中和门(即今起义门)。"① 然后,炮八标携10余尊炮向城内进发,工程第八营金兆龙、马荣来中和门迎接。入城后,炮八标先在蛇山设炮两尊,在楚望山设三尊,又列阵城内多处关隘之地,后又将两尊大炮运抵武胜门,与炮队第十一营共设炮位于凤凰山,革命军实力顿时倍增。之前,瑞澂等深知大炮的威力,从来不在地势高处设炮位,城内几处高地,如蛇山、凤凰山都没有炮

---

① 陶炬等:《炮队武昌起义及阳夏战斗记略》,中国人民政治协商会议湖北省暨武汉市委员会、中国社会科学院近代史研究所、湖北省博物馆、武汉市档案馆编《武昌起义档案资料选编》上卷第61页,湖北人民出版社,1981。

位,尤其是蛇山,其主峰最高 60 米,是武昌城制高点。革命军在此处设炮位,可直击督署、第八镇指挥所和藩署衙门,炮火会对清军形成绝对震慑。在最早的起义计划中,文学社、共进社的同志都有尽力争取炮兵发难,发难后入城占领高处战略要地的打算。现在,这一目标终于实现了。大炮乃军中之胆,大炮的指向就是士兵前进的方向,其所具有的感召力非同一般。炮八标全标起义后入城作战,列阵蛇山后,开第一炮的时间大概是二十日凌晨二时半。

听到炮声,陆军测绘学堂、陆军第三中学及其他标相继起义,向楚望台阵地和中和门集合。左旗第三十一标留守部队响应,数十人奔到楚望台。左旗第四十一标冲破黎元洪的阻挠也到达楚望台。南湖第三十二标在炮八标的影响下起义,入城。南湖马队八标初未反正,待"蛇山炮队极力向之射击,乃反正进城"①。

进攻总督署、藩署的战斗相继展开。进攻总督署的战斗于当晚十二点开始。湖广总督署位于武昌城内的西南角,两面靠近城墙,一面同第八镇司令部隔街相邻,周围是一丈多高的围墙。其正面的街道狭窄,进攻的兵力难以展开。总督瑞澂掌握的兵力有教练队一营,马八标第一营的左、右队,机关枪四挺,宪兵一队,又有巡防水师及缉捕队、武装消防队共一营以上。此外,辎重第八营也受其调遣。据估计,督署和司令部处的兵力有 3000 人左右,其他分布在城内的武装警察和宪兵营、旗兵营等还未计算在内。在数量上,"与新军比较,似乎相等"②。所以,革命军攻打总督署并不容易。

炮八标进城前,革命军以工程第八营为主力,分两路向总督衙门进攻。当吴兆麟、熊秉坤率众进攻时,清军以机关枪扼守阵地,轮番扫射,进攻的士兵纷纷倒地,革命军明显处于劣势。

凌晨二时半,炮八标入城,先后在中和门城楼、楚望台、保安门、蛇山设立炮位,尤其是从蛇山向总督署开炮。得此重磅援助,总指挥吴兆麟

---

① 熊秉坤:《前清工兵八营革命实录》,中国人民政治协商会议湖北省暨武汉市委员会、中国社会科学院近代史研究所、湖北省博物馆、武汉市档案馆编《武昌起义档案资料选编》上卷第 34-35 页,湖北人民出版社,1981。

② 李春暄:《辛亥首义纪事本末》,中国人民政治协商会议湖北省委员会编《辛亥首义回忆录》第二辑第 154 页,湖北人民出版社,1979。

四、武汉鏖兵

重新调整人马,右路由邝杰、蔡济民、邝名功等率领,中路由马荣等率领,左路由熊秉坤等率领,分头逼近总督署。

右路在邝杰的率领下,由紫阳门向王府口搜索前进。第二十九标蔡济民所部附入该路进至桥西,受阻,退回工程营待命。蔡济民率部分人员绕道至长善局附近,不好再前进。左路在熊秉坤的率领下,由津水闸门向保安门正街搜索前进。第三十一标一部及第二十九标张鹏程部附入该路,在津水闸为清军所阻,吴醒汉部伤亡较大,张鹏程部抵达保安门附近,因抵挡不住敌军而撤退。中路由马荣率领,向水陆街搜索前进,策应左、右路。革命军虽受阻,但并不气馁,整体上保持了高昂的斗志。

当时正下着小雨,又是晚上,漆黑一团,不论机关枪还是大炮都难以精确瞄准目标,进攻只好停下来。这时,有民军携煤油、木柴助战,蔡济民等在王府口"洽商乾记衣庄,以煤油烧所存衣被,霎时火焰上升,督署目标鲜明,炮队威力大增"①。钟鼓楼、督署厅堂先后着火,目标清晰,炮兵利用火光,瞄准督署楼顶上的旗杆开炮,"即行快射,旋用排炮反复向督署和第八镇司令部轰击",督署要害部位被击中。

清军不甘心就此败下阵来,用吐着火舌的机关枪封锁了革命军前进的道路。工程营一名士兵匍匐在地面上蛇行而前,爬到机关枪下,奋起夺枪。守军发现后举刀砍来,后面的勇士趁其举刀之际迅速将机关枪掀倒。各勇士狂呼跃起,一举歼灭守军,并将枪口调转扫射。后续队伍乘势上前摧垮清军防线,一举端了清军司令部老窝,将督署后院包围。瑞澂见守军抵抗不利,一面命张彪、李襄顽抗,一面却令卫士凿墙开洞,带着家眷及参议铁忠等心腹官员逃到预先准备好的楚豫兵舰上,一路向下游驶去。

瑞澂逃走后,革命军各路标营相继会师请战。于是,革命军展开第二轮进攻。进攻方略众人议定以放火助攻,兼为炮队提供目标。各路具体分工如下。

第一路指挥邝杰改为黄楚楠,第二十九标姚金埔、张鹏程部并入此路;第四十一标胡廷佐部则出三佛阁,进占几个重要的机关;阙龙与王世龙、胡培才等径向督署方面靠近;邓飞鹏等率部警戒。第二路仍由马荣率领,高尚志部、吴醒汉部随同前进。第三路熊秉坤部进行正面进攻,徐兆

---

① 诸义平:《辛亥革命二十九标首义纪念》,中国人民政治协商会议湖北省委员会编:《辛亥首义回忆录》第二辑第67页,湖北人民出版社,1979。

宾等率部向崔家院、恤孤巷搜索前进，方向是保安门正街；炮队陈国桢将山炮两尊设保安门城墙上，由曹飞龙率兵掩护；伍正林一部沿保安门城墙侧击前进；第二十九标、第三十标等起义士兵也听令前进。第三路兵力最为雄厚。

清军一方，张彪亲自率辎重第八营和消防队反击，并欲凭借望山门城楼位置的优势殊死抵抗。张彪还让人在城墙上贴出布告，以保全身家性命和家人安全为条件劝革命者归队回营，但毫无作用。

熊秉坤部占据保安门，前锋正沿着望山门正街搜索前进，离督署西辕门很近。张彪督队发起两次反攻，革命军不敌，伤亡惨重，节节后退，保安门有失守之险。伍正林部前进中遭遇清军伏击，未能到达保安街。置于城墙上的山炮也被清军夺走，战事暂时受阻。

伍正林一部被打散，很快，伍正林又在保安门招集众士兵，晓之督署不克的利害关系，重新整饬百余人，包括自请往援的张沛霖等，携带燃火物料，向望山门出发，途经春芝药店门口时，遭遇敌兵埋伏，一名战士牺牲，两人受伤，队伍退散。伍正林于焦灼中欲引刀自刎，为兵士冯仁寿所止，冷静下来后，他与众人分析战况，明确了首要任务是夺回山炮。熊秉坤回忆中也提到这一细节，"盖霖去后，即复引兵自保安门攻开督署一带敌兵，夺回已失之炮击之，彪知不敌始遁"①。然后，彭纪麟派兵向西辕门防堵，又在东辕门（督署正门）纵火。

革命军把山炮夺回后，城墙上下互相配合作战，威力大增。城下第一路在紫阳桥与清军激烈交战。后清军因无炮兵相助，只好撤退至王府口的西端。第三路的张鹏程冒险冲到西端纵火，又有民军助战，清军不支退却。在大都司巷之北，清军有机关枪排列，当革命军突然跃进时，机关枪却多成了哑巴，仅有一挺打得响的也被工程营士兵缴获，大都司巷的清军不支，向东辕门撤退。

熊秉坤发现由望山门方向不易突破，于是命令部下死守保安门阵地，继续吸引清军大部分火力，自己则组织了40余人的敢死队由保安门迂回插向东辕门。敢死队冲进督署的第一道门时，马上被清军包围。前面是敌

---

① 熊秉坤：《前清工兵八营革命实录》，中国人民政治协商会议湖北省暨武汉市委员会、中国科学院近代史研究所、湖北省博物馆、武汉市档案馆编《武昌起义档案资料选编》上卷第33页，湖北人民出版社，1981。

四、武汉鏖兵

机枪的猛烈扫射,退路又被清兵截断。熊秉坤令队员做扇形展开,形成反包围。正在这时,工程营士兵纪鸿钧一手持枪射击,一手提着一大桶煤油,跳进督署耳房,泼油纵火。勇士不幸中弹牺牲,但耳房着火,其他士兵乘机点着督署大堂,瞬间火光冲天,清守军士气大落,纷纷逃跑。

张彪看见督署一片火海,慌乱地率领辎重残部与卫士退到江边,后经日本驻汉口领事馆官员协助转到"楚豫"舰上,一退汉阳,再退汉口刘家庙。

藩署库是当天战斗的最后一个目标。第四十一标胡廷佐按原计划于夜里进攻,未成功。蔡济民派兵前来助战,凤凰山炮兵阵地上的小型火炮及炮八标的两尊过山炮一齐开火,直击布政使衙门。湖北布政使吓得逾墙逃跑,与瑞澂会合于"楚豫"舰上。胡廷佐令士兵严守藩署库,分文未失,表明革命军纪律严明。

攻破督署的时间是上午九时。

革命军激战一夜,拿下了象征着清政府统治权威的湖广总督署,占领了武昌城,铁血十八星旗(图4.6)在黄鹤楼顶飘扬起来。据后人推算,10月10日夜至11日晨,革命军与清军激战,双方各拥兵力四五千人。① 革命军始终是奋勇向前的,从气势上已经取胜;多名新军反戈一击,从内部瓦解了清军的阵营;那些愿意为清王朝效忠者,如瑞澂和张彪之流已经人单势孤,加之他们因为电话线路被切断,指挥失灵,所以,败局是必然的。

革命的中心任务是推翻旧政权,建立新政权。当一江之隔的汉阳、汉口相继光复后,革命军方面迫切需要成立一个新政府。根据同盟会本部所制定的《革命方略》,新政府的名称应为"军政府",军政府第一长官应称作"都督"。但是,起义当晚,因为一连串突发事件,3个领导都不在战斗现场,起义队伍陷于群龙无首之状态。熊秉坤带头起义后,自觉难以服众,请出吴兆麟来当临时总指挥,自己屈尊副总指挥。待全城攻取后,谁出任都督又成为迫在眉睫的问题。起义队伍中有人推举吴兆麟,吴推辞之余又推荐第二十一混成协协统(相当于旅长)黎元洪。那么,此方案在革命同志中能否很快就达成共识呢?

---

① 贺觉非、冯天瑜:《辛亥武昌首义史》第191页,武汉大学出版社,2006。

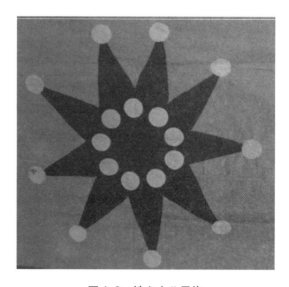

图4.6 铁血十八星旗

(该旗是起义第二天人们从裁缝店里找到的,现藏于中国人民革命军事博物馆)

历史上颇多巧合之事。早在起义准备阶段,两个革命团体合并后,基本形成了蒋翊武主军事、孙武主军事行政、刘公主民政三头并立的格局。至于起义后的领袖是谁,3位同志都认为自己还不够资格。关于都督人选他们曾有过商议,出于对同盟会领导者的尊重,他们的第一个方案是推孙中山,第二个方案是黄兴、宋教仁或谭人凤,也曾有人提议黎元洪。至于为何会推选黎元洪,根据参与者万迪庥的回忆,蒋翊武等推举黎元洪的理由如下:一是湖北军政府都督必以湖北人为首领;二是此人必须是军中有威望之高级军官;当时,最符合这两个条件的吴禄贞和蓝天蔚都不在省内,而黎元洪除了符合这两个条件外,还因为其平常以爱护士兵和文人出名,素得人心,抬黎元洪出来可以起到"号召部属附和革命"和"容易合作"的作用。

吴兆麟是黎元洪的学生与部下,平常积累下的好感与爱戴之心促使他推举黎元洪出来担任都督。此动议很快被摆到了谘议局内的"圆桌会议"上。督署衙门因创伤较大,不适合做军政府办公之地,于是,革命军就把办公地点设在谘议局。在议及军政府首脑人选时,议员刘赓藻提出,"统领黎元洪现在城内,若合选,当寻觅之"①。原议长汤化龙立即表态同意,在场众人跟着附议。起初不愿意与革命军合作的汤化龙,经过劝说才加入革命队伍,他的意见还是有分量的。

事实上,黎元洪之前是坚拒革命的,并曾手刃工程营送信者周荣棠,以达杀一儆百之效。因炮声四起,众人无心抵抗,他着便装躲避在下属家中,后被革命者发现,由马荣等人带到楚望台军械库。熊秉坤在战斗结束后返回楚望台军械所,问清楚缘由后,同意留下黎元洪的性命。谘议局会议后,湖北军政府正式成立,黎元洪被推举为都督,负责军政,汤化龙则主持民事。前三天,黎元洪一言不发,做的是"傀儡"都督,后见形势有利于革命军,方剪辫以示决心。黎氏出任都督的社会效应也很明显,城内许多隐匿军官都来依附。

湖北军政府模式成为各省起义后建政的参考范本,尽管政权不是纯粹由革命人士掌握。

詹大悲、何海鸣从监狱里出来后,分别担任汉口军政分府正副主任。汉口分府班子多由原文学社的成员组成,他们对于革命政权由黎元洪、汤化龙执掌颇为不服,在追求政权的独立性和革命性时势必与黎元洪主持的湖北军政府产生矛盾;汉阳负责者宋锡全则是全力支持汉口军政府者。黄兴、宋教仁等同盟会领导人没有在起义前到达湖北,致使湖北军政府大权未能为革命派掌握,留下了历史遗憾。

2. 汉口之战

论者多把清军与湖北革命军(民军)在汉口、汉阳 40 多天的鏖战称作"阳夏战争",亦称"武汉保卫战"。其中,汉口之战是第一阶段,以九月初八日为界。之前是在汉口外围进行,双方反复争夺战略要地刘家庙

---

① 张难先:《湖北革命知之录》第 266 页,商务印书馆,2011。

打的是拉锯战；之后是袁世凯所部冯国璋第一军全力反攻，火烧汉口中心区域，革命军背水苦战，不支，被迫撤离汉口，退守汉阳。从规模上看，汉口之战是阳夏战争之核心。战争形势如图4.7所示。

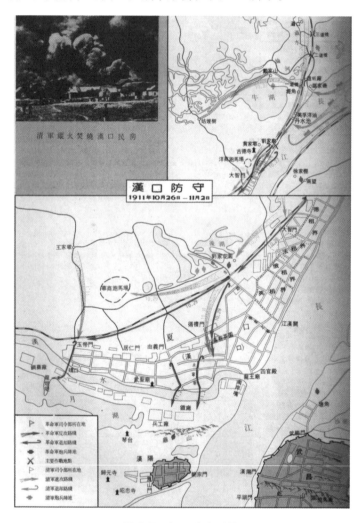

图4.7　汉口防守形势

(引自辛亥革命武昌起义纪念馆编《辛亥革命史地图集》第91页，中国地图出版社，1991)

战前备战与部署

清廷对于战事的部署从武昌起义第三天就开始了。获悉武昌兵变，清廷高层大为震动与惶恐，对于瑞澂弃城逃走，虽然不满，但不得不采用

四、武汉鏖兵

"撤职留用"的处理方式来稳住政局;对于张彪,除革其职外,上谕措辞严厉,责令其迅速克复省城;同时,朝廷以最快的速度派陆军大臣荫昌率北洋第一军和第二军南下"剿办",全权指挥所有湖北各军及赴援军队;又命令海军统制萨镇冰率舰队、程允和率长江水师溯江而上,以期海陆军会师武汉,共同围堵革命军。此外,以贝勒载涛为军统,由禁卫军、陆军第一镇编成,"驻守近畿,专司巡护"。当时北洋新军共有九镇,荫昌所率的第一军由第四镇、第二镇的混成第三协、第六镇的混成第十一协编成。正在参加秋操的第四镇和第二镇各一部由第四镇统制王遇甲率部星夜南下;第二军由陆军第五镇、第三镇的混成第五协、第二十镇的混成第三十九协编成,统制官为冯国璋。南下之清军约有2.5万人,与首次扩军后的湖北革命军相当。

清陆军南下、海军西上进逼武汉,是否可以力挽狂澜呢?当时京汉铁路已经修成通车,如果北洋军立即出发,40小时内即可抵达汉口,并且,清廷于命令发出后,立即责成留用的湖广总督瑞澂保证京汉铁路的畅通。事实上是,清军并没有立即到达前线,湖北军政府也无暇顾及这条交通要道。

南下清军的统帅面临重重困难。第一,荫昌这个陆军正都统(相当于陆军上将)仅有虚名。任陆军大臣才5个月光景,与北洋新军素无渊源,又无带兵经验,只凭留学德国的专业背景,要指挥大军南下,荫昌亦自感底气不足。所以,荫昌的行动不够迅速:八月二十一日得到命令;八月二十四日过河南,停留,专赴彰德拜访袁世凯;迟至八月二十六日夜,荫昌才到达信阳,坐镇指挥,如他所料,许多北洋将领并不听命。第二,当时朝廷奉调的军队大部分集中于永平会操,还有一部分驻扎在长春、滦州和济南,兵员、马匹、武器装备和辎重运往湖北前线,也需要一些时间。第三,黄河以南的京汉铁路是由湖北新军驻守,北洋军不敢贸然开进,必须边换防、边前进。第四,先头部队虽然已经出发,到了信阳还得等待子弹和增援炮兵,因为参加秋操的军队都没有发给实弹。以上种种,尤其以统领荫昌不能发挥指挥官的作用最为要紧。这样,清军的大部队在京汉铁路南段的孝感—滠口一线徘徊10多日。

皇族内阁成员多是些年轻、无能之辈。八月二十三日,他们迫于形势,又让总理大臣、庆亲王奕劻请袁世凯出山,下谕旨补授袁世凯为湖广总督,"并督办剿抚事宜";同时,任命岑春煊为四川总督,"督办剿抚事宜"。① 袁世凯托病不出,却密切关注前线军情。八月二十八日,袁世凯上奏朝廷请求同意他在冀鲁豫招募1.25万人,编成湖北巡防军25营(后更名为"武卫右军"),拟参加对革命军的"围堵"。袁世凯其实是一面对清廷表决心,一面又要挟之。

在这十几天里,湖北军政府的各种机关相继成立,军政府框架底定。军政为当前急务,故分工较细:参谋部,杨开甲任之;军令部,杜锡钧任之,后由何锡蕃接任;军务部,孙武任之。军事行政由军务部执掌,孙武还在上海养伤,迫于形势,军务部已投入招募新兵的工作,从八月二十四日起,以都督的名义募兵,并规定能募得30～40人者任排长,百人以下任队长。由于起义以新军士兵为主力,起义后,部队建制方面来不及大动,仍沿用清军旧制。

获知北洋军南下的消息后,湖北军政府积极做出应对。八月二十四日召开军事会议,确定趁南下清军尚未到齐,先发起进攻,确定战略方针是"先击攘汉口之敌,渐次向北进攻,以阻止清军南下"。因此,革命军决定向汉口增兵,首先肃清刘家庙的敌人。

最初的形势是有利于革命军的。首先,湖北各地及湖南的响应让武汉革命军的空间不断扩大:汉川、京山、黄州、宜昌、荆州、襄阳相继独立,解除了清军可能从水路3条路线进攻之威胁,即越黄州西上,经宜昌、荆州东下,由汉水过襄阳;湖南独立则解除了武汉革命军政府腹背受敌的威胁。清军进攻武汉只剩下一条路:沿京汉铁路,越武胜关南下。在河南信阳驻军的是湖北第四十二标第三营,营代表刘化欧在九月中旬参加武昌会议时得到的任务是炸毁黄河铁桥,据守武胜关。其次,首义获胜,人心振奋,革命军的招募工作进展顺利,工农商学和退伍军人争先恐后报名参加,短时间内形成步队八协、马队两标、炮兵三标、工程队两营、辎重队两营和机关枪一队,起义部队编制较起义前已扩大一倍以上,总人数超过南下的北洋军。孙武从上海回来后,又对各部编制加以扩大,将原有8个协扩大为8个镇,还从上海引进一批鄂籍失意军官,使革命军队扩充达到饱和点。

---

① 丁振华:《记鄂军杀端方与回援武昌》,中国人民政治协商会议全国委员会文史资料委员会编《辛亥革命回忆录》第2集第88页,中国文史出版社,2012。

四、武汉鏖兵

当然，不利于革命军的形势也存在。一是武昌起义后，汉阳支部胡玉珍曾派人到驻信阳营中传达炸桥命令，但因军政府没有高度重视此战略要地，派出去的送信人步行传达命令，等到达武胜关时，北洋军已大举南下并重兵把守铁路沿线，炸桥变得非常困难。革命军未能掌握此要道是战略上的失误，给随后的战斗造成很大的被动。二是在人力方面，招募的新兵没有经过训练，临时组成的部队组织松懈，战斗力不强。三是在阳夏战争开战前后，英、德、美、俄、日、奥匈帝国诸列强在汉口布下重兵，又派军舰前往武汉江面，最多时有 20 艘，时刻准备进行武装干涉。这些国家的代表，尤其是英国和日本，或幕后活动，或公开干涉，力图将这场中国的革命引向有利于自己国家利益的轨道上来。所以，表面上列强于八月二十六起相继宣布"严守中立"，但是，背后主要还是倾向于庇护清政府一方，瑞澂所乘的"楚豫"舰受到保护即是明证。列强是横亘在清军和革命军之间的一股重要势力，列强的态度对武汉前线乃至革命后全国政治格局有着举足轻重的影响。

刘家庙争夺战

八月二十六日凌晨三时，革命军向刘家庙发起进攻，揭开汉口之役的序幕。

刘家庙在汉口北 1 万米处的郊区，濒临长江，周围地势平坦，水网沟渠纵横，部队不便展开。刘家庙火车站是南下清军必经之路，张彪率领从武昌城里逃出的辎重第八营、教练队及其他残余部队在车站附近盘踞。获知北军南下后的消息后，他决定固守现有阵地，再配合南下的清军进攻武汉。另外，湖南岳州夏占魁巡防营也乘轮船到刘家庙聚集，当船过武昌时，佯竖白旗通过，革命军受了欺骗。这些部队共 2000 余人，防御工事在刘家庙以南沿铁路两侧展开；预备队配置在刘家庙东北的丹水池地域。北洋清军王遇甲、张锡元率先头部队抵达刘家庙东北的滠口；海军司令萨镇冰率舰队也驶到江面，并派鱼雷艇在江面巡弋，防阻革命军从武昌渡江来援。这时，清军斗志不高，军力尚单薄，形势对革命军有利。

革命军政府派出扩充后的第二协何锡蕃所部驻扎在汉口西部跑马场一带，何锡蕃任临时总指挥，司令部就设在铁路外的刘家花园。何锡蕃（1873—？），湖南新宁人，新军管带，参加过武昌起义，所率军队由第二协下辖第三标、第四标组成，另配属骑兵一营、炮兵一标、工程兵一队、敢死队两个大队，有 4000 余人。进攻部署是：第四标为右翼，第三标为左翼,分别从铁路两侧进攻刘家庙以南之敌,炮兵及工程队配置在跑马场东侧。军政府要求预备队在第四标之后跟进,以驻扎在武昌的第五协为增援预备队,以驻汉阳的步兵第一协一个标移驻汉口,负责接济弹药。

战斗打响后不久,在车站附近,双方展开肉搏战。由于军舰炮击革命军,革命军损失严重,抵挡不住,向后退却,清军尾追到大智门附近。

上午十时,革命军步兵第一协的一队士兵突然从右翼发起冲击,攻势很猛,迅速突入清军阵地,清守军一部乘火车北撤。革命军乘胜追击,不料后续部队未能及时跟进,孤军深入,侧翼暴露。而北逃之兵突然停车阻击,革命军遭受重创,不得不再次退回大智门一带,仅留百余人隐蔽在铁路两侧,监视清军行动。

革命军两次进攻受挫后,重新调整部署,令两个敢死大队分别在三、四标之后,与部队一起前进。

下午三时,革命军再次发动攻势,因清方军舰炮袭,革命军再次退却。清军出动火车追击,埋伏在铁路两侧稻田里的革命军加上多名铁路工人毁路十余丈,农民手拿铁锹等农具助战。在革命军和四周民众喊杀声中,列车脱轨倾覆,清军伤亡惨重,纷纷后退。

清军为了阻止革命军的进攻,派出一部绕道姑嫂树迂回革命军侧后。

第二天,即八月二十七日清晨,革命军步、炮、工、骑共3000余人,在炮兵支援下,步兵分左、中、右实施攻击,右路沿铁路线前进,左路和中路以散兵队列分布于铁路以西的村落和田野中正面推进,并派兵阻击清军的迂回部队。清军依靠舰炮支援,顽强抵抗。中午十二点以后,弹药告罄,清舰驶向下游,清军失去军舰炮火掩护,士气低落,稍做抵抗即后撤。革命军乘机加强两翼攻势。清军退入棚户抵抗。革命军组织敢死队用火攻,时正顺风,火焰蹿得很高,清军无法再战,丢弃辎重向三道桥退却。革命军占领刘家庙,追到三道桥附近才停止进攻,露宿休整。

刘家庙一战革命军伤亡148名,伤者300余名;清军死者100余人,伤者上千名。清军遗弃在刘家庙的有粮食600余石,火车头一辆,货车约10辆及各种弹药,其中,山炮炮弹甚多,子弹也有400余箱。清军河南混成协骑兵损失马匹百余,基本上失去了战斗力。刘家庙一战革命军取得明显胜利,时称"刘家庙大捷"。

瑞澂得知战事挫败,一面急电催援,一面逃往上海。

四、武汉鏖兵

进攻转防御

刘家庙一战鼓舞了革命军的士气,同时,也让革命军将士产生了轻敌思想。一些年轻气盛者主张向滠口推进,甚至认为武胜关也可轻易占领。滠口的地理位置险要,它在刘家庙以北15千米处,左有武湖,右有西湖,后有蒲湖,三水相合,不易进攻。革命军要正面进攻滠口,需要过三道铁路桥。三道桥长500多米,宽不过数米,不利于大部队正面展开进攻。桥的左侧是湖泊,一时无法飞渡;右侧距长江不过四五千米,那里停泊着清海军舰艇。如果绕道左侧,必须是大迂回作战。

总指挥何锡蕃原来是新军第二十九标管带,又做过参谋,知道实施正面进攻有难度,保守战法比较可行,即暂时以三道桥以南地段设防固守。但是,他的想法招致一些激进者的批评,遂放弃了自己的想法。何锡蕃作为总指挥,没有坚持稳妥作战的思路,并非如某些著述所言没有乘胜前进,贻误了战机。①

在夺回刘家庙的当天晚上,军政府连夜开会,经过激烈的争论后,仍决定在清军全部到达之前,继续发起进攻,首先击退滠口之敌,并调步兵第五协增援汉口。

隔着江,革命军坚持战斗三昼夜。其间,革命军连续增兵,几次发起进攻都没有成功。清军有马克沁机枪助战,革命军进攻成效甚微。到第三天,即八月三十日,何锡蕃想退兵,但前线敢死队队长徐少斌坚持主张进击滠口。何锡蕃即以徐少斌为前卫,令其余各部队跟进。下午一时左右,徐少斌毫不费力地通过了三道桥,到达桥的北端。他下令射击,清守军并不还击。徐少斌误认为清军没有设防,便带领100多名敢死队员向前猛冲,结果中了埋伏,徐少斌中弹当场牺牲,同时阵亡的有10多人,伤者更多。后援部队见前锋受挫后撤,只得退回桥南原阵地防守。

徐少斌等人阵亡是因为急躁冒进导致。革命军没有吸取此经验教训,反而责怪何锡蕃指挥不力,何锡蕃随即离开了前线。据何锡蕃本人回忆,新指挥官张景良是由汉口军政府分府委任的。也有说是何自击左臂,托言受伤回武汉,请示离开战场。张景良,直隶故城人,原第八镇步兵第十五协二十九标统带,武昌起义后,任湖北军政府参谋长,甚得黎元洪信任。

---

① 冯天瑜、张笃勤:《辛亥首义史》第399页,湖北人民出版社,2011。

因策动黎元洪叛变，被革命党人拘留，此时有人提议用他（也有说是他毛遂自荐，愿意以身家性命担保要到汉口前线戴罪立功），又有黎元洪的袒护，张景良出任汉口前线总指挥。

张景良到了前线，很快，人们发现他只会纸上谈兵，甚至连作战命令都不会拟定。更恶劣的是，他既不积极筹划军事，整饬营队，侦察敌情，准备作战用品；也不向上级汇报军情，并对上级指示只传达，不执行。用这样的人来充当指挥官，革命军如何能取得胜利？

九月初二日，革命军再次进攻滠口。天刚亮，第二协第四标标统谢元恺便自告奋勇率部进攻三道桥，在桥上成纵队行进。受制于桥面过窄，队伍无法充分展开，还把目标暴露给敌人。当前锋进到桥中段时，遭驻守桥北清军的机枪狙击，伤亡很大，其中一营几乎全军覆灭。

鉴于强攻不能得手，牺牲惨重，革命军决定在三道桥以南地区构筑工事，凭险固守，转入防御。清军则由防御转为进攻。

汉口之外围战由此展开。外围战之特点是清军以武器和兵力上的优势步步推进，革命军则是防守阵地渐次缩小，直至败退。

两军在三道桥进入南北对峙后，在战略部署上，双方指挥部都重新做了调整。清军退守三道桥北后，一方面加强工事，一方面将重型火炮和集结于祁家湾一带的第一军主力调往前线，欲先图刘家庙，再向市区发展。作战部署是：混成第三协为左翼，在铁路以东占领阵地；第四镇为右翼，在铁路以西占领阵地。革命军在三道桥以南的防御是这样安排：步兵第一协防守二道桥以东地区；步兵第四协（不足整协）防守二道桥至滕子冈一线；炮兵配置在一道桥附近，配置在造纸厂附近；骑兵在左翼担任警戒；与此同时，积极筹组步兵第六协接替武昌的防务；命令步兵第五协做好支援汉口作战的准备。革命军参加战斗者有万余人。

九月初三、初四两天，前线没有发生正面接触。双方都在紧张备战中。清军方面，除了前锋直达滠口外，还运来了先进的管退炮和马克沁式机关枪。革命军则加派了第四协张廷辅，第五协熊秉坤，炮兵第二标蔡德懋和敢死队方兴、马荣等部来援，第二协何锡蕃部被第四、第五两协换防到谌家矶造纸厂一带主阵地；炮兵第一、第二两标在刘家庙以西的岗地布列炮位，同时派第一协第一标林翼支所部警戒姑嫂树一带，骑兵则沿张公堤逡巡，密切监视戴家山以东方向。

九月初五日拂晓，清军4艘军舰突然偷袭革命军主阵地，弹如雨下，

四、武汉鏖兵

革命军散兵战壕和掩体工事多被摧毁，伤亡 500 余人。与此同时，在滠口的清军也沿铁路向南正面推进，越过了三道桥。革命军受到水陆两路夹攻，加上武器装备落后，守阵地者动摇。这时，张景良不仅不在前线指挥抵御和有计划撤退，反而下令将储存于刘家庙的军用物资纵火焚毁，借口是避免"资敌"。此举无助于攻敌，反而乱了自己的军心。前线将士见后路起火，担心腹背受敌，争相撤退，乱不成军，一直退到大智门处大队伍才稳住阵脚。

谢元恺见无人指挥，自告奋勇提出担任指挥，提议反攻刘家庙。他的提议得到各部队的一致赞同。当天下午，谢元恺领兵攻中路，第二协在左，第四协在右，分头齐进，向刘家庙发起进攻。距离 500 米左右，将士都插上刺刀，由谢元恺发起冲锋号令，将士们冲向刘家庙，双方展开了肉搏战。清军不支，后撤，刘家庙再次回到革命军手中。

武昌军政府对张景良并没有立即处置，仅令炮兵统领姜明经协助指挥。姜明经作为总司令的炮兵顾问，并没有发挥作用，因为指挥官根本不听他这个顾问的意见，致使革命军损失惨重。当姜明经被公推为总指挥官后，已不能挽回败局。但是，在随后的汉阳战斗、武昌防守战中，姜明经领着炮八标一直冲在前面，毕业于日本陆军士官学校的姜明经的指挥才能得到认可。

九月初六日拂晓，清军分两路发动进攻，一路由滠口经三道桥往刘家庙，一路由戴家山往谌家矶造纸厂。海军的舰炮轰击革命军右侧防线。谢元恺率部英勇反击，战斗相当激烈。张景良除了放弃指挥外，还不支援前线弹药。战斗刚开始，军队即处于弹药缺乏的状态，加上新兵不善于利用地形保护自己，革命军伤亡惨重。张景良这才被汉口军政分府处决。大部队撤退到大智门一带宿营设防。在这天的战斗中，协统何锡蕃、张廷辅受伤，刘家庙再次易手于敌。

同一天，清朝廷授袁世凯为钦差大臣，"所有赴援陆海军归其节制，全权办理湖北剿抚"，荫昌"回京供职"。第一军交冯国璋统率，王遇甲去职；第二军由段祺瑞统领。清廷这番大动作调整，为清军扭转湖北战事上的劣势创造了条件。

革命军前线总指挥也在调整。接替张景良的总指挥姜明经见革命军抵挡不力，也以查防为名离开前线，回武昌辞职；敢死队长黄桢祥暂代总指挥，众人不服，旋又以林翼支代理；不久，又有王安澜、杜武库、胡培德依次权代指挥，最后换成谢元恺负责指挥。革命军指挥系统紊乱，临阵频频易帅，犯了兵家大忌。

九月初七日凌晨，清军进犯，谢元恺奋力抵御，在相距200米的地方展开还击，清军的管退炮和机关枪难以发挥作用，相率退后。但是，清军用大炮轰击革命军后防阵地，防御工事遭到摧毁，多名骨干阵亡，谢元恺悲愤之余，身先士卒冲锋陷阵，不幸中弹牺牲。清军乘势占领大智门。当晚，革命军将汉口阵地划分为5个区，以熊秉坤、胡效骞、甘绩熙、杨传建、伍正林分别率兵防御，尚安邦率炮队在歆生路（今汉江路）北端的湖堤列阵，工程队修筑工事以应战。

九月初八日，清军抵达汉口的军队已有1.5万余人，分别占据刘家庙、大智门至循礼门、玉带门铁路以北的广大地区，对汉口中心城区形成钳形攻击态势。而其第五镇、第二十镇正在南下途中。冯国璋在孝感设立司令部，指挥清军对汉口进攻。

拂晓，清军以重炮向革命军防区轰击，步兵伺机前进，歆生路口及华商跑马场相继被占领。革命军退守玉带门及歆生以南街市。马荣率敢死队迎击，不幸中弹被俘，却拒不投降。清军残忍地将他剥皮剜心，马荣壮烈牺牲。

随后，汉口革命军与清军对战略要地刘家庙反复争夺。革命军以死伤3000人以上的代价阻滞和延缓了清军对汉口市区的直接进攻，但敌我对比，革命军已经明显处于劣势。

革命军的防线再次缩小，坚守待援，此后，双方在汉口城区展开了巷战。

汉口城区之巷战

汉口之战的总指挥为黄兴。九月初七日下午，黄兴穿便服混在红十字军救伤队中、徐宗汉扮作看护妇随行一起到达武汉。黄兴到了武汉，受到各界热烈欢迎，武汉之千军万马终于有了统帅。

黄兴不顾旅途疲劳，立即到汉口前线视察，吴兆麟等4人随行陪同。黄兴见各部战区的防御情况尚可，各部官兵因见到大名鼎鼎的黄兴欣喜万分。黎元洪也高兴，令人制一大旗，上面书写"黄兴到"3个大字，派人举着大旗骑着马在武昌城内和汉口阵地跑了一圈，革命军军心顿时大振。

翌日上午，黄兴在汉口满春茶园设指挥部，田桐为秘书长，李书城任参谋长。当晚，招集各部将领开会，晚九时发布作战命令。

四、武汉鏖兵

此时,汉口的革命军总计有步兵第二协约 2000 人、第四协约 1000 人、第五协约 2000 人、第一协数百人,马队一营,炮队一标,工程队一队,敢死队若干名。黄兴命检点实际人数约有 6000 人。

九月初九日,黄兴组织部队分路反攻,以第二协参谋徐国瑞率部为前卫,各部跟进。先头部队一路曾突破清军歆生路防线,但很快受阻。革命军奋力拼搏,给予清军重击,并夺回过山炮数尊,缴获子弹数百箱。

九月初十日,黄兴发布命令:"本军今晚拟在原占领阵地,以战斗队形过夜。"双方阵地保持不变。同一天,袁世凯抵达信阳接任钦差大臣。他命令冯国璋调集军队立即猛攻汉口。

清军倚炮之威力逐步推进,革命军奋力阻击,并急调驻汉阳步兵第一协大部分兵力及武昌辎重第二营增援。歆生路一带的树木房屋都是很好的依托,革命军官兵或爬到屋顶上射击,或藏匿在室内放枪,清军每前进一步都要遭受较大伤亡。有记载称,在街市巷战中,革命军拼死抵抗,转战于一街一巷、一室一椽,两三日内,无休无止,不食不眠,面目黧黑至不可辨认。如甘绩熙所说,"苦战四日,得食仅三次,夜卧战线,衣露尽湿。因之精神困惫,形容消瘦,大失素状,朋侪骤觏,几不相识"①。

九月十一日,清军仍以大炮为主力扫荡前进。早上六时,清军从王家墩发起攻击,革命军依托堤防顽强抗击,清军一时无法突破防线。十时左右,清军在炮火掩护下向革命军右翼逼近,大炮瞄准革命军的防守据点轰击,双方胶着状态被打破,革命军逐步后撤。清军为使革命军失去隐蔽依托,竟不顾商民的生命和财产,对歆生路一带房屋采取逐段纵火,烧一段推进一段,一直烧到沿江地带。对冯国璋纵火汉口的情形,黄兴战时司令部的参谋辜仁发有这样的描述:"冯纵令部队放火,大烧街市,肆意抢劫,并不准保安会救火,有救者当被枪杀。火烧三日三夜不熄,天为之变赤,上自硚口,下至蔡家巷,汉口繁盛区域俱成一片焦土,被害者不下数十万家,损失财产无法统计,市民男、女、老、幼,伤的伤、死的死,为数更

---

① 甘绩熙:《甘绩熙自述》,中国人民政治协商会议湖北省暨武汉市委员会、中国社会科学院近代史研究所、湖北省博物馆、武汉市档案馆编《武昌起义档案资料选编》中卷第 263 页,湖北人民出版社,1981。

难估计了。"①

坚守的革命军为了不让大火伤及无辜和减少民众财产的损失，主动后撤，但繁华的商业区仍然变成了焦土。

关于清军纵火的暴行，当时中外报刊多有报道或记载，汉口日本总领事馆这一天的情报也明确报道了清军"火攻"引发汉口大火，尽管当时日本官方是倾向于支持清政府。冯国璋采取如此恶劣的手段来推进战事，引起公愤。北洋军未南下参战的将领，如张绍曾、蓝天蔚等联名致电朝廷要求惩办冯国璋；各国驻汉口领事馆担心纵火危及自身利益，也向清方致电抗议，并宣称"现各国代表拟请鄂军政府担负汉口交涉全权"②。

如此困难的情形下，黄兴尚不肯退出战场。武昌军政府恐他有失，派人挟以渡江。九月十二日革命军撤离汉口，大部队退守汉阳，少部分退至武昌。

此次汉口市区巷战进行了5天，双方各死伤2000余人。

3. 汉阳之战

汉阳之战分为汉阳防守部署、反攻和偷袭汉口、争夺汉阳几个阶段，每场战斗都甚为悲壮。

革命军和清军在汉口作战数日，客观上都需要休整。此时，对于革命军有利的是，清海军"海琛""海容""海筹"等舰于九月十一日宣布起义，给清军的渡江作战增加了一定的困难。所以，接下来的10多天，双方休战对峙。战场上的博弈取胜要靠战场外的铺垫才能成功，所谓的休战，恰恰是双方紧张的备战部署。

在全国各地革命起义推波助澜下，清廷被迫再次让渡权力，九月十一

---

① 辜仁发：《辛亥革命阳夏战争述略》，全国政协文史和学习委员会编《亲历辛亥革命：见证者的讲述》中卷第818页，中国文史出版社，2010。

② 《中华民国公报》1911年11月2号。

四、武汉鏖兵

日任命袁世凯为内阁总理大臣。

对于先夺取汉阳还是武昌，清军将领比较形势后，决定不循旧例，先取汉阳，再攻武昌。前线总指挥冯国璋称，"为今之计，惟有先取汉阳，为攻心之上策"①。清军遂做出如下部署：第四镇和混成三协驻汉口；第五镇驻孝感；混成第十一协从孝感南下新沟；另有清军5000人进驻祁家湾，总兵力约有3万人。详细情况是：主力进攻分为左右两翼。左翼为第四镇，从汉水渡江，直接进攻汉阳；右翼为混成第十一协和炮兵十标一队，分甲乙两支队（各约一标兵力，相当于今一团），迂回汉阳侧翼。甲支队从新沟渡汉水，经蔡甸向三眼桥进攻；乙支队从舵落口渡汉水，向琴断口进攻。另以第八协步兵一标为预备队，在甲乙两支队后跟进。同时，清军在汉口歆生路、刘家花园、大智门、招商局、华商跑马场、硚口及沿江一带设置炮兵阵地，支援渡河部队。

全国形势有利于汉阳的部署。汉口巷战开始时，山西举义成功。闻听山西巡抚被杀，京城满洲亲贵更加慌乱。清政府连忙任命第六镇统制吴禄贞为山西巡抚，以示安抚。吴禄贞从保定移防石家庄，乘势与驻滦州的第二十镇统制张绍曾和山西正、副都督阎锡山、温寿泉相约组成"燕晋联军"，欲直捣京城响应武昌起义。吴禄贞还在石家庄截留了运往武汉的一车皮军火。令人遗憾的是，就在起义前一晚，吴禄贞被刺杀身亡，进攻计划作罢。而云南、贵州、江苏、浙江、安徽、广西、福建、广东多省先后宣布独立，以响应武昌起义，迫使袁世凯主动求和。袁世凯派亲信到武昌进行试探，以实行君主立宪为停战议和条件，黎元洪有心接受，但为革命党人所拒绝。袁世凯见议和一时不成，方下令部将进攻汉阳。

革命军在汉口失陷后，并不能一心一意谋部署。首先是内部领导层对防守汉阳有过激烈争论，讨论很久才做出要固守汉阳的决定。其次，又出现战时总司令与都督谁的权力更大的争论。革命党人希望战时总司令黄兴与都督黎元洪权力相当，以利于战场资源统一调度；旧军出身者和立宪派人士则主张由黎元洪委任黄兴，汤化龙引经据典支持黎元洪，孙武出于私利，也竭力支持第二种意见。于是，湖北军政府举行了一场现代版的"登台拜将"的仪式：在武昌阅马场，黎元洪登台，隆重授予黄兴印信和令

---

① 王树枏：《武汉战纪》，中国史学会主编《辛亥革命》（五）第234页，上海人民出版社，1981。

箭,全场则高呼"万岁";黄兴欣然受命,毫无芥蒂,当场表态要尽力而为。但是,此举为日后革命党人大权旁落埋下又一伏笔。再次,兵力部署期间,又出现无纪律无组织之事。原驻守汉阳的第一协统领宋锡全听了胡瑛的唆使,在汉口战役结束之际,竟然假借鸡毛当令箭,命令所部向湖南退守,大批士兵亦撤离并带走部分饷械,汉阳府知事李亚东随之出走,汉阳分府都督詹大悲弃职乘船东去,汉阳一度军政空虚。

黄兴渡江至汉阳,将总指挥中心设在古琴台,后移至西门外昭忠祠,在归元寺设立粮台,部署防务。

湖南省援军到来后,参加保卫汉阳之战的总兵力约有两万人,包括鄂军步兵第一协蒋肇鉴两标(后来战场上未出现),步兵第四协张廷辅两标,步兵第五协熊秉坤两标,步兵第二协第四标,新增调武昌步兵第六协,工程、辎重各一营和炮队一团;湘军第一协王隆中部、第二协甘兴典部。

革命军在汉阳的设防大致是沿汉水,背龟山、黑山、仙女诸山,由东向西,自南岸嘴经琴断口至三眼桥一线,划区设防。具体部署是:步兵第四协防守南岸嘴至兵工厂一线;步兵第五协防守兵工厂与钢药厂;步兵第二协第四标防守钢药厂至黑山西麓;湖南援军第一协及工程兵一队防守割丝口至琴断口一线;湖南援军第二协及工程兵两个队防守美娘山、三眼桥、扁担山一带,并向蔡甸方向警戒;炮兵在大别山、黑山、仙女山、扁担山占领发射阵地;步兵第六协在七里铺、步兵第十标在归元寺为预备队。这样的防线,"由于设防没有重点,因而处处兵力薄弱"①。

其实,革命军并非设防没有重点,而是黄兴等将设防重点放在南岸嘴至十里铺的汉水沿岸一带,并将炮兵重点配置在黑山一线,以防御汉口清军的正面进攻。熊秉坤上书黄兴(有说张振武也曾提议),建议将汉阳第一道防线由十里铺向西推进扁担山、锅底山、仙女山、美娘山及三眼桥一带,以阻西线由蔡甸方向来攻之敌。其主要意思是,十里铺宜守,而四山之险更宜守。守之之法,其前设步兵千余,机关枪数门,分布于三眼桥,琴断口诸山麓之下,更设炮兵数队占据此山。如此布置,以逸待劳,战守止作,皆可各尽其能。初次经历实战的程潜认为,"最好利用长江天堑和各省响应的独立的声威,作防御中的攻势准备,使敌人不敢越襄河一步。

---

① 军事科学院《中国近代战争史》编写组编:《中国近代战争史》第三册第42页,军事科学出版社,1987。

四、武汉鏖兵

再派得力部队渡过襄河扰乱敌人侧背,牵制敌人,使之力量分散,不敢一意向我进攻"①。与程潜同行的程子楷也认为,"防守汉阳,必须巩固蔡甸。蔡甸巩固,汉阳万全"②。但黄兴并没有完全采纳这一建议,只派了少量步兵。后知黄兴的战略要点不在固守汉阳,而在收复汉口,所以,这两处只安排了湘军一部分人马防守,埋下了失败的隐患。

反攻汉口

反攻汉口是汉阳之战的一个插曲。

汉阳设防期间,革命军在黄兴的指挥下对汉口进行了反攻。黄兴反攻汉口的想法与几方面的因素有关:一是他不甘心被动防守;二是来投效的日本友人大元也如此建议;三是汉口学、商界向黄兴传递汉口清军战斗状态不佳的信息;四是吴禄贞被害的消息传来,革命同志情绪激昂,黄兴更为战友如此牺牲愤慨;五是王隆中带湘军来援,急于上战场,屡次请战。不过,黄兴的反攻计划遭到军政府多人反对。吴兆麟首先反对,他认为目前新兵太多,缺乏训练,又少枪缺炮,不宜马上反攻。吴兆麟的反对理由很充分,加上他在军中的影响力,影响了许多人的意见;湖南另一支援军的指挥官甘兴典也表示反对,并与王隆中当场发生争执,二人互相鄙视和刺激对方,虽有碍团结,但说明此计划并不合适。黄兴坚持己见,黎元洪知道后,出于自保,既不表态,也不劝阻。

在此期间,湖南省都督府发生叛乱,都督焦作峰和副都督陈作新被叛军杀害,这对湖北革命同志打击很大;北方的燕晋联军行动计划受挫,直捣京城再援武昌成为一句空话,革命阵营普遍情绪低落。黄兴与参谋李书城等想借反攻汉口提高军中士气。反对的声音固然很多,好在黄兴周围人才济济,有多名日本陆军士官毕业生,如李书城、程子楷、程潜、王隆中、王孝缜、唐蟒等都选择支持他,还有数名来华日本友人投效和支持。

九月二十日,黄兴发出防守令。清军炮兵日夜自汉口向汉阳袭击,但革命军并无多大损失,兵工厂照常开工。

九月二十四日,黄兴在司令部开会,布置了反攻汉口的计划。黄兴等

---

① 程潜:《辛亥革命前后回忆片断》,中国人民政治协商会议全国委员会文史资料研究委员会编《辛亥革命回忆录》第1集第37页,中国文史出版社,2012。

② 程潜:《辛亥革命前后回忆片断》,中国人民政治协商会议全国委员会文史资料研究委员会编《辛亥革命回忆录》第1集第38页,中国文史出版社,2012。

拟订的计划如下：起义前，工兵营在汉水上游的汉阳琴断口和汉口东亚制粉厂之间架设浮桥，以湘军为左右翼进攻队，鄂军第五协熊秉坤为总预备队，乘黑夜偷渡汉水，在博学书院附近沿堤展开，向汉口玉带门方向推进，攻击清军右翼；当主攻部队渡河开始进攻时，助攻的步兵第四协、第六协由汉阳东北端渡河，在龙王庙登岸，向中国街前进，攻击清军左翼；同时，武昌凤凰山炮队在革命军进攻时向汉口射击，与归顺的海军协同作战，在武昌凤凰山、黄鹤楼，汉阳大别山等处设置信号联络处。这个作战计划看起来很周详。

在黄兴部署反攻汉口作战的期间，袁世凯组成"责任内阁"，不久，又迫令摄政王"不再预政"。袁世凯掌握了清廷的军政大权，方令湖北前线清军倾力而战，拿下汉阳，为自己赢得更多筹码。

九月二十五日下午九点，黄兴正式下达了第二天"渡襄河"总攻命令：从其左岸登陆进攻清军；人人佩戴白布条，将其斜挂在背上作为标记；革命军每占领一地，就举火为号。

第二天下午，浮桥搭好，当晚，主攻部队相继过河，抵达预定地点。据黄兴的参谋李书城事后回忆，黄兴命令三路向汉口进攻。湘援王隆中、甘兴典两旅到，计取攻势，王为前锋，甘为侧翼，余为预备队。① 晚上十时，黄兴率司令部人员渡过琴断口浮桥向指定地点集合，并进入战斗状态，但他发现一些先上岸的士兵背上捆着稻草躲藏在民房里避雨，"状似难民"，而非到阵地待战，参谋李书城才恍然明白作战命令只是纸上谈兵，

---

① 关于反攻汉口，当事者李书城曾回忆：第一路成炳荣率领部属从武昌青山渡江，方向是刘家庙；第二路是杨选青率领乘装甲小火轮及民船由汉阳东岸出发，在汉口龙王庙强行登陆相机作战；第三路由驻汉阳的各部队组成，由黄兴率领，是进攻汉口的主力军。见李书城：《辛亥前后黄克强先生的革命活动》，中国人民政治协商会议全国委员会文史资料研究委员会编《辛亥革命回忆录》第 1 集第 133 页，中国文史出版社，2012。此说法在多处著作中出现，但是，经作者考证，发现时间、地点、人物都不相符合。有一文证实此说法有误，即：反攻汉口主力是湘军甘兴典、王隆中和鄂军熊秉坤部，从琴断口登陆；偷袭汉口是成炳荣部，是从青山登陆；杨选青娶妻误军机是又一日之事，"这是发生在三天里的三个独立事件，但却被压缩到一天，成为同时进发的三路大军"。此文见刘驰《蒋光鼐研究中的若干问题》，中国国民党革命委员会中央委员会网（http://www.minge.gov.cn/BIG5/n1/2017/1214/c415160-29707072.html）。而熊秉坤的回忆也证实了反攻汉口没有成炳荣和杨选，见熊秉坤：《武昌起义谈》，中国史学会主编《辛亥革命》（五）第 96 页，上海人民出版社，1981。

四、武汉鏖兵

没有考虑士兵的素质,实际上说明了进攻的风险太大。

二十七日拂晓,革命军开始反攻。当时雨下如注,道路泥泞,湘军将士因不熟悉地形和路线,一度影响了进展。但革命军架桥渡河时,清军毫无察觉,凤凰山、汉阳大别山的炮队向汉口射击助战,清军突遭攻击,顿时惊慌失措,且战且退,等待援军。于是,革命军顺利占领阵地,王隆中一部推进到玉带门、硚口一线;甘兴典一部接近居仁门,熊秉坤一部也投入第一线作战,前进至王家墩一带。

黄兴见状颇为兴奋,电令步兵第四协、第六协渡河,攻击清军左翼,但是,后两协在渡河时清军已经大加防备,命机关枪扫射,革命军抢渡失败,退回南岸嘴。

下午二时许,汉口双方酣战结束,因为清军有了援助,战斗力陡然提升,革命军却是连夜作战,饥饿疲劳,战斗力明显下降。清军机关枪、大炮向甘兴典部集中射击,该部不支,向后退却,甘兴典骑马向后奔跑;王隆中受伤后,其部也开始后退。最后两部人马竞相后撤。黄兴阻挡不住溃军,军令无效,只得率军返回汉阳。但因进攻时,浮桥有一段被拆,以示"破釜沉舟",退却时溃军争渡,又有不少将士溺毙,来不及逃生的则做了清军的俘虏。

汉口反攻之役,革命军损失较大,伤亡840多人;武器弹药损失甚巨,丢失山炮18尊、步枪600余支、子弹2300余箱。军中士气因此大挫。

3天后,驻沪各省代表致电黎元洪和黄兴,承认武昌军政府为中央军政府,鄂军都督执行中央政务。黎元洪很受鼓舞。

偷袭汉口就是在这样的背景下进行的。

黎元洪是否参与这件事从时间上看似乎并不冲突。在汉阳开战后,黎元洪根据姚金庸、宾士礼二人的报告制定了这样的作战命令:"我军拟陆海军并进,由青山附近渡江,先占汉口谌家矶,然后向刘家庙满军施行攻击。"① 陆军是成炳荣部,海军是汤芗铭部。黎元洪亲自指令步兵第三协统成炳荣率部由武昌青山渡江袭击刘家庙。这是武汉保卫战中罕见之事。

成炳荣接到命令后,于十月初三日晚上率部出发,在"海琛""海

---

① 张联棻:《记辛亥武汉之战》,中国人民政治协商会议全国委员会文史资料研究委员会编《辛亥革命回忆录》第6集第333页,中国文史出版社,2012。

筹"两舰掩护下在汉口郊区登陆，向谌家矶进军，到三道桥，因大水初退，地面泥泞不堪，队伍不能立足。而清军发现革命军来袭击，猛烈开火，革命军只得退到江边，乘船返回青山。而嗜酒而醉的成炳荣竟没有及时与大部队一道撤退，引起部队混乱。两日后，黎元洪再次发出都督令箭，令成炳荣渡江后由五通口进攻，又败。成炳荣因此羞愧难当，投水自尽，被属下救起，指挥临时换成标统刘廷壁、胡廷佐。队伍仓促渡江，清军早有防备，立即猛烈还击。革命军退到三道桥附近的芦苇丛中，以芦苇做掩护穿梭其间，与清军对峙3小时。最后，革命军牺牲300余人，退回青山防地。成炳荣终被黎元洪撤职。

从青山渡江偷袭汉口如若成功，可以大大缓解革命军在汉阳正面战场的压力。清军前敌司令冯国璋听到报告后很惊慌，他在致内阁、军咨府、陆军部的电文中讲道："九时，匪乘雾由谌家矶登岸，意抄我后路，已分队迎击。午后两时，李统制始占领四平山之第四山顶。匪向暂山退去。此战中，匪我白刃相加，匪兼用手掷炸弹，故我军伤亡甚多，兵力过劳。且匪众倍于我军，乃竭力死守，似不可再行猛进。拟明晨再行续攻。但兵力渐薄，被匪抄我后路，虽分兵抵御，如无援军速来，万难久持。"[1] 遗憾的是革命军方面行动迟缓，只对清军造成了惊吓之效。个中原因，除了武器、兵力悬殊以外，与将帅指挥等都有关系。

汉阳西线战事

十月初一日是革命军反攻汉口失败的第四天，清军大举进攻汉阳。清军派段祺瑞部的李纯混成协为第一支队，由汉水上游新架浮桥，渡过汉水，进逼蔡甸，担任主攻。张敬尧、吴长植所部为第二支队，由断琴口上约一公里的舵落口强渡汉水，担任助攻。双方在汉阳西线展开激战。

克劳塞维茨在其《战争论》中曾这样说道，在战略，也在战术上，防御占地形之利，进攻则要占得先机。黄兴对汉阳的设防是不圆满的。前面提到蔡甸西线一带的防守线，黄兴没有高度重视，其负面效应在反攻汉口时还并未出现，等到清军进攻西线时，问题变得严重起来。实际情况是，清军攻打蔡甸时，守军是甘兴典部一个连，与清军遭遇，稍做抵抗即后撤。清军李纯部占领蔡甸后，设司令部于福音堂。蔡甸离汉阳府城约60

---

[1] 中国史学会主编：《辛亥革命》（五）第348页，上海人民出版社，1981。

四、武汉鏖兵

里,有大道相通。清军大队沿此大道向汉阳进发,试探性攻击,不料行走40里未遇革命军,直到三眼桥,方受到革命军的狙击,清军这才退回蔡甸。

由于三眼桥、琴断河、美娘山诸山构成的天然屏障没有很好地利用,革命军的防御在战略和战术上很快不占优势。所以,当大股清军向三眼桥发起猛攻时,黄兴急派马队增援,经过激战,击退清军的几次冲锋,保住长数十米的三眼桥。而清军的第二支队成功渡河,到达琴断河西岸后,开始炮击美娘山,双方彻夜战斗。革命军的两翼防守较固,清军不能突破,对峙一整天。

清军在北翼由彭家嘴附近涉水过琴断河,仰攻美娘山,同时,汉口清军炮击美娘山、仙女山。守军王隆中率部抵抗不力后撤,两山失守,三眼桥弃守,革命军退向锅底山、花园湾一线。黄兴调防守汉阳的第四协第七标胡廷佐(应该包括杨选青)部增援,试图夺回两个阵地,没有成功。

第三天拂晓,胡廷佐再次发起攻击,失去屏障的仰攻甚为被动,而清军机关枪向下扫射,子弹如雨。胡廷佐率部孤军奋战,黄兴急调湘军增援,但许多人抗命不遵,只有湘军管带杨万贵与鄂军管带祁国愿意各率敢死队数十人向美娘山进攻,以牵制仙女山的敌军火力。两部敢死队从两侧登上山顶,击溃守敌,缴获机关枪两挺,夺回了美娘山。但是,不久后清军大举反击,敢死队不敌,且战且退,美娘山复失,勇士们满怀悲壮与愤怒,却无可奈何。

到十月初四日,两军继续作战,双方都有重大伤亡。湘军刘玉堂一部来援,加入花园山一线作战,反攻仙女山未克。当晚,扁担山、汤家山、磨盘山等险要据点相继失守,革命军第一道防线全部被突破,部队退守十里铺。两支清军汇合,革命军在汉阳的防御形势急转直下。

汉阳保卫战之尾声

汉阳革命军退守的当晚,为鼓舞士气,黄兴宿营十里铺。十里铺距离汉阳城仅10里,防守十分脆弱,黄兴能够调动的兵力非常有限。武昌方面也无援兵可派,防守的兵力已经不支,湘军持续作战10余天,没有替补、休整和补给,都不愿再战,王隆中部也擅自率部撤离前线,一退武昌,再退湖南。黎元洪虽曾劝阻,但未成功。湖南援鄂部队退回湖南后,甘兴典被捕正法,王隆中闻讯逃匿。

但少数懦夫的表现并不能掩盖革命同志的真正光辉。像勇士甘绩熙,本来卧病武昌，闻听前线战事危急，捶胸顿足，不顾同志劝阻，渡江见黄兴，请命要夺回已失诸山。甘绩熙（1886—1951），名朝清，湖北利川人，宣统二年进入湖北测绘学堂，加入同盟会，辛亥年参加共进会，武昌首义时带头进占湖北谘议局，后任守卫司令和都督府参谋，曾自请前往汉口督战，激战四昼夜，不后退半步，被同志强行抬下火线。黄兴见到勇士参战甚为欣喜，命他和朱树烈赴各营挑选敢死战士145人（常称108人），于当晚先袭得磨子山，继又抢回扁担山。湘军刘玉堂部及时予以接应。当敢死队进至山腰，攻取扁担山的关键时刻，清军机关枪猛烈扫射。甘绩熙不畏生死，率敢死队奋勇向前。面对敌强我弱的情况，他采用虚张声势之法诱惑敌人。甘绩熙一跃而起，大喊："兄弟们快往上冲！"一会儿朝北边喊："包抄的兄弟快抄到山后去，不让一人跑掉！"山上的清军在漆黑一团的夜里判断不出进攻者的兵力，面对革命军不顾枪林弹雨向上猛攻，争先恐后地向锅底山逃窜，扁担山被夺回。甘绩熙再次受伤，不能站立，在众人劝说下离开战场返回指挥部。革命党报人胡石庵作长歌《甘侯行》来歌颂他与众勇士的英雄气概，诗云："黑云压天黑风吼，百八健儿衔枚走；雄狮一奋万怪逃，笑把芙蓉握两手。"当然，奇袭用兵是实现战争目的的一种有效手段，但应切实结合人的耐力与生理极限才有效果。

　　十月初六日拂晓，清军大举进攻。刘玉堂率湘军死守不退，不幸中弹牺牲，部众无人指挥，战斗力下降。磨子山、扁担山再次丢失。虽然革命军又在黑山、十里铺组织防御，但是，清军由花园进攻十里铺，用大炮密集射击，革命军只得后退自保。清军又派奸细买通黑山炮队，黑山失守。参谋杨玺章随黄兴督战，不幸中弹身亡。下午四时，十里铺已失，黄兴退回昭忠祠司令部痛哭。战事一败至此，他欲以死谢罪。田桐在旁流泪劝慰一番，黄兴的情绪方得以平静下来。

　　这时，要守住汉阳已经不可能。黄兴想破坏汉阳兵工厂，焚烧归元寺炮台，不给敌人留下任何战略物资。吴兆麟不同意，派参谋回武昌请示如何处理，黎元洪等军政要人开会后形成决议：一面全力抗敌，一面搬运机件。稽查部长蔡汉卿、军务副部长张振武率学生军1500人渡江助战，遭清军阻击，张振武负伤落水被救。其间也有后生可畏之事迹，如同盟会会员、留日士官学生夏道南参战，将所学参谋术用在战场上，率部在扁担山、磨盘山一带与清军激战三昼夜，其英雄之举为时人称道。后来，由于撤退时间紧，炮台尚有大量物资来不及搬走，黄兴乃传令王安澜将归元寺

四、武汉鏖兵

粮台纵火焚烧。一时火光烛天，子弹炸裂的声音震动武汉。清军则占领黑山一线，当晚未进攻。

黄兴知道败局不可挽回，但还是不肯接受现实，痛不欲生，留在前线不愿撤退。

十月初七日，清军分三路纵队占领大别山，进据汉阳城。汉阳已成一座空城，清军一边搜索革命者，一边追击渡江者。革命军有多人坠江而死。

黎元洪担心黄兴的安危，特派人请黄兴回武昌休整。在子夜前后，黄兴撤至武昌都督府。

同天中午，军政府召集各机关人员及各部长开紧急会议，讨论战略及防守武昌事宜。黄兴一身戎装，肩膀上的热水袋还没有拿下就登台条陈利害得失，总结道："此次汉阳之役，非军队不多，非防御阵地不固，又非弹药粮秣不充足，其所以致败之原因，第一，系官长不用命；第二，军队无教育；第三，缺乏机关枪。有此三缺点，故每战失利。"① 基于退回武昌的军队无法再战，黄兴提出弃守武昌，进取南京，等打下南京，再来收复武昌的意见。此提议遭到众人否决，张振武反应激烈，拔剑做自杀状并曰："有敢言弃武昌者斩。"见此，黄兴命令将士死守城内外，然后到都督室，向黎元洪请辞，并允诺如果南京克复，即带两万精兵来援。

当夜，黄兴渡江到汉口，清晨乘日轮赴沪。黄兴急于返回上海与陈其美屡电请回有关系，汉阳之败也促使黄兴转身谋取南京，进而再谋取全国政治之统一。

而占领了汉阳城高地的清军用重炮从龟山隔江轰击武昌城，武昌告危。汉阳是武昌的屏障，正如战事亲历者——上海《大陆日报》记者埃德温所言："在中华帝国的所有的战略要地中，兴许没有比汉阳的地形更难攻取的了。汉阳是全国的枢纽。由于汉阳的陷落，如果清军继续进攻的话，武昌在实际上也已经丢失了。"②

黄兴离开后，黎元洪任命从南京回来的陆军第四中学总办万廷献为护理总司令，蒋翊武为监军；不日，万廷献辞职，蒋翊武代理总司令，吴兆

---

① 曹亚伯：《武昌革命史》（中）第 643 页，中国大百科全书出版社，2011。
② ［英］埃德温·J. 丁格尔著，张建军译：《中国的革命：1911—1912》第 149 页，中央编译出版社，2011。

麟为参谋部长。蒋、吴二人整编军队，部署防务，武昌混乱局面略有改观。

隔日，军政府都督府中炮起火。黎元洪在随从的协助下，带印一路从大东门往葛店方向悄然出走，吴兆麟、杜锡钧则设战时临时总司令部于洪山。武昌与北洋清军约定停战的第二日，李烈钧率皖、赣陆军和起义军舰来援，黎元洪等才回到武昌。李部驻在黄州一带约3个月，派海军日夜在江面游弋，又以陆军威胁北兵的后方。① 有了皖赣联军，在右翼军（总司令杜锡钧）和左翼军（总司令王芝祥）的配合下形成掎角之势，如李烈钧自传所说，"武昌乃安如磐石矣"②。

武汉停战与议和

关于停战议和是革命军方面还是清军方面首先提出，至今依然众说纷纭。清人王树枏认为是革命军一方"因密通内阁与外邦诸使，要挟议和"③，先提出议和。此说法是否成立呢？

一直在汉口的英国人埃德温是这样记录的："后来我才知道，大约就在汉阳易手前一小时，袁世凯从北京致电给汉口英国代理总领事，请他通知黎元洪，说袁自己很希望听到黎就达成和解所提出的条件。就在这时，汉阳正一步步陷落。"④

而在汉阳失守当天，黎元洪找到外国记者，公布了声明，表态为了"停战"，愿做出任何让步。黎元洪急于妥协的表态，足见其对革命前途没有信心。接着，黎元洪又派出外交次长王正廷分别向英、美领事馆表达希冀"调停"，并以都督的名义，经英国驻汉口代理总领事戈飞正式提出了"停战条款"3条。这3条其实是袁世凯与英国公使朱尔典密商而成，袁授意朱尔典拍的电报。

而且，为促成尽快和谈，袁世凯命令清军向武昌开炮乱轰。十月十一日，清军在龟山上开炮。有一位日本陆军士官学校炮队出身的军官瞄准湖

---

① 冯天瑜、张笃勤：《辛亥首义史》第542页，湖北人民出版社，2011。
② 李烈钧：《我在辛亥革命时期》，全国政协文史和学习委员会编《亲历辛亥革命：见证者的讲述》（下）第1062页，中国文史出版社，2010。
③ 王树枏《武汉战纪》，中国史学会主编《辛亥革命》（五）第241页，上海人民出版社，1981。
④ [英]埃德温·J. 丁格尔著，张建军译：《中国的革命：1911—1912》第153页，中央编译出版社，2011。

四、武汉鏖兵

北都督府,三发德国管退炮炮弹即把都督府的大房顶子揭翻了。都督府失火,情况危急,黎元洪马上就想逃走,被张振武喝住。过了一会儿,黎元洪还是带着都督印悄然出走了。这时的黎元洪如丧家之犬,是不可能主动提出条件的,尽管这时黎元洪确实希望求和自保。

袁世凯出于政治需要提出议和确实可信。实际上,停战的动议早在汉口失守后袁世凯就提出了。他曾写信给黎元洪,黎元洪回信希望他赞助革命,袁世凯未做回复;"滦州兵谏"后,清廷抛出《宪法重大信条十九条》,宣布立即实行立宪制度,取消皇族内阁,并任命袁世凯为内阁总理大臣。袁即谋求进一步的接触,派心腹刘承恩、蔡廷干通过英国驻汉口领事搭桥,到武昌见黎元洪。黎元洪因张振武等人态度激烈,仅表态坚持共和政体。当时不少民众团体知道后,也在都督府门前示威反对议和,刘、蔡失意而去。袁世凯知道这是民意,不能硬来。

清军占领汉阳后,全国革命已成不可阻挡之势。袁世凯内心非常清楚清朝统治已是山穷水尽,他命令冯国璋停止进攻武昌。但是,前线的冯国璋并没有吃透袁世凯的真正意图,还想乘胜拿下武昌,夺得头功。在十月初十日这天,袁世凯给冯国璋发了7份电报,总的意思是命令停止前线的一切进攻。与此同时,还有一个问题值得我们探究:袁世凯对南京清军之危境没有任何援助,是兵力不济,还是故意不为?

议和的当天,袁世凯对武汉人事立即予以调整,派段祺瑞到汉口主持军政,统领第一军。其实,段祺瑞得湖广总督之任命已经两周了,一直待在孝感,袁世凯并没有促其上任。现在冯国璋不愿罢兵,袁世凯就用一纸"谕旨"将其调回京城,让冯国璋担任禁卫军军统兼充第二军统领。段祺瑞一到汉口,立即把战场变成议和舞台,以重兵防守来给南方革命军造成压力。袁世凯的确是老谋深算。

当时,汉口租界里已经聚集了各省前来议和的代表。早在九月中旬,各省代表接受黎元洪的提议来武汉协商建立一个全国性机构,因为交通和通信的原因,至月底才陆续到达。代表们开会通过了《中华民国临时政府组织大纲》的决议,也形成了"如袁世凯反正,当公举为临时大总统"之决议。这两个决议都有深远的影响,后一决议如袁世凯所愿,远远不是停战议和那么简单。可以说,各省代表来武汉坐实了停战议和的条件。

英国领事联合各国领事作为中间协调者表现得甚为积极,"提议停战三日,磋商条件"以促成议和。但他们的积极调停不是为了武汉三镇的和平，而是出于维护其在华利益的需要，要在中国扶持一位新的代理人。

这样，十月十二日，武昌、北京首次达成停战议和，武汉前线停战3天，从十月十三日八时开始执行。3天后再延期3天，后又展期15天。阳夏战争由停战而宣告结束（"续又停战七日"① 之说不成立，延期3天可与展期15天相对接）。

阳夏战争，革命军未能守住汉口、汉阳的原因是多方面的。战事参加者辜仁发总结失利之因有七，有三点与黄兴所说类似，但也提到：黎元洪、汤化龙作为军政方面的领导，未能团结和发挥首义部队的昂扬斗志；缺乏军事知识的指挥者不在外围构筑据点，战略上出错也很致命，"缺乏坚强领导，不知组织群众，缺乏军事知识，缺乏后方勤务等这些缺点都是突发事件必然有的现象"②。李书城事后也总结几点：战略上应该拖延时间不进攻汉口，利用汉阳的坚固防御工事和有利地形展开防御，或许于革命军有优势；战术上没有重视军官和士兵的训练程度，运用超出预期，作战基础与战斗力严重脱节，重书本乃轻实际。他很自责："我以初成之师与之作阵地战，真是既不知彼也不知己，犯了军事上的大忌。"③ 进攻汉口的失败，又引起了汉阳的失守。作为参谋的李书城自责之余，更懊悔因为他的作战计划不成熟致使黄兴落得了"常败将军"之名声。

阳夏战争虽属近代城市之战，但在许多方面仍留有古代战争的痕迹，具有由古代向近代过渡的性质。因为作为国家经制军的清军，拥有马克沁机关枪、新式管退炮、野炮等先进武器，其将帅掌握一定的近代军事知识技能，并有一定的实战经验；但是，作为封建帝国时代的最后一支军队，为袁世凯私人而战，与广大人民为敌，战斗力常打折扣，在战略战术上，因袁世凯有谋取权力的私心，使清军失去许多可能取胜的机会。革命军占有天时、地利、人和的优势，但骨干军队只有三四千人，初次扩招到2万人，后来总兵力最多时达6万人；却因迅速扩招，许多新兵没有经过训练

---

① 辜仁发：《辛亥革命阳夏战争述略》，全国政协文史和学习委员会编《亲历辛亥革命：见证者的讲述》（中）第823页，中国文史出版社，2010。

② 辜仁发：《辛亥革命阳夏战争述略》，全国政协文史和学习委员会编《亲历辛亥革命：见证者的讲述》（中）第823-824页，中国文史出版社，2010。

③ 李书城：《辛亥前后黄克强先生的革命活动》，中国人民政治协商会议全国委员会文史资料研究委员会编《辛亥革命回忆录》第1集第135页，中国文史出版社，2012。

就上了战场,不会利用地形筑工事保护自己,致使战斗力下降,又缺乏较先进的重武器,仅凭勇气,自然不能持久。在人数不足、武器不够先进的情况下,如果策略上略胜一筹,还可以有所弥补,但黄兴与黎元洪乃至前线将领局限于眼前防务,不能从全局统筹安排。笔者以为此点最为重要,具体如:武胜关扼守主动权没有掌握在自己手中,而汉口、汉阳保卫战就是在这一方向发生的;刘家庙争夺战中轻敌倾向严重,没有扬长避短,加强防御,又由一个贪生怕死的张景良来指挥,可以说在战争关键时刻毁损了革命军的战斗力,并且在张景良之后,前线指挥更换频繁,屡次临阵换将,犯了兵家大忌;汉阳防御的安排,黄兴没有听取部属意见,对汉阳依山傍水的天然条件也没有充分利用,只注重汉阳水陆口正面防御,没有兼顾侧翼,几处山头阵地无重兵把守,造成汉水西线防守薄弱,被清军轻易攻破,几个制高点一失守,革命军的防御即陷于被动,遇到劲敌即不堪一击。还有一点,"不知组织群众"。武汉三镇光复后,汉川、京山、黄州在革命分子推动下迅速响应。革命向荆州、襄阳推进时,当地会党是主力,但是武汉几次扩军,都没有联络众会党与民众武装。对一些愿意参加革命队伍的群众也不加以联络,从而失去了扩大群众基础的机会。

但无论如何,阳夏战争是辛亥革命期间持续时间较长、最为激烈的战争(持续了40多天)。革命军誓死守汉口、汉阳,吸引了北洋军的主力,为其余十四省举义脱离清廷宣告独立赢得了宝贵的时间。

4. 起义鄂军回师武汉

四川保路同志军武装起义后,清廷应赵尔丰之请从各省调兵入川,即拟从粤、湘、鄂、陕、滇、黔等省派出13营兵力,但实际上最后成行的只有黔军和鄂军。

黔军由董福开带千余人入川后,沿途受到老百姓的抵制,不卖饭食,不予留宿,行军困难重重,最终也没能到达成都。

鄂军是"援川助剿"的主力,首批出发的是驻宜昌的第三十一标3个营1340名士兵,配备新式毛瑟枪;随端方从武汉出发的是三十二标的一个营,缺两队;入川的湖北官佐共2000余人。

端方自以为所带入川鄂军是信得过的一支队伍,其实,他不知道鄂军中已有多人秘密参加了革命组织,并接受同盟会、共进会的领导,如陈镇藩、李绍白等。在出发前,湖北新军中革命党人曾召开秘密会议,约定密码暗号通报消息。不过,对于端方,他们只是提出"各入川同志要好好注意端方行动",并没有将其击毙的计划。

端方本人率队经一番周折,坐军舰入川,过宜昌达重庆。入川以前,他认为应该"严厉打击"四川保路同志军,但一入川境,端方本人也犹豫起来。作为督路大臣,他不能违抗清廷的命令,而面对现实,又感到强行镇压有难度,甚至有被盛宣怀愚弄和被朝廷利用之感。因为盛宣怀对端方提出的改道修路意见一面虚与委蛇,一面又推荐岑春煊督川处理事务;朝廷在人事任命上也玩起"平衡之术",虽授端方为钦差大臣,却不给端方兵权,使他这位钦差大臣徒负虚名,处处受赵尔丰掣肘,本是前来救援,竟被赵尔丰看作威胁。

基于以上原因,端方抵达川境后,决定采取安抚之策。在重庆,他接见保路代表时,坚定了"当察夺情形,相机应付"的方针;又颁发布告,晓谕民众解散武装,频繁会见重庆各界人士,表达他"改剿为抚"的态度。八月二十八日,端方应重庆士绅所请,上奏弹劾王人文、赵尔丰,把保路风潮激化之责任完全推诿于二人,请求释放被捕的蒲殿俊、罗纶等人。端方的行事做法与赵尔丰相冲突,事前也没有与赵尔丰沟通,赵尔丰恼怒不已,除公开予以还击外,还暗中对鄂军进军成都制造困难,故意刁难。

九月二十三日,端方抵达资州,所部已陷于同志军的四面包围中,进退两难。端方对所率鄂军严加防范,不许沿途逗留,宿营均在郊外,不许士兵入城,目的是封锁武昌起义的消息。

在资州,鄂军受令分兵出击,其中,三十一标的第三营由管带萧国斌率领,向成都进发;第二营由管带陈荣钟率领,经泸州、叙府向自流井、富顺分进;统带曾广大率一部开往资阳,"进剿"瓦子坳的兵变,此任务是赵尔丰发给端方的。曾广大部后来进驻威远的高石场,与川军巡防两营合力攻威远。

九月二十九日,曾广大得到统领邓承拔的鸡毛信,信中要求克日回资

四、武汉鏖兵

州集合。下午,出去的各路奉令到资州集合。晚间,端方授意曾广大召集军官开会,会上公布了武昌"城陷督毙"的来电,提出计划,即拟带全军准备取道川北广元,由陕西过河南,联合袁世凯以夹攻武昌义军,同时公布了行军站里程表。端方还向众军官洗白自己,"我本汉人,姓陶,原籍浙江,先辈人于清初投旗","且我与袁世凯有儿女姻娅关系"①,以图笼络军心。陈镇藩当场反对端方所提计划,表示要直接回湖北。陈镇藩(约1883—1926),字育五,湖北安陆城关人,1903年留学日本,湖北首批同盟会会员,曾任湖北分会会长,创办《汉风》杂志,毕业回鄂,任第八镇司令部执事官,补三十一标第一营督队官,后加入共进会。

散会后,陈镇藩等20多人召开秘密会议,议决见机刺杀端方而起义,一是避免川省同志军发生误会,二是响应武昌革命军,但并未制订明确的计划和实施方案。

十月初一日,入川鄂军中的革命同志都知道了武昌起义胜利的确切消息。当天深夜,各军代表召开紧急会议,不承认端方在资州所召开的军官会议决议,公举陈镇藩为"大汉国民革命军统领"。陈镇藩当场就职,树大汉国民革命军旗帜,誓师道,"恪遵孙中山先生使命,抱定革命宗旨,打倒专制淫威,达到排满目的",并与众人约法三章:誓杀满奴端方,剪除发辫,回援武汉。②

十月初二日,重庆宣布独立,湖北新军的革命党人与同盟会重庆机关取得联系后,张培爵派兵300人向资州开拔相助。

十月初七日凌晨,陈镇藩领30余人为护令员,请端方来到天上宫,并坐到中间,让其弟端锦站旁边。③ 端方看见形势不妙,哀求饶命,并谓饷银40万两马上就到。众人不为所动,事前公推的执法六同志上前挥刀砍下端方首级,复杀端锦,然后将二人首级装入木匣内撒上石灰,准备带回湖北,献缴鄂军都督府。

---

① 丁振华:《记鄂军杀端方与回援武昌》,全国政协文史和学习委员会编《亲历辛亥革命:见证者的讲述》第1308页,中国文史出版社,2010。

② 丁振华:《记鄂军杀端方与回援武昌》,全国政协文史和学习委员会编《亲历辛亥革命:见证者的讲述》(下)第1308页,中国文史出版社,2010。

③ 彭易芬:《鄂军资州反正杀端方确切时间考》,《南充师范学报》(哲学社会科学版)1981年第4期。

随后,陈镇藩通电重庆,张贴大汉国民革命军布告,改年号为黄帝纪元四千六百〇九年。那些不愿从降的旧军佐四处逃命。

入川鄂军过重庆、万县时,军民夹道欢迎。入川鄂军由资州整队东下返鄂。十一月初八日,陈镇藩率部抵达宜昌,十二月初一日到达武昌,所部被编为教导团,未及参与阳夏战争。

端方被杀、鄂军起义是四川保路运动乃至整个辛亥革命的一个新高潮。

五、各地响应

五、各地响应

南方各省纷纷起义,有力地声援了武昌首义;同时,40余天的武汉保卫战也牵制了清军的主力部队,为各省起义响应争取了宝贵时间,革命在全国成遥相呼应之势,加速了清王朝的覆灭。兹将各省起义时间列举如下。

1911年

10月22日,湖南、陕西响应。

10月23日,九江响应。

10月27日,腾越响应。

10月29日,山西响应。

10月30日,云南响应。

10月31日,南昌响应。

11月4日,上海、贵州响应。

11月5日,江苏、浙江响应。

11月6日,广西响应。

11月7日,吴禄贞被刺杀;同日,南京秣陵关起义失败,镇江独立。

11月8日,安徽响应。

11月9日,广东响应,升中华民国旗帜宣布新政府成立。

11月10日,福建、东三省响应。

11月12日,山东响应。

11月16日,江浙联军会攻南京。

11月22日,重庆宣布独立。

11月27日,成都宣布独立。

11月30日,各省代表汇集汉口。决议,如袁世凯反正则当举之为总统。

12月2日,江浙联军攻克南京,宁汉长江流域连成一线,南北对峙格局形成。

1912 年
1月7日，新疆光复。
2月12日，清帝宣布退位。

1. 湘、赣起义

湖南起义

湖南长沙起义爆发于九月初一日，起义从谋划到发动不到 12 天。起义的主力来自湖南新军，湘东会党予以支持，焦达峰是起义的筹划者和组织者。

长沙率先响应武昌起义，除了胭脂山会议形成的约定——如果湖南先起事湖北就要响应，湖北先起事湖南也要立即响应外，还有如下原因。一是两省毗邻而居，互为屏障，经济、政治、文化各方面都有密切的联系，尤其是革命同志可以共享人脉资源，如湘省革命团体中有影响的人物黄兴、宋教仁、邹永成等均有在湖北读书或进修的经历，对湖北的感情较深；湖北革命团体中的不少骨干也是湖南人，如蒋翊武、刘复基、杨玉鹏、胡瑛、何海鸣等。起义之前，湖南革命领导人焦达峰、邹永成、刘永烈、谢介僧等也常在武汉活动，约定一同起义完全可能。二是湖南反清社会氛围较为浓厚，据统计，同盟会成立后一年内，湖南籍会员占 16%，一度居全国第二位，仅次于广东；长沙起义、萍浏醴大起义虽然先后失败，却让革命同志积累了经验，秘密社会团体密集的活动对革命起了推波助澜的作用；"长沙抢米风潮"案使许多湖南志士看清了社会问题的严重性和统治者的反动性；铁路风潮中，湖南各界因争路而集会、罢课，是走在其他三省前面的。广大群众情绪异常激昂，他们中的一部分因对清政府卖国政策不满而转身投向革命队伍，一些立宪派分子也表示对革命的同情。这些均有利于推动湖南率先宣布独立，响应武昌起义。

武昌起义前，湖南同盟会的主要活动据点是学界。华兴会成立后，黄兴等曾设想依靠会党与军学界一起完成革命事业，但计划未能实施。同盟

五、各地响应

会成立后,萍浏醴起义失败也让不少同盟会会员身份暴露,积极分子禹之谟、宁调元被捕,统治者从此严加防范,虽然有湖南同盟会支部刘谦、李隆建等组织领导,但正如同盟会会员骨干曾杰所说,丁未年(1907)到庚戌年(1910)4年之间,学界以提倡无人,渐就消沉。直到焦达峰等海外回湘的革命同志依次加入,湖南同盟会支部才处于扩大态势,但仍没有能够成为湖南各个革命团体的急先锋。焦达峰(1886—1911),原名大鹏,字鞠荪,"达峰"为其在日本时署名,湖南浏阳人。(图5.1)15岁毕业于南台高小,经人介绍加入洪福会;华兴会成立后,曾从事联络会党的工作;后东渡日本,进东斌学堂学习军事并加入同盟会,担任同盟会调查部部长;萍浏醴起义时,曾奉黄兴之命回国参加战斗,担任会党头目李金奇的参谋,起义失败后,复到东京与孙武等人创立共进会,力主在长江中游联络会党发难;宣统元年(1909)春节后回国,先在武汉活动,后回长沙,建立共进会湖南总机关,联络学界成员。借助以往与会党的关系,焦达峰开了"山堂",得到湘阴、平江、萍乡等30多个"龙头大哥"的推举,成为"龙头大哥"。就这样,焦达峰成为湖南学界及会党同时有联系的核心人物,湖南学界与会党的联系由此加强。武昌起义前夕,焦达峰来往于浏阳、长沙、武汉间,发展革命组织,并与当时的湖北革命同志约定,谁先起义,必立即响应。

图5.1 焦达峰

焦达峰重视会党的发动，也重视利用清军现有的武装力量。因为巡防营中的中、下级军官多数加入帮会，他所领导的"四正社"在巡防营中扎下了根。湖南巡防营虽然是旧军，但是得到统治者的青睐而承担省防的重任，在武器装备方面亦较好，配备了汉阳造七九新式步枪及杂牌洋枪。同时，在刘文锦的帮助下，焦达峰在起义前与湖南新军的革命同志取得了联系。湖南新军只有一个混成协，辖步兵两标、炮兵一营、骑兵一营、工兵一营（缺一队）、辎重兵一营（缺一队），被政府牢牢控制着，但是其下级军官和士兵许多人已被同盟会和各革命团体争取过来，站在革命的一列。

刘文锦是在邹永成的影响下成长的同盟会骨干成员。邹永成是湖南新化人，原为华兴会主要成员，同盟会成立时，经黄兴介绍加入同盟会，后回国奔走于湘、桂、鄂、苏、皖等省运动起义。宣统元年（1909），邹永成曾在苏州第二十三混成协任管带，因联络同志扩展革命势力，被上司发现，遂转往南京活动。就在南京，邹永成与刘文锦的胞兄刘承烈结识，介绍其加入同盟会时。刘文锦知道了也要求加入，邹永成遂为兄弟二人主持了入盟仪式。刘文锦从保定速成军校毕业后，进入长沙第二十五混成协，一年后升为排长。宣统二年（1910），邹永成从日本回国找到刘文锦，将东京商议的起义计划告知刘文锦，要他在军中发展组织，并通过革命同志王隆中安排吴任到步兵四十九标当文案，令其暗中帮助刘文锦做交通联络方面的工作。这样，同盟会在湖南新军中的发展渐有起色。经过一段时间，"他们把廿五混成协的同志组织得非常严密，标有标代表，营有营代表，队有队代表，排有排代表，棚有棚代表，都由目兵去组织。除了刘文锦、吴任之外没有一个官长，虽然有几个官长在日本留学时入过党，但恐人一做官思想便不免动摇，所以索性不给他们知道"[①]。

黄花岗起义前，谭人凤回两湖联络届时响应时，邹永成派人送信给刘文锦，谭人凤遂与刘文锦接洽。谭人凤又赴湖北，同焦达峰等商议。经过秘密会议决定，推刘文锦负责组织军队，文斐等负责在学界鼓吹，焦达峰等负责联络会党，龙毓峻等筹集经费，文经纬在铁路协会联络士绅。经过一段时间的准备，起义前夕，刘文锦组织新军各标营代表开会，会议地点

---

① 邹永成口述，杨思义笔记：《邹永成回忆录》，庄建平主编《近代史资料文库》第七卷第38页，上海书店出版社，2009。

五、各地响应

设在长沙南天心阁3楼,到会者有五六十人。会上,刘文锦报告开会意义及宗旨,并相约同志共生死,各人自行认定联络任务。当时主要参与者谢介僧、文斐日后在《湖南辛亥光复事略》中肯定此次天心阁会议奠定了湖南革命的武力基础。但他们开会时没有注意保密,同在酒楼吃饭的官府侦探得知开会内容,立即报告了巡抚杨文鼎。杨文鼎听后大惊,设计要除掉刘文锦。幸得同盟会会员、马队管带张翼鹏暗中相助,刘文锦得以逃生,在长沙郊区避难一段时间后,转到武汉活动。

刘文锦远走湖北,心系湖南。在革命分子中的影响依然存在。当保路运动高峰迭起时,他关注湖南的革命活动,经常写信给军中同志。七月下旬,四川铁路风潮进入白热化阶段时,刘文锦发密函给马队同志刘安邦转告大家"加紧组织……即速起义"。刘安邦立即召集众代表开会,决议加紧宣传联络工作,务使全协目兵一体接受。另一个被官府开除的目兵徐鸿斌则设法打入中路巡防营中伺机开展活动。

武昌起义成功的消息传来时,湖南新军中的革命同志颇为激动,摩拳擦掌,跃跃欲试,但是,没有一个得力的人出面领导,革命势力只能在暗中积蓄与涌动。

焦达峰回长沙前,在汉口见到刘文锦。刘文锦将湖南军队中的情形如实相告,并写了秘密函件,介绍他回长沙后与同志接洽。焦达峰带着刘文锦的信回到长沙,顺利地打入湖南新军中。除了与刘文锦所介绍的同志接洽谈外,焦达峰又与陈作新、丁炳希、徐鸿斌等相见。陈作新,湖南兵目学堂毕业,先后在二十五协的炮队营和四十九标当过排长,思想上追求进步,但没有参加过革命组织,平时爱讲大话,长沙抢米风潮发生时,他因言获罪,失业,做家教谋生。结识焦达峰后,陈作新积极配合筹备起义事项,并放言自己是将来革命军的镇统。

这时,湖南的立宪派也有所行动。当国会请愿和争路诉求先后失败时,立宪派中许多人对清政府失望,湖北军政府的模式对他们来说也是一种鼓励。武昌起义后的第三天,湖北的蓝综、庞光志持蒋翊武的介绍信来联络,并拜访了湖南省谘议局的左学谦和常治。湖南的议员们开始重新考虑与清政府的关系,也想同革命党人取得联系,以求革命成功时能捞取一些政治资本。经过物色,他们找到了陈作新,通过陈作新与焦达峰取得了联系。而焦达峰也正想运动各界一同参加革命,却未曾考虑到这些人有投机意图,毫不犹豫地同意了。

于是，湖南政、商、学、兵各界准备汇聚，商议起义之事，立宪派也想拉拢新军，在八月二十二日开大会前，他们坚持要邀请新军代表出席，陈作新遂邀请新军代表安定超出席会议，从而把新军中的革命同志暴露在立宪派面前。而会议进行期间有暗探出现，会议只开了一个小时就散了。第二天，会议由陈作新为新军代表出席。会议形成如下决议：八月二十九日，新军和巡防队起义，哥老会响应。

八月二十七日，焦达峰从浏阳回来后，因会党还没有到齐，他召集骨干力量百余人开会，决定起义推迟一天进行，由炮兵营举火为号。

到八月三十日，因为官府防范很严，起义根本没有可能，一晚上未见约定的火光信号。

湖南巡抚听到新军异动的消息后，一面调兵，一面收缴武器，又将巡防营调入长沙，将新军士兵分成若干小队遣往别处，其中，四十九标一、三营调驻岳州、临湘，五十标的两营移驻宁乡、益阳，甚至要求驻守长沙的新军将打靶子弹也上缴存库。

九月初一日拂晓，炮队革命同志李金山得到当天炮队要开往醴陵的消息后，立刻奔告步队四十九标代表安定超。安定超认为事情紧急，立即决定起义，与李金山约定"汝快速回营准备，听枪声轰动，当齐集发难也"，并派人分头通知新军各标营和巡防队做好准备。当天是星期日，照例放假。新军中的上级军官陈强等管带参加秋操未归，士兵和下级军官中的革命同志获得通知后等候在棚内。

九月初一日早上八点，安定超带领四十九标士兵发难。他派谭满芳到操场上吹紧急集合哨子，第二营左队下楼，打开营部的军械库，每人分得10发子弹，20分钟后与其他各营集合完毕，一些未受动员的目兵也跟着一起集合。安定超朝天放了3响信号枪并即兴演讲，然后颁布3条禁令：一是各队由代表指挥，官兵都不准擅离队伍，有犯者以临阵私逃论罪；二是严格纪律，对没有反抗者不准随便放枪；三是不准取民间物品，如违禁令，就地正法。然后，安定超下达了进攻命令：彭友胜率四十九标第二营后队会同五十标和马队由北门进城，占领荷水池军装局；安定超率四十九第二营前队、左队、右队会同辎重炮兵工程营三营由小吴门进城，占领谘议局；李金山率炮队进城后立即到军装局领取炮弹，进逼巡抚衙门。随即，各路分头出发。

早上十点，彭友胜一路已经顺利进城，当局原想让巡防营来阻挡新军

五、各地响应

入城,不料巡防营中的赵春霆等革命同志早已准备好做内应,所以,起义新军入城时巡防营竟列枪致敬,队伍顺利入城,直奔军装局,守库的同志打开库门,每个士兵都装足了子弹。

安定超一路到了小吴门,发现巡防营已将城门关闭。巡防营管带下令射击,目兵不听号令。双方相持一个多小时后,安定超后退到合适位置,架起大炮装作射击姿态。巡防营士兵仍无反应,并相视而笑。恰好新军一工兵代表赖福春之前已入城,他见城门尚未加锁,立即摇落门杠,守城巡防营士兵未加阻止。这样,革命军一拥入城。

焦达峰穿着便衣、缠白布条加入起义队伍,在军装局被当作奸细误捉并绑起来。安定超与李金山来取炮弹时发现,才将他释放。这说明焦达峰在新军中没有根基。

李金山一路在军装局领炮弹后,直奔巡抚衙门。此时,上任40多天的巡抚余诚格正在抚署与谘议局议长谭延闿交谈。起初,卫兵来报军情,余诚格表示不相信,也不做部署;卫队投诚后,余诚格见势不妙,亲笔书写"大汉"两字于白布上,将之悬挂在旗杆上,还亲自出来与起义革命同志见了面,然后进入内堂;命令随从在抚署后院挖洞,带着家眷和印信逃至小西门某洋行,后逃往上海。短短10来天,又一个封疆大吏破墙逃跑,愿意给清朝政权抬轿子的官员越来越少了。

清军中路巡防营统领黄忠浩在小吴门与革命军相遇,他原打算上城门指挥的,结果自投罗网,被革命军击杀。此外,革命军还击毙了长沙知县沈瀛、营务处会办兼提调王毓江、总文牍申锡绶3人。

下午二时,长沙全城落入革命军手中,局势迅速稳定。湖南革命军政府顺势设在巡抚衙门内,众人举焦达峰为都督,陈作新为副都督。焦达峰又提议原议长谭延闿任民政部部长,阎鸿飞为军务部部长。

湖南军政府一派喜气洋洋。

令人遗憾的是,10天后湖南就发生了叛乱。据多人回忆,叛乱主使者是梅馨。梅馨,留日士官六期生,起义前任第五十二标管带,起义后任标统;要求当协统,焦达峰予以同意;但他还要当"独立协"的协统,并表示不愿受镇统的管辖,焦达峰没有答应,回以设置"独立协"需要商量再定。梅馨遂制造混乱,并在混乱中派人将焦达峰杀害。焦达峰去世时年仅24岁,副都督陈作新也同时被刺杀。也有说梅是受谭延闿唆使,有待考证。

焦、陈死后，湖南无人主政，谭延闿被"叛军"推为都督，革命同志多表示不满，新旧矛盾纷争不断，湖南政局动荡不安。黄兴得知情况后，给谭人凤、周震鳞等写了一封长信，希望他们从全国大局出发，支持谭延闿，认为湖南保持稳定就是支援湖北。随后，周震鳞代表同盟会做了一些安定人心的工作，湖南局面渐渐稳定下来。

严格来说，湖南之独立没有经过激烈的战斗，起义过程极具戏剧性，革命自然不彻底。而焦达峰被害的教训是深刻的，固然与形势复杂有关系，更与其自身的弱点——年轻、缺乏政治经验、急于求成，尤其是轻信立宪派有关系。他曾在议员和各界人士参加的会议上放言，10个洋油桶、10挂万子（鞭炮）就可以取得巡抚衙门。这种仅凭热情干革命，只顾革命队伍数量，不顾质量的做法，必然会失败；且在管理上，军政府缺乏规章制度，采取自由散漫的管理方式，激化了许多潜在的矛盾。加上立宪派从中作梗，更增添了政治斗争的复杂性。还有一点，由于起义后派出大部队援湖北，湖南革命党人失去了足够保卫自己的军事力量，所以给叛乱者以可乘之机。

江西起义

在长沙和西安起义后的第二天，即九月初二日，江西九江宣布独立。江西之辛亥革命战争由此开始，并逐步扩展到省城南昌和全省。江西响应武昌起义形势如图5.2所示。

九江是紧接武汉下游的第一通商大埠，是长江航线上重要城市之一，也是军事重镇，其举义于全省有着牵一发动全身之功效。

起义的主力是江西新军。江西新军为第二十七混成协（协统为吴介璋），下辖步兵两标及马炮工辎各营队。其中，步兵第五十三标驻九江（标统为马毓宝），第五十四标驻南昌（标统齐宝善）。齐宝善在第五十四标中发现有革命党人，遂将此标调离南昌，移师赣西的袁州（今宜春市），将巡防营改编为第五十五标，由原巡防营统领庄守忠担任标统，驻守南昌。武昌起义后，基于防守要冲，庄守忠部又被派到九江，江西新军主力分布的重心也转移到九江。

九江新军中有同盟会会员林森、吴铁城，他们一直在积极活动。武昌起义的第二天，同盟会会员蒋群从昆明经武汉回到九江。蒋群是九江人，曾在江西督镇公所任职，在军中很有人脉，又与驻九江第五十三标标统马毓宝是旧交，同该标3个营的管带是军校时的同学，同九江炮台总台官、

五、各地响应

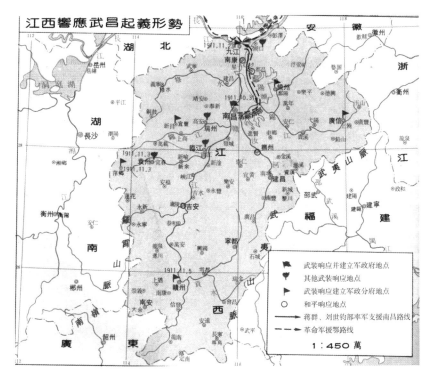

图5.2　江西响应武昌起义形势

（引自辛亥革命武昌起义纪念馆编著《辛亥革命史地图集》第101页，中国地图出版社，1991。此图意在说明九江、南昌的地理位置）

统领也是多年好友。他回来后，利用这些人脉资源及武昌起义的声势在各处奔走接洽，"运动反正"进展顺利。

听说庄守忠要带领四个营来加强九江的防守，蒋群知道庄部来九江兼有监视第五十三标和炮台的意思，遂与众人约定于九月初二日发动起义。

九月初二这天，因为有预先的安排，放号炮三声，各营闻声，放枪一排，臂缠白布，向道、府两署进攻。进攻部队几乎没有受到抵抗，庄守忠等各级官员纷纷逃匿。第二天，马毓宝、徐公良、蒋群等在道台衙门集议，宣布九江独立。蒋群拟定了九江军政分府的组织大纲。之所以称为"分府"，是为了给南昌独立留下政治空间。马毓宝被推举为军政分府都督，蒋群为帮办军务兼参谋长，刘世均为参谋次长。

马毓宝反清只是为形势所迫，其内心并不以为然。革命同志知道这一点,也在物色合适的领导人选。就在这时,李烈钧回到九江,他的到来实际上使九江分府有了领导核心。李烈钧(1882—1946),名烈训、协和,字侠如,江西南昌府武宁县罗溪人,留日陆军士官生,军事学识、办事能力和处事果断在同学中间传为佳话,对孙中山甚为崇仰,是同盟会骨干分子。(图5.3)留学归国后,曾任江西混成协第五十四标第一营管带,因在军中宣传革命被暴露,上司下令逮捕他,幸得江西武备学堂总办汪瑞闿暗通消息,并资助路费,才逃到上海避险。后来,通过冯国璋与云贵总督李经羲的关系到昆明谋职,担任云南讲武堂教官兼兵备提调。武昌起义时,他被派往北方观操,在路上获知武昌起义的消息。到北京后,收到江西同志的电报,便立即星夜兼程赶回九江。众人知他是同盟会会员,文武全才,于是,蒋群真诚地让出自己九江军政分府总参谋长一职。李烈钧无法推辞,遂在三国名将周瑜的原衙署设总参谋长办公处,正式就职。

图5.3 李烈钧

(李烈钧在九江起义后回到九江,任参谋总长,后到安徽援助被推举为安徽都督,民国元年被孙中山任命为江西都督)

李烈钧上任后迅速平定内乱,稳定了政局。当长江要塞金鸡坡炮台和马当炮台被夺取后,清军的长江防线被拦腰截断,由武汉顺水东驶上海的11艘清海军军舰和两艘鱼雷艇被拦截。经过李烈钧晓之以理,这些海军

五、各地响应

舰艇宣布归顺九江军政分府。李烈钧兼任九江海陆军总司令,九江革命势力因之大振。

九江成功的起义消息传来,南昌新军中的革命同志也积极准备起义。九月初七日,工兵队召开秘密会议,革命分子20多人参加,决定于两日后的晚上起义,推方先亮、蔡杰、宋炳炎为司令,蔡森为独立马队指挥,韦兆熊为前卫司令,由蔡森选精壮的士兵爬城进攻南昌城,与城里内应接洽。革命军可用兵力有二十七混成协的马营、工程营、辎重等。

江西巡抚冯汝骙所掌握的兵力极其有限,只有少量的炮兵营及绿营,听到风声后,知道无力抵抗,遂于起义前一天上午先到谘议局,请绅界公举代表担负都督之责,宣布自己告老还乡;下午又直奔省督练公所,向协统吴介璋等诉苦,当晚宿督练公所,只图保全性命。

九月初九日晚,南昌新军按时起义,蔡森率领爬城队在子夜前半小时进入城内,打响了第一枪。警察和巡抚卫队为内应,打开全部城门迎接。午夜零点,方先亮率骑兵营,蔡杰率工程队,宋炳炎率辎重队,李柏率骑兵一部分涌进城内。警察用石油纵火烧了巡抚衙门两旁象征权力的鼓楼和旗杆。冯汝骙知道卫队也参加了起义,于是从后门逃走。南昌全城为革命军占领。

天亮后,革命军沿街分散巡视,清扫敌人。居民初不敢开门,八点以后,街上行人渐多,皆袖缀白布,商铺门挂悬白旗,以示支持革命。南昌新政府通电宣布独立。这时,革命军政府还缺乏一个令众人信服的领导。同盟会与其他革命团体中都推不出可胜任者。九月十二日,原协统吴介璋宣布自己为江西都督,改元为黄帝纪年四千六百○九年,规定剪男子长辫,以青蓝布衣为礼服,废除跪拜和作揖等礼节。巡抚冯汝骙一直待在省城里,吴介璋对其不放心,于是借索要印信将其撵走。冯到九江后服毒自尽。

同一天,在江西境内,萍乡、袁州光复,第五十四标第二营管带胡谦被推为都督。随后,鄱阳光复,防营黄金台被推为都督。瑞、临一带光复,推蔡锐霆为都督,吉安抚州防营统领见势归顺。上饶刘懋政率队到南昌,投诚南昌军政府,江西光复运动告一段落。

但是,江西光复后短时间内产生了5个都督、五个军政分府,大家互不统属,大有封建割据之势,社会动荡不安。10天后,吴介璋离职悄然出走;留日学生彭程接任都督,但于局面并无多大改观。后来,因为南昌起义的骨干分子想"迎马倒彭",彭程于是主动取消自己的职务,并电劝其他都督也取消分府,由马毓宝担任江西都督,以使政权统一于一。其他几个都督接电后,相继表示赞成和配合。

马毓宝任江西都督后,继续推行北伐、援鄂、锄奸等举措,江西全省在形式上完成统一。中华民国南京临时政府成立后,孙中山受江西绅民所请,任命李烈钧为江西都督。李烈钧上任后,大刀阔斧施以新政,稳定政局,有力地控制了全省军政。江西省成为少数由革命党人完全控制的省份之一。

江西起义从激烈程度和时间上讲,远比不上陕西,但是,江西的独立,在政治、军事、经济诸方面于全国局势有着较大的影响。湖南、湖北、江西三省毗邻,九江南昌起义后,三省连成一片,军事上形成互为犄角之势,壮大了湖北军政府的力量,并使武昌有了比较稳固的后方;江西湖口的马当炮台扼居大江中流,对截断长江水路交通有着重要作用,而且九江光复后,清政府难以从水路威胁武汉,革命军则可便利地互通信息;九江作为重要的通商口岸,财力物力较为丰厚,不仅保障了九江革命军的粮饷,还可以接济两湖。

特别要提到的是清海军反正的重大意义。甲午战争中,北洋海军全军覆没,损失惨重。重建以后的海军没有多大起色,宣统元年(1909),南、北洋舰队被统一改编,分为巡洋和长江两个舰队,拥有大小艇舰40余艘。巡洋舰队由程璧光担任统制,拥有英国造的"海圻"、德国造的"海容""海琛""海深"等舰,这些军舰吨位大,大炮射程远,火力甚强。长江舰队由沈寿堃担任统制,拥有六"楚"、四"江"等舰,都是日本制造的炮舰,吨位小。两支舰队之上还设一统制,由原海军大臣萨镇冰出任,总部驻上海。

武昌起义后,清海军部急电萨镇冰,要其率军舰到武汉协助陆军"平剿"革命军。八月十六日,萨镇冰率"楚有"舰抵刘家庙附近江面,与原来停泊在此的"楚豫"等舰汇合;同月下旬,"海容""海琛"两艘巡洋舰也赶到附近停泊。但是,以萨镇冰为首的海军将领同情革命,与革命军作战始终采取敷衍的态度。据汤芗铭回忆,"海容"舰曾向江堤发过几炮,但"只和江岸炮兵互击,并未向武昌城内发射一炮"。之后,萨镇冰托以身体有病,带着统制沈寿堃一同回上海就医。萨镇冰离舰后,舰队降下大清龙旗,悬起白旗,宣告起义,驶往九江。九江军政分府派林森、吴铁城、蒋群、龚永登舰接洽，黎元洪也派人前往慰劳。此后，归顺的舰队又开回武汉江面。武汉之保卫战因为海军加入，在二道桥、三道桥战役中取得突破性进展。

2. 陕、晋起义

陕西起义

陕西全省起义始于西安。西安起义与长沙起义是同一天，只是西安的发起时间比长沙稍迟几小时。

西安起义是由同盟会会员组织领导的，起义的主力军是陕西新军与哥老会，两支力量协同作战占领了西安全城。新军混成协参军兼管带张凤翙在起义前被临时推为总指挥，起义后担任了"秦陇复汉军大统领"。

西安成为全国第二个响应武昌起义的省会城市是有社会基础和历史原因的。

第一，陕西虽然是西北的政治经济中心省份，但是，清政府的统治力量在此较为薄弱，陕西巡抚也没有可掌控局势的军事力量。驻西安的新军在宣统元年春才建成，是由原来的常备军扩编而成，包括步兵两标、马炮各一营、工程辎重各一队，充其量是个混成协编制，其中，马、炮、工、辎各营队的初级军官统一由将弁学堂新毕业的学生充任，士兵则是在关中各县按规定标准征集。与武汉新军相比，陕西新军无论规模还是作战履历都要逊色许多。但与湖北新军同样具有优势的是，陕西新军里有一批接受新思想的青年军官，他们对清王朝统治的不满情绪与日俱增。

第二，陕西秘密会社组织发达。政府的经制军孱弱，自然给哥老会等民间组织留下了发展的空间。"哥老会在陕西散布的情况，从地域区分来说，大致上陕北少些，关中较多，陕南更多；从社会阶层来说，上层很少，中层少些，下层最多。"① 究竟有多少山堂，每个山堂有多少"哥弟"，连哥老会自己也说不清楚，因为还有一些外省人来陕和陕西人在外省建立的山堂。各山头彼此独立，在自己内部纪律又极严密。众山头中，稍有名气者如太白山、提笼山、秦凤山、定军山、琥珀山、贺兰山、通统山等，而且会众中有不少人参加了新军。

第三，社会危机重重。陕西省人口稠密，在一些穷乡僻壤，民众生活实属艰难。八国联军入侵时，"两宫"及扈从在西安住了一年多，诸般给养取自省内，加上分摊的庚子赔款60万两，官府按粮赋派给农民，又遇连年灾荒，农民生活困苦不堪。清廷委任的官员多为庸劣之辈，尤其是光绪三十二年（1906）以来，恩寿抚陕，"政以贿成，剥削民脂，扣减军饷"，官员贪赃枉法比比皆是，先有知识分子反抗清朝黑暗统治的"蒲案"②，后有农民的"反抗路捐运动"，这些都促使革命形势日趋高涨。

第四，陕与川、鄂两省接壤，四川保路同志军武装起义和武昌起义消息次第传来，邻省效仿效应激励陕西的革命团体暗中准备，革命如波浪般在陕西展开。

第五，陕西同盟会在组织领导方面发挥了重要作用。陕西的革命活动是在陕西同盟会成立以后渐有起色的，这与井勿幕、钱鼎、张钫等会员的努力分不开。井勿幕，陕西蒲城人，光绪三十年（1904）赴日留学，结识熊克武、但懋辛等人。同盟会成立后，在同乡康心孚（宝忠）介绍下成为会员。光绪三十一年（1905）年底，他开始在陕西开展革命活动。因为康宝忠回国留京城未回陕西，他一个人先从家乡蒲城做起，从亲戚朋友中间做起，几个月后发展了会员30多人。第二年夏，他再次到日本，抛开地域和派系的纠葛，成立了同盟会陕西分会，并与同人创办了《夏声》杂志宣传革命思想。光绪三十四年（1908），他又回到陕西，助推同盟会陕西分会在西安成立，积极发展和吸收许多进步和同情革命的有名望的人士加入同盟会。其中，陕西谘议局副议长郭希仁就是在他的动员下加入同盟会

---

① 中国人民政治协商会议陕西省委员会文史资料研究委员会辛亥革命史料组调查整理：《陕西辛亥革命中的哥老会》，中国人民政治协商会议陕西省委员会文史资料研究委员会主编《陕西辛亥革命回忆录》第258页，陕西人民出版社，1982。

② 对于"蒲案"，曾有陕西"辛亥革命的导火线"的评价。详见陕西革命先烈褒恤委员会编《西北革命史征稿》，内部刊物，1949。

五、各地响应

的,且被众人推举为陕西同盟会会长。其时,井勿幕已经在为起义做准备,如在三原办了个畜牧场,预备养马将来编成马队。同时,他还想方设法筹买枪支弹药,曾派革命同志张奚若去日本购买,也曾请熊克武到上海购买,但都没有结果。

图5.4 钱鼎
(引自中国人民政治协商会议陕西委员会文史资料研究委员会编《陕西辛亥革命回忆录》,陕西人民出版社,1982)

陕西新军中的同盟会会员初期只有钱鼎、张钫、党仲昭(自新)、张宝麟(仲仁)、曹位康、朱叙五、张作栋、彭世安、司务长张光奎9个人,后4人分别在军中担任实职。其中,钱鼎在同盟会、哥老会的联合中起了重要的作用。钱鼎(1884—1911),字定三,陕南白河县人,陕西陆军小学堂学毕业后被保送到保定陆军学堂步兵科速成学堂。(图5.4)教官方声涛毕业于日本陆军士官学校,是该校的主盟人,先后发展了同盟会会员72人,在陕西学员中发展了5位(陕西学员共23人)。钱鼎受方声涛的影响较大,加入同盟会后积极扩展会务,大力从事革命宣传和革命力量的发动工作。他与进步同学党自新、张宝麟、曹位康、张鹤峰和在河南读书的同乡黄统,曾创建和发起陆军同学会、陆军醒狮社、陆军同胞社等组织,是当时全国各地保送学生中的积极分子,为各省同学所敬重。方声涛也曾加入陆军同胞社以示支持,而陆军同胞社的宗旨基本与同盟会相一致。宣统元年(1909),钱鼎回到西安,在一标充当队官,很快升任第三营营副。钱鼎平时不善言谈,却有着缜密的思维和坚强的意志,在运动革命方面发挥着重要的作用,又因极具人格魅力,非常受同志们信任。宣统二年(1910),为团结哥老会出身的士兵,钱鼎又加入了帮会。当时,老行伍出身的士兵多数都参加帮会并为头目,如张云山、万炳南即是有号召力的大哥。这样,钱鼎在新军和哥老会两支力量中都有一定的影响。

当同盟会决定联合军中的哥老会成员时,钱鼎与张宝麟经过多方面的宣传,在两三个月时间内,一一说服各营队哥老会的头目一起干革命。双方代表曾在西安大雁塔进行联盟宣誓,即所谓"三十六兄弟歃血联盟",

井勿幕、钱鼎、朱彝铭、党仲昭、张钫等同盟会会员都参加了这一旧式宣誓活动。这次订盟进一步巩固了同盟会与哥老会的联盟。

通过张钫，钱鼎结识了张凤翙。张凤翙（1881—1958），字翔初，陕西咸宁人，家里经营铁匠铺，19岁中秀才，陕西武备学堂学生，后被选派到日本陆军士官学校留学，为骑兵科，同盟会首批会员。（图5.5）留学期间，张凤翙因言得罪了留学生监督李士锐，回国后，参加陆军部组织的留学资格认定考试时被李借机报复。李士锐在他的考试成绩里填写如下评语："张凤翙性情乖张，目无纪律，应予扣考。"这样，张凤翙无法获得担任政府授予军职的资格，只身回到陕西谋生，靠私人交情获得陕西混成协参谋一职，但因为他军事才能突出，兼二标一营的管带。当钱鼎几人在军中活动时，张凤翙沉稳应对，在暗中积蓄力量。如张钫所说，他虽不参加革命活动，但有一套自己的

图5.5 张凤翙
（引自中国人民政治协商会议陕西委员会文史资料研究委员会编《陕西辛亥革命回忆录》，陕西人民出版社，1982）

做法，他注重在军事训练中树立起自己的威信，也曾表示待时机成熟时会参加。他与张钫是武备学堂的同学，张钫遂介绍他与钱鼎认识，3人经常交流思想，无话不谈。张凤翙深沉果断、谦虚诚恳的性格给钱鼎留下了良好的印象，这也是钱鼎在关键时刻请他出来指挥起义的主要原因。

随着四川保路运动走向高潮，陕西的革命同志也加快了革命步伐。钱鼎等暗中准备，甚至西安街上也传言城外新军中的革命党人将在八月十五起事"杀鞑子"。这让满城里的旗人惶恐不安，统率旗兵的将军文瑞遂向巡抚钱能训建议：发给旗兵新式步枪1000支，并配备必要数量的子弹；拨发足额经费，拟在满城要塞修筑防御工事；调一部分驻外县的巡防队回省，加强城防；迅速密查军队中的革命党人。所以，武昌起义后，出于对新军的疑惧，巡抚钱能训立即计划将新军调往别处，即令本月中旬陆军一标一营管带李光辉率所部开往汉中，暂归汉中镇总兵江朝宗节制。稍后，又令新军第二标三营分别开拔至岐山、凤翔、宝鸡驻防。

革命同志也希望早点行动，但起义在准备阶段就夭折了，主要原因是

五、各地响应

驻扎城南校场巡防营的哥老会和守护装备局的人员没有联系好。随后，陕西同盟会与会党两方面负责人经过充分协商，决定于九月初八日动手。因为那天是星期日，按照军队的惯例，军官可以进城或者回家，士兵则放假，一些要地的防守较为松懈，容易攻破。但是，情况突变。八月二十五日，第一标一营出发；八月二十九日，钱鼎和张钫笔谈4小时，决定还是应该再提前几天起义。八月三十日，第二标突然接到紧急开拔命令：九月初一日发饷；初二日停操，准备出发；初三日起，每天开拔一个营。此令让革命同志面临急迫的选择：要么执行命令，要么提前一周起义。因为二标中有不少同志，该标一旦出发，必将削弱起义力量；此时还传出巡抚要严查军中革命党人。形势非常紧迫，钱鼎提出立即召开紧急会议，解决起义日期和起义指挥问题。

为防止泄密，会议采用特殊形式，即通过两个哥老会成员往来传递意见。第一个问题很快得到解决，即起义日期提前到九月初一日（星期日）。第二个问题费了一番周折，众人均推钱鼎做总指挥，但钱鼎认为自己声望不够高，与张钫一起推荐张凤翙。他们的理由是：张凤翙是协司令参谋二标一营的管带，地位较高，且与一般军官关系较好，营中又多有哥会头目；其人气度恢廓，能应变，有胆识；留过洋，是科班出身，专业过硬，在军中有影响力。钱、张二人罗列的这些理由得到众人认可。

然后，钱鼎与张钫一同去找张凤翙。因为屋里不便说话，3人遂到南边操场上。在黑暗中，3个人肩背相倚，面向外立着，秘密地用暗语谈举事各要点及总指挥人选。当钱鼎与张钫极力推举张凤翙时，张凤翙沉思了一会儿，毅然爽快允诺，并做出第二日清早在林家坟开会部署起义的决定。

九月初一日早上七点，相关人员来营发饷，八点按例放假。张凤翙以参军身份命令各营目兵擦枪、整理内部、听候命令，自己离营赴会。同盟会会员军官除了队官党仲昭值日外，其余都直奔营房西北二里远的林家坟。

参会者有新军和会党代表共75人。会议伊始，有人大致讲了起义的意义、人事安排，宣布由张凤翙为指挥，钱鼎为副指挥，众人无异议。对起义日期却有异议，张凤翙随即予以解释。最后，张凤翙发表即兴讲话，强调要统一听指挥，然后对起义予以详细部署。其中，他强调了主要的6项：一，上午行动；二，用白布缠左臂；三，炮、骑兵分骑马和徒步零星入城，在高等学堂附近集中，听候命令，张钫负责指挥；四，听到出击的枪声信号后，一标向陆军中学前进，收缴该校枪弹，编制学生，占领鼓楼及北城门楼，从满城西北进攻，钱鼎负责指挥；五、二标向军械库即军装局前进，取得子弹后，由东、南两方面攻满城，工、辎两队随二标前进，张凤翙负责指挥；六、起义口号是"兴汉灭旗"。林家坟会议是陕西革命起义紧急关头召开的一次会议，会议决议就是行动纲领。

散会后，与会者各自分头行动。上午十时前，张钫带领两骑，进西门，侦察军装局附近一带情况。左队官朱叙五带了二十骑也由西门陆续进城。党仲昭带骑兵营三十骑从南门进城。西、南两城门各留10多人，只等听到枪声后就夺取城门。其余士兵三三两两，由西门"闲逛"进城，顺着偏僻巷道向军装局进发，到预定的集合点等候。士兵都是徒手，不会引起人们注意，因为平时周末，士兵也会经常进城游玩。

大约有27名骑兵先行到达目的地，他们簇拥在军装局附近。张钫担心宪兵和警察前来干涉，遂下令士兵立即进军装局抢枪。军装局内毫无防备，护卫巡防队的士兵大都去逛街，留守的几个士兵不敢抵抗，从后门溜走。起义士兵用青石条把两道门锁撞坏，进入库房。库房里枪弹箱堆放得与房梁齐平，士兵从上推箱坠地，取出枪支弹药，实弹实发，枪声大作。其他炮兵也陆续赶到，革命军很快控制了军火库，为起义顺利推进提供了物质保证。

半小时后，钱鼎率领第一标的部分士兵赶到北校场陆军中学。他们没有受到一点抵抗，学校里的同志开门迎接。进校后，钱鼎与众人把存贮在校内的1000支枪和16万发子弹取出，迅速占领了全城制高点——鼓楼。钱鼎又收编陆军中学学生700多人，组成进攻藩台衙门的主力。很快，革命军占领了藩库，70多万两库银完好无损，使得革命军的军费有了保障。

张凤翙率领所部进城，迅速跑步到军装局，取得弹药后，连续向城内东北方向射击。顿时枪声震耳欲聋，全城因之震动。

起义之神速出乎统治者的意料。当天，陕西省官员们正在谘议局开会，听到枪声四起，个个惊惶失措，四处逃难。作为全省最高行政长官的巡抚钱能训没有采取任何有效对策，而是躲藏在一个随从家中，用手枪自杀未遂，后被送到军政府，受到优待。清政府在陕西的最高统治机构顷刻瓦解。

哥老会控制的士兵也行动起来。万炳南控制了军事参议官衙门。城内其余各衙门几乎由哥老会大小首领占领。整个西安城，除了满城，无顽固抵抗者，当天就被革命军全部占领。

起义第二天，张凤翙以"秦陇复汉将军大统领"的名义发布了安民布告晓以民众，陕西革命军政府成立。

满城之争夺战

满城是清朝统治者武力征服中原的标志。清军入关以后，陆续在各省派八旗军驻防，作为其统治支柱，驻防地点一般选在全国战略要地，如曾国藩所言，"山川要隘，往往布满"；在八旗驻防地均设满城。满城里面的设施如同一座大军营，首先用城墙将汉人隔开，城墙内主要部分是军事机构，从将军到佐领、防御、骁骑校等各级指挥部均有衙门。佐领的衙门只有一间办公室，少部分是错落有致的庭院，庭院的间隔也就形成了胡同。作为城中城的西安满城，东面和北面共用西安城墙，南面和西面另行筑墙，其面积占了西安城的1/4。平时，这里防守森严，汉人经过时，守军都侧目而视。里面有旗民约两万户，步枪万余支，旗兵4000～5000名。

听到枪声四起，将军文瑞立刻下令将满城的南、西两城门关闭。革命军用大炮轰击满城。城内骑兵试图组织突围，几次都被革命军的炮兵击溃。中午，哥老会头目刘世杰、马玉贵等部从城墙一小段崩塌处冲进去。同时，革命军的炮火又击中八旗驻防的火药库，引起强烈爆炸，守城旗兵伤亡极大，满城顿时陷入混乱，失去了抵抗力。起义第三天，革命军进入城中逐院搜索。起初，革命军指挥命令不统一，一部分士兵杀害了一些不必要杀害的旗兵和家属，张凤翙知道后，急忙加以制止。而将军文瑞在混乱中跳井自杀。

革命军攻取西安满城后，西安全城的清军被肃清。成立军政府提到议事日程。但是，起义的领导者们首先在新政府首脑人选上出现较大矛盾。起义是由同盟会和哥老会共同发动的，主力由新军、巡防营士兵和哥老会员组成。攻下西安后，新军建制已经瘫痪，哥老会头目就按哥老会的组织关系来发号施令，且各归各山头。西安城内的巡防营有6营，每营250人。其中，中下级军官和士兵大部分是哥老会的"哥弟"。在起义过程中，他们没有抵抗，大部分纳入哥老会的名下，头目们又自行扩编军队，自立系统，愿意加入者来者不拒，实力大增，大批枪支弹药军火落到他们的手中。革命同志马上发现会党成为一支难以驾驭的力量，万炳南和张云山两部尤为明显，他们身边聚集着众多自由散漫的部下。所以，当张凤翙以

"秦陇复汉军大统领"名义发出布告时,二人立即表示反对,并主张用"洪汉军"的名称,以示此次革命是由洪门领导,所有功劳都该归于洪门。万炳南甚至公开表示要做大统领,其属下也认为张凤翙当时所统领的新军仅七八百人,不足为虑。

为稳定局势,张凤翙召集各个头领在军装局开会。他首先表示自己不愿做大统领。谦让很有效果,在革命同志钱鼎等同志带头表态下,许多支持者也表态拥护张凤翙。而哥老会山头林立,互不服气,很难提出合适的人选,所以最终仍由张凤翙担任军政府大统领,并明确了全省一切军政都由大统领负责。

不过,为了平衡,会后几次协商,陕西军政府先后任命钱鼎、万炳南为副大统领,张云山为兵马大都督,马玉贵为粮饷大都督,刘世杰为军令大都督,哥老会几个次要的"舵把子"也分别担任副都督。朱福胜本是伙夫,但资格较老,也得了一个四路总检查的名分。经过这样一番安排,起义队伍内部政治斗争告一段落,陕西军政府得以正常运转。

西安光复,陕西各州县很快予以响应。数日之内,关中、陕北、陕南等地50个州县相继光复(汉中是第二年光复的),革命在全省获得了成功。但是,在全省的政治权力机构中,同盟会不占优势,哥老会才是左右一切的力量。而哥老会内鱼龙混杂,有的趁机生事,有的仗势欺人,并不关心民众疾苦,这是一种情况。另一种情况是,军政府的内部裂痕尚未完全愈合时,又得应对清军的大举反扑。

对于清朝廷来说,陕西地处冲要,战略地位重要。自武汉兵兴以来,清廷一些政要打算以陕甘为基地,重振军力,收复东南。岂料陕西率先起义,清统治者受惊之余,立即征调大军从东、西两路并进,企图一举扑灭这把烈火,进而稳住西北局势。

陕西的形势顿时严峻起来。

面对来势汹汹的清军,陕西革命军与之进行了异常艰苦激烈的战斗。此即西安保卫战。战事分为东、西两路。

东路战事

东路战事双方争夺重点是潼关。潼关是通往陕西的门户,历来为兵家必争之战略要地。古潼关如图5.6所示。

清军由河南向潼关进犯。听到东路潼关告急,钱鼎主动请缨前往应敌,也含有回避矛盾的意思,因为起义胜利以来,钱鼎对哥老会把持革命

五、各地响应

图 5.6　古潼关

（古潼关居中华十大名关第二位，历史文化源远流长。潼关以水得名，潼浪汹汹，又称"冲关"。南有秦岭屏障，北有黄河天堑，东有牛头塬居高临下，为出陕豫之咽喉要道）

果实并作威作福感到非常痛心。另外，他自己所率部队在起义后已被哥老会实力派人物所掌握，身边只剩下几个勤务兵。而在他提出率军出征后，他几次催促，军政府才调拨复汉军第一标归他指挥，但第一标统带刘刚才想自带一营回商州称王，只同意一、二营归他指挥。无奈之下，钱鼎从陆军中学生中选调33人，将原陆军中学的几十支枪支和领到的弹药辎重装车，在既定的时刻出发了。而拨给他的第一标一、二营并没有出现，钱鼎以为一、二营会赶来。可是，过了临潼，又等候一日仍不见。至渭南，当地"刀客"严纪鹏以"民团"的名义驻守在此，见有数车弹药辎重，又无大队护送，受人挑唆，上前抢夺。钱鼎与众学生奋力抗击，终因人少势寡，学生兵相继战死，钱鼎在混乱中遇害身亡。钱鼎对西安起义贡献巨大，却死于非命，令人甚为痛惜。而关键时刻军令不行，恰恰说明革命后的陕西军政府的领导力堪忧。

钱鼎遇害的消息传到西安，陕西各界为之震动。九月十二日，张凤翙复派张钫为东路征讨大都督出征。

同一天，巡防营退职管带胡明贵在西安巡警学堂学生徐国桢（同盟会会员）及哥老会王吉祥等人相助下起义，光复潼关。驻防潼关的清军副将桂和被俘，潼商道瑞清在混乱中逃跑，藏在下属家里，派人秘密送信到驻守盘头镇的河南巡防营求援。

徐国桢等占领潼关后进行分路布防,他派队长王吉祥、张森茂率两队200余人防守潼关东门外寨子,又派孔绪群一队扼守东门,自己则带领陶得胜一队为预备队,往来策应。

九月十四日,盘头镇巡防营接到瑞清的求援信后,立即派管带张大炳带100余人赶到潼关,首先向寨子进攻,革命军这边只有王吉祥、张森茂两队拼死抵抗,战斗极为惨烈,终因武器不利、子弹不足,支持半日不到,阵地失陷,两队长同时遇难。随后,清巡防营进攻东门,东门队长中弹阵亡,守兵不支溃败。徐国桢率残部退出潼关,胡明贵撤退时在小西门附近牺牲。

九月十五日,河南混成协在统带王钰锦率领下以800里急行军的速度开向潼关。王钰锦令攻入潼关的巡防营回盘头镇原防,自己和骑兵一个营驻阌乡指挥,并释放了桂和。瑞清认为,此次潼关丢失是当地人民对清政府的反叛,主张屠城。桂和力持异议,协商的结果是:允许河南军队任意抢劫一天。河南军队的抢劫给潼关城内及其附近的商民造成了难以计量的损害。这些得到上级允可的"官匪"挨门逐户搜刮,不仅金银钱物不放过,连青年妇女也不放过。清军如此暴行在百姓中间激起了更大的仇恨,加快了清朝灭亡的速度。

九月十六日,河南陆军五十标、五十八标占领了潼关。

九月十九日,张钫带领炮兵一队、马队50名、步兵两标到达华州(今华县),驻华阴庙。张部包括郭锦镛的第三标(缺一营)、魏进先的炮兵营(有山炮四门),原归钱鼎调遣的第一标第一、二营(军政府令两营到前线戴罪立功,一营营长为张建友,二营营长为李长胜)。张钫沿途鼓励地主民团认真训练,维持地方治安,以备必要时补充与调遣。至渭南,他宽免了杀害钱鼎的民团团长严纪鹏,令其戴罪赎过。获知河南新军已经占领了潼关并有大队清军继续西进的趋势,张钫急报西安,请求增援,同时,做好指挥进攻潼关的准备。

九月二十日黎明,革命军向潼关城进攻。一路由潼关南原径攻南门,主攻部队是郭锦镛指挥的一个营,并配属山炮两尊;另一路由三河口攻潼关的西门,郭锦镛另一个营,配置相同。在西、南两路联军进攻下,城内清军依据城墙做掩护,尽力抵抗;战至下午,革命军两路兵已逼进城根,正准备仰攻,大雨突然倾盆而下,道路泥泞,运动极为困难,天色近黄昏,革命军于是暂退至吊桥和山凹附近。

五、各地响应

九月二十一日拂晓,革命军又展开进攻,城内清军用大炮向外轰击,并杂以步枪密集射击,火力凶猛,革命军接近城池十分困难,仰攻极为不利。正在这时,被张钫宽恕的渭南民团团长严纪鹏率领该县民团1000余人和第一标一、二营次第赶到,分两路增援。战至中午,清军火力渐弱,革命军强攻至城下。严纪鹏组织敢死队百余人,由西南城角攀上城墙时,清军已经全部退走,"委弃弹药三十车填塞道路,向东溃逃,至灵宝待援。当时民军夺获管退炮一门,辎重无数,克复潼关"①。革命军东征首次获胜。是役,第一标二营营长李长胜阵亡,战士伤亡百余人。

潼关收复后,张钫立即部署新的防守。他认识到不能单纯防御潼关一隅,必须东取豫西各县以巩固潼关外围阵地,攻防结合才是上策。于是,他调整了潼关防务,率队东行,在阌乡与从豫西来的王天纵部会合。王天纵,河南嵩山人。武昌起义后,他召集部众多人欲袭击豫西战略要地洛阳,遭清军第六镇周符麟和毅军统领、总兵赵倜的围攻,只得退出洛阳;获知陕西革命军东征的消息,遂率豫西乡党到潼关相助。东征队伍人数陡增,声势浩大。同时,河南会众人多、枪少、组织纪律不严明也给张钫的指挥带来了困难。

这时,清政府从京城调来毅军,计步、马、炮共14营,另马金叙所率河南巡防18营(其实只有5营)均由毅军统领赵倜率领增援灵宝。东进的陕西革命军先头部队到达观音堂时,探闻清军10多个营正在西进,遂一面报告,一面后撤转移。张钫获悉敌情后,修改作战计划,决定利用潼关附近的有利地形集结兵力与清军作战,诱敌深入,予以分段歼灭。

然而,先头部队撤退时没有与后面跟进的队伍联系好,导致后撤秩序混乱,清巡防营又紧追不舍。在盘头镇附近双方接仗,革命军不支,一部退守第一关,一部退守十二边城,在清军猛攻下,都向西溃退。张钫的指挥部也退华阴,豫西援军后退入潼关南原。潼关二次失守。这天是十月十一日。而清军虽胜,但也不敢大意,边走边搜索,7天后才逼近潼关。

张凤翙听到东路方面败退的消息,亲率卫队两队,连夜急行军200多里来援。与张钫汇合后,拟定了再夺潼关的战略:"先以西南两方面更番

---

① 张钫:《辛亥革命中潼关的三次攻守战》,中国人民政治协商会议陕西省委员会文史资料研究委员会编《陕西辛亥革命回忆录》第106页,陕西人民出版社,1982。

进攻，日夜不停，使敌人疲劳，又从东南面出大军迂回敌后，先占领牛头塬东侧。"①

大部队兵分两路，一路由张钫率领督东南方向，迎击东南而来的河南援军；一路由张凤翙亲自率领，由大路向潼关进发。队伍出发后，张凤翙收到毅军统领赵倜派人请求暂时停战的信，担心是对方的缓兵之计，遂将来使斩首，继续前进。几天内，革命军冒雪连续攻城3次，激战数回，清军疲于应对。当清军第三次退却时，东南路革命军已经攻到南关城下。当晚，清军全部悄然撤退。革命军进城，潼关再次收复。此次争夺潼关，从十月十八日开始至十月二十一日克复，用了4天。

是时，西路战事危急，张凤翙立即兼程返省，调来的各标营也赴西路增援。又，山西省革命军自娘子关失利后，部分部队南下，退至蒲州，副都督温寿泉亲到潼关商洽收复晋南之事。河南来援部队也盼望早日光复河南。于是，革命军有了二次东征的战略与策划，经过推举，张钫任秦、晋、豫三省北伐总司令。

秦、晋、豫三省同志举行联合会议，做出兵分三路的东征计划：以秦豫两省兵力5000人援晋，为左翼，由陈树藩、井勿幕为正副统领，在大庆关过黄河，协同晋军收复晋南各县；编组游击队民间武装10队，在革命军的右侧配合防卫，向豫西嵩洛一带进攻，为右翼；中路主力计有步兵10标、骑兵一标、炮兵一营，王天纵为先锋官，辅以以善战闻名的骨干组成一支庞大队伍（待豫西地方武装与河南巡防营接受编制愿意参加革命者，番号发到36标），自潼关出发，向河南进军。此番出征有参议刘粹轩、刘镇华等50人担任政治工作，又有学生队一队约500人担任前方宣传工作，向民众宣传革命的意义，"收效甚宏"。

其间，进攻灵宝取得了一连串的胜利，打了几个漂亮仗，譬如：王天纵先据函谷关头，其他各标分段进攻，奋勇直前，将清军截成数段，阵地战持续了四昼夜，清军弃辎重轻装逃跑；至陕州，清军本想据城喘息，听到严飞龙占领茅津渡，距陕州仅15里，便继续东逃，王天纵等紧紧追赶，清军不食不宿跑了400里，至洛阳才停下来。但是，这些胜利让革命军将

---

① 张钫：《辛亥革命中潼关的三次攻守战》，中国人民政治协商会议陕西省委员会文史资料研究委员会编《陕西辛亥革命回忆录》第107页，陕西人民出版社，1982。

五、各地响应

帅产生了轻敌情绪。随后，清军支援的大部队到达，王天纵部恃险后撤，却被清军伪装成友军予以偷袭，造成 800 余官兵伤亡，精锐尽失，是东征军最大的一次失败。

此时，袁世凯已出任内阁总理大臣。袁世凯认为，南方独立的省份距离京城尚远，秦晋起兵才是心腹之患，遂全力调兵应对。他先调驻在京汉铁路线上的北洋陆军进驻洛阳为毅军后援。不料，毅军失地 400 里，中原震动。鉴于赵倜东撤后，实力不足，即派第二镇统制王占元、第六镇协统周符麟会同增加 10 营的赵倜毅军合力攻潼关，所携野炮、山炮共 50 多门；又命令王占元派队"清剿"渑池以北雷公山的王天纵部，进驻陕州，作为攻陕后援部队。清军经此部署，战斗力大大增强。

十一月十六日起，双方一战渑池，二战英豪，三战观音堂，革命军节节后退。清军追击，革命军败退灵宝，一路退入关内，一路退入南山，张钫随南山一路退却。

清军也分两队，倚仗先进武器（两队都配有两挺机关枪），互相配合，十二月初二日黎明，南路敌军由小道越岭前进，从南面登山，攻破革命军的防御堡垒，占领南山西端，遂用迫击炮对准潼关城内轰击；北路清军从大道前进，攻破第一关，革命军 400 余人迎战于牛头塬，李仲三率一营之兵力在七里店抵抗，终究不敌而撤退。潼关第三次落入清军手中。

据张钫分析，"革命军退入商雒，沿秦岭布防。陕灵北阻黄河，南逼山岭，民军复日夜游击于敌人之侧背"，尽管清军占领潼关，但并不敢向西扩战，因而对峙局面形成。①

腊月中旬，陕西军政府因不明清军虚实，对是否继续攻夺潼关举棋不定。是时，南北双方议和停战的电报传来，袁世凯命前线的赵倜、王占元传达议和之意，双方互派私人联络，后各派信使往还，停战协议终达成。

民国元年正月初一日，双方代表会面，在协议上签字。同一天，北洋军撤出潼关，革命军进入潼关。东征遂告结束。

东路战事，战斗场面激烈，潼关三度易手，是辛亥革命战争中典型的拉锯战，革命军在人少、武器弹药不足时靠勇敢作战屡屡获胜，也显示了张钫等将领卓越的指挥智慧。潼关三战之地如图 5.7 所示。

---

① 张钫：《忆陕西辛亥革命》，中国人民政治协商会议全国委员会文史资料研究委员会编《辛亥革命回忆录》第 8 集第 155 页，中国文史出版社，2012。

图 5.7 潼关三战之地

（潼关有"关门扼九州，飞鸟不逾"之说，历代是可战、可守、可攻之地。陕西革命军与清军在此激战，潼关三度易手）

西路战事

革命军在西路的敌人主要来自甘军。闻听西安起义，已卸任的陕甘总督升允轻装渡河逃到平凉，召集旧部，声言要"勤王"。到兰州后，升允协同新任陕甘总督长庚调兵遣将，率骑兵 60 来营大举东犯。长庚则电奏清廷，保荐升允为陕西巡抚，督办军务。同时，长庚会同驻固原的陕甘提督张行志部署军事，拟分为南、北两路东下谋陕自保：升允负责担任北路，由泾州东进，夺长武、邠州而攻乾州，所受节制的计有马安良（回族）、陆洪涛、马国仁等共 23 营；张行志负责南路，统率壮凯军 16 营及副将崔正午（回族）所部骁锐军 5 营，由陇南东进，过陇州分两路窥凤翔城。停职在籍的总兵马安良在升允的召唤下重回军营，招募回兵 14 营，自任北路前锋，南路前锋出自崔正午部。马安良本人也很骄傲，在军事会议上狂妄地说道："几个学生娃娃闹事，有什么了不起，我军一出，保能一马踏平。"①

革命军西路御敌主力为哥老会众。战事吃紧以后，兵马大都督张云山自请为征西统帅，趋乾州，对垒北路来的清军；副统领万炳南则赴凤翔，对垒南路清军。

---

① 王丕卿：《辛亥凤翔起义简况》，中国人民政治协商会议陕西省委员会文史资料研究委员会编《陕西辛亥革命回忆录》第 145 页，陕西人民出版社，1982。

五、各地响应

革命军与北路甘军经历了长武、邠州、乾州、三水、醴泉、咸阳等处的攻守激战。

首战长武

十月初一日起,西线攻守战依次展开。早在九月中旬,军政府获知升允取陕之意图,即派出第五标邓占云所部三营开赴长武一带布防。其中,第一营石得胜向长武进发,第二营杨树棠随后开拨,第三营苟占彪赴潼关增援。孰料,杨树棠到达乾州,长武一带尚平静无战事,遂南行剿匪,致使石部势孤无援,知甘军骑兵向长武方向来,石得胜向省城急报请援。

而当驻泾川游击马国仁所部袭取长武时,石得胜所部人马分散据守着3个据点,突遭此偷袭,猝不及防,被包围后全军覆没。与此同时,升允派马队两哨前进搜索,直达邠州(今彬县)城下,守城巡防队有百余人,未做抵抗,开城门投降,邠城陷落。

获知长武失陷的急报,兵马大都督张云山于十月初五日起程,其参谋、卫队200余人及丘彦彪一营一同出发。临行前,哥老会头目向紫山(湖北人,刚从富平县监狱获释)率千余人来省投效,张挑选精壮800余人编成向字营;又,前巡防营管带张南辉带300余名官兵从耀州(今铜川市耀州区)赶来加入,还将高陵游击队500人也调来一起西征。张凤翙依次为到西关的各负责人送行。

这时,潼关刚收复,于是,邓占云及苟占彪营受命加入西线部署防务。

守乾州

张云山到达乾州(今乾县),整顿全军纪律后,命令邓占云督率所属第二、第三营西进,收复失地。此两营加上第一营石得胜部残余,千余人努力奋战,终于夺回阵地。

十月十四日,邓占云派苟占彪营任前锋,杨九如营殿后策应,攻取邠州。激战半日,降敌之巡防队亦参加抵抗。敌军马队哨官阵亡一人,伤亡60余人,乃相率弃城西去,苟营入城安民,休整队伍。

两天后,苟占彪、杨九如二营相继西进,进攻长武。清军早有准备,升允进驻长武,并调陆洪涛部增援。十月十七日清晨,革命军进至冉店桥附近,遭遇甘军,双方激战。管带苟占彪、邦带杨九如率队奋力突围,不幸同时被俘,惨遭杀害。此役导致邓占云部实力大减。稍后,邓占云不满意张云山轻视自己,率队脱离战线,经汉中撤往四川。

张云山进驻邠州，得到前线失败的报告，立即命令向紫山增援。向紫山营赶到前线，经过两天的激战，夺回冉店桥、亭口两处险要。向营官兵作战英勇，在武器处于劣势的条件下，用刀矛与对方肉搏。此役以两名管带战死、士兵伤亡惨重为代价阻击了甘军的强势进攻。

这时，东线潼关又紧急，张凤翙亲赴东路督战，省城空虚，张云山急驰回省城坐镇，行前将兵马都督行营关防交参谋邹之良暂行护理，并要其与帮办何春霖、周朝武等商同办理。张云山一去，前线因权限发生争执，邹之良处置不当，导致号令不能统一，各营队又多不服调遣，一片混乱。

甘军马国仁虽败退，但因得到马安良率兵七营由庆阳来援，很快扳回败局。十月二十四日，升允令陆洪涛部反攻冉店和亭口，向紫山营坚守抗战，酣战竟日，未分胜负。

两日后，两军再战，甘军反攻，革命军因兵力不足、武器装备落后、后援不济等而全军覆没。邹子良在邠州无力堵截，只得退守乾州。张凤翙接到西线败讯，力促张云山返回前线。张云山下令丘彦彪部所属第四标先行，并给予护理西路行营之权。丘部出发，进至咸阳停滞不前。

十一月初一日，张云山离省返防。他率第二标一营、第六标一营、草滩屯军一营启程，并携山炮一尊（这些部队是炮营管带郭建德私自由前方运回西安的，张云山对其进行军法处罚后带走其人马）。至咸阳，张云山听到升允亲自督战，决定亲赴前线部署。邹子良来咸阳汇报前方军情时，张云山命其回省城兵马都督府驻守，行营关防交给丘彦彪。不料丘彦彪带着关防西进，俨然以兵马都督自居，所属官兵进见时以大帅称之，才予以接洽。

邹子良的骄横愤事和丘彦彪的虚荣做作说明了哥老会出身的将领缺乏严肃的革命精神。

十一月初四日，甘军进驻邠州，具体分工是，甘军马安良所部7个营调集在附近，陆洪涛部进据永寿。十一月初十日，丘彦彪部约5000人由监军镇向北挺进，双方遇于豪店，展开战斗。未及半日，丘部不支，退守出发点监军镇，又不支，全线溃退，无法再战，又不敢回乾州，丘彦彪欲率残部绕走陕南，未成。

张云山听说前方败讯，在乾州尽力堵截。他采用"空城计"，令士兵关闭城门，他登陴防守；夜间在城上多设灯火，他亲自握军号，不时改变号音，用各种号音迷惑对方。甘军不知内情，不敢立即攻城。但是，城北

五、各地响应

一带高原地势已尽为甘军所占,扼此可以瞰览全城,于革命军极其不利。张云山一面坚守,一面飞报省府求援。

正好东路军二次收复潼关,在东路指挥的张凤翙得飞书急报,亲率东路新组建的军队西来,并令粮饷都督马玉贵率所部谢彩臣一标和炮卫队一营同时驰援乾州。北路招讨使井勿幕派标统胡景翼率兵两营由泾阳渡河前来助战。

十一月十三日(1912年元旦),张凤翙到达醴泉(今礼泉县),与张云山约期出动,兵分三路进攻北原:西路张云山、中路张凤翙、东路马玉贵。十五日、十七日会攻两次,因联络不周,没有协调进攻。十五日会攻时,东路马玉贵数百人深入甘军阵地被包围,奋勇拼杀出一条血路方脱险。

得知甘军占领三水,张凤翙遂于十一月二十一日率陈殿卿、李长兰、胡景翼等约2000人前往夺取。甘军千余人是马安良新招募的回兵,训练不够,军纪不好,一路已引起民众不满。革命军胡景翼部出击,甘军回兵闻风而逃,退入甘境。十一月二十六日,革命军又向张洪镇进攻,张凤翙率陈殿卿部在后接应,战斗甚为激烈。下午,革命军伏兵四起,向前猛冲,甘军溃退,逃回邠州。时天下大雪,道路难行,乡民逃避一空,清军官兵得不到熟食,饥寒交迫,仅留一营驻三水,一营驻通润镇防守。此次战斗,革命军方面伤亡官兵百余人。

此后,张云山坚守乾城月余。其间,甘军用炮攻不得,改用掘地道、爬云梯、诈降,均不成功。乾州一处牵制了大量甘军主力,在西路战事上起了巨大的作用。

失醴泉

升允见不能迅速攻下乾州,就改变作战计划,一面令马安良继续攻乾州,一面派陆洪涛所部绕过铁佛寺进犯醴泉。驻守醴泉的原为马玉贵,后改为丘彦彪。

十二月十二日,甘军攻下南坊,驻守在此的杨守仁部后退撤至咸阳。醴泉北部屏障没有了。

驻守醴泉的丘彦彪大意,误断甘军重点会放在乾州、凤翔。除夕之夜,守军不加防备,吃酒赌钱,通宵热闹。结果,陆洪涛部由城南角攀登而入来偷袭,丘彦彪等抵抗来不及,场面混乱,醴泉遂失。

不久,清帝退位。东路清军与革命军也已签订停战协定;张云山派参谋雷恒焱赴醴泉十里铺劝告升允罢兵息民，没有见效，反被升允惨杀，弃尸于枯井中。又，丘彦彪部的先锋总队长朱长春曾跟随升允做过侍卫多年，想利用旧关系劝其休战，也被绑，钉死在东城门上示众。

咸阳守战

醴泉失守后，军政府对甘肃清军的下一步行动做了预测：一是可能东扰咸阳，威胁省城；一是可能会北渡泾河，扰泾阳、三原。他们决定采用以下对策：派兵马副都督吴世昌主持咸阳军事；命粮饷都督马玉贵率谢彩臣全标和炮卫队一营把守泾阳渡口；调驻同州的东路节度使陈树藩率严飞龙等星夜赴醴泉，由临津渡河，作为攻取醴泉的主力军；令北路招讨使井勿幕助陈部作战；又令驻华阴的大统领卫队指挥官朱彝铭率炮队由新丰过河，会同陈部攻取醴泉。

吴世昌从省城赶到咸阳时，咸阳北原已经被甘军占领。正月初六日黎明，甘肃清军从下原来攻。吴世昌率队迎战。敢死队奋勇异常，手持铡刀冲入对方阵营中，甘军被吓退。吴世昌乘势追击，不料中弹坠马，被管带高森救回城内。高森一营坚持不退，陷入重围，高森挥舞大砍刀砍杀甘军无数，终以力竭战殁。该营战斗到半夜才等到援兵，军令都督刘世杰亲自督战，革命军的形势略有好转。

革命军联合防守咸阳不力，存在的问题有：对方居高临下，仰攻困难；各部队隶属不同，互不服从统率，不能协同作战，一度造成敌退我亦退的局面。

获知东路军调来的消息，升允担心醴泉被包围，要求北原之兵撤回固防。

从正月初七日至十一日，革命军一部分人追踪敌军，准备夺回醴泉，一部分人留守咸阳。十日，进攻醴泉的吴善卿领队遭敌伏击，中弹牺牲。十一日上午，甘军千余人由北门出城迎战，陈树藩部与之对抗，"战况非常剧烈"。严飞龙部第三营管带领朱佩贞中弹阵亡，第一营管带王飞虎增援，酣战之际，腿部中弹，抬回泾阳医治，到午后四时许，双方收兵。

醴泉尾战

正月十三日，革命军的炮队由华阴赶到，协同陈树藩作战。十四日上午，炮队在城北郊选择好了阵地，以十二门野战炮向城门轰击，北城楼瞬间被打垮，旋又炸毁县衙门，升允的行营直接受到打击。

为了减少对老百姓的损害，炮手发放20余发爆裂弹后，停止轰击，

五、各地响应

步兵向前移动。清甘军由东、西两门出城,疑似要从两翼包围;革命军严飞龙率部向东、胡景翼率部向西进攻,相持两个时辰,甘军退回城中。严飞龙打算夜袭生擒升允而侦察地形,不料,刚到东北城角一里许的地方,就被城上流弹击中头部。去世前,他一再叮嘱部下一定要杀进咸阳城去。严飞龙成为革命军奋战的动力。

凤翔之战

凤翔为关西重镇,西安一光复,高等学堂学生杨会桢、刘铚回到家乡,联合当地哥老会杨凤德、黄发、陈得胜、赵大贵等众千余人,于九月初六日夜间包围了府城,县衙的差役张三保等在城内做内应,知县彭毓嵩和知府德祜(旗人)被群众杀死,凤翔遂宣布独立,并推举当地哥老会大首领——秦凤山山主马秉乾出面维持社会秩序。城内硕儒李逢春建议速到省城请援,以防止被清军两面夹击。陕西军政府得讯后,即命副统领万炳南出防凤翔,并派赵乃普署知府,胡树人署知县。

万炳南受命后,率部2500人赶往凤翔。到凤翔后,把起义者整编为5个民团营,每营200余人,以马秉乾为中营管带,黄发为东营管带,杨开甲为西营管带,袭发荣为中营管带,杨凤德为北营管带。万炳南不当之处是把起义有功之人张三保等斩首示众,此举非常不利于团结。

万炳南积极进行军事部署,固关、陇州、汧阳(今千阳)为甘军进犯凤翔的必经之道,遂令从西安来增援的杨春华营出守固关,并令参谋陈同率参谋吴栋臣、赵皖江进驻陇州。

十月二十七日,甘军崔正午率5营夜袭,杨春华部不支,退守陇城,固关失守。接着陇城也被攻陷,陈同等化装跑回凤翔。崔部经汧阳直趋凤翔,驻城西柳林镇,前锋达亭子头。同时,陕甘提督张行志率壮凯军7营自灵台南下,经天堂进驻城北水沟大相寺,前锋达北沙凹堡。甘军明显是兵分两路结成掎角之势进逼,总兵力为4000余人。

万炳南以凤翔兵力单弱,情势危急,向省府请求增援。军政府增派王荣镇、杨汝林、王镇海三部各一营来援,又令临潼曹印侯新编敢死军1200余人赴凤翔。敢死队无枪支,均系以铡刀夹钉长柄一把,横冲直撞,向敌人奋勇砍杀,人称"铡刀队"。有如此奋勇之战士,才有如此情景,即"在凤所有的民军及地方民团力量,总计不足十营人,为数不过八千之众,实有的旧式毛瑟枪和曼利夏枪,也只有三百多支,其余尽是长矛马刀之类,和敌人力量对比,不但众寡悬殊,而且武器太差,惟因当时群众革命意志坚强,军民团结,驻军和地方民团上下一心,步调一致,凡一切军糈供应,粮草支给,探敌情,设埋伏,抬担架,打接应,均得到了广大群众的支持,武器虽差,牺牲虽大,而军民战斗意志不稍衰"①。

凤翔一处战事从辛亥年十月底一直到翌年正月下旬,其间,革命军在城外西北方向和甘军大小战斗20余次,打退其10余次进攻,其中又以铡刀敢死队战斗最为勇猛。翌年正月十五黎明时,万炳南下令乘清军不备突然袭击,于柳林镇大破崔正午军,使其尽弃辎重,仓皇失措,周章狼狈,逃窜于陇州。此后,甘军不敢再展开进攻。

凤翔保卫战的胜利不仅保住了危城,而且坚定了西路张云山与众将士坚守乾州的信心,解除了西安秦陇复汉军政府的后顾之忧。此种声援与配合对全省胜利举足轻重。

清政府的统治已近崩溃,但升允仍然顽固不化,坚守城池,在革命军的围困下苟延残喘。张凤翙请关中耆老蓝田牛梦周、兴平张晓山去劝说升允投降。经过老相识的劝说,升允放声大哭,一面痛骂袁世凯,一面从怀中取出清帝逊位和停战电文,答应停战。

正月二十日,马安良代表清军与革命军签订停战协定,约定日期双方主帅见面。临近日期的前一天,升允又复函推脱,逃遁而去。二月初,袁世凯令马安良军队全部撤回甘肃。

凤翔甘军张行志见崔部受重创,效升允袭取醴泉之法从后方来扰。岐山县没有防备,军民死伤千人不止;② 甘军在城内又盘踞了8天,掠夺、侵扰百姓。得知清帝已经退位,马安良在乾州也与革命军签订了和约。此时升允已退走,张行志率部从原路退回甘肃,令崔正午部同日撤出陕境。

西路战事相持3个多月才结束,其战斗涉及面甚广,长武、邠州、永寿、乾州、醴州、咸阳、三水、陇州、汧阳、凤翔、岐山、武功、扶风等县都是作战重点区域。令人遗憾的是,坚守凤翔的万炳南在西征结束后居功自傲,因此引来杀身之祸。

总之,经过百余日的战斗,陕西境内东、西路抗击清军的战争以胜利

---

① 王丕卿:《辛亥凤翔起义简况》,中国人民政治协商会议陕西省委员会文史资料研究委员会编《陕西辛亥革命回忆录》第145-146页,陕西人民出版社,1982。
② 朱叙五、党自新:《陕西辛亥革命回忆》,中国人民政治协商会议陕西省委员会文史资料研究委员会编《陕西辛亥革命回忆录》第82页,陕西人民出版社,1982。

五、各地响应

结束。值得一提的是,陕西省坚持战斗的时间为全国之最。胜利的取得,除了勇士们意志坚韧、作战方略得当外,陕西军政府的经济措施也是较为给力的。根据当事人朱叙五等回忆,军政府在保卫西安的系列战斗中所采取的措施有开仓平粜、整理金融(把大清银行改为秦丰银行,发新银票)、设立粮台、撙节开支、劝捐助饷、发行公债、整顿百税、提前征收粮赋、开彩筹款等。这些措施帮助军政府解决了物资供应,渡过了一道道难关。

山西起义

太原起义

太原起义晚于西安起义8天。山西起义形势如图5.8所示。

山西地势高峻,迫近畿辅,省城太原离京师500多公里。当时,从太原有两路进京:一路是东出娘子关,沿正太路东进;一路是由忻州北出大同,沿京绥铁路前进,京师即暴露无遗。所以,一旦山西宣布独立,对清统治者必定会是沉重的一击。

太原在北方能率先起义离不开同盟会会员的组织领导。"清末新政"开始后,山西省不甘落后,大兴教育。光绪二十八年(1902),山西巡抚岑春煊根据朝廷的旨意,将原有的令德堂改为山西大学堂,又设立武备学堂。随着留日风潮兴起,光绪三十一年(1905),山西一次派出50名学生赴日本学习,其中20名是为省内培养的中、高级军事人才。同年同期赴日留学的有温寿泉、阎锡山、姚以价、黄国梁、荣炳、荣福桐、张瑜、乔煦等,他们几乎都是太原起义的骨干分子,且大部分是同盟会会员。同盟会成立后在东京设有山西分会,分会负责人为谷思慎,谷又介绍荣炳、荣福桐、景定成、赵戴文、温寿泉、何澄、王用宾等加入。黄兴在同盟会成立后,很重视在军事学生中培养积极分子,日本陆军士官学校学生阎锡山、温寿泉、何澄等都是培养对象,"铁血丈夫团"性质的活动为一例。据阎锡山回忆,他曾经在暑期回国探亲时怀揣着炸弹准备搞暗杀。这些同志先后回国,在省内学校及军队中发展了一大批同盟会会员。相比较他省而言,山西同盟会在军队的组织力量方面更强一些,有一定的凝聚力;在宣传方面,王用宾创办的《晋阳日报》成为宣传主阵地,南桂馨创办了"振兴派报社"并代销各地的革命报纸,在社会上产生了一定的影响。

辛亥革命最早响应武昌起义的几个省份的共同特点是,新军为发动起义的主力军,山西亦是其中一例,相近时间响应起义的云南亦如此。山西新军编练始于光绪二十八年(1902),至宣统元年(1909)编成一个混成

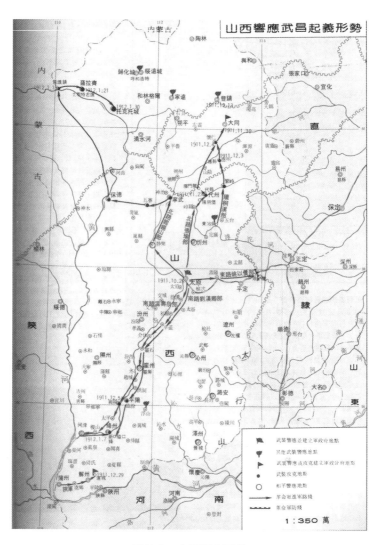

图 5.8 山西起义形势

(引自辛亥革命武昌起义纪念馆编著《辛亥革命史地图集》第 102 页,中国地图出版社,1991)

协,番号是暂编陆军第四十三协,下辖步兵两标,八十五标为一标、八十六标为二标,炮兵、骑兵各一营,工程队、辎重兵各一队,有 4000 余人,如《清末新军编练沿革》一书所说,"(山西)混成协官兵主要是山西籍"。辛亥起义前,除统制姚鸿法、协统谭振德不是同盟会会员外,二标标统阎锡山、一标第二营管带姚以价、二标第一营管带乔煦、二标第二营管带张瑜等都是同盟会会员。其中，一标标统黄国梁（1883—1958），字绍斋，原籍陕西洋县人，出生于太原，父亲是清军驻太原的骑兵哨官，他虽然没有加入同盟会，但同情革命，追求民族独立，在进入山西武备学堂前，与阎锡山、张瑜结拜为把兄弟，宣统二年（1910），曾在太原组织军人俱乐部，名为学术研究，实为革命做准备。温寿泉（1881—1955），字静庵，山西洪洞人，同盟会会员，留学归来后参加朝廷会试，因成绩优异，被授予陆军炮兵科举人，副军校，回省担任督练公所会办兼山西陆军小学堂监督，其军事才能与智谋得到革命同志的肯定。另外，从保定陆军学堂毕业回省担任军职的人中也有不少是同盟会会员，如模范队队长张培梅、赵守钰等。

阎锡山等利用各种途径发展会员，如黄、阎在担任标统后，以振饬军务为名，选了同盟会会员及两标优秀新兵若干人成立模范队，半年期满，重行分配到各营任班长。以后，这种班长在第一标遍及各排，第二标虽有差距，也渗透了一部分。还有第一标第二营正目杨彭龄等同盟会会员在士兵中间做了许多工作，形成"九兄弟"等核心组织，并且在巡防营、巡抚衙门警卫队中联络了支持者。总之，在山西军队中，革命已有相当的基础，而新军的军权基本上由同盟会会员所掌握。

清巡防营有20余营，4000余人，分散驻在平阳（今临汾）、大同和代州（今代县）等地，由南北总兵谢有功、王得胜分别率领。太原城内有巡防营马队和300余人的"旗卫护"。这也是有利于山西新军起义的一个重要条件。

陕西起义的消息传来，山西巡抚陆钟琦害怕波及山西，急电平阳总兵谢有功，要其调集所部兵马7个营加强黄河的河防。第三天，陆钟琦又抛出一策，派新军扼守河东。他获知第一标革命分子很多，便决定派其中一部分防守河东，以实现"调虎离山"之效。此计策由陆钟琦与督办公所总办姚鸿法、协统谭振德密谋而成。这样，黄国梁所在的第八十五标必须离开太原开往蒲州（今永济）。陆钟琦等人还拟将八十六标调往大同，而将外地的巡防营调入太原来守防。同时，为防范新军，平时不给士兵发子弹。调八十五标往蒲州，他们也打算让其先开拔，后发子弹。在黄国梁与众管带力争下，才允诺发给子弹4万发。

陆钟琦限令第八十五标第一、第二营必须在九月初七日先行开拔。形势顿时变得严峻起来。同盟会会员们商议后，决定尽快起义。因为八十五标如果奉命开拔，不仅原来准备的起义计划无法进行，而且被分割后也有被消灭的可能。

为了促成八十五标尽早开拔，陆钟琦兑现承诺，发给该标子弹。八十五标第一、第二营于是到西郊尉军械库领取了子弹。军械库的人多系武备学堂毕业生，相互熟悉，开库后任意提取，"枪械有日本造的，有汉阳兵工厂造的，都是好枪弹"①。这样一来，八十五标的枪支弹药比较齐备，起义条件成熟。下午，到规定的开拔时间，黄国梁、南桂馨遂率领一标本部人员和先行骑兵营出发，到祁县等候，伺机返回。

就在黄国梁去河东的前一天下午，新军中的同盟会会员以送行的名义在黄国梁家中秘密召开紧急会议，到会者有黄国梁、南桂馨、阎锡山、张瑜、温寿泉、乔煦等。八十五标军需官、同盟会骨干分子南桂馨首先提议：八十五标开过汾河对岸后，联合陕军，再反攻运城、临汾、太原；阎、黄、温等均主张先在太原起义，因为太原是省会，首府起义影响更大。后一主张获得多数人赞成，大家约好尽快行动，"最好明早一、二营领到子弹，及时发动"②。

关于起义的具体筹划，当事人张树帜也有记载。张树帜（1881—1946），山西崞县（今原平）人，同盟会会员，原为《晋阳公报》的访员，因为敢于大胆报道事实，为当政者所不容，被关进监狱，获释后到陕西活动，山西起义前回太原，参与了起义的筹划领导。他在回忆中提到的起义筹划是，在黄国梁一行出发后，张树帜与李成林、刘文英一起到阎锡山家里劝说其行动，阎锡山方下决心行动，"阎即以举事手续，布置方法，一一告知"③。阎锡山的计划是："八十五标官长兵士如能响应，即以该标二营攻抚署，本标二营接济；其后该标一营两队攻警署，两队攻满营，本标一营两队守军装库，两队接济攻满营。但该标驻城外，今夜入城，诸多不便，必得翌晨进城，出其不意，攻其无备。事成我诸同志即到谘议局开

---

① 田桧：《访问参加太原起义的三位老人》，赵政民主编《山西文史资料全编》第1卷第122页，《山西文史资料》编辑部，1998。

② 南桂馨：《辛亥革命前后的回忆》，中国人民政治协商会议山西省委员会文史资料研究委员会编：《山西文史资料》第二辑第86页，山西人民出版社，1962。

③ 张树帜的记载是日记，不否定有补记的可能，并带有个人的感情色彩。从文字中看出张树帜对阎锡山是比较推崇的。

五、各地响应

全体大会,公举都督。事不成,由东门退出,无甚阻碍,以便举兵南下,与陕省民军结合,势力膨胀,好图再举。"①这种部署倒是很符合阎锡山的性格,进退两手之策反映了阎锡山患得患失的一面。

具体任务落实到人,即:张树帜去联络八十五标并约定电话暗号报胜负;李成林负责联络警界;刘文英通知张培梅等联络军界;阎锡山自己约本标管带乔煦、张渝等基层同志传达任务。

而关于起义的具体时间与路径,多处史料记载主要是由革命同志与基层军官敲定的。首先是张树帜费了一番周折与一标一营的同盟会会员杨彭龄和一标二营前队队官王嗣昌取得联系。当张树帜、杨彭龄、王嗣昌等商议起义事项时,陆续参加的军官士兵达30人。"王君以军队清晨入城最为上策。"②王君即王嗣昌。这样便敲定了清晨攻城的方案。

这个方案获得本营其他3个队官同意后,王嗣昌立即去找管带姚以价。姚以价欣然同意,"以价立表同情,将同志杨彭龄等一齐合议办法,复愿自任司令事"③。姚以价表示自己虽然不是同盟会会员,但是,承蒙信任,愿意服从大局。姚以价(1881—1947),字维藩,号龙门,山西河津县人,在学科、术科方面俱佳,练兵有道,深受上司器重,省城驻守的6个新军营,经他之手训练的有4个营,在军中有较高的威信和较广的人脉。

九月初八日(10月29日)天还未亮,八十五标即一标一、二两营的官兵集合于太原城南10里的狄村营房大操场后,姚以价召开动员大会。他大声讲话,激昂澎湃,声泪俱下,官兵齐声回应愿听从指挥,愿为革命拼一死。于是,姚以价以革命军总司令身份宣读了命令,说明了起义的宗旨即推翻清朝的统治。姚以价命令:起义首先要"于拂晓攻占太原",其中,苗文华(一营督队官)带第一营前、左两队直扑满洲城;崔正春(一营后队队官)带第一营右、后队,夺取军装局;杨篯甫(杨彭龄字)

---

① 张树帜:《山西辛亥起义日记》,赵政民主编《山西文史资料全编》第2卷第592页,《山西文史资料》编辑部,1998。

② 张树帜:《山西辛亥起义日记》,赵政民主编《山西文史资料全编》第2卷第593页,《山西文史资料》编辑部,1998。

③ 张树帜:《山西辛亥起义日记》,赵政民主编《山西文史资料全编》第2卷第593页,《山西文史资料》编辑部,1998。

为冲锋队队长,张煌为奋勇队队长,随本司令直捣巡抚衙门。然后,姚以价又宣布军法4条:不服从命令者斩首,不直接力战者斩首,扰害百姓者斩首,伤害外人者斩首。

命令下达后,大家立即分头行动。两营随着杨彭龄率领的30名先锋队迅速折回,向太原新城门挺进。负责保守城门的李成林已提前得到杨彭龄的交代:"在29日早上6点钟以前务必把新南门打开。起义军进城时,不要让他的部下和起义军发生冲突。"① 起义队伍赶到南城门时,时间还早,城门未开,队伍先隐蔽起来,两名哨探潜到城门跟前。过了半个时辰,城门被打开了,队伍遂一拥而入。太原首义门手绘图如图5.9所示。

图5.9 太原首义门手绘图

(首义门,在明朝时为承恩门,也称"新南门",辛亥革命后改为此名。解放战争时,该城门在炮火中毁。中华人民共和国成立后,原址改造成为五一广场。1911年10月29日拂晓,山西新军第八十五标第一、第二营千余名官兵在姚以价的带领下,在狄村军营誓师起义,拂晓时穿过此门进入太原城。图片来自网络"蒿泊村人"的《太原这座城门:太原起义与首义门》)

---

① 郭登瀛:《参加起义先锋队的回忆》,《山西文史资料全编》第2卷第571页,《山西文史资料》编辑部,1998。

五、各地响应

进城后,按照计划,队伍分两路前进。

一路由苗文华带领,一进城就登上城墙,向东冲到满城。满城的兵丁还在睡觉,革命军发动进攻时,他们才吹响集合号,自然措手不及。几个小时后,满城的战事结束。

一路由张煌带队攻打巡抚衙门,大队伍紧随杨彭龄的先锋队,直奔目的地。到了巡抚衙门,有人就大声喊道:"巡抚在哪里?巡抚在哪里?"陆钟琦听到声音,从上房出来察看,衣服还没有穿好。起义队伍中有人说:"这就是巡抚,开枪!"陆钟琦随即倒于血泊中。接着,从东房走出一个年轻军官,厉声问道:"你们这是干什么?"话音刚落,即被乱枪射中,倒在台阶之下。事后得知青年军官是陆钟琦的儿子陆光熙,陪母亲来看望父亲。陆光熙也是日本陆军士官学校留学生。阎锡山后来回忆,陆光熙是同盟会会员,来太原曾与他会面商议革命之事,待考证。

张煌率队伍走出巡抚衙署,遇协统谭振德。谭正带着两个士兵从东骑马而来。谭振德先发问:"你们是哪一营的?谁叫你们造反?"

张煌迎上去回答:"我们是一标二营。这是革命,你随了我们吧!"

谭振德怒言"我不随",并转身准备离开。

士兵随着张煌的手势,连发数枪,将谭击毙于衙门外。然后,大队伍直奔藩台衙门。张煌叮嘱士兵不能杀死藩台,以保证革命军胜利后的财政来源。革命军以最快速度占领了藩台衙门的银库,接着控制了军械库、子弹库、巡警道、官钱局等。

八十六标原本就驻在城里的。据王用宾回忆,阎锡山是听到枪炮声才令其管带乔煦等同志以"保护"为名,分兵开向抚院、藩库及子弹库、官钱局等地;一面又向九仙桥防堵驻城的巡防队。也就是说,太原起义,二标(即八十六标)只是配合起义,没有直接参加战斗。于此,邹鲁在回忆中为阎锡山申辩,阎部是"无弹未敢动",这倒也合情理。当晚,阎锡山确实集二标中下级官员11人开会,会议开到半夜。无论如何,进攻巡署、满城、藩台等战斗主要是由一标军官士兵完成的。

革命军占领巡抚衙门后,领导起义的人员汇聚在第八十六标本部召开紧急会议,商讨下一步方案。出席会议的有阎锡山、温寿泉、姚以价、张瑜、李成林等。在推选都督时,阎锡山提议由姚鸿法为大都督,理由是:第一,姚鸿法曾是两标协统,是直接长官,好办事;第二,如果起义失败,姚鸿法的父亲姚锡光是清廷兵部侍郎,事情亦好缓和。在场的人同意阎锡山的主张，推温寿泉和姚鸿法联络，姚鸿法怕连累父亲，坚辞不就。

第二天早上七时，会议挪到谘议局继续进行，由议长梁善济主持，参加者除了议员和军界阎锡山、温寿泉、姚以价等外，还有各界代表人物，如学界赵戴文、徐一清，警界贾英，督练公所常裕等。当推选新政府人选时，革命人士自然主张推翻清政府，不用清政府旧人。议长梁善济立即表示反对，不同意取消清政府。张树帜立即抢步登台，将梁善济挤到背后，大声道："我们要推阎锡山为大都督，不要选票，要举手表决。"议员们还在迟疑中，周玳大声响应，拿出手枪拍放在桌子上说："赞成的举手。"参加会议者遂相继举手，于是，由阎锡山出任山西都督，温寿泉为副都督（图5.10），黄国梁为参谋部长，常裕为军令部长，景定成为政事部长，姚以价为东路军总司令，杜上化为总参议，山西军政府产生了。

任山西都督时的阎锡山

任山西副都督时的温寿泉

图5.10　山西正、副都督阎锡山、温寿泉

（引自《山西文史资料全编》，赵政民主编《山西文史资料》编辑部，1998）

当黄国梁带人返回太原时，上述任务已经完成。①

太原起义无疑是一次大地震，清统治者的阵脚更加混乱，京城官员均恐慌不已。

---

① 南桂馨：《辛亥革命前后的回忆》，中国人民政治协商会议山西省委员会文史资料研究委员会编《山西文史资料》第二辑第94页，山西人民出版社，1962。

五、各地响应

而山西省军政府在稳定全省政治局势的同时,重点加强省城的防御。山西与京畿直隶(今河北省)相邻,清军若从娘子关西扑太原不过半日工夫。所以,娘子关防守成为首要任务。起义第二天,阎锡山立即派出太原起义总司令姚以价率步、炮兵和陆军小学堂学生4000余人往娘子关防堵。

在直隶滦州,与太原起义的同一天,第二十镇统制张绍曾收到天津兵给司令部副官、同盟会会员彭家珍的急电,要他在驻地滦州扣留一批由自己负责押运的军火。张绍曾见电即刻动手,共截获枪5000支、子弹500万发。随后,张绍曾联名第三十九协协统伍祥祯、四十协协统潘榘楹、第二混成协协统蓝天蔚、第三镇第五协协统卢永祥等,在直隶滦州通电,向清政府提出"十二条政纲",要求改革政治,实现君主立宪。此事件被称为"滦州兵谏"。

"滦州兵谏"与山西宣布独立,形成北方的东、西呼应,对清廷形成军事和政治的包围。

听到山西革命军进驻娘子关的消息,清统治者在恐慌之中做出如下反应:一是立即于九月十一日授袁世凯为内阁总理大臣;二是九月十三日参考张绍曾等提出的"十二条政纲",朝廷制定并颁布《宪法重大信条十九条》;三是九月十四日任命第六镇统制吴禄贞为山西巡抚,一为稳住吴禄贞,一为抵御山西革命军;四是于九月十六日释放了刺杀摄政王未遂的汪精卫、黄复生;五是九月十七日按袁世凯的建议,任命张绍曾为"长江宣抚大臣",要其立即上任,实际上是削减了张绍曾的兵权(同日,吴禄贞被害)。

吴禄贞从保定移师石家庄,然后按兵不动。他一面向朝廷夸大山西起义的严峻形势,请求派兵支援自己;一面暗中与张绍曾、阎锡山约好准备反攻京师,支援武汉前线。同盟会会员王用宾回忆:"吴乃同志,张部下亦多同志,畿辅空虚,正好东西夹击,遂有组织'燕晋联军'之议,拟以吴为大都督,阎、张副之……吴亦派何遂、王秉哲到娘子关接洽。旋吴亦到关与阎会面,因其统摄第六镇未久,为镇慑反侧,须晋军一团厚其势,不料晋军迟到,吴已先为人刺杀于车站之司令部。"[①]

多位革命者回忆道,吴禄贞得到朝廷任命后,只身到娘子关与山西革

---

① 王用宾:《辛亥革命前后山西起义纪实》,陈夏红选编《辛亥革命实绩史料汇编 起义卷》第365-366页,中国大百科全书出版社,2011。

命军将领见面，并得到革命同志的响应。湖南籍仇亮率先响应此计划。仇亮与阎锡山为同期同学，参与山西新军编练，深得阎锡山信任。当吴禄贞从娘子关返回后，仇亮受阎锡山委派，率500人假借归降，到石家庄归吴禄贞指挥，驻扎在石家庄火车站附近。吴禄贞遇刺时，仇亮驻地离车站尚有7公里，未能及时相救。

吴禄贞是被谁刺杀的？刺杀行动的幕后指使者是谁？目前说法仍然不一。一种说法是袁世凯直接贿赂与吴禄贞结怨的人，即周符麟、马步周（字惠田）将吴杀害。① 一种说法是第六镇的几个主要将领自发所致，刺杀的原因略有不同：一为平时积累下一些仇恨，知道吴禄贞要"造反"，即自发推吴禄贞信任的骑兵营营长马步周将吴"弄死"；二为吴调兵来袭袁宅，火车已开火待发，部下皆袁的旧部，闻之愤怒，结合数十人刺杀了吴；三为吴的协统、标统周符麟、天鸿昌、马某等将佐4人因吴所拟计划连连失败，渐生疑念，一面与吴断绝，一面告发于荫昌及良弼，荫、良二人许万金重酬，遂有谋刺之事；四为第六镇骑兵营营长马步周为清室奸细，马将吴禄贞开会情形汇报给良弼，良弼、段祺瑞等阴悬2万金以重赏，购吴之头，即密令周符麟来行刺，马借吴禄贞信任他，借行礼时拔枪相击，并割下了吴的首级。② 一种说法是清廷所为，即执政者获知吴禄贞不到太原上任，却亲赴娘子关与阎锡山接洽，还公然以"消弭战争"为由截留了运往湖北的军火，随即派人暗杀；阎锡山也持这种说法，谓据当时随晋军退到太原的孔庚、李敏之等讲，刺杀案是由清廷以2万两银子买通旅长吴鸿昌所为。只是阎锡山的说法与孔庚的有出入。在孔庚的回忆中说，当时的确有被吴禄贞撤职的协统周符麟悄然从京城来到石家庄，马步

---

① 任芝铭：《袁世凯刺杀吴禄贞之我闻》，中国人民政治协商会议全国委员会文史资料研究委员会编《辛亥革命回忆录》第8集第222页；元柏香：《吴禄贞被刺事件鳞爪》，中国人民政治协商会议全国委员会文史资料研究委员会编《辛亥革命回忆录》第8集第224页，中国文史出版社，2012。

② 王锡彤：《辛亥记事》，庄建平主编《近代史资料文库》第七卷第635页，上海书店出版社，2009；郭孝成编：《中国革命纪事本末》第191页，商务印书馆，2011；石荣暲：《太原辛亥革命回忆录》，刘萍、李学通主编《辛亥革命资料选编》第三卷上册第214页，社会科学文献出版社，2012。

五、各地响应

周则为了 2 万元赏银而行刺。其叙述的前后背景说明此事是朝廷所为。①还有一种说法是袁克定与朝廷合谋。吴禄贞劫军火,用激烈言辞弹劾荫昌误国大罪,让清廷惶急万分,不敢公开斥责,便想用暗杀的办法剪除大患。吴在石家庄阻挡了袁世凯回京之路,袁克定想要借重吴之兵力为他们所用,吴却置之不理,于是,袁克定同清廷合谋行刺。②

多种说法中哪一种说法较为真实可靠?吴禄贞部下第六镇军官自发谋杀,袁世凯派人暗杀,清廷派人刺杀说均有可能,朝廷削减张绍曾的兵权与吴禄贞被刺是同一天,这难道是一种巧合?再看袁世凯的动向,袁对军权异常看重,一向不让外人染指北洋六镇。吴禄贞出任第六镇统制,又坐镇石家庄并担任山西巡抚,已经对他构成极大的威胁,所以,袁世凯主使刺杀这一说法广泛流传。但当时袁世凯身处前线,面对武汉革命军的进攻态势,是否还能顾及吴禄贞呢?遍查袁世凯那几日的行程,可知袁世凯是在太原起义两天后,即九月十一日获得内阁总理大臣一职。而这一天,袁世凯指挥北洋清军攻陷汉口,庆亲王奕劻辞去内阁总理大臣,袁世凯是 10 多天后才到北京上任的。无论如何,吴禄贞的死对袁世凯来说,是求之不得的事,而对山西乃至全国革命来说,却是一大损失。

吴禄贞遇刺一周后,清政府任命张锡銮为山西巡抚,命令第三镇统制曹锟、协统卢永祥进攻山西,猛扑娘子关。奇怪的是,清军并没有立即大动干戈,而是在一个月后才正式进攻娘子关。原因与袁世凯有关系。

新军第三镇统制本是曹锟,曹锟丁忧在家,即由第五协协统卢永祥护理统制(简称"护统")。武昌起义前,第三镇驻扎在宽城子(长春)。武昌起义后,第三镇被抽编组成混成协,准备南下湖北支援。凑巧的是,当卢永祥带部队到丰台站时,正是吴禄贞被刺杀的第二天早上。获下属报告,卢永祥立即回北京面见王士珍,"晚上九点钟以后,卢护统由北京回

---

① 载涛:《吴禄贞被刺真相》,中国人民政治协商会议全国委员会文史资料研究委员会编《辛亥革命回忆录》第 8 集第 218 页,中国文史出版社,2012;近资:《阎锡山早年回忆录》,庄建平主编:《近代史资料文库》第七卷第 86 页,上海书店出版社,2009;孔庚:《先烈吴禄贞石家庄殉难记》第 246 – 254 页,丘权政、杜春和选编:《辛亥革命史实选集(续编)》,湖南人民出版社,1983。

② 张难先:《湖北革命知之录》第 40 页,商务印书馆,2011。

到丰台,才拿定主意说,先到石家庄驻下,暂时不往湖北去"①。这样,卢永祥在石家庄驻扎下来。

袁世凯被实授内阁总理大臣后,过了 10 余天,方从河南彰德到北京上任,"过石家庄,抚谕吴禄贞之乱军,其尤黠者携之来京,任守卫,地方遂帖然无事"②。九月二十六日,袁世凯新内阁组成。其间,袁世凯曾派段芝贵从北京到石家庄,向卢永祥传达指令。山西军中有传言:"项城不让打,想是阎和袁疏通好了。"③"不让打"显然只是暂时的,袁世凯是在等待时机,为自己赢得更多筹码。

娘子关争夺战

十月十八日,娘子关争夺战正式打响。统制曹锟在战役打响后来到前线。这一天,清军第三镇全军由石家庄开往井陉,晚十一时下火车。山西革命军 400 多人乘夜袭击,激战两个小时,革命军不敌,退守乏驴岭。

十月十九日,北方代表唐绍仪等由北京启程南下和谈。袁世凯授予唐绍仪全权代表自己去谈判。这天,清兵由井陉出发,至蔡庄安置炮位,欲攻下乏驴岭。岭上革命军发现后,即有数十人由岭南驰下夺炮。"两军逼近数十步,开枪互击,激战甚烈。"④清军全力支撑,革命军未能夺取火炮,双方均有伤亡:清军管带一名、军士 6 名当场被打杀,10 名受伤;革命军数人受伤,卧于路旁,还被清军用刺刀戮死。山西革命军有将弁二人被俘,卢永祥将其带回井陉。卢本想动员二人投诚清军,但二人对他怒目而视,还骂清政府腐败无能,卢永祥遂用酷刑将二人杀害。

十月二十日,清军见山西革命军在乏驴岭的兵势雄厚,难以正面攻击,就由岭北绕道西进,欲至雪花山处攻破。埋伏于此的山西革命军与清军遭遇,两军展开激战,从早上五时一直到下午,革命军大败,20 余人

---

① 王坦:《我参加北洋第三镇攻打山西的经过》,中国人民政治协商会议全国委员会文史资料研究委员会编《辛亥革命回忆录》第 8 集第 448 页,中国文史出版社,2012。

② 王锡彤:《辛亥记事》,庄建平主编《近代史资料文库》第七卷第 635 页,上海书店出版社,2009。

③ 王坦:《我参加北洋第三镇攻打山西的经过》,中国人民政治协商会议全国委员会文史资料研究委员会编《辛亥革命回忆录》第 8 集第 450 页,中国文史出版社,2012。

④ 郭孝成编:《中国革命纪事本末》第 192 页,商务印书馆,2011。

五、各地响应

被俘虏，曹锟、卢永祥各用腰刀亲手屠杀10余人。还有的清军夺得阵地后，将受伤未死的革命军的首级割下到营前邀功。此战是山西开战以来最惨烈的战斗，山西革命军死伤500人，清军死伤约100人。

十月二十一日，平定州及娘子关绅民派代表二人到清军营前请求停战议和，途遇井陉高小学生一人也愿意同往。至清统制营帐外，说明来意。曹锟听到报告后，将3人统统斩首于营外，可见曹锟之凶残。

十月二十二日，段芝贵得袁世凯的命令，将部队开至井陉，明为讲和，暗定进攻。当是时，两军处于酣战中，清军占绝对优势，清官兵都不愿停战，段芝贵亦拿不定主意。

第二天，清军占领了乏驴岭，然后向娘子关革命军连击七炮。山西革命军不支，弃关退至阳泉驻扎，娘子关失守。革命军留在娘子关的物资包括大炮四尊、子弹数百箱、稻米800袋均被清军缴获，附近的民间财物也被清军抢掠一空。

娘子关失陷前，阎锡山慌忙退回太原，召开紧急会议，准备弃城转移。因为统帅、主将意见不一，姚以价、黄国梁离省外走，温寿泉、景定成、杨彭龄、李岐山等见留守不成，相继率军南下，孔繁蔚率残部往包头，阎锡山于十月二十五日前改装率部离开太原，向晋西北转移，张树帜等随军前往。①

清军攻占娘子关后，早于之前被任命的山西巡抚张锡銮仍滞留石家庄，未到太原上任。

十一月十八日，北洋第三镇万余部队违背南北议和第三次会议关于"自1911年12月31日早8时起，所有山西、陕西、湖北、安徽、江苏等处之清兵，一律退出原驻地百里以外"的协定，侵占了太原。十一月二十二日，张锡銮进驻太原，山西太原等处被袁世凯的势力控制。历时40多天的山西军政府随之崩溃。

但是，晋北、晋南的革命形势仍有所发展。

晋北重镇大同有同盟会支部，负责人有大同中学生李国华、当地豪侠宋世杰等。该支部成立于宣统二年（1910），吸收了清军哨官孔宪林、什长傅殿邦以及20多名士兵为会员。

---

① 故宫档案馆编：《山西起义清方档案》，中国史学会主编《辛亥革命》（六）第188页，上海人民出版社，1981。

十月初十日午夜十二时，宋世杰、李国华等潜伏在总兵衙门附近放起高升纸炮，作为起义信号，其他革命党人则鸣鞭炮响应。孔宪林、傅殿邦等便在总兵衙门内鸣枪回应。李、宋赶到总兵衙门口。李国华奋起向卫兵夺枪3支，分给左右随从；宋世杰则将辕门打开，高喊要"活捉王小辫子（大同总兵王得胜的外号）"。事先组织好的28名士兵便一齐射击，枪声、炮声、喊杀声顿时交织在一起。王得胜在睡梦中被惊醒，匆忙带了一名随从，翻墙逃走，大同知府、知县也逃入耶稣教堂。大同起义成功。

随之，大同军政府成立，推选尚在口外（内蒙古）的同盟会会员李德懋担任都督，暂由副都督李国华代理，另一副都督为刘幹臣。同时，派人向太原和忻代宁公团请求援助。忻代宁公团是同盟会会员续桐溪在太原起义后于五台山东冶镇组建的，有3000多人，他自任团长。十月十五日，续桐溪率忻代宁公团进入大同。宁武、代州一带在大同起义前3天已为革命军占领。

晋南有两个重要的地方为兵家必争之地，一是平阳（今临汾市），一是河东运城。平阳府是太原镇总兵衙门所在地，总兵谢有功兼前路巡防营统领并第一旗管带，下辖马步七旗，分驻各地。陕西起义后，受巡抚之命，谢有功带一旗中哨官兵，前往风陵渡视察黄河防务，并驻防该地，以阻防陕西革命军东渡黄河。

山西军政府成立后，任命第三标标统刘汉卿为南路军总司令，于九月二十九日率兵一营，带四门小钢炮南下。一路未遇抵抗，占领临汾，收编了巡防营。在人事各方面稍做安排后，刘汉卿又继续挥师南下运城。但是，谢有功家眷优待事宜未能妥善处理，从而失去了和平解决南路军的一个大好机会。关键是，革命军将领没有留守足够的战士驻守平阳，更没有防范被改编的巡防营叛变，由此埋下了失城的隐患。

果然，刘汉卿率南下队伍在隘口失利。隘口为今天侯马、闻喜之间的一处高地。谢有功在运城盐捕营官兵相助下占领了隘口，阻挡革命军南下。刘汉卿率部强攻，无奈清兵占据高处，有先进的枪炮和充足的弹药，革命军大败，刘汉卿等牺牲，残余部队退至洪洞。从平阳出发准备北上太原的巡防营改编军听到娘子关战败、隘口失利的消息后立即反水；平阳城内的巡防营官兵也纷纷倒戈，帮助谢有功回到平阳。谢有功为泄愤，竟将刘汉卿首级悬挂古楼示威。平阳又回到谢有功的手中。

运城是晋南的政治、经济、文化中心。同盟会会员王用宾绕道河南回到运城,短时间内做了几件有利于壮大革命队伍的事:一是组织"河东绅商议事公所",吸引同志及会党参加;二是动员河东兵备道余某在各县办民团,成立"蒲解两属民团",得民团兵数千人,加上运城管世英所带盐捕营700人归顺,构成了革命军的基本力量;三是派出从狱中释放的张士秀赴陕西接洽井勿幕、陈伯生所部来援;同时,派出郭晓光赴太原请械弹。阎锡山、温寿泉获知情况后,任命王用宾为河东兵马节度使,负责光复河东。山西军政府也曾派出叶复元、李大魁带兵南下。谢有功所部巡防营撤出黄河边,隘口防卫松懈,相当于给秦陇复汉军来晋打开了门户。所以,秦陇复汉军由潼关东渡,过解州,十一月初十日晨,分两路进军攻取了运城。运城内有能力抵抗的只有盐捕营几百人,革命同志建立河东军政府,张士秀被推选为河东民兵总司令,王用宾为民政长。

温寿泉离开太原,率部一路南下,边走边攻占了一些县城,提高了革命军的威望。运城收复后,温寿泉也曾选拨精锐部队准备亲自督战,拟赴陕西咸阳救援被甘军围困的革命同志。至永济将渡河之际,得知陕甘总督升允已经撤军,温寿泉即率部班师,仍驻扎于运城。

清军第三镇进占太原后,分成南、北两路进攻革命起义队伍,北至忻州,南至平阳,奸杀掳掠,纪律很坏,最恶劣的卢永祥部在赵城焚掠抢劫,手段极其残忍。官绅张瑞玑(字衡玉)气愤不过,照卢永祥之貌铸成一个怀抱两个大元宝、胸前书写四个字曰"卢贼永祥"的跪拜铁像,将其安放于赵城通衢,铁像背后铸长歌一首,说明卢永祥所率清兵掘地三尺所做的坏事。①

南京临时政府派王北方来运城考察工作,鉴于副都督温寿泉尚在河东,建议组织晋省河东军政分府,以一事权。地方人士也极力支持,于是,河东军政分府正式成立。此时,山西全省革命处于低潮,河东运城无疑成为山西革命力量之中心。

河东军政分府成立后,河东大部分州县或为革命军占领或自愿归附革命,除了平阳和绛州(今新绛县)外。军政分府决定北伐平阳、收复绛

---

① 薛笃弼:《太原和河东光复的片断》,全国政协文史和学习委员会编《亲历辛亥革命:见证者的讲述》(下)第1003页,中国文史出版社,2010;王坦:《我参加北洋第三镇攻打山西的经过》,中国人民政治协商会议全国委员会文史资料研究委员会编《辛亥革命回忆录》第8集第454页,中国文史出版社,2012。

州。北伐军由旅长李岐山（名鸣凤）统率。李鸣凤经过充分的准备，于十一月十九日正式进攻绛州。当时占据绛州的陈政诗是原太原镇前路巡防营帮统，平时一味欺压百姓，屠杀革命志士，不得人心。所以，听到革命军来，民众即全予支援。战斗不到一天，革命军即击败巡防营，捕获陈政诗并将之就地正法。

两天后，李鸣凤率部进攻平阳。谢有功踞守城墙负隅顽抗，双方僵持不下。十二月初五日，清军卢永祥部至平阳，与谢有功会合。温寿泉到平阳拟相助时，得知清军第三镇已入平阳城，遂暂退太平、侯马、隘口一带，相机再战。

绛州则在天主教牧师出面调解下成为中立地带，由革命军张之仲与卢永祥议和，达成协议，主要条款为：平阳和蒲县、解州分别为三镇和革命军的势力范围，绛州为中立地，停战三星期。

不久，固守平阳的谢有功听到南北议和成功，弃职潜逃，平阳这才回到革命军的手中。

西走之晋军在绥远

娘子关失守后，阎锡山带领一部人马离开太原，一路向西，过保德州，轻松攻取了包头镇。与满洲旗兵相遇于萨拉齐，首战即获胜。接着向归绥推进。

取归绥必经刀什儿村（今陶思浩车站）。刀什儿村在陶思浩村的东北，两地相隔仅10余里，紧靠大青山，在村西南有一条从大青山发源的小溪流，土名"谷勒畔河"，所以，刀什儿战役也称"谷勒畔河之战"。

清绥远将军堃岫得知所部第一营在萨拉齐溃败、萨拉齐失守的消息后，急忙召集土默特旗的蒙古参领们开会，参领们都表示支持清政府，愿意出兵，后由蒙古步兵一营（军额编制520人）、骑兵营（270人）和谭永发的巡防队（200余人）三路开进刀什儿村。

清军三路人数合计有千余人，其中，蒙古步兵自编练以来连年集训，官兵之质量比北洋陆军毫不逊色。武器配备有德国枪300支、汉阳造步枪220余支，子弹也很充足。[①] 骑兵营是新营，兵士是从步兵营退伍的壮丁

---

① 荣祥：《略谈辛亥革命前后的家乡旧事》，政协内蒙古自治区委员会文史资料研究委员会编《内蒙古辛亥革命史料》（内部发行）第7页，内蒙古人民出版社，1979。

中选出的，枪、弹一律换成汉阳造马、步枪，即使巡防营残部的武器也是汉阳造步枪。在塞外军队中，这些装备均属上乘。

阎锡山带领的山西军队步骑兵总共有五六千人，人数与清兵相比占绝对优势，但武器装备较差。

蒙古营管带长发义获知晋军要攻打刀什儿的消息后，一面给谭永发送信求援，一面亲自布置阵地。他断定晋军是从村西南方向进攻，就利用地势选择必经之路——打谷场作为阵地。几个打谷场紧密相接，有荒石块砌成的矮墙，墙约有半人高，是现成的防御工事。长发义让士兵把太高的地方取低些，太低的地方加高些，扫除墙脚的积雪，铺上很厚的麦秸，令士兵伏在墙里，分批值班埋伏，从初七夜里开始轮流替换，等待晋军到来。

而晋军由于连续两次轻易取胜，有严重的轻敌思想。晋军总指挥是山西新军总参谋、第四标统带王家驹。王家驹也是日本陆军士官学校毕业生，勇敢善战，曾连续攻克宁武、怀仁、大同，数十次战斗无往不胜，此次追随阎锡山由府谷渡过黄河，意在攻取河西蒙古。他信心很足，但骄兵易败。

十一月初八日拂晓，刀什儿战役打响。晋军开到谷勒河畔岸边时，大雪已停。经过一夜风雪，旷野如银。晋军先用山炮向刀什儿村轰击，计划把清兵的火力压下去再前进，可是，他们发出的炮弹半数落在大青山腰，半数落在村西头，没有一枚击中清兵阵地，一阵野炮没有得到一丝抵抗，指挥官王家驹即命令敢死队和决死队过河冲锋。

当敢死队员们进入步枪有效射程之内时，土旗兵开枪射击。敢死队顿时牺牲多人。敢死队员精神可嘉，即使卧倒后还坚持战斗，双方一时形成胶着状态。

天明时，晋军正规步兵投入战斗，人数是土旗兵的3倍，以偃月阵形从西南向东北逐步包围上来。

长发义看到这种情势，急得团团转，一面派人请援，一面筹划拒敌办法。"他从望远镜看到一个骑黑马的督战军官，飞驰飘忽，以战刀催督步兵前进。当时战场上虽然弹雨横飞，可是这位督战官却毫不畏怯。"[①] 于

---

① 荣祥：《略谈辛亥革命前后的家乡旧事》，政协内蒙古自治区委员会文史资料研究委员会编《内蒙古辛亥革命史料》（内部发行）第9页，内蒙古人民出版社，1979。

是，他急中生智，让每连选拔出射击最好的士兵3名，组成一个12名的射击队，目标专指晋军的指挥官。他特意叮嘱不许乱放枪，专门瞄准骑黑马的督战官射击。这个办法果然有效，12支枪同时射击，望远镜里的督战官立时落马，黑马像箭一样向南奔去。被击中的确实是王家驹。指挥官一牺牲，晋军锐气大挫，清巡防营等援军大部队到达后，阎锡山命晋军撤退。"在这次激战中，土默特旗兵（蒙古营）仅阵亡二人而已。"① 山西革命军伤亡有数百人。对晋军来讲，此役代价沉重。

刀什儿战役后，孔庚等将领主张继续取归绥为根据地，为王家驹报仇。王家驹与孔庚（字文轩）、何遂（叙甫）、李敏之等都是在吴禄贞被刺杀后从石家庄逃到太原的。他们的到来增强了山西革命军的实力（民国初年，孔庚是山西军队中少有的可独当一面的将领），但阎锡山坚持按兵不动，采取"按兵包萨，以待大局之转移"之策，晋军大部队转驻托克托。

南北议和的消息传来，阎锡山于辛亥年十二月二十二日离开托克托南下，经河曲回到忻州，刚好是农历大年初一日。但是，袁世凯明令不许他回驻太原。阎锡山一行受困忻州，因此尝到了苦头，阎锡山本人诚惶诚恐，也曾派孔庚等北京活动，但并不奏效。

在南北议和期间，副都督温寿泉屡电和会，为晋军力争革命地位，山西方被列入革命起义的省份；孙中山也出面为阎锡山讲话；梁善济等地方议员更认可本省人做都督。袁世凯这才顺水推舟，提出军民分治的条件，让阎锡山复职。民国元年二月十七日，阎锡山于忻州返回太原。阎锡山回任都督一职其实是新旧势力平衡的产物。温寿泉在阎锡山回省城后也撤回太原，交权于阎锡山，表示对阎锡山这位老同学、老朋友的尊重，但他自己却没有得到应有的信任。此后，阎锡山对袁世凯表现出了百分之百的恭敬，革命本色渐褪。

山西起义进一步打击了清统治者，山西宣布独立后，相当于在其大后方插了一把尖刀，京畿门户暴露无遗，加快了其灭亡的速度。袁世凯深刻理解山西京畿门户的战略地位，所以招兵买马，不惜花大力气来"平叛"。

本来，山西革命军是有相当机遇对辛亥革命做出贡献的，但由于一些主、客观原因，丧失了良机。假如吴禄贞没有被刺杀，"燕晋联军"联合

---

① 任秉钧：《刀什儿战役纪略》，政协内蒙古自治区委员会文史资料研究委员会编《内蒙古辛亥革命史料》（内部发行）第61页，内蒙古人民出版社，1979。

成功，这无论对牵制袁世凯的北洋新军，还是声援武汉革命军北伐，在军事战略上均具有极大的意义，其影响不可估量。退一步讲，哪怕晋军只占领石家庄，也可轻易切断京汉铁路，断绝清政府对湖北前线清军的供给。那样，袁世凯的如意算盘必将会落空。但历史没有假如。

在山西辛亥革命战争中，同盟会会员发挥了重要的作用。按照同盟会总部宣统元年的决议：留日之各省同盟支部，派人各归本省组织同盟会分部，借以联络内地革命同志。黄花岗起义后，山西同盟会强调了上述决议：留日各省同盟会支部派员分赴内地密图举事，互相策应纠正过去各省起义势力单薄易摧之弊（端），并约定山西应在江南革命军进抵河南时，山西同盟会分部出兵到石家庄策应革命军北上。① 从战略上讲，太原作为北方重镇，提前起义，暂时形成了南、北掎角之势，但也因目标过早暴露而被清军控制。所以，山西起义对整个北方的革命事业发展的影响需要辩证地看待。

而且，保卫太原的部署存在很多问题，如娘子关停战近一个月，太原的防守是被动防守，是消极防御，除此之外，阎锡山等暗中抱着投机的心理，给袁世凯反攻留下可乘之机。其间，山西军政府也没有派出大部队南下攻取平阳，使得有坚固工事的平阳得而复失，从而截断了晋中与晋南之间的纽带，导致革命形势发展严重受挫。又如，娘子关失守后，阎锡山选择弃城西走而未南下，又分散了革命力量。

此外，晋南、晋北与绥远之间没有互相声援也不为憾事。

3．上海起义

继武昌起义之后，给予清政府再次重击的是东南四省——江、浙、皖、闽的起义。

---

① 林能士：《辛亥革命时期北方地区的革命活动》，《近代中国》1980年总第13期。

上海起义成功开了个好头。上海起义旗帜如图 5.11 所示。

图 5.11　上海起义旗帜

［上海起义使用的吴淞光复军旗和陆军旗（右）。1911 年 12 月 4 日，各省留沪代表举行会议，国旗方案（以五色旗为国旗，铁血十八星旗为陆军旗，青天白日满地红旗为海军旗）提出后，全国旗帜开始趋向统一。孙中山回国后反对五色旗为国旗，但无力改变现状。袁世凯接任临时大总统后，公布《临时大总统令》，同时公布了临时参议院决案，即以五色旗为国旗，铁血十九星旗为陆军旗，青天白日满地红旗为海军旗。直至 1928 年 11 月，南京国民政府颁布《中华民国国徽国旗法》，方以青天白日为国徽，青天白日满地红旗为国旗］

　　上海坐落于中国东部长江冲积三角洲，濒临东海，位于长江入海口南岸。第一次鸦片战争被迫开埠以来，随着租界的扩大，上海很快成为远东最繁华的港口和经济、金融中心，并具有典型的半殖民地城市的特征。今天徐汇、黄浦、静安、虹口、杨浦几个区里的原租界在当时具有完全独立的行政权和司法权，上海被分割成了几部分。其中，吴淞旧属宝山县（区）境，位于黄浦江出口汇合长江入海的三角洲顶端，是上海港口的门户，筑有炮台要塞；吴淞南面紧邻闸北区，英、法、美租界介于闸北和华界（南市）城厢之间，囊括今天的上海滩；松江本是"上海之根"，松江府（今天松江第二中学的位置）的行政管辖权不断受到挑战，由原苏州河以南地区的地域日渐收缩到西南一隅，失去昔日光彩。又，根据不平等条约的规定，华人是不能挟兵器进入租界的，所以，南市和闸北两地军警无法在陆路上贯通，只能借黄浦江水道交通来联络。于是，地势上和人事上的隔阂形成黄浦江两岸和吴淞各自为政的情况。20世纪初上海租界地形如图 5.12 所示。

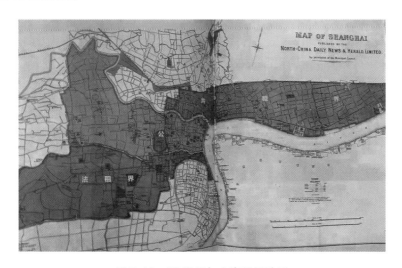

图 5.12 20 世纪初上海租界地形

(引自葛剑雄《上海极简史》第 54-55 页，上海人民出版社，2019)

清政府极其重视上海的防卫。

上海起义前，驻守在吴淞和上海浦江两岸的军警有：吴淞炮台守军；沪军巡防五营，其中以三营驻守高昌庙、南市、闸北和浦东，两营驻吴淞和狮子林；吴淞营官兵（参将许宏恩）；海巡盐捕营（统领朱廷燎，主管缉私局，不负责地方治安责任）；吴淞巡警署警务区警士（区长杨承溥，巡官黄汉湘）；闸北巡警总局巡逻队警士（队官陈汉卿）。巡防营是由绿营改编的，每营有 200 余人，5 个营合计 1200 余人，所装备的武器是后膛枪，子弹配备得相当充足。[①] 驻守高昌庙及城厢的军警，除沪军巡防营外，还有上海兵备道署亲兵、上海县署练勇、上海守府署练勇、上海参府署练勇、上海巡警所警士（不隶属闸北巡警总局）、沪军巡防营驻制造局官兵（统领梁敦倬，沪军巡防各营均归他统率）、炮兵营官兵（管带陈）、江南制造局护卫亲兵、江南制造局护厂警士。水师、海军方面则有巡防水师五营官兵（管带王楚雄）、抚标亲兵新中营（驻龙华）、太湖水师第五

---

① 吴南陔：《光复上海——巡防营和吴淞炮台》，《20 世纪上海文史资料文库(1)》第 24 页，上海书店出版社，1999。

营（驻闵行）、海军飞霆舰官兵（舰长为林建章，黄浦江中经常泊有"策电""肇和""均和"等舰，都受"飞霆"舰指挥）。军警真枪实弹，制造局护卫亲兵和护厂警士更是枪械齐全，不可轻视。

上述军事力量中，巡防营是革命组织要策反的主要对象，吴淞炮台守军也是要重点争取的对象。革命军起义时，需用吴淞炮台的力量来震慑清海军。巡防营统领兼吴淞炮台总台官姜国梁并非革命同志。同盟会和光复会都很重视争取他们加入革命队伍。后来有人统计，"总计驻淞沪一带清廷军警官兵共 1 万余人，起义后均参加革命军，仅绿营亲兵溃败后逃窜太湖，未投降，流为土匪，后经剿灭"①。这充分说明了上海旧式军警成为革命军的一部分，与同盟会和光复会两支政治力量的渗透有密切关系。起义前夕，同盟会的重点放在发展上海商团，陈其美、宋教仁等人当时达成的共识是"决议以联络商团，媾通士绅为上海起义工作之重心"；光复会的重点则放在军警。

同盟会以陈其美为代表。陈其美（1878—1916），字英士，浙江吴兴（今湖州）人，14 岁开始从商，受兄弟陈其采的影响，弃商从文，赴日留学，30 岁时受孙中山委托，回上海办报宣传革命，曾以青帮大头目的身份设立秘密机关，负责联络长江流域的革命活动。他性情豪放，善于组织，在同人中有"四捷"之称。（图 5.13）宣统元年（1909），长江流域的革命形势已经蓬勃发展，迫切需要同盟会总部的领导和支持。不过，同盟会总部及孙中山的重点仍放在两广、云南，他只能表示支持。黄花岗起义失败后，他与宋教仁、谭人凤于闰六月月初在上海正式成立同盟会中部总会，一

图 5.13　陈其美

---

① 李宗武：《辛亥革命上海光复纪要》，《20 世纪上海文史资料文库(1)》第 6 页，上海书店出版社，1999。

五、各地响应

边谋取长江流域的革命,一边争取上海工商界的上层,并且创立中国国民总会作为自己的外围组织。经过他们的动员和宣传,上海一度低沉的局面得到扭转,很快成为整个长江流域革命活动中心和国内反清活动的策源地。而且从中部同盟会总会成立伊始,陈其美、宋教仁等认为革命若要取得取得成功,就必须团结其他革命团体,结成联盟,"同心同德,共创时机"。陈其美在上海所开辟的局面得到同盟会会员的肯定,他的超强活动能力也为同盟会会员所倚重。

光复会以李燮和为代表。李燮和(1873—1927),湖南安化人,原华兴会会员。光绪三十二年(1906),逃避官府追捕途经上海时结识了陶成章,两人引为至交,并由陶介绍加入光复会;辗转到东京,在黄兴的介绍下又加入同盟会,其后,主要在南洋开展革命活动,发展出30多处同盟会分部。宣统二年(1910),陶成章、章太炎对孙中山在南洋建支部不满,在东京重建光复会,李负责南洋总部,于是,他重回光复会,成为光复会中仅次于陶成章的实际领导者。黄花岗起义失败后,他到上海设立了光复会秘密机关,暗中积蓄力量。辛亥年六月,光复会在陶成章的主持下,在法租界平济利路(今济南路)良善里成立上海支部,并以李燮和为总干事,对外称作"锐进学社"(据尹锐志回忆,学社取名于她与妹妹尹锐俊之名,姐妹二人掌理其事,锐进学社表面上是一个阅览书报之文化组织,实则是光复会总机关),发行《锐进学报》,并于杨树浦和法租界设立多处秘密机关。

上海商团负责人李平书是同盟会争取合作的主要对象。李平书(1854—1927),初名安曾,字平书,更名钟珏,字瑟斋,号且顽,江苏宝山人,举人,曾做过张之洞的幕僚和江南制造局提调(张之洞署理两江总督时委任),后得到盛宣怀的器重,任中国通商银行总董事长。光绪三十一年(1905),上海华界地方自治兴起,由上海道台指定,担任总董。宣统元年(1909),上海城厢内外总工程局改名为"上海自治公所",他仍为总董。其间,华界市政建设成绩显著:修路、筑桥、建码头、建城门,并且管理有章法,大大缩小了与租界的差距。李平书还兼预备立宪公会董事,因为上海是全国"首创地方自治为立宪之基础"的试验区,在全国众多的立宪团体中影响较大。所以,李平书虽不是清政府的正式官员,却因兼任上海城自治公所、上海商团的职务而在官商之间声誉俱佳,是一个很有影响力的人物。

联结商团与同盟会的重要人物是沈缦云。沈缦云（1869—1915），江苏无锡人，举人出身，早年入培雅书院学习。光绪三十二年（1906），接手沈家商业，在上海与人合资创办了我国第一家商业信成储蓄银行即上海信成商业储蓄银行，自任协理。因经营得法，行内业务迅速发展，于北京、南京、天津、无锡设立分行。宣统元年（1909），被上海商界推为上海商务总会议董。宣统二年（1910），曾代表上海总商会赴北京参与速开国会请愿活动，请愿被拒后，遂坚定了革命之志。同年冬，经于右任、叶兆崧的介绍，参加同盟会，为沪地商界高层加入同盟会之第一人，并利用信成商业储蓄银行接收华侨捐款，资助《民吁日报》《民立报》的创办和购买武器。他也曾受孙中山委托，赴南洋宣传革命主张。在上海光复前夕，倡议建立商团武装，作为起义的准备组织；当时他还是全国商团联合会副会长。

九月初八日，经过沈缦云的中间牵线，陈其美与李平书得以见面。在陈其美的热诚争取下，李平书决定加盟同盟会领导的革命队伍。上海绅商随之也纷纷加盟。李平书加入革命队伍，意味着上海商团的职能开始转变。

上海商团起于租界，初期只是华商的各种体育会，成立于光绪三十二年（1906），功能只是维持社会治安秩序，因在禁烟馆中表现突出，遂正式成立"南市商团公会"，李平书自任会长。商团公会要求会员每晨操练，学员3年毕业，毕业后由道台发给文凭。公会经费的来源一是会员会费，二是董事募集。这支半官方性的地方武装类似于民兵，并逐年向外界扩展，至辛亥年扩展到工、商、学界。受其鼓舞，上海华界又有许多行业自组商团。这些组织于辛亥年三四月成立了各区各业的"全国商团联合会"，李平书为会长，沈缦云、叶惠钧为副会长，一度会员多达5000人，影响力可观。

当上海商团联合会与沈缦云、宋教仁等新成立的国民总会（以提倡尚武、兴办团练、实行国民应尽义务为宗旨）联合后，相得益彰，为上海成功起义打下了良好的基础。

而李显谟回到上海，让上海商团如虎添翼。李显谟（1882—1933），字英石，上海闵行古镇人，日本陆军士官学校毕业，思想追求进步，是李平书的族侄，原为南京第九镇马标第一营管带，武昌起义后，受第九镇统制徐绍桢派遣到武昌联络武昌军政府，准备发动起义，因所乘之船受阻，

五、各地响应

李显谟决定留在上海。黄兴、宋教仁、陈其美对他的到来表示极大的欢迎。平时,李平书对这位堂侄就比较信任,现在,请他来担任商团教练,专门对商团战士进行业务训练,后担任商团临时总司令,参加训练的精干团员约有2000人。李显谟赞成革命,拥护武装起义,事实上接受了同盟会的领导,上海起义的武装力量因此壮大不少。

此外,陈其美、于右任还联络了以青年学生为主体的中国敢死团和以帮会力量为主体的敢死队,前者有500余人,后者有3000余人。

光复会的收获也很大。武昌起义后,李燮和接受湖北军政府都督黎元洪之委任,以长江下游招讨使名义在上海筹划起义。光复会一向以浙江为大本营,认为此次起义上海不能单独行动,须得到江浙两省的响应,"且淞沪轮舟、铁轨交汇之区,其势易得而难守,借事后不得苏、杭响应,事终不成"①。领导成员分头去杭州、南京、苏州联络,李燮和、尹志锐留守,一边招募敢死队,组织光复军,一边运动淞沪军警。

当时,吴淞、闸北地区的军警有不少人来自湖南。利用乡缘关系,李燮和及尹志锐先后成功策反了吴淞陆军巡官黄汉湘、闸北巡逻队队官陈汉钦、巡防水师营管带王楚雄、炮兵营管带成富贵、吴淞海军朱廷燎、吴淞警务长杨承溥和驻沪济军督队官黎彪等不同军阶的军警,他们均表示"愿以所部为民军"。这样,淞沪一带的军警和部队已经附和光复会,表示愿意在关键时刻出力,并且在江南制造局也安排了内应。

当武汉战事不利时,宋教仁、黄兴一再飞函告急,要求上海立即起义响应,以断绝清海军的"后援"。光复会与同盟会原计划中都有"视南京举动"的规划,光复会与浙江革命同志曾约定于九月十六日起事。鉴于南京新军一时不能确定下来,于是,他们决定上海先行动起来。

上海成为东南革命起义的发轫地。

因为共同的目标,同盟会与光复会两个革命团体展开了合作。九月十二日,李燮和与陈其美在民立报馆正式碰面,决定立刻发难,起义时间定在九月十三日下午二时。李平书经陈其美说服,也表示同意在这天起义。

江南制造局是他们要攻取的首要军事目标。因为有消息传出,说江南制造局将有5艘满载军火的船只即将从吴淞口启碇,直发武昌。只要攻下

---

① 龚翼星:《光复军志》,上海社会科学院历史研究所编《辛亥革命在上海史料选辑》第239页,上海人民出版社,2011。

江南制造局,就能救援武昌。陈其美、李燮和商议后形成的计划是,闸北与县城同时发动,闸北以巡警为主,县城由商团负责,两处成功后再力攻制造局。

九月十二日晚,陈其美与李平书等又讨论了起义的具体步骤,决定由县城警务长穆湘瑶负责地方保卫事宜,由李平书通知商团以"救火联合会"的名义共同守卫城厢内外各个重要的地方。会后,李平书召集商团负责人开会,说明有关起义的问题,约定南市救火总会钟楼鸣钟九响,继以十三响,即派团员分段出防,维护治安。鸣钟响九下又敲十三下,寓意当天是九月十三日。

光复会同志打响上海起义的第一枪。十二日晚,李燮和将光复军的白旗发给已经联络好的军警,约定举火为号,兵士臂膀佩戴白布条为标志。第二天上午,起义的秘密被巡警暗探队汪景龙发现。汪景龙用手枪逼着准备起义的警备营管带陈汉钦去见巡警总局总办姚捷勋,姚对此不置可否。汪景龙恼羞成怒,用枪来击陈汉钦,未中。突然,警局隔墙起火,汪见状逃走,姚也退离。李燮和得到报告后,果断下令提前发动起义。

上午十时,闸北巡警起义,总指挥陈汉钦鸣枪发令。上午十一时,陈汉钦率众占领巡警总局,宣布闸北独立,闸北商团也参加了起义。中午十二时,闸北已经被军警、商团组成的革命军占领。

闸北成功起义的消息传来,驻扎在浦东的由章豹文率领的沪军巡防营、由管带王楚率领的巡防水师营立即响应,易帜反清。上海道台刘燕翼逃入租界洋务局,知县田荣宝也逃跑,县城军警都转而支持革命,上海县城已是一座毫无抵抗力的空城。

九月十三日上午,陈其美等在西门外斜桥西园开会,凡与革命党有关的重要人物都到场,再次商议起义事项。下午,待起义时辰一到,小南门救火联合会钟楼钟声按预定信号鸣响,上海商团各部、张承槱率领的敢死队、中国敢死团立即聚集于南市,有数千人,陈其美、李平书、沈缦云、杨谱笙、吴馨等各界负责人都在场,陈、李、沈先后登台演说,宣布起义。他们当场扯毁龙旗,改悬起义白旗,分发参加起义者每人白布一条,宽三寸,长六寸,绕在左臂为标志,军队统称"革命军"。作战司令李显谟下达作战命令:第一,协同敢死队攻打制造局;第二,进攻上海道;第三,各分队分段防守城厢内外,维护治安。随后,兵分两路:商团大部队去分段防守城厢,敢死队等则进攻江南制造局。

五、各地响应

城厢方向的革命军没有受到大的抵抗,毫不费力地占领各个重要目标,两个小时不到,各城楼已经悬挂大白旗,城门均由革命军把守。黄昏时分,进攻制造局的敢死队返回县城,直奔上海道台衙门,守卫亲兵反正,敢死队烧了道署和参将署。晚上八时整,上海城厢为革命军占领。

但江南制造局是块难啃的骨头。制造局总办为张士珩是李鸿章的外甥,于光绪三十年(1904)开始主持制造局,所部卫队有300多人,均来自安徽同乡,他恃着新式武器和充足弹药,准备顽强抵抗。起义前夕,李平书曾以制造局提调身份劝说其不要再给清军运枪炮,也劝他认清眼前形势,另谋保全之策,但张士珩顽固不化,不听劝说。听到闸北起义的消息后,张士珩为了加强防守,立即又调炮兵入局助守,在江边列火炮六尊,在各关键要口设置了水机关枪,大门口放小钢炮,戒备森严,准备一战。

起义军司令部决定兵分两路进攻。一路为同盟会所属会党人员及刘福标等组成的敢死队,由杨谱笙指挥,从斜桥直扑制造局后门西栅作为主作;另一路由高子白率领,经望道桥向制造局大门进攻。①

黄昏时,张承櫃、刘福标率领敢死队300人先锋从斜桥直扑制造局后门西栅,陈其美等随后跟进。张承櫃(1885—1970),字蓬生,湖北枝江人,曾留学日本,闻听武昌起义,与帮会首领刘福标一起组建帮众2000余人,加入革命队伍。敢死队到了高昌庙附近,众商店店员关门逃避战火。敢死队本想乘制造局放工之际,自西栅栏潜入冲锋。这时,陈其美上前让队伍暂缓进攻,他要只身进去说服守卫军队投诚。陈其美高估了自己的影响力。当他露面时,守军无人认识他,根本不买他的账,并出其不意将他绑缚,交给了张士珩。

陈其美进去好久无音信,敢死队等不到,始发起进攻。

当敢死队进入一条约半里长、二丈宽的走道时,围墙上的守军先放一排空枪示警。敢死队见无子弹,以为是内应,便抛掷炸弹向里猛冲,至铁栅门四五丈距离,先后投出10余枚炸弹以示先发制人。这时,制造局的守军突然机关枪齐发,子弹密集扫来,革命军应声倒地者30余人,敢死队队长张承櫃两处中弹,刘福标被炸去左腿踝骨,田鑫山亦受枪伤。而且

---

① 杨镇毅:《光复军攻克上海江南制造局及陈其美篡取沪军都督之真相》,全国政协文史和学习委员会编《亲历辛亥革命:见证者的讲述》(下)第1131页,中国文史出版社,2010。

这走道左右是墙，无处避弹。敢死队只得撤退。但后退尚未完成，一队不知情又向前冲，也同样被击退。进攻遂停止，然后，敢死队退回县城。第一次进攻制造局结束。

李平书听说陈其美被拘留，两次索要都没有结果。

九月十四日零点，在南市毛家弄商团公会会所召开紧急会议，李平书报告了制造局设防严密，难以攻破的困境。这时，又获得上海道署总账房朱葆三的密报，谓上海道台刘燕翼密电两江总督报告了上海革命党人起事、商团尽叛的情况，两江总督接电后立即调拨南京、松军两地的清军向上海进发，并饬令无论革命党人还是商团团员，捕擒后立即正法。商团公会人人都觉得情况已经到了最后的危急关头，只能进不能退，"与其引颈待戮，无宁为国殉身"。王一亭尤其坚决。王一亭（1867—1938），名震，号白龙山人，祖籍浙江吴兴（今湖州），生于上海周浦，从小习画，是著名画师任伯年的学生，在书画方面有一定造诣。又少年经商，以买办发家，为上海滩闻名遐迩的实业家、金融家。光绪三十三年（1910），他加入同盟会，曾为《民立报》出资。

李平书前一分钟还在为商团数千人性命考虑而犹豫不决，后一分钟见众成员激昂慷慨，遂表态支持立即行动。于是，王一亭草拟反攻令，总司令李显谟署名发布。商团成员闻讯赶来参加者有六七百人，编为两队。出发前，王一亭、沈缦云、叶惠钧3人痛哭誓师，祈祝商团众员胜利归来。然后，队伍浩浩荡荡地向制造局进发。

这样，商团、敢死队和光复会3支力量汇合起来，再次进攻江南制造局。李平书坐镇城内救火联合会，掌握全局；李显谟偕冯少山率领负责通信的马队，在阵地附近指挥作战；商团军事总教练兼商团司令部参谋高一谋、商团基本队司令朱少沂留守毛家弄司令部，负责联络工作。

张承槱等在县城巡警学堂稍事休息，得到市民的支持，信心大增，重新整编了敢死队，吸收制造局工人加入，号称"不下千数百人"，重整旗鼓，向制造局出发。

李燮和急召陈汉钦等军警至锐进学社开会，号召起义的各股力量会攻制造局。凌晨二时许，各路军队抵达龙华镇，参加者有豹文率领的水师营、驻守南京路的沪军营、陈汉钦率领的闸北巡警、王楚雄率领的水师营、李征伍等人率领的敢死队。但当李燮和下达进攻命令时，诸军将领颇有难色，李即兴演讲动员："今日之事，乃拿破仑所谓最后十五分钟者，

五、各地响应

大局存亡在诸君一勇怯间耳。无已,燮和请为诸君先登。"①李燮和说完,即手握炸弹向前冲。将士皆感奋,齐向制造局冲去。

上述队伍战斗力最强的是军警。清晨三时许,制造局被革命军围住,军警攻前门,商团、敢死队攻后门,频频攻击。

李燮和担心诸营并起、不相统一、各自为进退,因此派沈克刚、平智础、柳作屏等奔走联络,通令各战斗队协同作战。

前门阵地战由沪军营打先锋。当时,局门坚闭,守卫的士兵凭墙射击,沪军营队目王介目不幸中弹身亡,其余死伤10余人;李燮和易队再攻,闸北巡长王得超冒弹雨向前冲锋,掷出3枚炸弹,炸开大门,制造军的守军退守二门。双方僵持不战。

这时,光复会敢死队绕至旁边,战士钱林一毁其墙壁,周德厚、潘永强、姚敏、朱照、邵汝千、余武华相率跃入。王得超等跟进。守军居高临下,开枪固守,一枪击落王得超的帽子,王得超仰面掷一弹,轰然一声击中敌楼,守军纷纷跌下,余皆哗溃,来不及逃跑者皆投降。

张承槜部敢死队进攻后门,商团跟上。随敢死队参加战斗的制造局工人熟悉情况,他们拆墙入内,不到一小时就将步枪库打开,接着又打开子弹库。这样,凡是无枪参战者,均获得了武器,革命军的战斗力自然增强。工人们又将张士珩的住宅点了火,在夜色朦胧中,作战的革命军倍受鼓舞,劲头十足。

固守的张士珩见前门已失守,后门也难守,急调巡防营和炮队营抗击。无奈两营已经站在革命队伍这一边,"巡防营观望不前,炮队营屡调不出"。不得已,他请海军"飞霆"舰救援,谁知该舰也早已与革命军有约,以"炮未安齐"为由不予听命。走投无路的张士珩只得偕亲信乘预先备好的小轮船逃入租界,后逃往青岛。制造局内守军全部缴枪投降,意味着制造局被完全攻克。时间是十四日上午九时。

攻打制造局,革命军共伤亡80余人。

战斗胜利后,众人在储藏钢铁的小房间里找到陈其美。一位目击者看到陈其美时是这样的:手足戴着镣铐,坐在一张条凳上,头紧紧靠着板壁,默然不动。一看,原来他的发辫从新凿的壁孔拉出了房外,房外梁上

---

① 李燮和:《光复军事略》,中国社会科学院近代史研究所近代史资料编辑部编《近代史资料》(57)第418页,中国社会科学出版社,1985。

挂着一个铁钩，发辫紧紧缚在上面，所以他一动也不能动。① 革命同志上前帮助陈其美松绑，听说打了胜仗，陈其美一下子瘫软坐地。制造局总办张士珩没有杀陈其美，其实也是为自己留后路。

在革命军进攻制造局时，几处巡防营不仅受召唤约严守中立，还派出军队放哨维持地方秩序。

就在攻打制造局的同时，吴淞的同志们也开始行动，目标是吴淞炮台。吴淞炮台包括东、西、南、北和狮子林炮台5处，其中，南台、北台和狮子林炮台较为坚固。起义是由吴淞巡警署巡官黄汉湘发动的，争取黄汉湘起义是光复会的功劳。九月十二日，黄汉湘接到李燮和的通知后，立即与属下各营负责人开始准备。十三日上午，黄汉湘特邀海盐巡捕营统领朱廷燎、吴淞警务区长杨承溥、商会总董谢蔼光、自治公会议长冯鼎菜等人在吴淞警署开会，传令诸军皆易帜反清，并发给光复军白旗。命令下达后，巡防营统领兼吴淞炮台总台官姜国梁表示服从；有一些人观望不表态；五营统领梁敦焯不赞成，还将起义之事电告两江总督张人骏和江苏巡抚程德全，并请求他们派兵弹压。电报被黄汉湘派属下截获，黄汉湘派朱廷燎处治梁敦焯及其部属。梁吓得逃走，部下为朱廷燎收编，观望者皆慑服。各炮台扯白旗反正，吴淞即为革命军掌握。吴淞军政府成立，黄汉湘被公推为总司令，朱廷燎为水军司令兼总参谋，杨承溥为民政长。

吴淞起义3天后，宝山、松江、青浦、崇明、嘉定、南汇、奉贤、川沙等县厅也相继宣布独立。

上海起义的当天，河南省留日陆军学生刘基炎、潘印佛、李愍、张国威、田璧臣、夏述唐等10人刚回国，立即参加了战斗。早于他们回国的浙江学生代表蒋志清（蒋介石）则是杭州起义敢死队的核心成员。事实上，留日学生在多地的起义中做了急先锋。

九月十六日，沪军都督府成立，地点就设在小东门海防厅，卫士队驻扎在上海道署，担任保护都督府之责。陈其美任沪军都督兼都督府司令部部长，黄郛任参谋部部长，钮永建任军务部部长，伍廷芳为外交部部长，李平书任民政部部长，沈缦云任财政部部长，王一亭任交通部部长，毛仲

---

① 杨镇毅：《光复军攻克上海江南制造局及陈其美篡取沪军都督之真相》，全国政协文史和学习委员会编《亲历辛亥革命：见证者的讲述》（下）第1144页，中国文史出版社，2010。

芒任海军部部长。

在推选都督时,由于支持陈其美的黄郛动用了枪,有胁迫众人之意,因此,陈其美当选沪军都督,光复会李燮和等很不满意,认为陈其美是抢功。为了表示不屑隶属于"冒牌都督",光复会同志到吴淞,另组吴淞军政府分府,李燮和出任都督;又在中国公学内先设"光复军总司令部",后改为"中华民国光复军总司令"关防,李燮和担任总司令,军饷由巨商按月捐助,据《民立报》报道:"闻风而兴者踵相接。"光复会与同盟会在上海闹派系由争都督之位开始。① 这显然不利于革命军的团结。

上海起义战略战术集中体现在攻打与守卫江南制造局。清守军依据先进武器和天然屏障进行有效防御,革命军首次进攻低估了对方这些优势,冒险进攻遭到失败。惨败的教训迫使众人寻找突破点,所以,第二次进攻时,革命军集中兵力,以超过守军3倍还多的兵力,采用大包围与中间突围战术展开进攻,清守军被动防御。李燮和注重协调各方部队听从统一指挥,保证了协同作战,加上参加敢死队的制造局工人熟悉情况,从而顺利攻取了制造局。

上海起义最大的特点是参加起义的各支力量密切配合,一致行动。例如,闸北是由光复会敢死队负责,巡警总署的起义警察接应,商团予以配合;南市城厢内外以商团为骨干力量,起义的警察予以配合;攻打江南制造局的则是敢死队、商团和军警为主力,策反的制造局工人予以配合。上海起义在性质上是典型的现代城市争夺战,因为革命观念深入人心,起义之前的工作做得较为扎实,除了江南制造局外,敌我双方正面交锋并不多,因而革命起义较为顺利。上海周边的光复仅用了3天时间。

上海起义还有一个特点是得到商界名望之士的支持和资助,如沈缦云、王一亭等。如前所述,上海信成商业储蓄银行是沈缦云与人合办的,王一亭曾兼任银行的董事。正是有上海信成商业储蓄银行的鼎力支持,革命的经费才得到保证。上海独立后,沪军及各地聚集上海的武装每日饷协由沈缦云筹集和支付,累积巨款30余万两。有人详细统计道:"上海信成银行支援革命经费,从开办至民国成立,前后总计银三十二万三千余两,

---

① 杨镇毅:《光复军攻克江南制造局及陈其美篡取沪军都督之真相》,全国政协文史和学习委员会编《亲历辛亥革命:见证者的讲述》(下)第1144—1145页,中国文史出版社,2010。

并洋六万七千余元。"①这笔巨款均由沈缦云负责挪付,以后,信成商业储蓄银行因此巨款无从下账而破产。不过,在沪军都督府解散、南京临时政府成立之际,沈缦云曾申请以前沪道公款 26 万存款做部分抵销,但此款却被各国驻沪领事团强行提取,充作赔款,不及扣留,导致信成银行资金周转困难。"二次革命"后,沈缦云避难于大连,银行缺乏主持,各地分行相继停闭,总行停业。这也间接证明了半殖民地半封建社会条件下中国民族资本主义工商业的发展生态不佳,但与其相对应的民族资产阶级是非常值得革命队伍争取的对象。

而上海这个东南巨埠起义之影响,以孙中山先生在《建国方略》中的评价较为中肯。文中说道:"武昌既稍能久支,则所欲救武汉而促革命之成功者,不在武汉之一着,而在各省之响应也。吾党之士皆能见及此,故不约而同,各自为战,不数月而十五省皆光复矣。时响应之最有力而影响于全国最大者,厥为上海。"①

4. 东南四省起义

苏州起义

上海起义的第二天,即九月十四日,苏州起义。

苏州是江苏的省会,江苏巡抚驻地。巡抚程德全(1860—1930),字雪楼,四川云阳人,曾任署理黑龙江将军、营务处总理,起义前一年任奉天巡抚。因为"清末新政"机构精简,督抚不同城,奉天巡抚被裁撤,改任江苏巡抚。程德全出身贫寒,从幕僚起家,颇关心民众疾苦,施政即"以保全生灵为主"。来苏州后,程德全政治态度逐渐明朗,倾向于通过宪政改革来挽救清末统治危机,故与立宪派首领、江苏谘议局议长张謇交往甚好,在封疆大吏中为开明人士之一。程德全初闻武昌起义,曾托张謇起

---

① 牧之等选注:《建国方略》第 102 页,辽宁人民出版社,1994。

五、各地响应

草奏稿向朝廷劝谏和忠告,希望尽快撤销皇族内阁,向天下谢罪,提前行宪,无果,遂专注于地方秩序稳定、百姓生活安定的建设。

江苏省的军事重镇在南京,属于巡抚掌管的军队只有驻苏州的第四十五标一标,而这点有限的兵力,在革命大风潮下,保卫大清王朝的军心已涣散。程德全也曾采取防范措施,将新军所有弹药缴起;后听从了统带刘之洁的进劝,摄于形势,准备"沉机观变,以俟时耳"①。

光复会和同盟会都曾派人来苏州活动,意在策动起义。光复会派柳承烈和张典通,同盟会则派徐文斌到新军第四十五标联络过。苏州新军中的革命分子在武昌起义后早已摩拳擦掌,跃跃欲试。

九月十四日,听说南京新军第九镇第十八协(驻镇江)第三十五标、三十六标与第十七协(驻秣陵关)相约行动,标统刘之洁从巡抚衙署归来后,让正在操练的第四十五标集合后,登上操场西面的土丘上发表了讲话,报告目前形势,动员起义,配合南京,声援武昌,声援上海。官兵听后喜形于色,准备行动。当天,城内到处传着消息:"今晚六钟,枫桥新军营有马队入城,宜家制白旗以待,严扃门户,毋早睡。"② 时至三下钟,新军士兵群起,要求队官发子弹。队官见状,一律发给。当晚,上海革命军50人乘火车赴枫桥与苏州新军汇合。

拂晓时分,马队、步队、工程队、辎重队偕同上海军队先后入城,"类皆袖缀白布"。"民军进城后,径往抚辕请见,群相推戴。"③ 绅士名流通过程德全的亲信应德闳规劝程德全响应。程德全当即予以回应,答应宣布独立,并要求革命军对百姓秋毫无犯。第二天,各街头高悬白旗,都督府门前升起白旗,上写有"兴汉安民"四字,宣布苏州光复。都督府设在原苏州督练公所。

新政府人员构成是这样的:程德全任都督,刘之洁任苏军统领,顾忠琛任参谋厅长,蒋懋熙为巡警道,应德闳任财政司长,江绍烈为司法司长,黄炎培、沈恩孚、罗良鉴为秘书。清遗老叶昌炽这天的日记记载了新

---

① 尚秉和:《辛壬春秋·江苏篇》,扬州师范学院历史系编《辛亥革命江苏地区史料》第54页,江苏人民出版社,1961。

② 〔清〕叶昌炽著,王季烈编:《缘督庐日记钞》第四册第226页,北京图书馆出版社,2007。

③ 郭孝成编:《中国革命纪事本末》第114页,商务印书馆,2011。

旧交替一幕："今日抚辕接新印,大旗高挂,一曰:中华民国;一曰都督府帅府。商会、自治局集议于元都方丈,签字赞成。"① 当时见证者也说:"苏州光复时,没有丝毫变动,仅用竹竿挑去了抚衙大堂屋上的几片檐瓦,以示革命必须破坏云。"②

随后,无锡、常熟、昭文、吴江、南通、扬州、江阴、常州、苏北沿江地区相继宣布独立,绝大部分没有武装冲突。有学者认为江苏的苏州及各州县这种非暴力革命的模式是辛亥革命的另一种形式,称誉之为"苏州与江苏辛亥革命的最醒目的特色"③。此种说法夸大了"和平光复"在辛亥革命中的影响力,在全国,辛亥革命实则还是以武装起义为主要模式。

苏州独立四五天之后,江苏省只剩下南京及其附近地区尚在清廷控制下。

浙江杭州起义

杭州是浙江省省会,是宋朝以后的江南经济、文化、政治中心,与苏州并称"人间天堂"。杭州起义时间是九月十四日的午夜12点,其中,浙江新军发挥了重要的作用。

宣统元年(1909),清廷预备将浙军扩充成镇,浙江新军先编成两标四营,建立一个混成协;第二年编成陆军第二十一镇,下辖第四十一、第四十二两协,第四十一协兵额尚属完全,第四十二协每标人数仅八成,其马、炮、工、辎各只一两队不等,而管带官均早设定,可谓有官无兵。两协驻防情况是:第四十二协远驻宁波,其余则驻杭州。同盟会成立以来,杭州的武备学堂、弁目学堂、陆军小学堂、炮工学堂的师生不少人接受了革命思想,后进入新军。他们深受徐锡麟、秋瑾的精神感召,如仅弁目学堂学生经秋瑾介绍加入光复会会员骨干者就有周亚卫、裘绍、吴斌、吕和音、徐雄、柯制明、潘知来、刑复等④,且具有光复会会员和同盟会会员

---

① 〔清〕叶昌炽著,王季烈编:《缘督庐日记钞》第四册第227页,北京图书馆出版社,2007。
② 钱伟卿:《谈程德全二三事》,扬州师范学院历史系编《辛亥革命江苏地区史料》第125页,江苏人民出版社,1961。
③ 高钟:《辛亥革命苏州"和平光复"模式研究》第54页,苏州大学出版社,2016。
④ 中国人民政治协商会议浙江省委员会文史资料研究委员会编:《浙江辛亥革命回忆录》第112页,浙江人民出版社,1981。

双重身份,所以,到起义前夕,浙江新军中级军官多数倾向革命,如第一标代标统朱瑞、营督队官俞炜,第八十二标三营管带顾乃斌、教练官吴思豫和冯炽中、督队官傅孟、炮队队官徐士镛,工程营队官来伟良,陆军警察营督队官童保暄、旗官傅其永、队官王桂林,辎重营管带韩绍基,陆军小学队长葛敬恩、周亚卫,督练公所科长黄元秀、科员吕公望等。高级军官如周承菼经动员,也同意参加革命。周承菼是日本陆军士官学校毕业生,在军中有一定的威望。步兵第八十一标、第八十二标的标统经常参加革命活动,统制官萧星垣及协统刘询官阶虽高,但并不能真正掌握军队。这为浙江新军成建制地参加起义奠定了基础。

沪杭铁路的开通更为沪杭两地革命团体互相声援提供了便利条件。

武昌起义后,同盟会、光复会在浙江加紧革命动员。陈其美则迅速来到杭州,联络起义之事。当时,建制较全的步兵两标驻守在城外,如何入城一时成为策划者们关注的重点问题。城内工程营的同盟会会员、左队队官兼管带来伟良表示要在城中首先发难,用迅雷不及掩耳的手段劈开几处城门,将城外新军放入城内,解决了入城问题。鉴于杭州起义的条件比上海好,陈其美一度认为杭州应该先于上海起义,有一次,在警界革命同志雷家驹家里开会时,陈其美曾发言:"杭先抑沪先?或杭、沪同时举行?决定杭在先,待杭举义完成,抽拨一部分军队,火车输送到申,占领上海全市,继续前进,或在待沪待宁消息再作决定:若南京举义不利,即前进攻宁。"① 直到上海起义前两天,此计划才改变。

九月十三日,听到上海起义已在进行中,杭州的几个负责人在上板儿巷顾乃斌家中召开紧急会议,参加会议的有褚辅成、顾乃斌、俞炜、童保暄(童伯吹)、葛敬恩、徐士镛、吴思豫、王桂林、韩绍基、来伟良、傅孟光和从上海来的黄郛、蒋志清等。会议决定于第二天午夜十二点起义。会议在推选新政府的都督时,出现了顾乃斌一推辞、朱瑞二推辞、褚辅成三推辞。褚辅成推辞之余,提出由实力人物或者名绅汤寿潜出任,但汤此时人在上海,同革命党并未有联系,大家不同意。而参加会议的童保暄慷慨陈词,尽管资历与声望都不高,顾乃斌即主张由童保暄担任临时都督,童保暄也积极表态。因时间关系,遂形成如此决定。童保暄又提议由葛敬

---

① 黄元秀:《辛亥浙江光复回忆录(节录)》,浙江省辛亥革命史研究会、浙江省图书馆编《辛亥革命浙江史料选辑》第516页,浙江人民出版社,1981。

恩担任临时参议，草拟起义命令。

会议结束后，上海代表返沪为起义做准备。

杭州起义队伍的装备情况如葛敬恩日后回忆中所讲：当时浙江军队只有正规的枪炮，缺乏炸弹，鉴于武昌起义得力于炸弹、手枪，就要求沪上党方提供帮助，这个要求同时也微含一些要挟的意思在内。数经磋商，陈英士和上海革命团体方面竟然完全慷慨答应，并允许"等我们起事前一两日，准定派敢死队来一同参加起义"①。后来，同盟会派来的敢死队有100多人，蒋志清为骨干，同时，带来不少手枪和炸弹；光复会派来的敢死队中，张伯岐为男子队队长，尹维俊为女子队队长。他们于起义当天下午到达杭州，所携炸弹武器存放在周亚卫所在的陆军小学堂里。

葛敬恩与童保暄商定了起义命令，包括：攻取巡抚衙门；攻进旗营，迫令缴械；攻取报国寺军械局；攻取羊市街城站火车站，在此设总司令部；注意银行、电报局及外人住户等；另外，要维护好全城治安。

此次会议还议定了新军的分工：焚烧抚署、占据各衙署局所、保护金融、破坏交通等任务由第八十二标担任，辎重、工程营参加；攻击旗营、占领军械局、保护教堂等任务，由第八十一标担任，马、炮队参加。城外的主力部队驻在南星桥和笕桥，城内部队分驻在上城和下城，首先要开通各主要城门，让城外部队进来。各城门的守门警察分别派人联系好，城内上城的部队负责开放望江、候潮、凤山等门，下城的部队负责开放艮山、清泰等门。

九月十四日的午夜十二时整，第八十一标三个营、炮兵一营、骑兵一连从笕桥出发，第八十二标从南星桥出发，分别向杭州城开进。陆军警察营童保暄、傅其永、王桂林率领宪兵会同工程营前队第三排（排长陈涤）目兵打开望江门新城门，工程营左队队官来伟良率该队打开艮山门，两标士兵得以长驱直入。

新军主力入城后，傅孟等率领的第八十二标起义部队同蒋志清率领的敢死队全力围攻巡抚署，当时只有17岁的光复会女子敢死队长尹维俊率队走在最前列，成功投掷了一颗炸弹，炸毁了抚台衙门一处。因为巡抚衙门内有内应，进攻队伍仅开了几枪，就攻下了第一个目标。浙江巡抚增韫

---

① 葛敬恩：《辛亥革命在浙江》，全国政协文史和学习委员会编《亲历辛亥革命：见证者的讲述》（下）第1173页，中国文史出版社，2010。

从后墙逃走，躲在马房里，被起义的士兵发现后捕捉归案。

报国寺军械局，在内应配合下，也很快被占领。

从焚烧抚署至宣布安民告示，不满40分钟，"全城鼓掌，皆称神速"。

下城和笕桥进城的部队与王金发敢死队汇合后一起进攻旗营。到天明未能攻破。此时，炮兵已经列在城隍山，准备候命轰击。旗营中有新兵500人、壮丁700人；革命队伍则有5000人。满人将军德济主张投降，实际掌兵权的协领贵林准备负隅反抗。浙江谘议局议长陈黻宸劝贵林投降，贵林仍不肯，直到听说巡抚增韫被捕才举起了白旗。将军德济缴械后离开了杭州。革命军用最小的牺牲占领了杭州城，杭州城由此底定。

众人公推汤寿潜任都督，褚辅成任政事部长，第八十一标标统周承菼担任浙军总司令。

不日，宁波、绍兴、湖州、金华、衢州、严州、处州、台州、温州等地响应杭州，相继起义反正，分别成立军政分府。嘉兴清军统领沈沂山准备抗拒，顾乃斌率第八十二标第二营前往平定。革命军队还未到，沈早已吓得逃跑了。嘉兴也成立了军政分府，同盟会员方於笥任军政分府长。

光复会和同盟会两个革命团体在杭州起义中通力合作，起义后军政诸事也较为顺利，带动了全省各地的起义。

浙江全省光复进一步稳固了东南一带的政治局面。

安徽起义

苏州、杭州起义后的第四天，安徽宣布独立。这一天是九月十八日。

安徽省的东、南、西三面与江苏、浙江、江西、湖北接壤，长江横贯其间，在其上游是九江和武汉，在其下游是江苏和上海，随着周边独立，革命氛围浓厚的安庆自然不甘落后。

安徽巡抚朱家宝在武昌起义后度日如年。前任恩铭遇害的阴影还没有散去，又经历了熊成基起义，他早已成惊弓之鸟。武昌起义后的第二天，朱家宝以"极急"电致陆军部："皖省滨临大江，逼近武汉，英霍等县又与鄂境毗连。自昔武汉用兵，必先注意安庆。盖固安庆而后可保江苏一带也。皖省新军，现止混成一协，防军共止廿营，平时无事，已苦不敷分布，今值武昌此变，建瓴独下，皖实岌岌可危，自非厚集兵力，水陆兼防,不足以资抵御。"① 如朱家宝所言,安庆地处战略要地,清廷本应大加重视,但当时朝廷能够通盘考虑大局的人几乎没有,他们一意专注武汉三镇,无暇顾及安庆一隅。

湖南、陕西等省新军起义的消息传来,朱家宝对新军更不放心。他一面将新军的子弹悉数收回,一面命驻安庆城内的巡防营统领刘利贞加强防务,并几次向两江总督张人骏告急。张人骏遂派张勋所部江防营两营到安庆支援,并派军舰到安徽境内长江江面游弋,以资威慑。朱家宝认为,第六十二标第三营新军革命情绪较浓,因此将之调往皖鄂交界的英山驻防,以削弱安庆新军中的革命力量。

驻安庆的新军混成协是宣统二年(1910)重新组建的。该协下辖两标,其中,第六十一标驻安庆城外五里庙,第六十二标驻城外20里的集贤关,炮营、辎重队驻在东门外迎江寺下,马营驻西门山上,工程队驻在城内关帝庙。

树欲静而风不止。朱家宝越加紧提防,革命人士越加紧活动。安庆的革命基础好,先后有岳王会、同盟会、光复会开展活动,革命党人柏文蔚、倪映典、熊成基、吴春阳、杨鳖龙、李乾瑜、胡万泰等先后加入安徽新军。徐、熊二人的起义虽然都失败了,但影响深远。又,深受孙中山器重的同盟会会员张汇滔(孟介)在光绪三十三年(1907)从日本归国后,在皖北重镇寿县以"信义会"的名义开展革命活动,信义会的入会誓词和同盟会完全相同,只是以宗教的名义打掩护。辛亥年九月十五日,张汇滔联合地方名绅王庆云在寿县起义,革命武装很快发展到两三万人,对外称作"淮上军",王庆云担任总司令,他与袁家声、张纶为副总司令兼参谋长。这是安徽独立的先声。这支队伍率部东征西杀,先后光复了江北蚌埠、怀远、凤阳、颍州等22个州县,加快了安徽全省独立的节奏。当江浙联军攻战南京时,张勋北逃路过蚌埠,淮上军与之打了一场阻击战,此役被誉为安徽辛亥革命的壮举之一。

安庆起义在吴旸谷领导下进行。吴旸谷(1883—1911),原名春阳,安徽合肥人,同盟会安徽主盟人,从日本回国后在安庆炮营弁目养成所,曾与熊成基在同一营任职。武昌起义后去湖北,见过湖北军政府都督黎元

---

① 中国第二历史档案馆编:《中华民国史档案资料汇编》第1辑第171页,江苏古籍出版社,1991。

五、各地响应

洪。九月初七日,他回到安庆,暗中联络同志,准备起义。九月初九日,他们在奚花园附近的一家客栈萍萃楼召开起义筹备会,参会者有王天培、韩衍、史沛然、李乾瑜、陈安仁等,步兵两标、马炮营、工程队、测绘学堂和陆军小学堂的代表。会议决定于当晚发难,以新军为主力。众人约定,胡万泰为总指挥,拟于当晚八时先由第六十二标举火为号,第六十一标和马、炮营继续响应,先攻标本部,夺取子弹,再合力攻打省城。

然而,起义过程并不顺利。总指挥胡万泰当晚借口"送母"离开安庆。第六十二标的新军排长李乾瑜因参加筹备会议回营太迟而被标统顾琢堂拘留,第六十二标没有按时率先发动起义,更无法举火为号。步兵两标、炮营、工程队所驻距离较远,传递消息不通畅。待约定的起义时间到了,炮营队官陈安仁、排长吴士英驱走炮营管带,如期向标本部进攻,遭到标统胡永奎居高临下的炮轰,不少起义士兵中弹牺牲,双方进入相持状态,坚持到晚上十一时,还没有看见举火信号,就各自回营休息。

但是,巡抚朱家宝得到报告后,命令卫队携机关炮去守城,留在炮营的机关也都被卸掉,革命同志无法动手。而且,标统胡永奎气急败坏地反扑,天不亮就调来江防营数百人,荷枪实弹,包围了第六十一标炮营;还将全部官兵集合到操场,大声训话,内含要宣布解散全标的意思,并规定没有他的命令谁也不准出营半步,否则格杀勿论。

九月初十日下午四时左右,第六十二标的陆国荣、史明家率领愿意起义的士兵救出李乾瑜等,驱逐标统顾琢堂,开始行动。第六十一标的革命同志听到消息,冲出本标,徒手冲向安庆。晚上,大部队逼近安庆北门,发出了联络信号,但是,此时城门被江防营控制,城内的新军不敢响应,江面上还有兵舰巡游,形势对革命军非常不利。其次,革命者人多,武器却不足,城内的江防营和巡防营都配有新式快枪,很快,守城清军占了上风,起义队伍败退桐城。吴春阳藏在安庆城里等起义成功,听到噩讯急忙躲避,士绅童挹芳助之逃离安庆。

安庆首次起义失败了。

巡抚朱家宝下令将安庆新军各营一律遣散回原籍。但是,情况很快发生了变化。调来的江防营纪律很差,肆意抢劫,城内两家当铺被抢劫一空,他们又打起抢藩库的主意。地方民众和士绅们对此非常不满。安庆谘议局开会,形成统一意见:逼朱家宝将江防营客军调离安庆,同时,将解散的一部分新军召回编为商团,以维持治安,并议定商团团长由原第六十二标教练官王道济充任。谘议局会议一结束,议长窦以珏和士绅童挹芳面见朱家宝,提出三问:关于百姓生命财产安全之事如何保证?关于新军编练的筹款剩余在哪里(他们要求将此款拨付给商团使用)?江防营有勇无智,四处侵扰百姓,为何不将其撤走?

朱家宝不知如何解决,便拍电报到京城向袁世凯求助。袁世凯授意赵秉钧给他回复了"勿贪小节,致昧远图"8个字。朱家宝顿悟,态度立即发生了转变,答复谘议局代表:"军心如此,民心如此,各省踵蹑而行,我敢独异?请诸公策自保,吾遵奉施行耳。"① 谘议局据此开会做出决定:召回新军,调开江防营,财政及警察局移交谘议局。

九月十七日,江防营撤出安庆。

就在此时,谘议局收到江西军政府电报,后者称要借道安庆,谓"浔将遣师,恢复金陵,道出安庆,要求独立"。于此,安庆士绅们很警觉,他们不想再受任何不利因素的干扰。有革命之志的测绘学堂提调王天培站出来,自称奉黎元洪的命令来主持安徽独立,希望谘议局完成大业。于是,九月十八日,谘议局开会宣布安徽独立,公推朱家宝为都督、王天培(测绘堂提调、同盟会会员)为副都督,当晚从湖北回到安庆的吴春阳为总经略。都督府就设在原巡抚衙门,门外竖立两面白旗,一面旗上写"宣布独立",一面旗上写"兴汉保民"。

安徽都督府成立后,一面布告安民令,颁布9条军律;一面将安庆情形拍电报告湖北、江西军政府,以示声援。

安庆独立的第二天,皖北庐州(合肥)、芜湖宣布独立,成立庐州、芜湖军政分府。

但是,一省三都督,彼此不服气,事权不统一,安徽很快陷入权力纠葛中。吴春阳没有军队,遂向江西九江军政分府都督马毓宝求援。马毓宝派浔军黄焕章部前来援助。不料,又引来新的灾难,因为该部到了安庆,为非作歹,引起了公愤。吴春阳前去责问时,反惨遭杀害。吴春阳之死,对安徽军政府来说是一大损失。

被朱家宝外调的新军桂丹墀营回到安庆,见黄焕章所部如此不得人心,打算用武力驱逐。正在这时,九江军政分府参谋长李烈钧听到消息,

---

① 张国淦编著:《辛亥革命史料》第243页,龙门联合书局,1958。

征得都督马毓宝同意，赶来善后。李烈钧到了安庆后，将肇事首要分子正法，悉数归还所掠夺财物，安定人心，恢复市场，并驱逐朱家宝，遂被安徽各界推举为安徽都督。李烈钧推辞一番后上任。

不久，湖北告急，黎元洪来电求援，李烈钧遂以援鄂为由，率部离开安庆。安庆重陷军政不一的混乱状态。这样的混乱状态持续近一个月，老同盟会会员孙毓筠出任都督，全省政权初步统一，安徽政局得到初步稳定；唯大通军政府都督黎宗狱拒不撤销。又逾月，已是民国元年三月，驻浦口的陆军第一军军长柏文蔚平定之，出任都督，安徽全省政治经济方走上正轨。

古有言："安庆者，长江之锁钥，金陵上游之保障也。"安庆易手，清军踞守的南京便更加孤立了。

福建起义

福建起义于九月十八日由同盟会运动新军完成。

福建同盟会支部成立于光绪三十二年（1906），郑祖荫为支部长，林斯琛为总干事，机关设在桥南公益社内，《建言报》为其喉舌。但至武昌起义前，同盟会在省内的活动总体上开展力度并不大。而在日本留学的闽省学生有多位成为同盟会骨干，黄花岗起义参与者中福建籍青年占很大比例，林觉民、林爽、林尹民、方声洞、陈可钧、陈与燊等都是，冯超骧、刘六符、刘元栋及连江光复会会员等是从闽省过去的，"及三月二十九日失败，福建死者30余名"①，青年才俊们悲壮地用自己的生命唤起民众对革命的支持和同情。

福建新军属于清军暂编陆军第十镇，下辖两协四标，全镇"实有兵员五千余人（按编制全镇兵员约万人）"②，军队的前身是左宗棠旧部湘军，是故，人们习惯上仍称之为"楚军"。中法战争时，孙道仁的父亲孙开华孤军守台湾，浴血奋战，威名远扬。其间，孙道仁经常以渔船做掩护，秘密渡海运送军火支援父亲，得到台湾巡抚衔督办刘铭传的赏识。战争结束后，孙道仁先后任京府通判、道员等官职。甲午战争一爆发，孙道仁统领

---

① 刘通：《辛亥福建光复回忆》，全国政协文史和学习委员会编《亲历辛亥革命：见证者的讲述》（下）第1233页，中国文史出版社，2010年。

② 王勋远、王宜祐：《参加福州辛亥革命》，中国人民政治协商会议福建省委员会文史资料编辑室编《福建文史资料》第六辑第96页，福建人民出版社，1981。

庆字新五营驻防密州，出关御敌，战争结束归来担任了全省善局督办及福字中营统领。清末新政伊始，孙道仁被派赴日本考察军事，回国创办了武备学堂，编练新军。作为福建新军创办者，孙道仁先后担任闽浙军务处总办、福宁总兵、暂编陆军第十镇统制、福建水师提督，是福建军界的头面人物。

孙道仁为人谦和，以自己未受正规军事教育深感憾事，因而非常器重那些军校毕业生，其中，尤其赏识和信任第二十协统领许崇智（日本陆军士官学校三期生，老同盟会会员），所以，福建新军实际上由许崇智等革命党人掌握。

同盟会也注意运动福建军警，特别是对新军警界下层士兵。在争取他们的过程中，彭寿松发挥了重要的作用。彭寿松的父亲随左宗棠入闽，客死福州。彭寿松早年加入哥老会，性格豪爽，有侠义之肠，曾担任福州缉私局局长。辛亥年春，彭寿松经刘通介绍认识林斯琛。林斯琛经过考察，同意彭寿松成为同盟会会员，并一起参加了黄花岗起义。起义失败后，彭寿松辗转来到武汉，托关系得以在督路大臣端方手下谋一差事。待与张振武等取得联系后，彭寿松对革命的理解愈加深刻，决定回福建发展革命力量，遂以接家属为借口离开武汉，回到福建，竖起光汉义旗，设法发展军警，"寿松以革命须靠武力，争取武力必须从军警下手，而同盟会难于吸收会员，乃设军警特别同盟会，运动湘军……至九月初，军警全部加入矣"①。他令侄子荫祥主其事，张祖汉、李焕、黄震白等辅之，先树立中坚，然后逐渐广泛收罗，由下而上，由士兵而及官长，由僚佐而及实力人员。另外，寿松又运动哥老会各山堂，联合为一，密语为"收通铺"，就其中"苦水"（"苦水"是他们常用的密语，所谓吃过苦的人敢作敢为）多者组织联络员。短时间内，福建同盟会会员人数大增。武昌起义后，他们加紧行动，派人购买原料，学制炸药，进入发动阶段，故有"光复福建者，湘军之力；运动湘军举义者，彭寿松之力"一说。

九月十一日，林斯琛从上海、武汉回到福州，立即召开军事会议，拟订起义计划，参加会议者有许崇智等众军官，地点选在南台白泉庵。这时，福州新军大部分中下级军官已经站到革命队伍一边，会后，他们派人

---

① 刘通：《辛亥福建光复回忆》，全国政协文史和学习委员会编《亲历辛亥革命：见证者的讲述》（下）第1234－1235页，中国文史出版社，2010。

五、各地响应

说服孙道仁。孙道仁犹豫不决。林斯琛请英商乾行的蔡展庞帮助说服,孙道仁方表态赞成革命。

九月十五日晚,林斯琛、彭寿松再次商议起义相关事宜。会议在一艘停泊在魁岐江面的夹板船上进行,孙道仁参加了会议,并宣誓加入同盟会。此次讨论到关键环节卡住了,即士兵每人只有子弹四五发,药库子弹都已搬入旗界,发动起义有困难。幸好,驻守屏山军械库的士兵许多已经加入军警特别同盟会。他们偷凿墙垣,用两天时间将子弹秘密运出。

至此,起义条件成熟了。

起义主要打击的对象是闽浙总督松寿、福州将军朴寿和旗官文楷。松寿在武昌起义后,就思以温和的手段缓和省内冲突。所以,革命军主攻对象一是福州将军朴寿所部,该部按八旗编制,高级军官为参领、协领,二为文楷之部旗领,官兵2500人;又,光绪三十四年(1908),他在全省抽选精锐编为捷胜营,兵额2000名;预备作战时,文楷又组织"杀汉团",人数约500名,分为两队,一队为大刀冲锋队,一队为汽龙洋油放火队。合计有5000人。①

九月十八日,孙道仁以统制名义发出总攻部署密令,于山战役正式开始。于山可以俯瞰旗界,取之则有了制高点。旗军失之,即成困守一隅之局。

革命军的部署是这样的:于山是总攻阵地,许崇智为前敌总指挥,前敌总指挥部设在于山观音阁。起义大部队对旗界进行了大包围,除东门开放以外,汤门以南,环绕旗讯口、大王府、庆城寺、鳌峰坊、观巷等处与旗界交接各街道地带都分布了进攻和堵截部队。

由桥南总机关部密报各社团联甲,于当晚开始紧密巡防,严守栅门,九点以后无口令不得犯夜过栅。起义当晚的口令是"女子"。

原驻守省垣的起义新军是进攻主力,其部署是:步兵第三十八标第三营,归管带胡季高指挥;骑兵仅成一队,由队官黄安源指挥,有40余匹马;炮兵营两队,由管带萧奇斌指挥,拥有德国造最新式克虏伯过山炮四尊;工兵营两队,由管带林文瑛指挥;辎重营一队,由队官郑坦指挥;宪兵营两队,由管带官俞绍瀛指挥,分驻城台两区,保卫治安;二十协两标

---

① 刘通:《辛亥福建光复回忆》,全国政协文史和学习委员会编《亲历辛亥革命:见证者的讲述》(下)第1236页,中国文史出版社,2010。

新征兵五营,各营官长临时混合编成作战,分别由军官队的孙葆镕、沈觐恩、王琛、林肇民、沈国瑛指挥,并受总指挥统一调遣;二十协两标征兵营尉级官长和讲武堂初毕业生40余人临时编入总指挥部作战卫队。

延建邵统领徐镜清奉孙道仁的电令,率巡防营两营于十九日早到达省城,参加战斗。二十协三十九标第一征兵营驻长门划鳅港,由管带官陈铮指挥。又,驻马江管带官吴景震率领全部队伍于十九日下午四时到达省垣等候作战命令。①

协同作战的还有:各山堂中退伍及闲散官兵编成的先锋队及差遣队,桥南总机关部将体育会会员(多数为学生,由刘通召集)分编炸弹队,由彭寿松指挥,也于当晚上在于山作战;洋枪队分为一大队三小队,大队保护仓前山领事馆及外侨,小队分战大清银行分行、中洲水亭税厘局、泛船浦电报局3处;由各社团练勇抽调及自愿参加战线工作者编成的民团义勇队,由杨琦、方应团率领参加战斗。

旗军亦积极巡守,占据水部城楼,并将工艺传习所职员吴和轩抓去斩首,剖腹悬尸以向革命军示威。

总指挥许崇智于当晚登上于山,彭寿松也在于山观音阁内设立军警同盟会办事处,管理临时事务。

九月十九日拂晓,福建革命军开始进攻。

革命军在于山设炮兵阵地,火炮居高临下威力甚大,第二炮即命中将军署。旗军企图夺取大炮,一队潜行并占据公立法政学堂宿舍后,向革命军炮兵阵地射击,导致革命军炮兵伤亡10余人,中队官陈桂生面部受伤。革命军发现后,炮击其隐藏地,这些地方随即被炮弹击中,大火燃烧起来,旗军失去了藏匿之地。

杀汉团在团长文楷率领下从吕祖宫冲至八十一阶,集中于安奶庙;另一队从太平山街山麓白塔寺爬山而上,合谋进攻,被革命军痛击,旗军仰攻失败。

正午十二时前后,旗军开始悬挂白旗,旗上书写"将军出走,停战和议"。革命军担心有诈,继续炮击。下午二时,旗军又在显眼处高挂白旗——"请求停火,愿将全部缴械乞降"。许崇智看到白旗,立即命令停

---

① 刘通:《辛亥福建光复回忆》,全国政协文史和学习委员会编《亲历辛亥革命:见证者的讲述》(下)第1236页,中国文史出版社,2010。

火。很快,一个旗营官员手持"献械乞降"的粉纸白旗前来,后面跟着扛着步枪机柄数担的挑夫们。余下的旗军派代表与革命军谈判,后全部缴械。①

九月二十日八时,八旗都统胜恩率领士兵 1300 多人到南校场指定地点参加了受降仪式。缴械后的旗兵每人拿到回家遣返费一元银洋。福州将军朴寿在押送途中被士兵砍死,闽浙总督松寿吞金自杀。

当晚,许崇智离开于山返回第十镇总部,沿途民众热烈欢呼。

九月二十三日,孙道仁在督署礼堂举行都督就职典礼。同盟会代表郑祖荫授予其都督印,印上书文曰"中华军政府闽都督之印"。孙道仁接印就职,并印红帖告示天下。福建参事委员会同时成立,此机构在各省独树一帜,彰显民主政治的精神(该机构日后因人而治,会员更有私自委托他人代理者,组织复杂涣散,民主精神殆尽)。福建军政府充分招贤纳士,也容纳了一些立宪派人士,但政权主要掌握在革命党人手中。

厦门是福建另一个重要的商贸中心城市,有优良的港口。在福州战事即将发动时,厦门道台庆蕃听到风声后,化装搭船逃离。全国第一商会组织——厦门商会听到福州光复的消息后,同盟会负责人王振邦、张海珊等积极准备发动起义。王振邦等拜见厦门自治会会长陈子挺。陈认为厦门无须准备武装起义,只需等待福州派人来接收,但同盟会会员们经过秘密会议,还是决定于九月二十五日起义。

当天下午,他们先在天仙茶园集会。起义者大多不带武器,只有极少数人携带手枪,还有香烟罐伪装的假炸弹。张海珊在人声嘈杂中登台演讲,揭露清政府的腐败无能,说明革命的意义,号召市民参加革命,向道台衙门进攻。他抛出参加起义的优厚条件:只要左臂扎盖有"革命军"三字的白布条,光复后凭白布可领大洋 5 块。于是,当起义哨笛鸣响时,同盟会会员领先,几千个群众列成蛇阵,向目的地进发。沿途参加者不断增加,阵容空前。队伍到了道台衙门,没有遇到任何抵抗。同日,同盟会会员杨山光率领数十志士接收了湖里山炮台。

厦门成立南部军政分府,宣告独立。

从经济与政治的互动角度来看,东南四省相继独立后,南京成了一座

---

① 刘通:《辛亥福建光复回忆》,全国政协文史和学习委员会编《亲历辛亥革命:见证者的讲述》(下)第 1237 页,中国文史出版社,2010。

孤城。上海、苏州、杭州、安庆、福州是全国富庶之地，在全国也很有影响力，它们的光复有力地推动了全国革命形势继续高涨。

5. 西南、华南五省"独立"

在晋、陕连成一片时，西南、华南五省——云、贵、川、桂、粤也先后起义，宣布独立，并成互相声援之势。

重九昆明起义

云南省在中国的西南边陲，东部与贵州省、广西壮族自治区相邻，北部与四川省相连，西北隅紧倚西藏自治区，西部同缅甸接壤，南部与老挝、越南毗连，为国防前沿阵地。

清统治者入关以来一直重视云南的防卫和控制，在此驻扎重兵，实行汛塘制度。汛塘制度是一种基层的驻军制度。清初，绿营分防于全省各要地，设汛塘、关哨和隘卡，以千总、把总领兵驻守。云南的汛塘、关哨总计3000余处，凡设汛塘、关哨之处，多成为居民聚居点。那些在此安家长住的士兵，往往导引家乡亲朋相率而来。同时，清统治者又在边远地带以及与邻邦接界的地区安排大量绿营兵和各种土军驻守，这种汛塘分防与城池防守的做法加强了清朝的统治，保证了清廷对边疆地区的有效管辖，亦有利于边界防卫。

驻防云南的清经制军的主要来源，在中法战争前是湘军老将刘长佑任云贵总督时按湘军营制编练绿营形成的"练军"。清末新政第二年，云南即开始编练新军，至宣统元年（1909）成军，为暂编陆军第十九镇，下辖两协，步兵4个标，炮兵、马兵各一标，机关枪、工程营各一营。当时，除北洋六镇和东北的奉天、吉林外，只有湖北、江苏、浙江、福建、四川、云南六省新军有着镇（师）的全建制；而炮兵、骑兵编足的则只有湖北、云南两个省。编练后期，云贵总督锡良想要建设一支纯正的新军，所以也最舍得花大价钱购置武器，甚至"动用了云南积存藩库的现金数万两，向德商购买步枪、马枪、机关枪、手枪、管退炮等武器，为装备十九镇使用"①。另外，还在省内设有弹药厂，弹药供产充足。

云南新军除了装备充足建制齐全外，还具有如下特点。

第一，中层军官多为日本陆军士官学校科班出身，如第三十七协统领蔡锷，第七十四标第一营管带唐继尧，第七十四标第二营管带刘存厚，第七十四标第三营管带雷飙，第七十三标第三营管带李鸿祥，炮兵第十九标第二营管带刘云锋，炮兵第十九标第三营管带谢汝翼，马兵第十九标教练官黄毓成，陆军讲武堂代理监督沈汪度，讲武堂教官张子贞，陆军小学堂总办罗佩金，参谋处总办殷成献，督练处副参议官李根源，讲武堂教官顾品珍、刘祖武、庾恩旸（兼炮兵第十九协第一营管带），第七十五标教练官赵又新等。这一批掌握专业知识的军官保证了云南新军的整体实力，而这些军官大部分选择追随革命，又使得在云南新军中掌握实权的革命党人数比例超过其他省份。

第二，革命思想的宣传与渗透在新军中较为深入。云南陆军讲武堂是西南一带非常有影响的军校，附近省份的有志青年不惜远道而来深造。在云南讲武堂任教官的同盟会会员，除了本省人士李根源、沈汪度、顾品珍、刘祖武、庾恩旸外，还有外省的李烈钧、方声涛、张开儒等英杰。他们以讲武堂为平台，以"三步法"在学生中间进行革命宣传，即：先由讲武堂教员施以革命教育于该堂各班学员；又派讲武堂甲、乙班学员（陆军军官和巡防官弁），特别班学生（丙中班学生中选拔者）分别遣入十九镇巡防见习或充官弁，借以运动陆军巡防官弁；再派丙班学生分科到十九镇入伍3个月，借以联络运动全镇目兵。②两三年的工夫，培养了不少进步学生。同盟会在讲武堂很好地发挥了组织功能，会员之间经常秘密传阅同盟会革命书刊，经常谈论和思考的就是怎样发动革命起义，如朱德后来所说，"云南讲武堂就成为云南革命力量的重要据点"③。辛亥年，讲武堂特别班学生朱德、范石生、杨蓁等100多人提前毕业，分配到新军中担任下级军官，已是同盟会会员的同志直接在士兵中进行革命宣传，为发动起义

---

① 周开勋：《云南讲武堂的回忆》，中国人民政治协商会议云南省委员会文史资料研究委员会编《云南文史资料选辑》第十五辑第163页，云南人民出版社，1981。

② 刘存厚：《云南光复阵中日志》，谢本书、荆德新、宋文熙等编《云南辛亥革命资料》第12－13页，云南人民出版社，1981。

③ 朱德：《辛亥革命回忆》，《人民日报》1961年10月10日。

打下了坚实的基础。辛亥年初夏,受四川保路同志会的影响,300余名学生酝酿借毕业典礼之机刺杀云贵总督李经羲,一举革命,被教官谢汝翼劝阻,但革命气氛在全军进一步扩散。

第三,驻防省城昆明的云南新军有发动起义的优势。当时省城昆明聚集了云南的主要军队,即蔡锷所在的三十七协两标、炮兵标、机关枪营、陆军讲武堂及陆军小学,省城中没有可以与他们匹敌的军事力量,比起在云南的北洋系,革命党人实力雄厚;而北洋系掌握的三十八协的七十五标、七十六标远在滇南的临安府和滇西的大理府,力量分散,不易集中,协统曲同丰心系北洋系,对革命者并不能构成威胁。所以,一旦时机成熟,有人振臂一呼,即可迅速掌控全局。

第四,蔡锷、李根源利用职权之便,为起义做了充分的准备。蔡锷(1882—1916),字松坡,湖南邵阳人,日本士官学校三期优秀毕业生,习骑兵科,早年参加维新运动,是梁启超的得意弟子。(图5.14)东渡日本后,蔡锷弃文习武,即为实现"救亡图存"和尚武强国之理想。目睹清政府的腐败无能,他立志反清,同两湖革命党人黄兴、陈天华、宋教仁、谭人凤来往密切。辛亥年年初,他随总督李经羲从广西来到云南,初在总督署当参议,后转任三十七协统领。一上任,蔡锷即注意革命力量的积蓄,辛亥年三四月间的某一天,以游览的名义,在黑龙潭召集进步分子秘密会商革命问题。此会议奠定了蔡锷在云南革命同志中的威望。其间,他还编辑了《曾胡治兵语录》(该书后来成为蒋介石治军的必备参考书),并加按语鼓励众军官兵,在军中的声望因此进一步提高。虽然他不是同盟会会员,却在同盟会会员中间有影响力。同盟会会员刘存厚的日记中记载道,在起义前,云南一共举行过5次秘密会议,部署起义事宜。第一次会议是唐

图5.14 云南都督蔡锷

［蔡锷出生于湖南省宝庆府武冈州山门镇(今洞口县山门镇)一个贫寒的农民家庭,16岁师从梁启超,建立浓厚的师生感情,面对山河破碎,赋"流血救民吾辈事,千秋肝胆自轮菌"一诗,立志救国,到日本留学,弃文从武,经梁启超帮助,与蒋百里进入日本陆军士官学校,为"士官三杰"之一］

继尧、刘存厚、殷成、沈汪度、张子贞、黄毓成等人在刘存厚的家里召开，会议形成了关于筹备事项决议，其中一条是：同举稳慎周详可与谋革命之人员有蔡锷、罗佩金、韩凤楼、谢汝翼等 7 名；同议可共事议革命之人有李根源、庾恩旸、李鸿祥、黄毓英、邓泰中等。以后 4 次会议均有蔡锷参加，从名望与资历来讲，蔡锷是核心人物。① 李根源（1879—1965），字印泉，云南大理人，日本陆军士官学校六期毕业生。（图 5.15）回省后，因才华出众，先后担任云南陆军讲武堂监督、总办，相携同盟会会员沈汪度、张开儒分任监督、提调，使得讲武堂完全为革命党人所掌握。讲武堂成为革命重要据点与蔡锷的努力经营有密切关系。新任总督李经羲于此有所觉察，将他调离这一关键岗位，派往滇西办理片马防务，待他完成任务

图 5.15　晚年的李根源

（引自沈家明编著《李根源纪念文集》，云南美术出版社 2005 年版）

回来后，只安置他任督练处副参议官的闲职，相当于搁置不用，但并没能阻止他成为起义的关键人物。

第五，云南新军中、上级军官对起义进行了周密的谋划。这不仅是起义成功的主要原因，也是革命后云南新政权较他省稳定的重要原因。武昌首义的消息传到云南后，云贵总督李经羲和新军十九镇统制钟麟同等很惶恐，连日召集各司道等密议防御办法；而云南革命志士也暗中筹划，加紧行动，他们几次秘密开会，进行周密部署。其中，八月二十日上午的密议，有蔡锷、唐继尧、刘存厚、罗佩金、雷飙 5 人参加，形成三条决议：一，联络官兵，期与可靠之官长逐层组织小团体，且歃血为盟，以坚其信，而为有把握之举动；二，预备子弹以备急用；三，严守秘密，有泄者共殛之。九月初四，蔡锷、唐继尧、刘存厚、沈汪度、殷成、张子贞、雷飙等冒雨集会，进一步加强凝聚力，并以"协力同心，恢复汉室，有渝此

---

①　谢本书：《唐继尧评传》第 13 - 14 页，河南教育出版社，1985；谢本书、荆德新、宋文熙等编《云南辛亥革命资料》第 30 - 32 页，云南人民出版社，1981。

盟，天人共殛"十六字为誓词。九月初七日晚，蔡锷、唐继尧、刘存厚、沈汪度、张子贞、李鸿祥、黄毓成、黄永社在唐继尧寓所集议，决定所有参战部队于初九日晚上十二时同时行动，以新军第七十三协所属步兵第七十三标、第七十四标和炮兵第十九标为主力。具体由李根源率第七十三标，向北校场、省城东门一带进攻，重点是军械局和五华山；由第七十四标占领大东门至小西门以南地区，重点是南门外巡防营二、四营、南门城楼、督署、藩库、盐库；炮兵配合作战，向督署、五华山、军械局射击；开启北门、小东门、小西门、南门的任务由讲武堂学生完成；蔡锷为起义军临时总司令。

到九月初八日，起义的准备工作万事俱备，只欠东风了。

谁也没有料到，这个东风来自统制钟麟同。九月初九日重阳节清晨，统制钟麟同突然来到巫家坝，第七十四标和炮兵第十九标驻扎在这里。原来，他道听途说，谓军中有秘密会议召开定于今晚起义，他企图制止起义。首先，他在官兵中间发表了严厉的训话，有警告，有恐吓，兼诱骗："得有确报，今夜有匪作乱攻城，将谋革命。凡尔官兵如发觉妄言革命者来报，本统制见官加一级，并奖银二百元。"然后，他召集中上级军官举行会议，表态他决不会同意云南独立。钟麟同本是平庸之辈，因与总督署总参议北洋系靳云鹏关系相近才获统制之位，在军中素无威信。他走后，下级军官10来个、战士七八个聚在一起议论，多数不满意他的说法，"大家一致认为清政府腐败已极，尤其愤恨满族欺压汉人的太不平等"；众人"你一言，我一语地闹嚷不已，掀起了下级军官们一致反对清朝的激动心情和强烈怒火。钟麟同的这次训话不仅不能稍杀革命的火焰，反而增强了同仇敌忾的意志"。①

下午三时，蔡锷约集协标中几个重要人物，再次重申坚持原计划：晚十二时鸣号集合，次晨三时发难。

下午五时许，刘存厚命护兵砸开库门，取出子弹。但他又担心弹药数量少，立即派人到财神庙的巡防二、四营运动，劝其反正，如果不成，至少请其保持中立。这样做的目的是尽量减少子弹的消耗。

晚七时，蔡锷到第七十四标本部，又集合众人开会，对第七十四标各营

---

① 王冠军：《辛亥云南反正亲历记》，全国政协文史和学习委员会编《亲历辛亥革命：见证者的讲述》（下）第1010页，中国文史出版社，2010。

五、各地响应

的任务强调如下：步兵第一营临时管带唐继尧率所部（附炮兵第一营之炮六门）由南门进攻督署；步兵第二营管带刘存厚率所部（附炮兵第二营之炮六门、机关枪八尊）消灭财神庙之巡防营后攻占南城，援助唐营攻击督署；第三营管带雷飙率所部随蔡锷统领为预备队，于城内江南会馆附近位置准备迎战；其余之机关枪由李凤楼配布南城外各要隘，以防敌军袭击；行进次序按步、炮兵一二三营之序列。各管带回营具体布置本营任务。

会后，蔡锷又请第十九标炮标统带韩国饶到标本部，将起义的意图告诉他，韩国饶当场赞成。这样，驻巫家坝新军全标一致同意起义。

但是，到晚上八时半，北校场的第七十三标就率先行动了。本来，第七十三标的情况比第七十四标复杂，除了第三营管带李鸿祥外，标统丁锦和第一、第二营管带均是北洋系；即使在第三营中，督队官、队官、排长等中下级军官也有2/3是北洋系。但是，在各营中下级军官和士兵中不乏革命党人和同情革命者，李鸿祥、黄毓英等平时也注重宣传，已做好了起义的准备工作。促使重九起义提前缘于武器的分配。右队二排排长黄毓英命令士兵抬子弹（其实是为起义做准备），士兵开箱取枪，右队官安焕章便抽出指挥刀制止，一士兵一激动，开枪将其击毙。众士兵接着又击毙反对革命的值日队官唐元良、督队官薛树仁等。"这时营盘极紧张，有的兵士喊打喊杀，有的兵士从营房里冲出来，他们都满腔愤怒，摩拳擦掌，简直就要干起来了。"① 这时，李鸿祥以管带身份急忙命令吹集合号，混乱的局面得以扭转，士兵们排整齐队，李鸿祥宣布讲武堂来的刘祖武为第三营营长，马为麟为第二营营长。但听到报告的标统丁锦率卫队赶来，即向士兵开枪射击，李鸿祥率部回击，击溃卫队，整队向昆明北门进发。快到达北门时，遇到准备参加起义的李根源一部，两部汇聚一起前进。经过战斗，打开了北门，入城相继占领银圆局、兵工厂等处；考虑到起义队伍所持弹药很少，决定首先进攻五华山北面的军械局。

七十四标得到"七十三标某营发生兵变"的报告后，一面要求本标戒严听命，一面派人速去侦探。晚十时许，侦查人员回来报告了"城内起火，枪声隆隆"的原因。于是，蔡锷立即召集步、炮两标官兵到七十四标本部，并发表战斗宣言，他的讲话铿锵有力，"述明今夕举义宗旨，词严义正，每出

---

① 李鸿祥：《增补云南辛亥革命回忆录》，中国人民政治协商会议全国委员会文史资料研究委员会编《辛亥革命回忆录》第6集第122页，中国文史出版社，2012。

一语,各将校齐呼万岁,欢声雷动,誓出死力"①。在刘存厚的提议下,众人三呼"万岁"以示支持总司令官蔡锷统领,罗佩金、谢汝翼也在会上讲了话。为了消除满人官佐的敌对情绪及外省军官平素的不和,蔡锷宣布此次革命"实系为改良政治增进国民之幸福起见,非种族革命也"。

巫家坝两标全建制地参加了起义。

就在巫家坝起义部队向南门进发时,李根源已指挥第七十三标与清军展开了激烈争夺军械局的战斗。(图5.16)钟麟同率巡防队两营、辎重营宪兵营机关枪队及镇署卫兵,占领五华山,做顽强抵抗。军械局内卫兵约60人占据险要地势,向起义部队射击,机关枪甚为凶猛,云南革命军中死伤人员将校官以下约30人。在黑暗中革命军突击,肉搏战数次,仅占领了五华山北端一小部分。

李根源见敌据险死守知不可强攻,而且部队的弹药即将告竭,于是举火为号,希望巫家坝军队尽快来援。

九月十日午夜一时半,蔡锷一路到南门,顺利入城。凌晨三时,第七十四标步兵已经占领西、南城垣和江南会馆。三时半,唐继尧率所部进攻督署衙门,突击了两次未果。四时,天色渐明,炮兵管带谢汝翼所部由东城埂上开炮轰击总督署和五华山、军械局,给了清军很大的威胁,但守军械局的清兵凭借弹药充足,据险顽抗,第七十四标第三营拨出一队增援第七十三标,攻击军械局,猛扑数次均未成功。

上午七时左右,两标联合进攻督署、五华山和军械局。鉴于守卫者顽强抵抗主要依赖的是库门和高墙,李根源决定用炸药攻破。他和谢汝翼找来烈性炸药,辅之以炮火,将军械局的围墙和前后门炸倒,谢汝翼率队冲入,占领了军械局。攻取军械局后,革命军炮轰总督署,卫队马上投降,总督李经羲仓皇逃走。唐继尧率队占领了云贵总督署。

九日上午九时,统制钟麟同仍据守五华山巅,革命军用炮射击,士兵四散,钟麟同自杀未遂,被卫生队用担架抬送至西门城上,旋被一士兵开枪击毙。

至中午,城内战斗全部结束。

在重九起义中有不少英雄事迹值得称赞,例如,刘云峰患热病,卧床

---

① 蔡锷:《滇省光复始末记》,陈夏红选编《辛亥革命实绩史料汇编 起义卷》第371页,中国大百科全书出版社,2011。

五、各地响应

图 5.16　云南昆明起义军械局争夺战

(引自辛亥革命武昌起义纪念馆编《辛亥革命史地图集》第 104 页,中国地图出版社,1991)

旬日不起,听到战事,要求参战,总督署即被他所放的炮击毁;又如,李根源率队入城时,跳城壕崴伤脚,由两名士兵搀扶着忍痛指挥;又如,顾品珍率讲武堂马科学生与清马标激战于南城外时,头部负重伤仍坚持战斗;而且许多军官和士兵都是轻伤不下火线。

九月十一日,云南军政府正式宣布成立,蔡锷被举为都督,李根源为参议院院长兼军政总长,负责全省行政工作。云南都督府是起义省份中唯一一个没有地方谘议局参与的革命政府,是一个全新的革命政权。待省城部署完毕,蔡锷即驰电全省各属府州县,令其即日反正,毋劳戎马,并通电各省督抚,"冀其从速独立,早定大局"。

云南各地起义遂逐次展开,有两处需要详细介绍。

一个是迤西之重镇腾越(今腾冲市)。腾越的革命基础较为扎实,起义时间比昆明早了 3 天。曹之骐的《腾越光复纪略》是这样描述的:省中首义，以统兵之将，节制之师，义声所倡，人心先附，其事易；腾越以市井之人，纠合之众，异军突起，竟集大勋，其事难。①

促进腾越革命事业的先有杨振鸿，后有张文光。杨振鸿，字秋帆，在日本振武学校读书时回省办体操学校并宣传革命思想，因过于活跃，官方敬而远之，任命他为腾越巡防营管带。得此机会，杨振鸿在腾越整顿边防，捍卫边疆，教授新式操法，训练士兵，并计划从腾越起义，以大理为根据地谋取滇全省。此计划后来虽然流产了，但是腾越革命基础初步形成，杨振鸿回到日本继续学业。不久，听说中华革命军在云南河口起义，他欲星夜赶回，未及，就嘱咐同志黄毓英回腾越永昌方面运动布置。又在光绪三十四年（1908）冬，经缅甸仰光回省策反巡防营，召集乡民，拟兵分两路谋取云南，然后北出黔湘、平定中原，西取川陕，直捣幽燕。但因操劳过度，病逝于蒲缥何家寨。由他播下的革命种子3年后终于结出革命之果实。接续他的是腾越大户之子张文光。张文光年轻时做过玉石生意，往来于缅甸经商，在当地哥老会中有很大影响。他对革命因好奇而执着，与黄毓英、杜钟琦、马幼伯交往后加入同盟会，创自治同志会，蓄势待发。辛亥年的广州起义，他欲谋同举，事泄，出国避难。武昌起义后，张文光潜回腾越，在宝峰山寺召集革命同志，纠合驻守腾越的七十六标第三营及巡防军第四、第五营准备起义。他还赶往干崖，同土司刀安仁商议，刀安仁组织后援，他自己负责腾越冲城内的发难。

九月初六日下午，张文光入南校场巡防营部，击杀管带曹福祥；陆军第三营排长陈云龙枪毙该营管带张桐。两营合兵入城，围攻镇署和军械局。云南讲武堂学生、巡防营彭哨官等人率兵来会合。清方总兵张嘉指挥士兵抵抗，不支，吞金自杀。张文光遂率兵转攻道厅署，腾越道宋联奎请求投降。腾越的起义没有遇到有力的抵抗，取得了胜利。

起义成功后，张文光严饬军纪，张贴安民布告，腾越道厅各处很快秩序稳定，市容恢复，百姓回城，外侨欢喜。张文光改称滇西军都督，督府以九星为旗帜，采用黄帝纪元。为了扩大起义成果，张文光积极扩军，两三天扩充6个营。然后，分三路进攻永昌（保山）、顺宁（凤庆）、云龙州，拟会攻大理。在进军途中，各地民众纷纷起义归顺，革命军队伍很快

---

① 曹之骐：《腾越光复纪略》，中国史学会主编《辛亥革命》（六）第232-233页，上海人民出版社，1981。

发展到23个营,囊括众多少数民族群众。昆明光复的电讯传到大理后,新军标统涂孝烈逃走,大理成立革命分府,在人事安排上全归昆明节制,滇西都督府随即取消,张文光任参都督。至此,滇西全部地区归云南军政府管辖。

另一个是迤南重镇临安府(今建水县),清总兵原驻地。云南新军建成后,第七十五标就驻在临安南、北两校场。起义前,当地富商朱朝瑛受广东龙济光委托,代募乡兵400人准备开赴广东,也屯驻城中。第七十五标有云南讲武堂特别班毕业生18人见习,秘与教官赵复祥谋划起义。赵复祥,字凤阶,云南顺宁人,与唐继尧等均为六期留日士官生,有革命觉悟。他与朱朝瑛达成共识,与第一、第二营军官及各营目兵约定于九月十五日举义。

九月初十日,七十五标标统罗鸿逵接到上级电报,令各营目兵退伍。当晚十时,陆军第七十五标第一、第二营督队官何海清、盛荣超集官兵于南校场宣告起义,第二营管带李某(北洋系毕业生)立即表示反对,被击毙,标统罗鸿逵与一营管带张韬逃走。革命军整队入城,朱朝瑛部开门迎接,临安起义成功。第二天,新的机构诞生,"十二日,集军民于自治公所,宣布革命大义,公推复祥为统领,朝瑛副之,吴、高、李、倶为参议,通电报捷"①。

分巡临开广兵备道兼管关务的龚心湛闻讯,派兵来袭,革命军大败之。随后,赵复祥率军前往蒙自,九月十五日进占蒙自。蒙自是云南繁富首区,蒙自独立于全省靖安有标杆效应。其后曾有土匪扰乱商人之事发生,罗佩金受令从省城赶来予以善后。

云南辛亥独立战争从腾越、昆明起到蒙自止,持续了10来天。虽然腾越军队中曾发生扰乱社会治安、反对革命政权的事件,但都不足以抵消革命起义所产生的积极效应。云南起义如此顺利,离不开昆明起义前准备工作充分,官兵士气高昂,蔡锷与李根源指挥得当。而腾越、蒙自商界人士、土司和少数民族群众的参与,助推云南全省得以顺利光复。

贵州独立

云南独立五天后,毗邻的贵州也宣布独立。九月十四日,新军、政

---

① 马竹筩:《南防光复回忆录》,中国人民政治协商会议全国委员会文史资料研究委员会编《辛亥革命回忆录》第3集第328页,中国文史出版社,2012。

党、学界聚集在谘议局，宣告独立。有人概括为"兵不血刃，大局安定"。事实果真如此吗？

贵州地处西南腹地，交通不便、百姓穷困、府库匮乏，省财政经常入不敷出，需要靠四川、广东、江苏、湖南、江西各省协饷才能维持正常运作，清末最后几年间，各省一再欠解协饷，且数字惊人，又加剧了贵州的财政赤字。省内有丰富的矿产资源，却没有相应的近代企业，光绪十六年（1890）曾办过一个青溪铁厂，但很快停办。全省最大的民营企业是文通书局，在辛亥年才开业。即使丝织业、织布业、桐油加工业、酿酒业的规模都很小，多数处于手工作坊阶段。革命力量在贵州的发展与其经济落后相吻合，在南部长江省份中为最弱；相反，封建地主旧势力较强势，在省城贵阳，偶有革命的风声，即遭搜捕，准备从事革命活动的组织经常被扼杀在萌芽状态，如"科学会"① 就是典型的一例。尽管如此，革命形势还是向前发展。

同盟会成立后，各省多有分会之组织，贵州留日学生平绍璜、漆铸城、张绎琴、张翰仙等先后致信省里友人，商榷成立分会。"光绪三十三年（1907），张百麟纠合同志，成立自治学社，暗为同盟会贵州分会。"② 张百麟（1878—1919），字石麒，湖南人，出身官宦人家，年轻时倾向维新，自治学社的中心人物。（图5.17）自治学社成立的目的是"以个人自治为起点，以地方自治为延长线，以国家自治为最终点"。骨干同志有钟昌祚、黄泽霖、乐嘉藻、周培艺、陈永锡、彭述文、傅文堃、谭西庚等20余名。由于自治学社的成立是得到官府立案批准的，可公开活动；又，张百麟等以自治学社名义创办了公立法政学堂培养人才，《西南日报》为宣传阵地。在光绪三十

图5.17　张百麟遗像

（引自《近代史资料》1956年第4期）

---

① 光绪三十一年（1905），张铭、平刚在贵阳发起组织了"科学会"，这是贵州第一个革命团体。该团体除了在青年学生中宣传革命外，还注意开展与一些民间帮会的联络工作。

② 黄济舟：《辛亥贵州革命纪略》，全国政协文史和学习委员会编《亲历辛亥革命：见证者的讲述》（下）第1070页，中国文史出版社，2010。

五、各地响应

三年到宣统二年（1907—1910）3 年时间里，派出干部到各县活动。其时，清政府宣布筹办地方自治，各县的自治学社都比较顺利地建立起来，"当时贵州全省、府、厅、州、县共六十四单位，而自治学社分社，即占四十七单位，可见力量发展之普遍……总计全社社员，共一万四千余人"①。中下层知识分子比较同情和支持自治派。自治学社为革命发生奠定了群众基础，但在公开场合自治学社代表人物多以改良者自持，被称为"自治派"。

自治学社的迅速发展遭到上层官宦士绅的排斥，这些上层分子的代表人物有贵州教育总会长、新政调查局坐办唐尔镛，黔学总会会长任可澄，号称贵州第一巨富的商务总会长华之鸿，农务总会会长于德楷等。宣统元年（1909），他们在贵阳成立宪政预备会，由任可澄任会长。他们代表立宪派或宪政派。

很快，自治派与立宪派矛盾丛生。缺乏财力和权势的自治派不得不向省内外其他社会力量求助。到辛亥年，自治派已在官僚劣绅的挤压下，开始公开赞成革命。

贵州陆军小学堂承担了宣传革命思想和组织革命活动的主要任务。该学堂成立于光绪三十二年（1906），是全省的高等学府，学生骨干席正铭、阎崇阶、刘莘园、江务滋、田子玉等人受新思想感染，在云南河口起义后成立"历史研究会"，借研究之名宣传革命理论，《民报》是必读刊物，会员每周集会一次，有人主持，有人发言，气氛热烈。原总办不支持革命，听闻消息即严禁之，他们遂转入地下活动，口头联络，选择寺庙僻静处聚集。杨荩诚做了总办后，情况很快好转。杨荩诚（1880—1922），名光准，字柏舟，四川秀山（今属重庆市）人，秀山近贵州，当年虚称贵州籍，进入贵州武备学堂，后被保送到日本陆军士官学校留学，毕业后回到贵州，初为营务处帮办，旋升陆军小学堂总办兼任新军教练官副标统（副团长）。（图 5.18）杨荩诚为人忠厚老成，对学生和新军如家长之

图 5.18　贵州都督杨荩诚

---

① 胡刚、吴雪俦：《贵州辛亥革命史略》，庄建平主编《近代史资料文库》第七卷第 445 页，上海书店出版社，2009。

于子弟，爱护备至，支持革命，受到学生的尊重和爱戴。武昌起义前，贵州巡抚沈瑜庆得知他支持革命，撤了他的总办职位，由姜若望（文丞）担任，陆军小学堂学生罢课抗议未果。

陆军小学堂的革命骨干也注意向新军渗透。贵州新军较陆军小学堂晚一年建成，因财力有限，只编成新军一标，定名为常备步兵第一标，由镇江人袁义保任标统，其余管带、队官、排长，湖北籍占十之八九。兵源以土著为主，采用征兵制，练兵处所定募兵格式，以准援生监为例，并优待征兵，"于差徭则豁免，于诉讼则遣排"，月饷银四五钱。由于当地生活水准低，这些条件颇有吸引力，社会以之为荣，新型知识分子、工人、农民、渔民和游民都前来应征，人数溢额。新军营房就建于南岳山麓，以别于巡防营。新军中目兵和士兵有一大部分来自袍哥，当他们了解到此情况后，立即成立了"皇汉公"码头，以方便同士兵联系，也兼顾同绿营、帮会、社会人士的联络。公口由席正铭任"大爷"，掌码头。通过这个组织，他们很快联络到了新军基层进步人士，如正目杨树青等，还发展了两个密查——金渭滨和庄鹏程，让他们做袍哥的工作。后来，"皇汉公"改为"汇英公"，也移入陆军小学堂里。陆军小学堂学生毕业后，有机会到高一级的武昌陆军第三中学①深造，这又为革命精英接受新思想创造了条件。"冰冻三尺，非一日之寒"，经过几年的积累，革命宣传和组织工作已经有了相当的准备。不足之处是活动范围基本上是以陆军小学堂为中心。

四川保路运动升级以后，毗邻而居的贵州官府也进入全面戒备状态，自治学社与革命党一样面临着被铲除的命运，所以，其政治倾向突然急转，"径与革命党共肩革命之任"，打出了革命者的旗子。邹鲁曾说过，通过同盟会贵州主盟人平刚穿针引线，自治学社归附于同盟会，为同盟会分会。武昌起义后，自治学社开始从事实际的革命活动，并成立十人委员会，总揽起义计划。

不过，张百麟等不能断然改掉软弱的一面，在准备起义时还寄希望于清方上层官员。考虑到对新军动员有难度，他决定先游说袁义保，希望其参加起义。九月初五日，他同袁义保在袁宅见面，表达了如果反正，即与

---

① 陆军第三学堂建于宣统元年（1909），属清陆军部，规定以附近省份陆军小学毕业生升入。因西安第二中学未建成，升入陆军第三学堂的陆小学生包括湖北、湖南、云南、贵州、广西、陕西、甘肃七省。

五、各地响应

之湖北黎元洪的待遇。袁义保以贵州贫困,恐独立后断了协饷、军政两费,无法应对,坚辞不就。离别时,双方约定于起义之事绝不泄露。

云南新军起义的消息传来后,九月十一日,立宪派蔡岳以贵州革命须自治、立宪两党通力合作呼吁双方进行合作。于是,张百麟、任可澄等会面于崇学书局,双方表示抛弃成见,一致行动。

在获得巡抚沈瑜庆"半独立"的默许后,张百麟方决心发难,起义日期定为九月十五日,并拟于九月十三日发布动员令。

巡抚沈瑜庆如他省官僚一样防范新军,武昌起义后,命令士兵上缴子弹,陆军小学堂总办姜若望也下令枪支全部上缴库存;云南宣布独立后,沈瑜庆又调动省城外面的巡防营来省防范陆军小学堂和新军。也许是袁义保走漏了消息,沈瑜庆还欲从义兴加调黄草坝团防营刘显世(如周)营来省助防。这中间只有10来天的缓冲时间。如果不行动,等对方布置完毕,发难就不容易了,革命者需要尽快做出抉择。

九月十三日是星期日,陆军小学堂的学生骨干分子趁放假,纷纷到新军中活动,商议发难之事。回校后,大家既兴奋又紧张,上自习时,三三两两都在谈论此事,被值星学长毛凤岗察觉。他命学生萧道生等到值星室,加以训斥。萧道生等则讲出实情,试图劝导他也一起参加起义。谁知毛凤岗听完立刻跑出去,报告总办。陆军小学堂学生被逼上梁山,当时学校没有官长,他们决定立即行动,破库取枪,发动起义;又推派学校助教江务滋(历史研究会创始人)、萧道生等人分头向城内和南厂新军告急求援。"全体同学一致高呼赞同,于是一股人流直冲库门,各自拿枪在手。但是子弹一粒也没有,同学们便先磨利了刺刀,同时,同学们全都剪去发辫,以示决心。"① 总办姜若望赶到学校想制止,反被学生看守起来。清军巡防营胡锦棠部听到消息,陆续派兵到小学堂周围实行监视。

晚九时许,江务滋到南厂陆军第一标告急求援,全标骚动。两个时辰后,标统袁义保来营中发表反对起义的训话,一开口就说,"军人以绝对服从为天职"。杨树清在队伍中朝天开枪,并喊道:"我们就是不能再'绝对'了!"队伍顿时哗变,袁义保被控制。因是临时生变,谁来做总

---

① 莫季莹等:《贵州陆军小学学生参加辛亥起义经过》,中国人民政治协商会议贵州省委员会文史资料研究委员会编《贵州文史资料选辑》第十辑第103页,贵州人民出版社,1981。

指挥呢？杨荩诚见群龙无首，就自告奋勇地站出来主持指挥，众人表示愿意服从。于是，杨荩诚口述了作战命令，分派各营任务，派队官赵德国率部立刻出发，去陆军小学堂解围，也阻止士兵枪杀袁义保。

十四日凌晨，新军前哨向胡锦棠部逼进，胡部不敢正面迎敌，向后撤退。杨荩诚令赵德全部立刻行动，直趋大兴寺军械库，夺得800多支枪，多箱子弹。总指挥杨荩诚除了派人给陆军小学堂送子弹外，还给驻马棚街的新军徒手队许多枪支。天亮时，他率陆军小学堂学生和新军由大南门入城，直奔谘议局。

巡抚沈瑜庆得知新军哗变的消息后仍想抵抗，让炮兵选定阵地向新军和陆军小学堂两处轰击，炮兵队借口炮闩已经被人盗走无法射击。连他的卫队管带也表示：若是土匪来了，会毫不犹豫地向前冲；若是谘议局与学生及军人起义，鉴于卫兵已表同情，不能还击。沈瑜庆知大势已去，派代表向自治派和谘议局代表人交涉，商定条件（民军应承认保护全省官吏；贵州巡抚应宣布承认民军独立），然后坚辞不就都督，经汉口往上海去了。

九月十五日，贵州军政府成立，杨荩诚被公推为都督，赵德全为副都督。贵州发动起义的实际力量是陆军小学堂和部分新军，杨荩诚临危受命，不辱使命。起义后，他成为都督是众望所归。起义第二天，都督府又成立枢密院，张百麟任院长，任可澄任副院长，周培艺担任行政总理。贵州省特立独行的是军政权力互相制衡：都督专管军事，行政总理主办民政，枢密院赞画军事，指导民政。不久，谘议局改为立法院，仍以原议长谭西庚、朱焯为正副职。

贵州起义没有经历激烈战斗，新政府得以顺利组建。但是，新、旧势力的争斗并没有停止，反而加剧了。陆军小学堂和新军在起义前做了重要的准备工作，是起义成功的主要力量，但在新政权中无力贯彻落实革命主张，更不能掌控局面。杨荩诚无法应对枢密院、立法院制造的摩擦和矛盾，只好以援鄂的名义率两标混成协离开省城支援武昌，都督一职由副都督赵德全代行。不料，此举造成了省内革命军事力量空虚。立宪派与自治派的固有矛盾升级，双方都想抓军权，染指新军不成，就各自想招，比如，自治派以防营编制收编哥老会为己所用，命黄泽霖为五路总统；宪政派唯恐落后，也跟着设正副龙头，以示对抗。新军营的官兵认为没有受到新政府的厚待，要求解决待遇问题，赵德全难以应对，就成立了军官团，凡士兵都升为官长，按月照官长支薪，新政府的军官因而突然增加了数百名，这些人每日无所事事，租房子，娶太太，盛极一时；而哥老会也把帮会一套公之于众，见面时施以丢拐子、作高揖、行见面礼等。都督府里派系林立，整日钩心斗角，舞枪弄棒。

混乱中，各种旧势力乘机张牙舞爪，各显神通。倾向立宪派的云南个旧锡务公司总经理戴戡与任可澄和封建势力头子刘显世密商后，回滇游说云南都督府出兵相救。此时正值唐继尧率领的云南第二批北伐军拟赴泸州与第一批滇军会师东下，他们遂借口贵州全省民意要求滇军改道，帮助剿平"匪乱"。一番波折，唐继尧部于民国元年正月初九日到安顺，正月十二日进入贵阳，偏听偏信，大开杀戒。自治学社军事负责人黄泽霖在前一天已被害，据说是由宪政派华之鸿出重金收买的杀手，自治学社首领张百麟逃走，学社骨干被按名册搜捕；军政府副都督赵德全已外逃，但还是被追杀了；已投降的黔军1600～1700人被滇军赶到螺丝山，用机关枪扫射打死，至今贵州民间仍有一种传说，谓螺丝山上有个埋了万人的坑。滇军摧毁了贵州各种军事武装后，唐继尧任临时都督，戴戡、任可澄为参赞，刘显世为军务部部长。杨荩诚名为都督，却被阻回省就职，所带援鄂之黔军的供给无法解决，四处流浪，他自己到京城谋个闲差度日。

四川独立

荣县一经宣布独立，重庆周边各县纷纷响应。

九月二十八日，同盟会会员廖树勋在长寿发动起义。九月三十日，同盟会会员高亚衡领导同志逼涪州知州交出州印宣布独立，成立涪陵军政府，从此涪州改为县。十月初二日，南川县革命党人率众起义，熊兆飞等同盟会会员一起拘留了南川知县、征分局委员警务等人，成立南川军政府。继之，合江同盟会会员王颙书亦率众起义。

而川省经济重区自流井和贡井（隶属叙州府，今属自贡市）有清巡防军重兵把守，革命党人曹笃、方潮珍等人率革命军数万人分三路会攻，久攻不下，在滇省独立后，同盟会会员动员巡防军的滇籍人士，晓以大义后即降，自流井和贡井建立新政权，富顺县随之反正。

十月初一日，同盟会会员曾省斋（化名吴从周）召集川东北一带的民兵攻克广安，成立大汉蜀北军政府，曾省斋、张雅南分任正副都督，以十八星旗作为旗帜，宣布以"兴汉排满，建立民国"为宗旨。该军政府一成立，即分兵三路出征。

十月初四日，同盟会会员杨兆蓉与当地同志一面运动南路防军士兵起义，一面逼永宁道观察使刘朝望反正。为形势所迫，刘朝望同意反正，川南军政府成立，刘朝望为都督，前云南同知温瀚桢为副都督；川南军政府在蜀军政府成立后不久就撤销，归蜀军政府管辖。十月初七日，内江宣布独立。十月初十日，在同盟会会员冉君谷的动员下，江津知县吴良桐宣布江津独立，成立蜀军分府，得到民众的支持。

由于周边各县相继起义，重庆城内的革命气氛日渐浓厚，起义条件日渐具备。

重庆起义的谋划，同盟会会员当仁不让地担任了领导角色。早在辛亥革命前一年，设在重庆府中学堂的同盟会机关已经在秘密活动，该学堂监督杨庶堪（杨沧白）、学监张培爵、数名教员以及东川师范学堂监督杨霖、学监朱之洪等均为同盟会会员。广州黄花岗起义时他们拟响应，所以，在武器方面也做了些储备。

保路运动开始后，同盟会会员朱之洪被推举为川汉铁路重庆股东代表去成都参加会议。重庆同盟会机关总部即授令朱之洪，请其与省党人密议伺机发动起义。朱之洪到成都后，与龙鸣剑等同盟会会员及凤凰山新军中的党人开会商议，形成如下决议：鉴于省城军警防守严密，发动较难，不如在外州县发起，互为呼应，较易成事。会议决定派出会员四处活动，大致安排是：刘经文取道川南，东下威远、富顺，曹笃返自流井，方潮珍返井岩，张颐到青神、井研，龙鸣剑、王天杰负责荣县。上述各地党人皆密商定计，伺机动作。朱之洪回重庆后，将之汇报同盟会机关总部。

是时，重庆有人议论同盟会无所作为，杨庶堪听到后深受刺激，并认识到非革命不能拯救民众，保路运动只是细枝末节。他与张培爵等党人日夜密谋，写信致各路军，派出可靠之人联络，并召集各县党人在重庆开会，关于内部组织、人事安排等做了进一步安排分工：杨庶堪"负决疑定计、筹谋财政、计划开支、周旋官吏、结纳党人之责"；张培爵、谢持"负发纵指使、交通联络、征集军械之责"；朱之洪"负联络官绅商会、通往来、交客军之责"；向楚等二三党人负责为书札，草檄告；熊兆飞、夏之秋则负责制造炸弹。

当端方率鄂军到四川境内时，军中同盟会会员王志高、蔡品三曾与曹笃接头。曹疑其是刺探，未及深谈。同盟会会员张颐来到万县后，与鄂军后队中的同盟会会员田智亮相见，交流最新情况。获知武昌已起义成功的消息后，田智亮写一密信交张，托其秘转湖北前队。张颐持信昼夜赶回重

五、各地响应

庆,予以传达,重庆机关部派易在中、柳达两人将田智亮的密信送达鄂军前队。同时,重庆机关部立即谋划起义事宜,以响应武昌,但多数人认为条件未成熟,要再等等。

同时间,同盟会会员涂传爵带着黄兴的亲笔信返回四川,一抵成都,就到新军驻地凤凰山将信交给同志方声涛。方声涛是四川新军的参谋长,考虑到实力甚微,不敢轻举妄动。

清新军十七镇排长夏之时反正是重庆起义的前奏。夏之时(1887—1950),字亮工,四川合江县人,同盟会会员,毕业于日本东斌学堂,因为有革命者的名声,被官府怀疑而不得重用。四川同志会发起时,他与革命党人陈宽出版《西顾报》,借鼓动保路以宣传反清,并加入同志军密谋起义。后认识到保路同志会还不足以谋革命,在蒲、罗被捕后,他开始部署起义事项,被上司察觉后职撤销军职,留守。当同志军围攻成都时,夏之时复被起用,到龙泉驻防。九月十五日,夏之时率步兵一队,与驻龙泉驿新军步兵、骑、辎重兵各一队(排),约230人,在龙泉驿击毙东路卫戍司令魏楚藩,宣布革命。原教练官林绍泉是赵尔丰派来迎接端方的,起义士兵击中其腿部,夏之时竭力保全了林绍泉的性命,"挟之同行"。起义当晚部队东下,往重庆转移,夏之时为总指挥。

至简阳,与新军孙合浦所部相遇,夏之时召集其步、炮各一排,演说民族大义,众愿归附,又增加精兵强将180余人,还得到步枪、山炮若干。

由于端方驻资州,遏阻东路,夏之时率队渡沱江,取道北路东下。至施家坝,夏之时集众演说,手刊"中华革命军总指挥印",出告安民,受到民众欢迎。又3日,行军到乐至,再到分水岭,休息一日,至安岳。安岳县城同志王休说服县令,出城迎接,并愿意与夏之时赴重庆共谋大业。

就在这时,新军龙光率一队也追到分水岭,写长信责问夏之时为何如此不义。夏之时回信以革命大义反责之,表明自己的立场。当龙光聚集队伍进攻时,其士兵多无斗志,地方民众则燃放鞭炮响应夏之时,龙光遂率队返回。事后,龙光才道明真相,因为担心夏之时兵少前进不利,故对其名为追击,实为护送,原来龙光也是同盟会会员。

夏之时顺利过潼南,直趋重庆。

在赶到重庆前,夏之时在军事上还得到一支力量的帮助,即冉炳之袍哥属下李心田率领的同志军。他们抢先两日占领了老关口两头,并大张旗鼓摆出疑阵。清军闻之，大为惶恐。老关口乃成渝交通要隘，袍哥占领老关口既是等待夏之时队伍通过，也是掩护重庆独立。这个任务是重庆同盟会党人授予冉炳之的。

夏之时到重庆外城，一般人并不知其真实意图，重庆总商会也不想让队伍入城，派朱之洪带着钱和粮食去做联络工作；重庆同盟会会员则与朱之洪商定"应密商筹划和部署举义事宜"。于是，朱、夏二人会面，就起义做了详细规划。曾参加重庆起义的同盟会会员向楚这样讲道："当之时与之洪晤面，标志着夏军与重庆革命党人已胜利会师，里应外合之势已成，独立时机便告成熟。"①

十月初二日，各路军在朝天观"城议事会"集合，起义人士各持手枪炸弹，石青阳、卢汉臣（哥老会首领）组织敢死队，严阵以待。"沧白、列五领导群众迫令重庆官府交出印信，剪去发辫，宣布光复。"② 蜀军政府正式成立，张列五（培爵）为都督，夏之时为副都督。

蜀军政府一成立，即发表了《蜀军政府宣言》《蜀军政府纲领》等纲领性文件。

《蜀军政府纲领》规定，蜀军政府以谋中华民国之统一与廓清全蜀为宗旨。都督府总揽军务百政，设立总司令处，正副总司令各一人，"以保持军事之统一"；所设各部"以分理军务及凡百政务，由都督统制之"；并设立公民大会，由蜀军政府所属各地公选代表组成之；至于地方政权，都督府于地方行政及各部办事，有建议改良之权。尽管蜀军都督府有些机构职能实际上暂无履行，但制度设计还是让人耳目一新，而且只有极个别重要职位的官员不是同盟会会员。此纲领体现了蜀军政府是一个纲领齐备、组织严密的革命政府。

《蜀军政府宣言》对内宣布以同盟会十六字纲领为纲领，对外则宣布保护外国侨民的生命财产。不过，在宣言中有承认"所有中国前此与各国缔结条约，曾经宣布者，继续有效"的字句，反映了革命党人在反帝方面的不彻底性。

---

① 向楚：《重庆蜀军政府成立亲历记》，陈夏红选编《辛亥革命实绩史料汇编 起义卷》第138页，中国大百科全书出版社，2011。

② 温少鹤：《辛亥重庆光复的回忆》，全国政协文史和学习委员会编《亲历辛亥革命：见证者的讲述》（下）第1328页，中国文史出版社，2010。

五、各地响应

蜀军政府的财政实力堪称各省之优,主要措施有:地丁钱粮等项要求各地照旧交纳;买卖市场正常进行,保持交易公平;旧制添新制时注意开源节流,军政府人员的薪资采取最低标准。如此,重庆军政府除了自足外,尚能支援各方,比如资助鄂军回鄂费用 3 万两,支援川、滇军北伐准备费 30 万两,成都兵变后,又支出 20 万两,作为援陕出师协饷。①

当重庆最重要的江北厅宣布独立时,蜀军政府委任江天一、林肇开为江北军政府之正副司令,下一步准备围攻成都。

当川东、川南 57 个州县相继宣布独立,赵尔丰更加胆战心惊。又听说端方的首级被湖北新军革命党人端了,顽固的赵尔丰也开始想办法了。九月二十四日,他把蒲殿俊、罗纶等人有条件地全部释放了。

蒲殿俊等一出狱,按照赵尔丰的意思,发表《哀告全川叔伯兄弟》,"约既废,路既保,保路同志会之事已完,则斯会可以终止"②,要求各路革命军要"息事归农,力挽和平",立宪派的软弱性立即暴露无遗。其实,他们被关 70 天,外面的局势已经大变。这样的"哀告"在革命群众中间没有引起多少反响。就在重庆蜀军政府独立的当天,他们与赵尔丰签订了《四川独立条约》。

十月初七日,赵尔丰虚假地让出政权,宣布成立"大汉四川军政府",都督一职交由蒲殿俊担任。大汉军政府的宗旨是"组织共和宪法,以巩固我大汉联邦之帝国与世往极"。同时,赵尔丰又让亲信、新军十七镇统制朱庆澜为副都督,以牵制都督,所以,蒲殿俊这个都督有名无实;而罗纶等立宪派人士在新政府各职能部门任职后,放弃了继续斗争的意愿,醉心于君主立宪政体。所以,这个"军政府"称"大汉"只是表面上否定了清王朝,清朝之统治性质并没有改变多少,诸如"我省行政官吏,满洲驻防人民,一律照常待遇"。立宪派对赵尔丰做了无原则的让步,从而埋下了失败的隐患。

赵尔丰力图模糊民众视听,在宣布四川地方自治时,绝口不提"独立",并牢牢控制着军政大权,仍主持川滇边务事宜,手下拥有一支人数

---

① 温少鹤:《辛亥重庆光复的回忆》,全国政协文史和学习委员会编《亲历辛亥革命:见证者的讲述》(下)第 1330 页,中国文史出版社,2010。

② 彭芬:《辛亥逊清政变发源记》,中国史学会主编《辛亥革命》(四)第 386 页,上海人民出版社,1957。

较多的军队,而且费用得到十足保障,即:边务常年经费及兵饷120万两,由川省担任;"边务如须扩充军备,饷械子弹由川协助;除原有边军外,应再选带八营"。赵尔丰本人则还住在督署,保护他的巡防军人数有3000之多。这说明赵尔丰仍掌控着政权。立宪派在军政府中虽然占多数,但并不能左右政局。

大汉军政府的行政系统职责不清、管理混乱。军政府文官职能部门负责人尽为立宪派人员,但是,蒲殿俊只是"惟汲汲于改定制度,鼓吹自由而已",并不关心效果如何。担任政府许多重要职位的旧官僚乘机渔利、捣乱,如盐运使司杨嘉绅发现有机可乘,劫运20万两盐库银后溜之大吉,导致新来的官员无法办公;军政府成立后虽发布了一系列所谓体恤民情的政策,却又朝令夕改,有失权威,如先令军民剪辫,后改成剪否听民自便;明令禁止赌博,而军政府门外多处聚众赌博却无人过问。

武官系统的混乱无疑让混乱的政局雪上加霜。首先,军队存在着主、客籍军官的畛域之见,争权夺利的情况很严重。例如,新军标统叶荃在军政府成立时,一定要求朱庆澜出任都督,后来得了30万元跑到一个地方"独立"才罢休;尹昌衡是川籍军官的核心人物,也陷入了这种主、客籍军官权力纷争中,以他为首的川籍军人向都督府提出要另立新军一镇,并在参谋本部安置本川军官;更严重的是,混乱不堪的军政府没有能力将军队整合为一,新军、巡防军和同志军共处一城,"思想水火,哄斗时闻";此外,军政府不能及时发饷,闹事者连续不断。很快,成都就发生了兵变。

成都兵变不是偶然现象。赵尔丰交印后看到清廷没有马上倒台就变卦了,于是,他唆使一班旧官僚军人阴谋复位;同时,倚仗着手中所握巡防营做文章,唆使他们索饷闹事。立宪派人士对赵尔丰的阴谋并没有察觉。十月十八日,正副都督突发奇想(或者受人怂恿,待考证),集合3种军队于东场准备挨次点名发饷,原意是为了说明新都督对士卒的爱怜之心,也想乘机整顿纪律,饬以维持治安之责。但是,事与愿违,大点名刚结束,巡防营中就一阵枪响,全场大乱,正副都督等慌忙逃匿,各军士卒趁机抢劫银行、藩库、道库、商号,军警被挟持亦附和叛乱,瞬时公、私财产损失不下千万。

事后,人们调查得知东场首先发难者是巡防营的王棪,自然是受了赵尔丰的指使。第二天,赵尔丰以"总督部堂"的名义出告示:"昨日之事，已过不论；谕尔士兵，各自归营。"告示下方时间署明是"宣统三年十月十九日"，赵尔丰的鬼魅伎俩昭然若揭。

兵变发生后，军政府陆军部长尹昌衡率领留驻北校场的陆军小学堂四、五两期学生占领成都北门，并布防北门和北校场附近；然后，深夜疾驰出城，赴凤凰山号召留营的新军经北门进城平乱；罗纶率领保路同志军配合，同志军吴庆颐等也相继入城维持治安，迅速平息了叛乱。那些兵变者在他们到来之前已满载劫掠财物离开了成都。

平息事变后，尹昌衡、罗纶分别出任正副都督。尹昌衡上任后，迅速捕杀了企图继续作乱的赵尔丰。这样，只存在了 12 天的大汉四川军政府便告瓦解。新组建的成都军政府，在人员构成上，同盟会会员约占 3/5。①其时成都大汉军政府所用的十八星汉字旗即白底十八圆圈之汉旗如图 5.19 所示。

图 5.19　四川成都之白底十八圆圈之汉旗

随后，面对一省两府的情况，四川各界人士趋向于军政归于一。关于统一的倡议始于同盟会的建议，十月二十一日，成都各大团体发起成立"成渝合并期成会"。两地军政势均力敌，人们选择了回归传统，以成都作为政治中心，重庆设置镇抚府。

中华民国元年正月二十三日，两个军政府盖印合并。尹昌衡、张培爵分别任四川军政府正副都督，罗纶任军事参议院院长，夏之时为重庆镇抚府总长。在此之前，蜀北军政府"亦议决于成渝合并之后，同为并合"。

不过，尹昌衡并没能够在都督的位置上待太久。尹昌衡（1884—

---

① 黄遂生：《同盟会在四川的活动》，全国政协文史和学习委员会编《亲历辛亥革命：见证者的讲述》（上）第 435 页，中国文史出版社，1910。

图 5.20　四川都督尹昌衡

1953），四川彭县（今彭州市）人，字硕权，号太昭，原名昌仪，因为与宣统皇帝溥仪重字，改为现名，日本陆军士官学校清国学生六期毕业生，同盟会会员。（图 5.20）宣统二年（1910）春留学归来后在广西谋职，因受到两广总督张鸣岐的怀疑回到成都，先后担任编译局总办、教练处会办、陆军速成学堂总办等职。在尹昌衡身上，优缺点都很鲜明。他机智勇敢，在关键时刻一马当先搬救兵杀赵尔丰，稳定了政局；但他年轻气盛，恃才傲物，甚至刚愎自用，出任都督后，之前土籍与客籍军官的矛盾日益扩大而不是缩小，尤其是他错误地选择重用本省籍将领胡景伊，因而给革命政权和他自己带来毁灭之灾。胡景伊在军中有一定的影响，但并无革命之志，当夏之时提出要赴海外留学时，尹昌衡力排众议让胡景伊接任重庆镇抚府总长。同盟会会员向楚认为，"这正是同盟会党人授人以柄，从而遭受宰割的开始"①。这样，即使是客籍军官中的同盟会会员也不再支持尹昌衡了。民国元年七月，尹昌衡西征，推荐胡景伊代任都督之职。第二年，袁世凯搞军民分治，张培爵改任民政长，胡景伊代任督军，袁世凯支持胡景伊将督军一职坐实，其实是变相架空了尹昌衡。另一方面，尹昌衡对极力排斥异己的袁世凯却没有任何设防，先是答应袁去西征，可是西征还未完成，就被骗到北京，以"莫须有"的罪名被囚禁于京城监狱。这位身材魁梧、声音洪亮的年轻都督的政治生涯就此止步。

总体来看，四川革命政权是由点到面完成的，其顺序为：荣县独立后，川北各州县相继独立，推动川东首府重庆起义，川南军政府、重庆蜀军政府及蜀北军政府分别成立；终促成都之独立；南北议和统一之势下，成、渝两府合并，四川全省政归于一。但是，四川新政权却没有体现出强劲的革命性的一面，因而成为同盟会革命同志的一件憾事。大家知道，任何事情都有一个发展的过程。在保路运动后期，同盟会会员荫蔽精干，将

---

① 向楚：《重庆蜀军政府成立亲历记》，陈夏红选编《辛亥革命实绩史料汇编 起义卷》第 151 页，中国大百科全书出版社，2011。

五、各地响应

保路同志军的废约保路斗争适时引向武装保路，催生了各地的革命，荣县一举胜利，建立了全国第一个县级革命政权；后历经数月的成都外围战，在同盟会会员的组织领导下，保路同志军坚持奋战，逼赵尔丰宣布独立；兵变过后的成都军政府"察吏安民，绥靖地方"，将地方政局纳入正常轨道。然而，成渝两府合并后的新政权，因人事复杂，都督尹昌衡缺乏政治经验，不少同盟会会员陷入权力争斗中，革命性渐失，最后不免为袁世凯所控制，甚为憾事。

四川是中国西南地区的中心省份，四川独立后，中国南方就剩下南京一座孤城了。

广西起义

广西起义时间是九月十七日。与其说是武装起义，不如说是演了一场戏。

广西地处边陲，社会动荡。清末以来，会党、农民的暴动与起义不断，革命党的力量和维护清统治的军事力量在广西都比较强大，并形成了两个军事重镇，前者为省会桂林，后者则是南宁。南宁为广西提督驻守地。

革命力量主要由知识分子和新军构成，起决定作用的是留日学生，尤其是留日士官生，据统计约有24人。① 他们依托省垣政法、文教、军事或军事教育部门开展活动，代表人物有钮永建、庄蕴宽、李书城、王孝缜、孙孟戟、孔庚、赵恒惕、尹昌衡、方声涛、耿毅、何遂、冷遹、陈之骥、刘建藩、吕公望、杨增蔚等。宣统二年（1910）年初，由于广西巡抚张鸣岐防范较严，思想行为稍有过火者一旦受到猜忌，不是被差遣边关，就是停职，革命同志被迫离开广西到他处谋生，如孔庚投奔了吴禄贞，方声涛、尹昌衡到了四川。张鸣岐离任后，耿毅、刘建藩、杨明远等人成立广西同盟会支部，建立固定的机构吸纳会员。其吸纳方式，如刺破手指、压血印、喝灰纸酒等虽然落后，但严肃了入盟仪式，加强了组织团结。广西同盟会支部一天天壮大起来，《南报》（即《南风报》）是他们宣传民族革命的喉舌。

辛亥年前后，代表清统治者的主要是巡抚、藩司、提督等官员，其

---

① 陈之骥：《二三补充和订正》，中国人民政治协商会议全国委员会文史资料研究委员会编《辛亥革命回忆录》第8集第538页，中国文史出版社，2012。

中，新来的巡抚沈秉堃不像前巡抚张鸣岐那样大力防范与镇压革命，也不善于掌握兵权，旧军由藩司兼任巡防营中路军统领王芝祥控制，新军则由沈秉堃的私人代表胡景伊执掌。广西新军编成较晚，辛亥前一年的夏秋编成步兵两标，分别驻在龙州、南宁；辛亥年三月才编成混成协，混成协司令部设在桂林，由胡景伊担任协统；① 桂林新军约有2000人，大多数是拥护革命的。②

提督陆荣廷（1859—1928），字干卿，广西武鸣人，壮族。本是中越边界的绿林首领，受官府招安进入体制内。岑春煊任巡抚时对他提携有加，让他担任荣字营统领。光绪三十二年（1906），陆荣廷被派到日本考察军事，曾加入同盟会，受到孙中山赏识。因为镇压镇南关起义有功，升任左江镇总兵、广东提督，坐镇南宁，节制当地一个标的新军和旧军。在革命浪潮中，陆荣廷首鼠两端尽显。

武昌起义、湖南独立后，广西革命党人也积极准备起义。这时，王芝祥已调集巡防营八营到桂林防守，人数近3000，数量较新军多，但战斗力很弱。桂林会党也有近500人。于是，同盟会广西支部决定于重阳节九月九日起义。不料，天公不作美，当日大雨滂沱，起义被迫延期。

九月十日，广西梧州宣告独立。领导者是同盟会分会会长刘崛，起义胜利主要依靠当地的绿林。梧州是广西东部的重要城市，又扼西江交通必经之路，它的独立对全省起义起了推波助澜的作用。

看到革命形势不可扼制，沈秉堃、王芝祥密谋一番后，同意对外宣布独立。他们上演了这样一幕闹剧：命人连夜制好黄色三角旗标语，上面用墨书写"广西全省人民恭请沈大都督领导广西独立"，派人满大街插上这种旗子。第二天上午十时，在谘议局召开宣布独立大会，到会者约有1000人，新军最多，从头门口列队到会场，全副武装，上起刺刀，情绪饱满。巡抚等官员们，戴红顶子花翎，仅仅免了袍褂。新军士兵见状，顿感不

---

① 胡景伊（1878—1950），字文澜，巴县人，留日士官三期生，毕业后先后在四川、云南参与新军的编练和教育。当广西新军中的同盟会会员响应武昌起义，拟援湖北推举新军统协黎元洪为都督的先例，举资历较深的胡景伊任广西都督，"胡惧祸，逃至上海观望形势"；民国元年2月，胡景伊应尹昌衡之邀，回到成都，成为都督府的上宾。参见《四川省人物志》（http://www.scdfz.org.cn/scyx/scrw/scszrwz/content_8067）。

② 金冲及、胡绳武：《辛亥革命史稿》第1091页，上海辞书出版社，2010。

满，看穿他们是假革命，有两连士兵已经将子弹上膛，准备冲击会场。同盟会会员耿毅担心出事，示意尽快结束会议，于是，巡抚沈秉堃等人草草演讲后就散场了。新成立的广西都督府是典型的"城头变幻大王旗"，换汤不换药，原巡抚改称为"军政府都督"，藩司和提督改称为"副都督"。

新政府成立后，沈秉堃以都督的名义给南宁、梧州、柳州、龙州等地发出通电，提督陆荣廷表示完全赞同。九月十九日，南宁宣布独立。南宁新军中的一些革命党人认清这是假独立，想真正为革命而战。陆荣廷获知消息后，派兵把新军驻地包围起来，架起大炮指向新军营地，并逮捕了一两个重要人物，强迫新军全部缴械。

副都督王芝祥本想排挤走沈秉堃，自己做都督。结果，经谘议局改选，陆荣廷为都督。王芝祥见势不妙，以出师援鄂为名离开广西，去了南京。随后，陆荣廷率千人精兵来桂林上任，后来又将省会迁到南宁，开始了对广西近10年的统治。

广西革命势力较贵州雄厚，兵不血刃举义就成功了，可是，由于革命不彻底，政权没有掌握在革命同志手中。但是，广西独立对广东来说是不小的刺激。

广东独立

武昌起义以来，湘、赣、秦、晋、滇、黔、苏、浙、皖各省已经次第响应。作为革命的策源地，广东迟迟不响应，广东革命同志莫不为远落他省之后而感到羞耻。

广东出现这种状况是有原因的。一是广东驻有重兵，设有水师提督和陆路提督。两广总督张鸣岐素以办事干练见称，治理能力也较强，他高度防范革命。水师提督李准也精明强干，所率部队战斗力较强，镇压黄花岗起义后"名声大振"。张鸣岐来广州上任后，又增调了原部下——广西提督龙济光所部到广东，武昌起义前后，龙济光已获得陆军第二十五镇统制官的任命，只因缺少步兵一标，他未就职。张鸣岐还曾派人赴滇省募兵，意在编练忠诚可靠的新军。这也说明两广督抚所掌握的军事力量较为雄厚。

而同盟会近10年的革命事业主要在广东开展，革命队伍有扩大，革命氛围有加强，却因广州两次起义连续失败，几乎耗尽了有生力量，一些留在新军中的余部也遭遣散，在新征募的新军中，革命党人的影响力是非常有限的。同盟会也试图再起，但是，受到重创的组织力并不那么容易恢复，许多同志都觉得心有余而力不足。

同盟会在广东的困境从冯自由的回忆录中也可见一斑："对于粤省发难策略，独注重绿林会党方面。初令陆领、陆常等在顺德乐从（墟）起事，粤督张鸣岐派粤绅江孔殷率江防营攻之。陆领等竟为所败，党军声势因之顿挫。于是全粤同志多不受支部节制，各自为谋，纷纷在广惠潮汕高雷各县举义。"① 大家分散行动，如在惠州举义的是陈炯明、王和顺，他们与清陆路提督秦秉直大战于飞鹅岭，苦战数日，胜之；高剑父、莫纪彭、任鹤年、林君复等策反驻香山前山的新军反正，自称"香军"；黄明堂则在高州自称都督；此外，陆兰清、李福林、陈逸川、何克夫、周之贞、王兴中、梁金鳌、杨万夫、石锦泉、刘肇槐等也揭竿而起，各树一帜。上述人员中，王和顺、黄明堂曾是中越边境起义的主要指挥人员。

一些革命者希望通过暗杀来打击官府的气焰，如宣统三年（1911）三月，温生才枪击广州将军孚琦；半年后，李沛基又炸死新任广州将军凤山。暗杀活动确实对清统治者造成了震慑，广东官吏人人自危、草木皆兵，但是他们仍顽固不化。不过，随着邻近省份纷纷宣告独立，民间日日有革命军要起义的谣传，广东官吏深感孤掌难鸣，惶惶不可终日。

广东士绅巨贾政治态度发生转变很关键。士绅们站出来，助推广州和平起义，顺应了历史潮流。广东绅商如此积极，再次证明广东数次革命起义是有效果的。士绅们持着"广东者广东人之广东"，利用官府改良，"当求完全，不可糜烂"。在山西太原起义的当天，广州十大善堂、七十二行商总会各团体在爱育善堂集议，对"应承认专制政体，抑承认共和政体"予以表决，最终公决承认共和政体，旋议定用正式公文，呈告总督。一面大办商团，一面公举代表至香港宣传。当天下午，各团体又集文澜书院，会议讨论中，忽然有人持白旗一面，上书"广东（民团）独立"字样，竖立在该院门口，又有工人温车用竹竿挑在肩上，高举白旗，大呼"广东独立万岁"，应和之声震耳欲聋。队伍从西关起，巡行城内至督署时，参加者有两万余人，他们要求张鸣岐立即宣布独立。相庆贺的鞭炮声由起点到城厢各铺户连绵不绝。张鸣岐听到后，急忙制止，态度强硬，出严示，要求"所有居民、商店，立即掷去旗灯"，否则"惟有严加剿办，

---

① 冯自由：《香港同盟会史要》，《冯自由回忆录：革命逸史》（上）第486页，东方出版社，2011。

五、各地响应

彼时良莠难分",① 并向各领事馆声明否认独立。第二天,除大南门、小东门外,老城门一律关闭。

虽然督署府防范森严,砖瓦堆塞,炮台高筑,但广东士绅巨商要求独立的意志并没有被张鸣岐阻止。

水师提督李准的转变加快了广东宣布独立的步伐。在革命进入低潮时,香港同盟会南方支部的胡汉民(图5.21)拟定了这样的策略:"一面运动军队逐张(鸣岐),而使(朱)执信、(胡)毅生潜入内地,起各路民军,以逼省城。"②他们朝着这个方向运动。此策略后来实现了,最终是李准反正,逼走了张鸣岐。

图5.21 文人都督胡汉民

(引自胡汉民著《胡汉民回忆录》,东方出版社,2013)

李准早在光绪三十一年(1905)就担任了广东水师提督,不久,兼任闽粤镇、南澳镇总兵,手握重兵,举足轻重。历任督抚都不敢得罪他,张鸣岐对他也极其依赖。黄花岗起义时,张鸣岐只身逃出督署,藏在李准家渡过劫难。事后,李准挟功凌之,更加骄横、专断,对革命同志恨之入骨,发誓要将广东的革命分子消灭干净。而革命同志对他也恨之入骨,因为他镇压过潮州黄冈起义、钦廉起义、广州新军起义和黄花岗起义,早已是革命暗杀团名单上的首榜人物。暗杀团同志决定暗杀行刺他,为牺牲的同志报仇。林冠戎与陈敬岳、潘赋西、赵灼文4人被批准为执行员,他们做了充分的准备,侦察、跟踪多日,闰六月十九日,得知李准于午后由城外的水师公所进城回水师提督衙门,于是,林冠戎携带炸弹埋伏在此。当李准所乘大轿经过时,林冠戎向轿子扔掷炸弹,击中轿子。李准被震出轿子,摔成重伤,本来就惶恐不安的李准尝到了苦头。在病床上,他向革命党人通融说情,表示不再与之为敌。再者,武昌起义以来,他感到民心思汉,非人力所能维持;而张鸣岐扶持原部将龙济光,令其掌握新军镇统,

---

① 大汉热心人辑:《广东独立记》,中国人民政治协商会议广东委员会文史资料研究委员会编《广东辛亥革命史料》第123页,广东人民出版社,1981。

② 胡汉民:《胡汉民自传》第70页,中华书局,2016。

地位在他之上,也让他大为不满;加之,他为刺杀自己的陈敬岳、但懋辛出面说情,张鸣岐因此怀疑他已暗通革命党;又,他没有接受张鸣岐布置的中路清乡任务,愈发加重了张鸣岐的疑心,并将他的提督一职架空,即"夺其中路所统三十营,且收取虎门要塞大炮撞针"。张鸣岐此举将李准彻底推向革命军的一边。

李准于是主动派人联络同盟会,写亲笔信表诚心,答应胡汉民提出的3项要求(亲书降表、通电反正,逐张鸣岐、逼龙济光降,交出水师提督兵权),许诺于九月十九日反正,"不从者讨之"。

九月十八日,广东士绅富商再次在七十二行商聚会,陈景华以保存身家财产规劝众人下决心,全体一致表示愿意独立。在推选都督时,有人提议选张鸣岐,众人无异议。然后,陈景华、黄谦做代表前去请张鸣岐就任。但这时,张鸣岐受到重重一击,李准派人直言相告:他已通款于革命军,四江之兵舰大炮将为革命所用,其他舰也正在调往省城,请张好自为之。张鸣岐又召龙济光来谋划,龙济光谋求自保,不愿与革命军相对抗,张鸣岐知道大势已去,先逃往广州沙面英租界,再逃往香港。

九月十九日清晨,李准下令各炮队军舰一律升起国民军军旗,电邀胡汉民来广州。在胡汉民抵达前,众人推同盟会会员、广州新军协统蒋尊簋为临时都督,陈景华为民政部部长,都督府就设在大东门外谘议局旧址。正午十二时,长堤水师公所的大清龙旗被降下,中华民国旗帜升起。各军舰、衙署、局所一律升旗鸣炮示意,整个广州城到处张灯结彩,以示祝贺。

第二天,胡汉民回到广州就任都督一职,蒋尊簋则宣告辞去临时都督之职,转任军政部长。陈炯明率部从惠州加入新政府,被举以临时副都督。高州新军参谋黄士龙则为新政府参都督。

广州光复是辛亥革命起义以来又一不战而屈人之兵的典型,孙中山多年的愿望得以实现。

五、各地响应

5．藏、蒙、新、甘、宁、青"独立"

西藏、蒙古、新疆、甘肃、宁夏、青海地处边陲，是大清王朝统治的边防屏障，这些地方在辛亥年的情况如何，也是辛亥革命战争史的一部分。

西藏起义

鸦片战争后，英国殖民者将他们侵略的触角伸向西藏，他们通过游历、传教、通商等加强了对西藏的侵略。光绪十四年（1888），英国发动了第一次侵略西藏的战争。战后，清政府和驻印度的英国总督签订了不平等条约——《中英藏印条约》。通过此条约，英国吞并了中国属国哲孟雄（锡金），割占了中国西藏南部的隆吐、捻纳到则利拉一带的领土。光绪十九年（1893），中英官方代表又签署了《中英藏印续约》。续约中规定，把亚东开为商埠，英国和印度可以在此自由通商，派驻官员，租赁房屋，享受定期的贸易免税权以及领事裁判权等。而在19世纪末的瓜分狂潮中，英国为了把西藏从中国分裂出去制造了种种借口，并在光绪二十九年到三十年（1903—1904）发动了第二次侵略西藏的战争，英军一度攻占了拉萨，还成功离间了九世班禅与十三世达赖的关系。十三世达赖在战争中出走蒙古，一度被清廷革除名号。此次战争结束后，清政府又被迫与英国签订了《中英续订藏印条约》，此条约再次加深了西藏边境的危机。

俄国也不甘落后，在英国入侵西藏的同时，从19世纪80年代起，在西藏全面展开了企图侵吞西藏的阴谋活动，多次派遣间谍，组织武装"探险队""调查团"，经蒙古、甘肃、青海潜入西藏，搜集情报，甚至让自己的代理人德尔智充当了"特使"来拉拢十三世达赖喇嘛，进而控制西藏。年轻的达赖被侍讲身份的德尔智蒙骗，对其极其信任，在其影响下，接受了沙皇赐给的东正教主教袍服，并在写给沙皇的信中称沙皇为"护法皇帝"。俄国为了对付英国，甚至对达赖允诺，如果需要，可以随时提供武装援助。

在英、俄两国的破坏下,西藏与清廷的关系越来越不正常,清廷遂下决心在西藏施以新政,希望以此挽回统治力。光绪三十一年(1905)三月,清廷任命联豫为驻藏帮办大臣,后改为驻藏大臣兼帮办大臣。第二年,又任命张荫棠以副都统衔赴藏查办事件。二人联手对西藏施以改革。这两人都有出使西方国家的经历,对于保持西藏主权的完整性也有着深刻的认识,诸多改革与调整政策效果显著,在一定程度上抵制了英、俄的阴谋,加强了清政府的统治。光绪三十三年(1907)张荫棠被任命为全权大臣,离开西藏与英议和,联豫继续履职。

西藏新军的编练就是在他们的主持下开始的。张荫棠和联豫于此都有设想和规划,只是联豫更加务实。考虑到内地兵丁不愿来藏、招募藏人入伍又不放心的实际情况,联豫提出军官构成须汉人六成、藏人四成,"凡排长均用汉人充当"[1],汉人则主要从四川调入。经过两年多的前期准备,西藏新军编练逐步走上了正轨。宣统元年(1909)冬天,四川新军协统钟颖率川军1700余人(也有说是2000人)抵达西藏,联豫从内地调弁和就地征募,两处加起来组成一混成协。另外,联豫奏请清廷将原驻藏制军裁撤以及减少其他军费开支,集中财力用于新军编练,得到支持。而新军一建成,联豫即予以驻防任务。

宣统元年(1909)正月,联豫以"固主权"上奏请在江孜、亚东两商埠设立巡警,朝廷同意他的奏请,于是,宣统二年(1910),西藏有了巡警;同时,联豫在拉萨设巡警速成班,作为后续人员补充。至辛亥革命前夕,巡警人数虽然不多,却是一支不可忽视的军事力量。

武昌起义后,驻藏的川籍士兵乘机在拉萨起义。九月二十三日这天,他们"劫军火,劫库储,劫钦差"。九月二十五日,联豫被他们抓捕。统领钟颖平息此次起义,救出联豫。但是,脱身后的联豫在西藏的日子很不好过,因为各个重镇及商埠的官员都弃职远避,他愤懑焦虑,天天呕血,难以支撑下去,屡次向清廷提出辞职的请求,未获批准。

不久,江孜巡警也发生骚乱,联豫听到队伍要开到拉萨来,藏匿于布赉绷寺,让钟颖代理驻藏大臣之职。兵变之兵中有与钟颖熟识者,鉴于联豫已避走,没有进一步行动。但是,士兵整日狂赌狂饮,每日尽做寻仇、

---

[1] 赵云田:《清末西藏新政述论》,《近代史研究》2002年第5期。

诈财、劫杀之事，钟颖也不敢弹压，只能迁就。又，驻波密的川兵哗变溃散，也回到拉萨，拉萨的政局更加不稳定。①

在这种情形下，达赖喇嘛乘机发起了"独立运动"，英、俄表示支持。原来，十三世达赖归来后与清廷妥协，于光绪三十四年（1908）进京面见德宗和慈禧太后，受封后回到拉萨继续执管事务。但不久，十三世达赖又对清廷治藏政策产生抵触，乘川军与藏军冲突时，逃离拉萨去了印度，结识了英人贝尔公爵，引为知己，遂产生了在外交上利用中、英、俄的矛盾斗争谋取私利的想法。清廷根据驻藏大臣联豫的建议，将十三世达赖的名号再次革除。达赖喇嘛遂准备返回拉萨，希望东山再起。

由于驻藏各军协饷依靠四川、贵州，两省独立后自顾不暇，停止供饷，驻藏各路清军不得不设法筹饷，于是，"地方官向各商民勒捐粮饷，商民不堪其扰，遂请援于英人，仍请达赖回藏。一面输资编练商团，以期脱离中国军队之管辖。中国兵士，大为愤恨，距英人势力较远之处，大肆骚扰，一时市面甚为摇动。英人已由龙口遣派重兵，登陆弹压，就便保护侨民生命财产云"②。混乱中，达赖乘机发动藏民组成所谓义勇军搞"独立"。

经过近一年的拉锯战，最终，所有清廷派驻的军队都被赶出了西藏。民国二年（1913）年初，达赖返回拉萨，发布了一个类似"独立宣言"的声明，表明自己将全权行使政教统治权。达赖此举表明他不但要成为宗教首领，也想成为西藏的最高统治者，这种"独立"与辛亥革命之"五族共和"精神是相悖的。袁世凯做总统时，出于私利，恢复了达赖的名号。此后几年间，俄国势力乘机渗透，英人推波助澜，加剧了西藏在归属问题上的复杂性。

蒙古起义

蒙古的情况与西藏相同，只是背后捣乱者主要是俄国。

蒙古关系着中国北部的安危。戈壁沙漠将其分为南北两处，北为外蒙古，南为内蒙古。清朝入关以来，把对蒙古的政策置于巩固政权的重要地位，在政治上恩威并用、怀柔为主，辅之以联姻之策，军事上蒙古八旗和

---

① 波密驻军100多人在陈渠珍的率领下辗转回川，陈渠珍的《艽野尘梦》中有详细记载。

② 郭孝成编：《中国革命纪事本末》第245页，商务印书馆，2011。

盟旗制度化使边疆固若金汤。圣祖曾自豪地说过，他统治国家超过秦始皇的一大功绩即是在北部不设边防，处理好与蒙古部落的关系胜过修筑长城。

第二次鸦片战争前后，俄国趁火打劫，割占中国东北和西北140多万平方公里土地。到19世纪末，俄罗斯对中国的侵略又发展到了一个新的阶段，制订了"黄俄罗斯计划"，企图吞并整个东北，将其变成"黄俄罗斯"，并在辽东沿海夺取一个常年不冻港。于是，光绪二十四年（1898），俄国通过威逼利诱与清政府签订《旅大租地条约》。通过此条约，俄国强租旅顺大连，在辽东半岛南端建立起了海军基地；中东铁路及其南满支线把这个军港与俄国本土联系起来；东北三省成了俄国的势力范围。第二年，俄国又擅自把旅顺、大连租借地改为"关东州"，在此实行殖民统治。俄国此举引起英国与日本的不满，在英、美支持下，日本突袭了旅顺港，日俄战争（1904—1905）爆发，俄国战败，其在北满乃至东北之势力受到日本的牵制。于是，俄国改变其远东政策，将关注点转向新疆、蒙古，企图由恰克图经买卖城直达库伦，开辟出一条畅通无阻的侵略大道。武昌起义后，俄国乘乱渔利，制定了改变中俄边界的"瓜分中国、攫取中国领土"的行动纲领。所以，在东北、蒙古、新疆以及唐努乌梁海等地区有不同形式的掠夺、吞并、分裂中国领土事件发生。其中，库伦"独立"是沙俄精心策划的最大的一出丑剧。

库伦是北蒙喀尔喀的首府，四面环山，介于图拉河塞尔必川两河流域的中心，四通八达。境内区域分为寺领区、喇嘛区和买卖城3个区域，距恰克图只有300多公里。城内居民包括喇嘛有一万五六千人，蒙古人与欧洲人有一万四五千人，俄国人居此500余人，设领事馆、教堂、医院、学校，经营此地不遗余力。①

经过七八个月的密谋与筹划，在俄国的煽动下，十月十三日，外蒙古第八世哲布尊丹巴活佛在库伦（今蒙古国的乌兰巴托）宣布"独立"。哲布尊丹巴是藏传佛教的活佛世系，外蒙古的教长与盟主。这次"独立"，杭达多尔济亲王是主要的策划者，独立的借口是："清理藩部对于蒙古问题，既无正当之处置，三多对蒙古，又纯以压制为政策，喇嘛遂生独立之

---

① 郭孝成编：《中国革命纪事本末》第238页，商务印书馆，2011。

心，欲脱离中国羁绊。"当他们宣布成立"大蒙古国"时，沙俄迅速予以承认，可见沙俄的狼子野心。

清政府库伦办事大臣三多听到库伦独立的风声，携公私财物一逃至恰克图，再逃至奉天，最后至天津。清朝派驻库伦的清兵营在管带杨振烈带领下全营拔回。内蒙古的一部分札萨克王公、喇嘛活佛、上层贵族及土匪响应哲布尊丹巴。

外蒙古宣告独立后，分裂者还在不断制造混乱，当地百姓的生活受到干扰，极不稳定。

呼伦贝尔蒙古王公受到煽动也闹起独立，侵袭海拉尔是主要目标。在库伦方面来的军队的援助下，十一月二十六日海拉尔被占领。第二日，黑龙江巡抚周树模致电内阁、军咨府、陆军部、理藩部，转呼伦道厅的电报，谓"蒙兵今晨八钟全数入城，均持俄枪，力迫驱华官，兵警过少，实难抵御"①。这里的蒙军其实是穿着蒙军服装的俄军。然后，该支军队又迅速进犯胪滨府（今满洲里），侵占了室韦（又名"吉拉林"）。呼伦贝尔草原——清帝国北疆的边防要地基本上不能设防了。

同时期，东部的乌尔泰受煽动也起兵反叛，至民国二年（1913）方被东北三省派出的军队打败，远走外蒙古。

可喜的是，受内地革命的召唤，一些识时务的蒙古王公成立同乡联合会，联络内蒙古、外蒙古百数十旗赞成共和政体，目的是"欲合汉满蒙回藏为一大共和国"。时任南方民军全权代表的伍廷芳收到联合会的电报后，立即回电予以肯定与赞赏。袁世凯上任后，主要采用拉拢、怀柔之策，内蒙古境内渐安靖，但外蒙古问题更加复杂化。

蒙古之状况说明清王朝的"屏藩朔漠"已失，清王朝到头了。

新疆伊犁起义

清朝于乾隆二十七年（1962）设置伊犁将军，实行军府制，将军驻惠远城（在今霍城县），管理天山南北军政事务，南疆则实行伯克制。光绪十年（1884）新疆改设行省后，以迪化（今乌鲁木齐）为省城，东界甘肃、青海，南接西藏，西邻域外，北邻蒙古。至辛亥年，新疆的行政官员设有巡抚、布政使、提学使、镇迪道兼提法使，管辖着六府、八直隶厅、

---

① 中国史学会主编：《辛亥革命》（七）第 306 页，上海人民出版社，1985。

二直隶州、一州和二十一县。新疆、甘肃响应武昌起义形势如图 5.22 所示。

图 5.22　新疆、甘肃响应武昌起义形势

（引自辛亥革命武昌起义纪念馆编著《辛亥革命史地图集》第 121 页，中国地图出版社，1991）

武昌起义后，省城迪化曾有革命党人刘先俊组织百余人起义，被清军击散。在伊犁府驻地惠远城，革命党人、新疆伊犁陆军协统杨缵绪等率领的武装起义取得成功，并成立了临时都督府，军政权一度掌握在革命党人手中。

起义一举成功与杨缵绪等同盟会会员的努力分不开。杨缵绪（1876—?），湖北江夏（今武昌）人，字述周，湖北将弁学堂毕业，东渡日本，入日本户山学校深造，并加入同盟会。回国后，先后在南洋军队、湖北新军第四十二标任教习和标统，暗中参加革命活动。长庚任伊犁将军时推行新政，抽借南、北洋军官士兵数百名到伊犁，杨缵绪是其中将官之一。他带队前往时，把日知会革命党人冯特民、冯大树、郝可权一起带走，到新疆后，冯特民等分散到伊犁各军政机关中，开展革命运动，并创

五、各地响应

办了汉、维、蒙文的《伊犁白话报》,散布于各民族中,借以宣传革命,为起义创造了良好的条件,伊犁一地的革命氛围也日渐浓厚。杨缵绪观察到新疆哥老会有革命潜力,派冯特民去联络,经过接触后,与哥老会伊犁"新良山堂"徐三秦达成协议,时机成熟要一起行动。他又派冯大树到回民和维吾尔族中做工作,多人表示愿意加入革命队伍,有的回民还要求直接参与前线战斗。"斯时,有维族头目阿奇木伯克,亦赞助革命,愿领八十圩子(乡村)农民群众并以农产品支援革命。维族大商民玉山巴依、牙乎甫巴依等,亦均赞助革命,愿供给协标及革命军皮靴、马鞍以及其他用品。"① 可以说,杨缵绪到新疆后的几年,从精神到物质都在为革命做准备。

武昌起义后,伊犁将军志锐在迪化与陕甘总督长庚、东三省总督赵尔巽、新疆巡抚袁大化曾密谋拥立皇帝溥仪西迁而行复辟:"拟立大阿哥,联合蒙众,偏安新甘,进复山陕。抵任后即暗调满蒙兵,遣散陆军,仅留四百余人。"② 杨缵绪、冯一特获得内幕后,给陈其美、黎元洪南方军政府发电报告知。

长江各省纷纷起义,贪婪凶残的志锐从省城到惠远城上任。人未到就疑心伊犁协标的忠诚;到任即加强防范,并拟解散杨缵绪的部队。由于杨缵绪等小心谨慎,让其无机可乘。一日,惠远城的武备学堂学生(专收满洲青年)与协标营士兵发生斗殴,双方均拿着武器准备一决高低。双方互怀敌意已非一日,经常冲突不断。志锐遂以此为借口,将协标营练习之弹扣留不发,又以避免是非为借口令杨缵绪将所统各营、团官兵全部解散,打算分批遣散回关内。杨缵绪表面上遵令行事,暗中召集党人密议,秘密布置。为解决弹药和经费问题,特派冯特民、李亚权极力活动,运动南库人员参加革命。南库当时储有新式枪弹,南库负责人黄立中被说服,秘密加入革命党,"商定至期献库",并联系附近几县军民,约定起义日期。可以说,志锐的愚蠢行为诱发了新疆伊犁提前起义。

辛亥年(1912)十一月十九日晚,杨缵绪与革命同志发难,进攻任务分工是:冯特民、黄立中占领南库,李亚权占领东门,接应城外,马凌霄

---

① 杨逢春:《伊犁辛亥革命概述》,全国政协文史和学习委员会编《亲历辛亥革命:见证者的讲述》(下)第1400页,中国文史出版社,2010。

② 郭孝成编:《中国革命纪事本末》第243页,商务印书馆,2011。

等率协标军步、骑、工各队以及哥老会徐三秦、黄宝义等义勇军入城,接取枪弹。郝可权率炮队攻将军署,冯大树攻副都统署,李梦彪、李英等攻北库。

起初,志锐得到武备学堂教师的密报,不以为然。他以为城内外满蒙军连同军标、镇标以及满蒙各旗,兵力不下数万,枪弹不足的一协标不足挂齿,故没有防范。午夜突然得报,顿时惊慌失措,急调满、蒙驻防各旗练军入城保护自己,调军队及新旧满营去消灭杨缵绪部。不过,调遣令还没有发出,革命军已完成部署,入城的各军协同进攻将军署。志锐被迫应战,不支,将署门紧闭,由屋上及墙上缝隙射击抵抗。革命军绕开险要进攻,用火攻入将军署,志锐越墙逃入协领衙门,副都统署也很快被攻取。

新满营军队拼命抵抗,火力甚炽,革命军一时难以攻取。当时,镇标盟旗练军因距离较远,来不及支援。清军官兵见领军大臣都已逃走,无心再战,退而自保。旧满营经过杨缵绪亲往疏导,答应退守汛地。新满营正蓝旗协领蒙库泰一向重视武备学堂的学生,该校配有新式武器,所以,他将该校学生纳入战斗队伍,凭踞栅栏,向起义队伍猛烈开火。革命军调集各地来战的回汉民众,不敌。

此时,杨缵绪想尽快东征迪化,又担心志锐引来援军,里应外合,使革命军两面受敌,决计和平解决伊犁战事,遂请已卸任的伊犁将军广福(蒙古族)出面调停。广福平时颇得人心,答应立即前至新满营调停。广福当众申明和平解决,拟组织五族共进会来统一各方,新满营停止抵抗,全部战斗结束。

第二日,杨缵绪说服革命战友,召开大会,推举广福为临时都督,自任总司令,冯特民为外交部部长,取消新军标、镇编制,改编为伊犁陆军第一师,并以临时政府的名义电告南京临时政府。

革命军捕获志锐后,杀之以快人心。

随后,杨缵绪积极准备东征,攻取省城迪化。他一面扩招军队,一面试探巡抚的态度。坐镇迪化的新疆巡抚袁大化上任仅3个月,不但反对共和、拒绝响应革命,还坚决表示要与革命军为敌。袁大化调兵遣将,派王佩兰率队并檄调沿途各营进攻伊犁。

两军相持于精河、西湖之间,鏖战数日。

直到民国元年四月,双方休战言和。和谈之际,革命军是具有军事优势的。袁世凯窃国后,电令新疆巡抚袁大化停战,促其宣布共和。袁大化

五、各地响应

推荐提法使杨增新为新都督,双方在塔城谈判。杨缵绪等未意识到杨增新的阴险毒辣和不赞成革命的狼子野心,草率同意诸项协议,从而留下了隐患。

伊犁起义是新疆辛亥革命精彩的篇章,加快了垂死挣扎的清王朝灭亡的速度。

甘宁青起义

清初,甘肃是陕西省的一部分,康熙六年(1667)陕甘分省,甘肃省辖平凉、巩昌、临洮(兰州)、庆阳四府,下辖九州二十八县,又辖宁夏诸卫等20个卫所,卫所的功能沿明制,也兼理民政。至清末,甘肃辖领八府、一直隶厅、四直隶州、八厅、六州、四十七县。陕甘总督驻兰州,管辖陕西、甘肃及青海部分地区,新疆建省后,还兼管新疆省。

被国人视为"边省"或"边陲"之地的甘肃,是一个多民族聚集地,少数民族尤以回族人数为最多,其主要聚居区自穆宗以来以河州(今临夏回族自治州)为主,仅八坊(今临夏市)一带,就有数万回族。辛亥革命前,甘肃省内总体上是帮会势力较强,革命势力较弱,革命在此极为消沉。

如前所述,当西安保卫战打响后,前陕甘总督升允逃到平凉,迭电清政府要"勤王"。在新总督长庚的支持下,升允以署理陕西巡抚之职率领回军兵分两路,展开对陕西西路革命军的围剿。留守兰州的陕甘总督长庚知道大势已去,日夜流涕,但又不甘心,与道台彭应甲商量防守办法,形成如此之策:武力镇压甘肃帮会起义和各种革命行动;利用回汉隔阂,挑起矛盾,坐收渔翁之利。

驻防兰州的新军是由旧军改练成的混成协,炮队一营也是由原省旗兵炮队改编而来,其中第三标官兵革命氛围较浓,武昌起义后,他们欲谋起义光复全省,因为保密不慎被长庚发现,该标两营被调到宁夏,军中的革命力量遂被分散。十月中旬,卢兆麟、范振纲等人耻于落他省之后,组织同志百余人,约定于十月二十八日下午起义,先夺取军械局。但是,在起义的当天清晨,城头即有头着花翎顶戴的官员带着队伍来回巡逻,军械局也增加了守卫,长庚又调来凉州镇岳登龙助阵。因为敌我力量悬殊,起义被迫取消。卢兆麟、范振纲到西宁、固原、巩昌等处运动群众,他们通过策反当地回民中有声望者来支持革命,于十一月中旬,促使西宁、固原、巩昌三府相继独立。

甘肃西部河西一带比较富裕，但贪官污吏巧取豪夺，百姓苦不堪言。民众屡有反抗，但主要集中于抗税、抗铲鸦片方面的暴动。辛亥年二月，甘州农民聚众3000人反抗知府和豪绅，被长庚弹压，为首者被捕杀。夏，王良卿与王清莲联合起义的计划也被提督马进祥侦知而胎死腹中，两个策划者及帮会头目等30人被捕杀。不过，官府的高压政策只能加剧民众的反抗。武昌、西安起义的消息传来后，武威双树沟的武生齐振鹭在狱中策划暴动，拟在南乡的高兴寺集合民众杀官劫库以响应。知府王步瀛获得情报，将齐振鹭杀害，起义队伍因失去了领袖停止了行动。又，祁德隆运动酒泉农民编成500人革命军拟在农历年春节时起义响应武昌起义，被道署发现剿捕镇压，但他们提出的"先杀州，后杀道，官钱局里闹一闹"的口号反映了农民心中的积怨，在当地民众中产生了积极效应。"此外，闻河西民勤、山丹、永昌、古浪等县均曾有这样的事件发生，随起随灭。"①

甘肃东北部的宁夏府辖一厅（宁灵厅）、一州（灵州）、四县（宁夏、宁朔、平罗、中卫）。西安光复后，陕西革命党人以鸡毛传帖，促使宁夏会党响应。革命风暴从陇东北向西发展，一连串的禁烟抗铲、反对苛捐杂税的暴动打击了相关官吏。其中，"宁夏事变"规模较大，影响深远。

陕西革命军石得胜据长武时，宁州帮会首领彭四海、汪兆藜等率数百人响应，但未能成功。与此同时，镇原等地也有自发的抗清运动。九月初，宁夏帮会首领刘华堂与各山主及会友高士秀等聚众联合起义，并联络宁镇标营军官刘复太、袁宗刚、续备左旗号官黄连升等约期起义。宁夏知县陈元骧获得消息后，决定予以镇压。由于帮会行动不谨慎，九月十九日，会党李麻花等十余人被捕下狱。一周后，另一帮会首领邹恩极起义，被标营千总李敬忠率队镇压，邹恩极受伤，队伍溃散。九月下旬，灵州（灵武）知州余重基以陕西起义影响宁灵，欲募勇丁30人守城。灵州哥老会高登云等12人打算应募州府守城兵勇伺机行动，被人举发，被迫提前行动，九月二十七日夜，高登云率众百余人连夜攻取守备衙门，夺得枪械，又围攻州署，余重基和守备潘某逃匿民间。高登云部占领城池，随即密约帮会的宁灵厅（今金积县）兵士里应外合，派杨雄、朱同率300人往攻，队伍到达离城8里的板桥坐等城中消息时，被人进城告密，以至拂晓

---

① 韩定山：《辛亥革命在甘肃》，全国政协文史和学习委员会编《亲历辛亥革命：见证者的讲述》（下）第1392页，中国文史出版社，2010。

五、各地响应

攻城时受阻,守城的清军营长开枪击毙起义会众30余人,起义队伍逃散。同日,高士秀也参加了灵州起义。

九月二十八日,宁夏满营副都统常连甲率领旗兵800余人全副武装入宁夏城示威。刘华堂见此情景,遂于九月二十九日率领30余位同党乘总兵张绍先赴省未归之际,沿街燃放纸炮发动起义。军警中的同志做内应持枪参加,左旗步队号官黄连升率本旗兵士鸣枪响应,城内贫民也蜂拥加入,革命声势陡增。起义队伍击毙代行总兵职务的中营游击贺明堂,打开监狱,释放犯人,追杀知县陈元骧兄弟。

九月二十日晚,会党马耀川、吴大炳、王之滨等在平罗起义,知县等藏匿,起义胜利,有力声援了城内的起义。第二天,他们在道署成立了革命军政府,公推宁夏道孙廷寿为元帅,刘华堂为总指挥,掌握军事,然后出安民布告,劝民众支持革命政权。然后,军政府集中力量对付附近10余里的满城驻军。这些旗兵武装齐备,有千余人,是心腹之患。于是,新政府一面招兵扩军,一面肃清内奸,整顿纪律。先是派人往满城招降,遭拒后被迫武力进攻。革命军缺乏武器,尤其是先进的武器,士兵也多未经训练,没有战斗经验,攻取满城连续受挫。围攻10余日,未能得手。

逾月,听说长庚抽调的回军马麒、马麟部马、步六营即将到达,刘华堂、刘照藜、高士秀、高登云、马耀川、王之滨等相继逃难,革命队伍大半解散了。未及逃走的首领张少棠等被回军捕杀。

宁夏响应辛亥革命以失败告终。

甘肃其余地方革命斗争激烈者要数秦州(今天水)和武文(今陇南)。陇南天水一带,与西安靠近;武文一带,接壤川北。在四川保路同志军武装斗争的直接影响下,文县、中路、碧口、宕昌等处农民抗暴此起彼伏,斗争取得了不同程度的胜利,唯有阶州(今陇南市武都区)农民何成海、姚永福率众起而围攻州城,被知州谭焯残酷镇压。

在南北议和之际,秦州的知识分子酝酿发动了起义。促成秦州起义的功臣首先要推陈养源。陈养源,秦州人,曾在山东为官多年,八国联军入京后,不堪清政府之腐败,毅然辞官,赴上海进行革命活动。在沪期间,与孙中山等许多革命者来往,为革命党人提供活动经费。返回秦州后,积极宣传革命思想,拟对入陕甘军予以打击,以解除其对陕西革命军的威胁。秦州进步青年董戒、萧润生、张衍孙等受陈养源的启迪,在其所办的竞全书局中阅读革命刊物,对革命深表同情并成为其中一员,秦州的革命氛围日渐浓厚。其次要推"骁锐军"统领黄钺。黄钺，湖南宁乡人，同盟会会员。曾在上海组织秘密机关并参与营救章太炎、黄兴的活动。武昌起义前，利用其父与长庚有旧识之便，来兰州任兵备处总办，秘密组织了大同会革命团体，联络同志，发展革命力量。西安起义后，已是督练公所总参议的黄钺得长庚之允，赴天水组募"骁锐军"以堵击陕军，其所带的 6 营中 5 营为回营，由他掌握的只有新募的步兵一营。部队到了秦州，纪律良好，他派营长张晚菘积极与地方进步人士联络，晓以革命之理，经过运动，有 2000 余名地方革命志士加入，起义条件成熟。

黄钺领导有方。首先，他荫蔽精干。先是乘春节，组织秧歌队、社鼓，遮掩耳目，每天清晨率队往东校场大门校阅，由中和门进城，经过街市，再往校场。其次，制订了可行的起义计划。再次，对外联盟卓有成效，既得到地方人士支持，也"派人东联陕西、南联四川，并函电孙中山、谭延闿、尹昌衡、张凤翙等，告以在甘革命计划，川陕均表示出兵相呼应"①。最后，时机把握得好。十二月下旬，清帝退位，长庚、升允密不发表，却"督兵攻陕益急"；四川同志军答应他的请兵，取道文县、阶州向天水来援。

于是，民国元年（1912）正月二十三日，黄钺等率领起义队伍一部分攻入游击衙门，击杀游击玉润；一部分入贡院，取旧存武器；一部分入州衙，监视知州张庭武。黄钺单刀入道署，约道台向燊合作，向燊表示同意，即刻在道署成立甘肃临时军政府，黄钺自任甘肃临时都督，并通电南京、上海、武汉、川、陕。他还有动员陕军配合川军，直捣平凉，截断甘军后退之路的打算。黄钺在秦州适时起义有力地牵制了陕甘清军。

秦州起义推翻的虽然只是清朝的一个州政权，但是，它给垂死挣扎的封建顽固势力以迎头一击。长庚更是做梦也没想到革命党人就在他的身旁。

与此同时，革命军进攻省城的计划也顺利进行，驻宁夏的新军三标一营从外进攻，守城绿营兵作为内应予以配合，兰州很快光复。随后，甘肃组成临时省议会，推选李镜清为议长。

秦州起义是辛亥年革命最后一次起义，堪称辛亥革命的收官之役。

---

① 韩定山：《辛亥革命在甘肃》，全国政协文史和学习委员会编《亲历辛亥革命：见证者的讲述》（下）第 1396 页，中国文史出版社，2010。

六、江浙联军攻克南京

六、江浙联军攻克南京

南京之攻取事关"挽武汉垂危之局,开南北统一之基",所以,殿后交代。

南京,虎踞龙盘,六朝古都,历来是兵家必争之地。其地势北高南低,四周环山,城墙坚厚,易守难攻。城西面,秦淮河入长江,江边多山矶;西南往东北面,石头山、马鞍山、卢龙山、幕府山逶迤排开;东北面,宁镇山脉的钟山屹立;正北面,富贵山、鸡笼山、霞舟山固踞;南面,长命洲、张公洲、白鹭州形成的夹江与低山、岗地、河谷平原、滨湖平原和沿江河地构成了山屏水蔽。从外围看,南京地连三楚,势控两江。更特别的是,对于汉人,尤其是那些致力于反清复明者来说,其政治意义非同一般,因为这里曾是明朝开国皇帝朱元璋驱逐元朝统治者、恢复汉族政权的根据地及大明都城所在地。

随着上海、杭州、苏州的光复,对于南京,革命军志在必得。江浙联军进攻南京之战形势如图6.1所示。

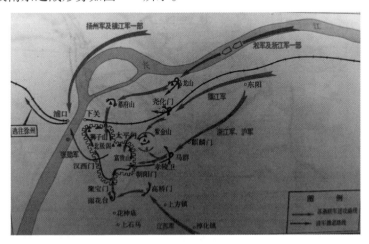

图6.1 江浙联军进攻南京之战形势(1911年11月24—12月2日)

(原图引自军科院《中国近现代史》编写组《中国近代战争》第三册,军事科学出版社,1985)

1. 驻守南京之清军

此时，驻守南京的清军有巡防营、旗营、江防营和新军。巡防营由两江总督兼南洋大臣张人骏直辖，由前淮军改编而来，约2000人，主要担任督署的防卫。旗营由江宁将军①铁良所编练，有1000余人。江防营由江南提督张勋率领，武昌起义后调驻南京，多半驻在城内，共23营，约7000人。新军即暂编陆军第九镇，满额12512人，其中第九镇司令部、第十七协司令部和其所辖的步兵第三十三、第三十四标，马、炮各标，工、辎各营，宪兵队三营及第三十六标第三营驻在南京；十八协司令部和其所辖的第三十五标驻镇江，三十六标第一、二营驻江阴，后移驻镇江；第九镇统制为徐绍桢。

张人骏（1846—1927），字千里，直隶丰润人，进士出身，清流派官员张佩纶之侄，历任翰林院编修、布政使、漕运总督、山西巡抚、河南巡抚、两广总督，宣统元年（1909）任现职，有根深蒂固的忠君意识。铁良（1863—1938），字宝臣，满洲镶白旗人，家境贫寒，没有参加过科举，自学经济学和军事学，做过荣禄的幕僚，是从一神机营"书手"迅速升迁至朝廷重臣，先后在户部、兵部、练兵处任职，来南京之前是军机大臣兼陆军部尚书，为满人中的佼佼者，却因摄政王载沣听信谗言，免了他尚书之职，外放江宁将军。遭此境遇的铁良仍然愚忠于清皇室，一到南京，就全身心投入编练新式八旗。武昌起义前，南京的八旗营尚未完成编练，战斗力却比其他处的旗营要强。张勋（1854—1923），字绍轩，江西奉新人，行伍出身，对清统治者极端效忠，对革命者极端仇恨，所率江防营原是毅军（毅军后改编为武卫新军）的一部分。早在光绪末年，为了加强长江下游防务，姜桂题以"督办长江防务事宜"的名义率领毅军南下，驻扎在江

---

① 全称"镇守江宁等处地方将军"，是清代统领江南驻防八旗的最高官员，与两江总督同级，会同奏事时列衔在总督前。

六、江浙联军攻克南京

北浦口一带。姜桂题离任后,由两江总督兼任督办、张勋任江南提督兼会办指挥这支军队。张勋自领3营,被称为"亲兵",其属下有统领王有宏和赵鹏,各领10营。武昌起义后,江防营陆续开拔入城,承担南京防务。有人这样描述南京城里的江防营:每天手持大刀,到处搜捕革命党人,遇着剪了辫子的青年,立即逮捕,悬首示众,惨不忍睹,百姓闻之便生恐惧感。以上3人都是坚决地与革命者为敌。

徐绍桢则不同。徐绍桢(1861—1936),字固卿,祖籍浙江钱塘(今杭州),广东番禺人,系明朝大将徐达第十四世孙,举人出身。(图6.2)曾任广西藩署的幕僚、江西常备军统领、福建武备学堂总办等;曾往日本考察军事,回来后担任两江总督衙门兵备处总办,专责编练新军;光绪三十年(1904),第九镇编成,出任统制。徐绍桢从小有家学渊源,喜爱读书,广泛涉猎中学、西学,能在实践中融会贯通。因此,徐绍桢在军事理论和军队建设方面颇有造诣。他对新军第九镇的建设可谓全身心投入,并且非常重视军中官兵的文化思想素质教育,力求打造一支文武兼备的儒军。光绪三十三年(1907),他奏请实行征兵制得到允可,第九镇因此吸收了许多进步的知识青年,徐绍桢甚为器重这些青年才俊,但作为统制,他对革命从不公开提倡,对军中有革命之志者则采取了宽容和默许的态度。比如,同盟会会员赵声宣传革命暴露了身份,正是在他的保护下得以安全脱身南下。

图6.2　徐绍桢

第九镇新军的武器装备在各新军中名列前茅。该镇新军的枪支多半购自外国，较为先进，步、马、工兵悉用日本的三八式，辎重兵用德国的毛瑟式，也有一小部分用汉阳造；机关枪以马克沁式为主，与日式并用；所配大炮有日本的平射炮和德国克虏伯厂的管退炮；弹药有由德、日两国购配的，也有由上海制造局仿制的。比起江防营、旗营，这是一支建制完善、装备精良、具有较强战斗力的军队。

第九镇新军中曾有赵声、柏文蔚、何遂、冷遹、倪映典、熊成基等同盟会会员秘密传播革命思想和开展活动。他们离开后，革命种子继续生根发芽。

武昌首义对于南京的革命同志与统治者产生的效应是根本不同的：南京第九镇中的革命同志闻之欢欣鼓舞，跃跃欲试；清统治者则恐慌不安，加强警戒，两江总督张人骏、江宁将军铁良立刻对第九镇新军产生不信任，张人骏还急调江南提督张勋之江防营入城代替新军防守南京。

本来，在江防营到来之前，旗营与新军已经相互仇视，江防营进驻南京后，矛盾迅速升级。新、旧军同驻一城，旧军忌妒新军不"作为"，新军不满意旧军待遇好，双方的摩擦冲突逐渐升级。张勋向张人骏屡进谗言，力陈新军不可靠。于是，张人骏火上浇油，专门针对新军发布了戒严令，对新军的武器配备严格控制，收走炮六门送给旗营步标，机关枪六门纳兵备处，江防、巡防各营则顿时补充，人发子弹 500 颗。"新旧军冰炭之错，于此铸成。"①江防营每晚还会派遣哨兵人数不等，对三十三标的马炮营舍进行围堵巡视，意在逼其兵变，还串通在镇旗籍官兵，散布谣言，"沮惑士气"。铁良也在狮子山北极阁及本署内架起大炮数尊，炮口对准陆军两标，水路则于三叉河要道支架大炮一尊，对准工、辎两营。

徐绍桢一忍再忍，希冀以退让妥协来感化江防营官兵，也几次请总督张人骏还发弹药，以安将士。张人骏不予理睬。徐绍桢的退让没有换来同情，江防营的仇视心态愈加严重，第九镇官兵个个怒火满腔。徐绍桢以稳定为上，竭力予以安抚。

为避免相互火并，徐绍桢答应张人骏率全镇移驻距离南京城 30 公里的秣陵关。九月九日，编成战时混成协的第九镇，加上退伍的目兵，于上

---

① 茅乃登、茅乃封：《辛亥光复南京记事》，庄建平主编《近代史资料文库》第七卷第 327 页，上海书店出版社，2009。

六、江浙联军攻克南京

午九点出发,移驻秣陵关;司令部则于第二日移驻。

在开拔前,张人骏等答应第九镇到营地后将如数拨发枪弹,但是,等第九镇到了秣陵关,他们却变卦了,不愿意兑现承诺。这令第九镇的将士个个愤愤不平,人心思变,徐绍桢内心也在激烈斗争中。

出南京城前,第九镇正参谋官史久光、第十七协协统沈同午与同盟会会员柏文蔚有过商议,待时机成熟就行动。柏文蔚在武昌起义后从东北回到上海,来南京动员起义。

这时,革命同志在暗中准备起义,在明里游说徐绍桢举兵反正。而且,马标一营管带协参领李显谟已经在上海训练商团,伺机起义。九月十四日,柏文蔚又到秣陵关联络同志。徐绍桢与他面谈后,同意起义,并拟订了"先上海,以次攻南京"的计划。

为保证秩序,徐绍桢召集各团队代表到司令部开会,议决是:"以第九镇主兵力,经马家桥袭取雨花台炮台,使孙铭先占领镇江,分遣三十五标经龙潭夹攻朝阳门;粮秣之购自里下河者,由下蜀、句容河道运送,购自芜湖者,由大胜关起陆;弹药则俟上海民军领有制造局后,由宁沪铁道越汤水密运补充。并约不得劫商民,不得侵外人,不得伤将军总督。防营旗兵不为抵抗者,不得肆杀戮。"① 这次会议对起义各方面有涉及,徐绍桢之部署较为周密,与会者对他肃然起敬,皆表态服从决定。会后,他又派出一人秘密回到南京城里分别约定内应,届时配合;还请柏文蔚立即前往上海联络,运送来枪炮,做好进攻南京的准备。

而就在他们讨论的当天,上海起义一举成功。接着苏、杭也光复。徐绍桢又派出瞿钧、史久寅到上海制造局领取弹药,并派出 200 名炮兵穿便服潜往搬运。

然而,令后人甚为费解的是,不等柏文蔚等从上海运回弹药,秣陵关起义就开始了。

---

① 茅乃登、茅乃封:《辛亥光复南京记事》,庄建平编《近代史资料文库》第七卷第 331 页,上海书店出版社,2009。

2. 秣陵关起义

在秣陵关起义前后，发生了两个插曲：一个是镇江起义，一个是南京城内苏良斌的冒险行动。这在一定程度上影响着秣陵关起义能否成功，但不是决定性的因素。

镇江号称"七省咽喉"，为军事重镇，驻有第九镇两标和旗兵3000多人。其中，第三十五、第三十六两标中不少士兵参加了中部同盟会。

清当局对两标防范甚严，第九镇移驻秣陵关时，也将两标全数调离标房，散驻野外，不准互相团聚。于是，各营分驻镇江南门外的张王庙、竹林寺一带。孰料，张王庙居高临下，地形起伏，树木茂盛，可以俯瞰城市，是良好的作战阵地，还脱离了江防营和巡防营的监视圈。

九月十五日晚上，一部分子弹运回到镇江，据许景灏回忆，"计得子弹20万发，两标士兵按枪分配，各仅得百余发"①。同盟会会员李竟成约管带林述庆密议，决定当晚起义。于是，第三十五、第三十六标全体在离镇江城五里的岘凉山宣布起义，管带林述庆被告推举为总司令。林述庆是在赵声的影响下转变为革命同志的，接受中部同盟会的领导。

起义部队将镇江包围起来后，围而不打，天亮后派人进城劝降。当地绅商及侨商见大势所趋，包围驻防都统驻地，逼其与革命军接洽。驻防都统福某胆小懦弱，听到起义的消息后吞金自尽，镇江遂光复。林述庆被推为镇江都督，陶骏保为参谋长，李竟成为军政部部长，杨邦彦为民政部部长。镇江两标以完整建制加入革命队伍。

其时，驻武汉的海军舰队过镇江炮台，革命党经动员后成功将其策反，舰队挂白旗反正，起义舰队共有"镜清""保民"等军舰14艘，原统带宋文蔚为海军司令，军舰泊镇江候命。又，瓜州设水师总兵，有炮艇

---

① 许崇灏：《镇江新军起义和镇军会攻南京纪实》，全国政协文史和学习委员会编《亲历辛亥革命：见证者的讲述》（下）第1096页，中国文史出版社，2010。

六、江浙联军攻克南京

百余艘驻守。该镇胡某率艇来归,被收编。水师宿将赵鸿喜说服了扬州缉私统领徐宝山投降,林述庆予以厚待,委任其为第二师师长兼扬州军政使。至此,长江下游从上海到镇江已经由革命军掌握。

镇江起义成功,林述庆确有功劳,但他不知自律,骄傲自满,于是,不利于团结的事情接着就发生了。原来,在第九镇混成协驻秣陵关时,镇江的革命气氛日渐浓厚,间接逼走了原十八协统领杜淮川。徐绍桢随即派出自己信任的原十七协统领孙铭前往镇江接任并授予密令,即令其认准形势,掌握镇江,以便下一步配合攻打南京。但是,当孙铭带队抵达镇江时,镇江已宣告独立,孙铭不被林述庆接纳。孙铭自身难保,原约定所部届时配合作战的任务无法实现。这个情报没有及时送到秣陵关司令部。

又,在秣陵关起义的前一天晚上,南京城内发生了一场激战。战斗是由武昌潜来的原第九镇马标排长苏良斌引发的,而苏良斌的冒险行动是导致秣陵关起义失败的因素之一,因两者连环相扣,遂产生了多米诺骨牌效应。

九月十七日,刚刚回到南京的苏良斌贸然在南京城内单独采取行动。据当事者回忆,九月十三日,苏良斌潜行到秣陵,谓鄂军政府让他来侦查宁苏军的动静,军中执法部人员将他遣返。第二天,有一人拿一印及良斌书来军中,略谓"奉鄂军政府命,约第九镇举义,自请任城中内应,并索酬三百金",印文谓"中华民国军政府都督之印"。第九镇指挥部认为是伪托,不以为然。苏良斌决定假戏真做,他以为江防营无纪律,不足惧,在半夜纵火准备偷袭。督署附近的卫队及汉西门之巡防营中的革命同志以为第九镇新军到了,起兵予以响应,但很快被江防营一一击溃。苏良斌藏匿在城内,幸免于难。

城内的战斗事实上很激烈。当江防营攻击反戈相向的督署卫队时,反动军官江防营统领王有宏在指挥之余,亲自拿起机关枪炮击毙参加起义卫队20余人,直到体力不支才作罢。巡防营中的响应者打开城门,见大军未到,便各自溃散。天亮后,张勋所辖之亲兵出动,到处开枪乱击,杀死多人。城内随后进入戒严状态,各城门紧关,又增加了雨花台的守卫。

苏良斌的冒险行动造成的后果是严重的:城内本可以做内应的军事力量不仅被暴露,而且几乎被一网打尽;同时,南京进入一级戒严状态,各隘口大炮高架,攻取南京的难度大大增加了。

在秣陵关的革命同志并不知晓上述两件事情(孙铭在镇江被拒,不能配合战斗；南京城里的苏良斌的冒险行动失败，导致没有内应响应），他们仍按原计划行动。

行动任务下达于九月十七日中午，命令各队统一于十八日正午以前达无名纬河南方高地后停止，夜间前进，拂晓，至预定的突击地点与内应进行内外夹击。进攻部队兵分三路：右路目标是都督署、左路目标是机械局，中央纵队目标是雨花台及下关和浦口；右路纵队指挥朱元岳，左路纵队指挥傅鑫，中央纵队由总指挥十七标统领沈同午兼任。行动口号是"兴汉灭满"。情绪激昂者主要是第九镇的下级军官，一部分中上级军官也予以支持。

九月十八日拂晓，大部队从秣陵关先移师到曹家桥南方高地。上午十一时，各路纵队到达无名纬河南岸，没有费力便占领花神庙。骑兵出花神庙北端，向雨花台前进时，碰到有卫队出城外乞降求援，骑兵队长误以为内应军队来了，随放松了警惕，沿本道路向北开进。

雨花台位于南京城南雨花台丘陵中岗，是一座松柏环抱的秀丽山岗，高约100米、长约3.5千米，顶部呈平台状，由两个紧紧相依的山岗组成：东岗名为"梅岗"，中岗也称"凤台岗"。自公元前472年越王勾践筑"越城"起，雨花台一带就成为江南登高览胜之地。三国时，因岗上遍布五彩斑斓的石子，又称"石子岗""玛瑙岗""聚宝山"。相传南朝梁武帝时期，佛教盛行，高僧云光法师在此设坛讲经，感动上苍，落花如雨，雨花台由此得名。作为江宁要塞，雨花台筑有坚固的炮台，易守难攻。

革命军队伍一出现，在雨花台的清守军炮兵就朝他们开炮。因为距离远，炮弹并没有击中骑兵队，不过，骑兵队知道前方路不通畅，遂退回花神庙西侧高地。而第三十三标和第三十四标主力沿此道继续前进，并在望江矶线上和双哑巴树线上排阵准备战斗。待总指挥沈同午得到汇报到花神庙时，发现两标已经不在自己的指挥范围内了。

当时，第三十四标每枪只有子弹3粒，其他步兵如第三十三标及工、辎等营，马、炮等标没有子弹，也随同前进。

下午三时，革命军从花神庙向雨花台全线进攻时，沿途没有遇到抵抗。下午五时，派去联络内应的人随避难人群逃出，方知城内苏良斌失败，大部分内应已绝，只余炸弹队还可以赴约应战。此时，上海的弹药尚未运到。

总指挥决定夜袭，重新分配了战斗任务，并组织百人敢死队，每个人

六、江浙联军攻克南京

给子弹 8 发,战斗队每人 5 发。第三十四标的敢死队于九月十九日凌晨两点半到达距雨花台南麓 200 米处,队员突然大声高喊,招致守清军步枪、机关枪的疯狂开火。全队退下火线,稍微整顿后,号手吹响冲锋号,战士们再向前冲杀。如此反复 3 次,牺牲者过半。最后,第三十四标左翼一部,脱装袒胸攀登雨花台一处,徒手夺得机关枪二门,因为没有援军而不能守,队官汉铭等 47 人都牺牲了,第三十四标损失惨重。第三十三标也是同样的情况,在机关枪的扫射下死伤达 200 人。

天破晓时,起义军已疲劳不堪。考虑到天亮后没有子弹必全军覆灭,指挥部决定后撤至镇江,以保存有生力量。于是,在大雾掩护下,部队退出炮弹射程有效距离。江防兵马队约一营人来追,辎重兵尚余少量弹药,择一高地射击追兵,迫其退回。这时,右纵队失去联系,左纵队已全部溃散。协司令部和中央纵队余部于中午时回到秣陵关,略做整顿后退向镇江,一小部分往安徽、武汉。右路纵队后来也向镇江转移。镇司令部在中央纵队撤回来前已先往镇江转移了,徐绍桢则往上海避难。

秣陵关起义就这样失败了。

秣陵关起义是一次不成熟的偷袭行动。准备时间仓促,起义计划不周全,撤退更无周密规划,最致命的是有器无弹,仅靠内应与一腔热血弥补兵器之不足显然是行不通的。所以,这一支训练有素、建制完备的部队在武器装备过硬的敌人面前不得不狼狈撤退。当时有外国人记录,进攻雨花台的革命同志以为有内应,初次靠近雨花台炮台时,仅是挥动手臂以示招呼,岂知他们面临的是炮台守军连续施放排炮,前进的队伍顿时受到重击,少数幸存者伏地还击,尽管此举彰显了顽强拼搏的精神,但敌强我弱是一个严酷的事实,并不能挽回失败的结局。

3. 江浙联军会聚镇江

当时，聚集在上海的革命党人认为，欲定大事，非速攻南京不可。南京一日不下，武汉必危。武汉不支，则长江一带必不能保。因此，组建江浙联军，攻打南京成为首要任务。徐绍桢到上海同沪军都督府和旅沪各个团体接洽，秣陵关起义之失败获得了大家的谅解，他仍被委以总司令的重任。

林述庆原本是徐绍桢的学生，甚得徐绍桢赏识。镇江光复后，林述庆兵权在握，就有排斥老上级的意思，也因为第九镇在秣陵关起义失败后余下部分几乎全部改编为镇军，徐绍桢成了光杆司令。经过柏文蔚等劝说，林述庆方同意徐绍桢回来担任联军总司令。这样，江浙联军总司令部在镇江正式成立，总部设在镇江西关外金鸡岭下的洋务局，上海设兵站分部，负责后勤保障，总参谋长为陶骏保、顾忠琛，李竟成为江北支队队长，华彦云为江北支队参谋长。

江浙联军司令部成立后，各路陆续汇聚镇江，构成革命起义主力军。联军按地域分别包括"镇军""苏军""浙军""沪军"。

镇军阵容最大，包括陆军3个支队，海军一个支队，水师一个支队。初始情况是：原驻镇江的三十五、三十六两标编成一、二队，归林述庆管辖；原第九镇三十三标、三十四标骑、炮、辎、工经过整编成一支队，后扩编成两协，第一协为前卫，驻高资、下蜀一带，第二协为总预备队，分驻城内外，归柏文尉统领，也归镇军都督林述庆管辖。

苏军由协统刘之洁率领，步兵四营、炮马各一队，驻句容白兔、丹阳、常州间，归江苏都督程德全管辖。

沪军（淞军）由黎天才部共步兵600余人驻镇江金山河，归沪军都督陈其美管辖。

浙军由朱瑞统帅，共步兵一标、马队两营、炮兵两营、炮兵两队、工程辎重各一队，驻高资，归浙江都督管辖。

六、江浙联军攻克南京

皖军、扬军、洪承点率领的沪军义勇队、江阴、松江的巡防营以及女子国民军队（30名）陆续来镇江总司令部会师。①

江浙联军总兵力有1.4万余人。②

在联军开始集结的同时，联军总司令部召开了两次会议，形成了攻打南京的总战略：先驱逐南京城外的清军，夺取各要塞炮台，再攻取南京城。

九月二十六日，紧急军事会议在镇江都督府召开。会上，徐绍桢首先分析了地理形势。鉴于南京城池坚固，形势险要，西倚长江，北有乌龙、幕府两山，南有雨花台，东有紫金山，各山都筑有炮台，需要找一突破口，而紫金山的天堡城在军事上具有决定性的意义。会议形成的决议是：联军兵分两路，在江南、江北同时进攻南京、浦口两地。江南是主力，决定分向聚宝门、朝阳门、神策门、天保城数路进军南京；江北则经由六合向浦口攻击，截断张勋军队的后路。南京古城墙上的金川门与神策门如图6.3所示。

清军方面，张人骏、铁良、张勋协同指挥所部人马顽固抵抗，其中又以江防营为主力。所以，江防营是江浙联军打击的主要对象。袁世凯给张勋发电报，令其坚守南京，"东南半壁，悉赖我公"，并准备向南京增派援军。③

从十月初四日联军获得的清军情报中可一窥清军之驻防：

（一）紫金山有野炮十七门（系第九镇炮标运去），闻归京旗第一镇炮标管带福下六指挥。又本日午前十时三十分，运最大要塞重炮一门，安置雨花台。

（二）张勋屯驻重兵地点　甲、尧化门外约三营。乙、朝阳门外约二营。丙、南门外雨花台约二营。

（三）皇城内之兵力　甲、旗兵约五百人（可以战争，其余未详）。乙、左路统领杨馨山带三营。丙、右路统领米占元带一营。

---

① 茅乃登、茅乃封：《江浙联军光复南京》，扬州师范学院历史系编《辛亥革命江苏地区史料》第403页，江苏人民出版社，1961。
② 许亚洲：《辛亥革命南京一战》，《文史精华》2001年第11期。
③ 许亚洲：《辛亥革命南京一战》，《文史精华》2001年第11期。

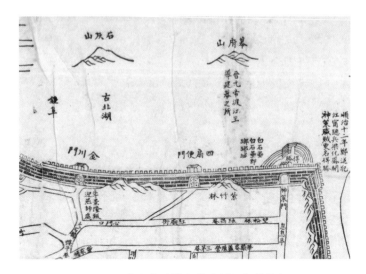

图 6.3 南京古城墙上的金川门与神策门

（南京古城墙在明代有内城门 13 个，外城门 18 个。按顺时针方向人们编成顺口溜："神策金川仪凤门，怀远清凉到石城。三山聚宝连通济，洪武朝阳定太平。"十八门指城郭的城门，有麒麟门、仙鹤门、姚坊门、观音门、佛宁门、上元门、沧波门、高桥门、上方门、夹岗门、栅栏门、凤台门、双桥门、大小安德门、大小驯象门、江东门。在清朝以后，又增辟草场门、丰润门、四扇便门、挹江门、武定门、汉中门、解放门等。清代将明城门堵关一部分，增开几个新的，常开者有 10 来个，重要的是仪凤门、小北门、朝阳门和聚宝门）

（四）距六合三四十里东沟镇等处，有张勋兵一二哨，又浦口六合之间，有张勋新兵千余人。又浦口有张勋老兵二营（闻浦口兵有反正之意）。

（五）南京城外各处并无地雷埋伏。

（六）太平、神策等门均已用土填塞。

（七）津浦铁路于本月初二日依旧交通，现仍售票。

（八）雨花台要塞炮兵与狮子山要塞炮兵，已经互相对调。①

联军在镇江西面的高资誓师后，十月初三日，各路军队冒雨出发，向南京全面进攻。

---

① 茅乃登、茅乃封：《辛亥光复南京记事》，庄建平主编《近代史资料文库》第七卷第 346 页，上海书店出版社，2009。

六、江浙联军攻克南京

4. 南京外围之战

  由江南方向进攻的是浙军、苏军和沪军：浙军进攻紫金山；苏军攻雨花台；沪军攻险要乌龙、幕府山；镇江总督林述庆率镇军3个支队进攻麒麟门，3个支队负责人分别是第一支队许崇灏，第二支队刘成，第三支队柏文蔚。

  江浙联军首先在乌龙、幕府两山得胜。指挥官是黎天才。黎天才原来是云南丘北人，曾任广西南宁参将，本拟随岑春煊赴四川作战，到上海待命，岑春煊因害怕引火烧身，拒绝了清廷的任命，黎等700多人就留驻上海。经革命同志动员，这支队伍加入革命行列，是沪军中一支劲旅。十月初四日，战斗伊始，徐绍桢又将浙江金富有（马队）一营500多人调拨来归他指挥。黎天才麾下共有千数余人。由于里应外合，乌龙山很快就占领。进攻幕府山时，"时我军不足千人，皆大炮蜂拥而上，无不以一当十，清军为之辟易，遂又占领幕府山，夺其大炮十四门，清军全部投降。其防守下关东西炮台之清军。见我军获胜，毫无斗志，亦全部来归"①。收容了各处降军后，黎部士气更盛，军械也得以充实。

  十月初五日晨，黎部用大炮轰击仪凤门、北极阁及狮子山炮台，并以主力进攻北极阁及总督署，对张勋、铁良及张人骏构成了极大的威胁。很快，敌阵营慌作一团，水师营参将率战船40只归顺革命军，下关东、西炮台守军也投降。

  这样，联军控制了南京北面沿江制高点炮台及江面。

  同日，朱瑞指挥的浙军与清军在南京城东面展开激战。当浙军进至马群时，清军5个营据守4道防线，进行顽强抵抗，总司令张勋亲自指挥第一道防线。中午12时开战，联军步、炮协同配合作战，强势进攻。经过

---

① 彭商贤：《进攻南京之役》，中国人民政治协商会议全国委员会文史资料研究委员会编《辛亥革命回忆录》第8集第75页，中国文史出版社，2012。

数小时的激战，浙军突破清军防线，一路追到孝陵卫。

孝陵卫战役打响后，激战多时，浙军渐不利，前锋开始退却。这时，江防营统领王有宏自恃勇敢善战，怒马当先，率队来追。王有宏是记名提督，得清廷赏赐黄马褂，无论平时还是在战场上都以穿此为荣，但这次，黄马褂并没有给他带来幸运，却使他成为浙军的射击目标。瞬时，王有宏中弹百余，当场毙命。其部下士兵冒着危险将他的尸体抢回。没有了指挥官，王有宏部军心大乱；浙军士气大振，挽回了颓势，迫使王有宏部败退回城里，联军占领了孝陵卫。此役清军死者有千余人，被俘数百人。张勋听到王有宏之死的噩讯，捶胸大哭，江防营士气因此大沮。

浙军接着向紫金山东一带推进。

十月初六日拂晓，张勋率数千人出城反扑，以约3营兵力向幕府山、以5营兵力向孝陵卫实施反攻，徐绍桢率司令部人员到前线高地督战，朱瑞率参谋人员到火线指挥。经过数小时的恶战，阵地反复争夺，敌众我寡，浙军有不支之势，浙江右翼炮队投降，又被伪装成苏军的敌军偷袭造成不少伤亡，司令部险遭袭击，主阵地几乎动摇，防线几近崩溃。在危急时刻，王庆文率沪军一营，谢祖康率一骑兵队赶来，在冲锋号吹响后，苏军、浙军和沪军协同作战，士气大振，击退清军。清军撤回城内被动防守。

此时，左路苏军已经占领了上方镇、高桥门，向雨花台进逼。

至此，苏军与浙军遥成掎角之势。

十月初七日，镇军后续部队抵达尧化门、麒麟门一线投入战斗，柏文蔚一部及扬军由扬州抵达六合，镇军、浙军驻朝阳门外。

5．一次攻城

十月初八日夜，经过一个白天的准备，联军决定发起总攻。联军分别从南、北、东3个方向发起了进攻，目标直盯雨花台、金川门和朝阳门。

雨花台在历史上曾将向西延伸至安德门外的西岗（即石子岗），与前两个东西山岗合称"聚宝山",明朝的南京南门——聚宝门(今中华门)即由此山而得名,故得了雨花台就意味着得了聚宝门。

金川门在幕府山对面,今铁路北街最北端,铁路穿过此门到下关。朝阳门是南京东门,位于现在中山门稍南的地方是明朝时修建的单孔券门,城下有水关,在明代是连接皇城和明孝陵的通道,平日不开放,清朝于同治四年(1865)又增设外瓮城,其坚固程度可想而知。

朝阳门清驻防兵力最多,是中路浙军和镇军的主要攻取对象。当全攻队伍向朝阳门发起攻击时,因攻城器械不足,多次掷放炸弹也不成功,又遭到天堡城清军炮火袭击而伤亡多人。当晚,浙军遂退回原地驻防,镇军移师神策门(今天的和平门西北处)。

徐绍桢听闻玄武湖旁边的神策门兵力空虚,派出镇军前往夺取,朝阳门处的地雷队也来准备攻城。除了炮兵,马队两队也从尧化门来会师,不克,退驻原地。

左路苏军进攻雨花台亦不是很顺利,天亮时退回原驻地。北门处因炸弹运到时已经过了进攻时间,未实施计划。

第一次全面攻城遂告失败。

攻城失败的当晚子时,总司令部由麒麟门移驻马群。

6. 天堡城争夺战

为了迅速占领南京,联军总司令部决定集中镇军、浙军、沪军近万人,合力攻天堡城;另以苏军一部进攻雨花台,作为牵制。天堡城之争夺战形势如图6.4所示。

天堡城位于紫金山西峰山顶,地势险要,在西峰山下、太平城门外有地堡城,两者上下呼应,易守难攻,是太平天国时期修建的两个军事要塞。天堡城居高临下,可控制东北方向尧化门、岔路口等以及东南方向麒麟门、上坊门等入侵之敌。山上筑有要塞炮台,驻炮十几门、机关枪四挺,由江防营、八旗兵400人把守。清军将山下的太平门、神策门等均用

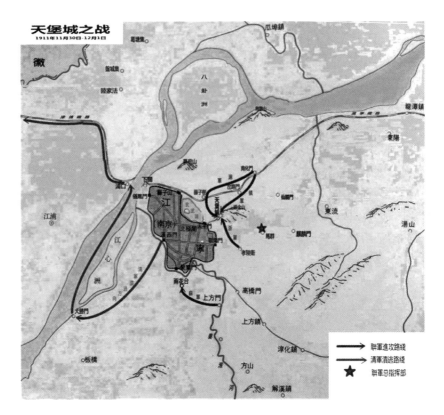

图 6.4　天堡城之争夺战

（引自辛亥革命武昌起义纪念馆编著《辛亥革命史地图集》第 111－112 页，中国地图出版社，1991）

土填塞。

联军分三路进攻，中路镇军为主力，浙军由孝陵卫攻左侧，沪军沿铁路攻右侧。浙军兵马配备较为充足，为攻城第二主力。上山从北边只有一条好走的路，却有重兵把守，南边有数条小道樵径，白天攀登已经不易，晚上难度更大。于是，指挥部决定以小队分路攀登。浙江、镇军分别从各营中选出精锐组成数队敢死队。敢死队是自愿报名，应募者有重赏。

敢死队员们经过 3 次摸索，在向导带领下，于天未全黑时利用密林攀登到适当地方埋伏好。薄暮开始进攻，战斗持续到次日即十月十一日黎明。战斗开始后，甚为激烈，联军敢死队反复冲杀，镇军营长杨韵珂、连长季遇春奋不顾身，英勇作战，浙军敢死队队长叶仰高也如此。其间，清

六、江浙联军攻克南京

军假装投降，联军受骗，死伤百余人。联军官兵极其愤慨，拼死进攻，全歼守军。

天堡城被攻取。

天堡城一战，杨韵珂、季遇春、叶仰高、司务长一人、士兵数十人英勇牺牲。争先冲上天堡城的军官、士兵以血肉之躯为后面的队伍铺平道路。

最终，联军控制了这个可俯瞰全城的制高点，并用缴获的大炮向朝阳门、富贵山、太平门等处轰击，清军各守防之兵纷纷败退。

天堡城要塞被攻克，南京的主要屏障碍被拔除。

在攻克天堡城的同时，苏军相继占领了南门外的上方镇，向雨花台逼近。苏军攻聚宝山即雨花台时牵制了一部分清军，有力地配合了天堡城的战斗。

江北方向主力由原镇江的湘军约1000人、原第九镇约600人、杨军1000余人、淮军1000人以及瓜洲镇炮船20余艘组成，炮船负责警戒和助战。淮军是柏文蔚从上海带来参战的，战斗力较强，装备精良，配有德式马克沁重机枪。江北队北渡长江后，按原计划，全队先到扬州集中，经过整训，由柏文蔚同李竟成、徐宝山等率部乘赵鸿禧的炮船沿河南下，入长江折西，再沿滁河北进，炮船驶至六合傍岸，截断了张勋北退之路。

农历十月十日，龙王庙山上炮兵阵地布置完毕，步兵也在前线筑好工事。晚上十一点发出进攻命令，经过数小时的激战，十月十一日早上，苏军占领雨花台，淞沪军攻入仪凤门，镇军攻入太平门。

清早，徐绍桢得到报告，说张勋率部悄然撤走了。原来，前一天晚上，张勋派人向联军求和，不得；又知城外重要阵地均被联军所占领，军心大乱，无力抵抗，遂率部潜出汉西门，由大胜关一带渡江赴浦口，往徐州方向逃去。两江总督张人骏和江宁将军铁良也仓皇搭乘日本军舰"秋津洲"号出走。城里余下的江防营和巡防营等残部投降。

联军遂进占南京城。

江浙联军攻克南京城后，林述庆率军先从太平门入城，自住于督署花园大洋房内，自称"江宁都督"，所部镇军分占各房屋。稍后，徐绍桢率联军司令部过朝阳门时，避地雷西行，也从太平门入城，到了都督署无立足之地，遂移住谘议局。这时，徐绍桢已无法掌握局势，遂登报表示隐退，沪军都督陈其美表态赞成军政统一于程德全，取消沪军都督。江苏省议会立即发出通电称,"一省之中应只设一行政总机关,俾民政有所统一","现在金陵光复,拟即请程公移驻宁垣"①。十六日,程德全移驻南京,就任江苏都督。

随后,江浙联军分头行动。应武汉方面黎元洪的求援,黎天才部接受救援重任,经过短暂休整,合并南京投诚的巡防营两部组成一师,星夜驰援武汉。朱瑞被任命为浙军第一镇统制官,驻扎南京;临时政府迁至北京后,他带浙军回杭州,后出任浙江都督。柏文蔚带队赴安徽,后出任安徽都督。徐宝山一部由师改军,虎踞扬州。余下的队伍改编成卫戍部队,徐绍桢任卫戍总督,驻南京。镇军都督府撤销,林述庆任北伐军临淮总司令。

江浙联军进攻南京用时10多天,经过多场正面激战,赢得了最后的胜利。战争开始时,清军除了士气不振外,在武器装备、兵力和阵地方面都占优势;但是,联军实施从外围向内推进、一个个地攻取城池要塞的战略部署,采用集中优势兵力攻占制高点的战术,逐一摧毁了各个城堡要塞,尤其是在孝陵卫一战中击毙清统制王有宏的擒贼先擒王的效果,让守城清军失去守城的信心,从心理上首先使其溃败。而天堡城争夺战,江浙联军团结一心,协同作战,终于完成了战斗任务。江浙联军司令部的指挥与调度在辛亥革命战争中是数一数二的,而战士们众志成城,充分发扬了不怕牺牲的精神。

南京城攻取时,距离武昌起义已有50天。之前,武汉革命军因前线失利,已经陷入危机之中。但革命同志坚信要解除武汉之危,只有尽快拿下南京。南京不下,长江下流则不通;至南京光复,长江下游连成一线,不但挽救了武汉的局势,而且加强了革命军的整体力量。"因此,江浙联军光复南京一役,在辛亥革命史上来说,实具有重大的意义。"② 而中华民国临时政府在此成立,意义则更加深远。

---

① 《公请苏军都督移驻江宁》,《申报》1911年12月4日。
② 徐森、谌秉直:《第九镇秣陵起义和江浙联军光复南京亲历记》,中国人民政治协商会议全国委员会文史资料研究委员会编《辛亥革命回忆录》第4集第218页,中国文史出版社,2012。

七、辛亥革命战争的辉煌与暗淡

七、辛亥革命战争的辉煌与暗淡

南北对峙的格局在江浙联军攻取南京城后正式形成。

按照现代地理学的概念,秦岭—淮河是南北的分界线。这一划分标准在历史上既是行政区域之界,又兼有人文风俗、饮食习惯之别。明朝强调长城内外的分界,秦岭、淮河更多时候是中原地区的南北划分线。清军入关以后,旨在建立一个高压政策下的多民族融合的中央集权,因此,行政意义上的南北之分已经不重要。

辛亥革命战争后的南北对峙前后僵持近3个月。在谈判期间,南北双方有战有和,战与和都有玄机,在对峙中存在着极大的变数,是一种军事基础上的政治博弈,主要体现为以南方独立诸省革命政权及南京临时政府与清王朝政权之间的对峙,而南京临时政府与以袁世凯为首的北洋集团的之间的对峙尤其突出。① 可以说,此种南北对峙已经超越地理上的南北之分,是军事与政治双重纠葛下的较量。南京被江浙联军攻取后,清王朝半壁江山尽失,剩下的半壁江山随着袁世凯先后掌握清朝廷军、政大权也已名存实亡,② 北方六省即直隶、河南、山东和东北三省名义上属于清王朝,实际上是由袁世凯及其亲信所掌控。袁世凯以此为后盾,与南方革命政权展开较量,并逐渐抛弃了清王朝而选择了与南方革命政权结盟。

直隶、河南、山东三省无论地理位置还是政治经济,对京城来说都极其重要。清入关以后,曾经有三省一总督的惯例,至清末才改成直隶只设总督,河南、山东(包括山西)只设巡抚,且直隶总督是全国八大总督中权位最高者。这三省也是袁世凯班底所在,是其起家的根据地。袁世凯出任清内阁总理大臣后,在此三省继续扩展自己的势力并加以巩固。当然,三省也是他与南方谈条件的资本之一。

三省中,河南是南北交通枢纽,也是关系全局的战略要地。河南革命

---

① 张华腾:《辛亥革命前后的北洋集团》,《民国档案》2004年第2期。
② 《德宗景皇帝实录》,《宣统政纪》卷六六。

党人曾积极策划反清独立,武昌起义后的第三天,同盟会河南支部负责人刘春仁即在开封法政学堂召开秘密会议,拟策划新军第二十九混成协协统应龙翔反正,遭其婉拒。不久,应龙翔被巡抚宝棻禁锢。宝棻是蒙古族人,坚定地支持清朝廷。刘春仁等革命同志又联络绿林武装领袖王天纵,准备攻取洛阳,因为走漏消息,起义计划再次落空。刘春仁在试图说服袁世凯的亲信——第六镇协统周符麟反正时,遭其杀害。尽管屡遭挫折,河南革命党人还在寻找革命的机会,他们拟于十一月初在开封起义,但是,到十一月初三日晚,革命党人在师范大学堂正准备发难时,由于泄密,突遭巡防营搜捕,同盟会河南支部新任负责人张钟瑞等惨遭杀害,革命党人元气大伤。河南新军没有被动员起来参加革命,也说明了袁世凯是绝不允许革命闹到他的老家的。

山东半岛经济开发较早。明清时期,胶州是中国北方最大的贸易口岸。省城济南距京城不到500千米,是清朝廷重要的门户之一。上海等地起义后,山东各界在第五镇新军的相助下,于九月二十四日在谘议局开会宣布独立,原巡抚孙宝琦被举为都督。11天后,山东省自行宣布取消独立。山东是全国唯一一个宣告独立后又取消独立的省份。原来,作为山东主要驻防力量的第五镇,是由袁世凯部武卫右军先锋队扩建组成,其将领几乎都是袁世凯的旧部,巡抚孙宝琦又是袁世凯和奕劻的亲家。孙本人软弱不堪,出于权宜之计才宣布独立。事实上,逼他宣布独立的是第五镇,要求他取消独立的也是第五镇,正如时人所说,"孙宝琦宣布山东独立及取消独立,纯为袁世凯所操纵"①。大约到十月底,山东已经完全被袁世凯所控制。

地处京畿的直隶是清王朝的核心区域,历来有重兵驻防。山西起义的当天,因秋操移驻滦州的第二十镇统制张绍曾扣留了朝廷的一批军火并联名蓝天蔚等在滦州通电,向清廷提出"十二条政纲",目的是保证自己的军队不被抽调前线。"十二条政纲"类似最后通牒的"兵谏",对清统治者是沉重一击,但也间接地助推袁世凯获得了内阁总理大臣一职。其后,张绍曾部下一再建议其立即采取行动,张绍曾犹豫不决,错过了起义的最佳时间。不久,他的第二十镇统制职务被解除。同一天,吴禄贞被刺杀,

---

① 《座谈纪录》,中国史学会济南分会编《山东近代史资料》第二分册第119页,山东人民出版社,1958。

七、辛亥革命战争的辉煌与暗淡

燕晋联军直捣京师的计划因此泡汤。第六镇统制由原协统李纯升充任，第二十镇统制则由潘矩楹充任，两人都是袁世凯的亲信，直隶全境遂为袁世凯掌控。民国元年1月3日，张绍曾原部下管带王金铭、施从云和冯玉祥等人联合天津革命组织北方共和会发动"滦州起义"，并成立"北方革命军政府"，王金铭为大都督，施从云为总司令，冯玉祥为总参谋长。一周后，该起义军因势单力薄而被袁世凯所部镇压，王金铭、施从云殉难，冯玉祥侥幸逃脱。

东北三省——奉天、吉林、黑龙江本是清王朝发祥之地，一直为清统治者牢牢控制。盛京（沈阳）是陪都，又是"奉天承运"之奉天府所在地。清朝入关后，先后在奉天设"盛京将军"，在吉林、黑龙江分设驻防将军，驻军以八旗官兵为主。第二次鸦片战争以后，随着日、俄等列强大力渗透，统治者为自保不断妥协，清王朝在东北的统治力每况愈下。至光绪末年，盛京将军改为东三省总督，第一任总督即是袁世凯的同僚徐世昌。徐一接到任命，即奏调北洋六镇最强的第三镇归他调遣，之后，又将第二、第四镇的兵力抽调一部分分别组建成陆军第一、第二混成协。宣统元年（1909），新任总督锡良又将第一协扩建成第二十镇。同时期三省的巡抚基本上是袁世凯的亲信。即使袁世凯去职回家养疴，袁系的亲信也牢牢地控制着东北。

赵尔巽出任东三省总督，在军事方面根本没有发言权。武昌起义后，革命党人准备推举第二混成协统领蓝天蔚、奉天谘议局议长吴景濂为"保安会"正副会长，迫使赵尔巽下台，以实现不流血的"革命"。但老奸巨猾的赵尔巽勾结"胡子"出身的巡防队管带张作霖成立所谓"奉天国民保全会"，自认会长，逼走第二混成协蓝天蔚及参谋官蒋百里，暗杀了同盟会会员、"联合急进会"会长张榕。随后，吉林、黑龙江也成立类似组织，辽东支部创立者徐镜心等领导组织的以辽南为中心的反抗起义相继失败，三省的革命力量被抑制下去了。

江浙联军占领南京给了袁世凯重重一击。由北洋六镇组成的一军、二军占领汉阳后，没有继续攻打武昌，一方面可以认为是袁世凯担心自己的军队受损，另一方面也可以认为他是故意要留下在武昌的湖北军政府这个和谈的对手，借此向清朝廷施压并夺权。江浙联军攻打南京城时，袁世凯许诺张勋会派援兵，最后没有派出一兵一卒。在南京城被革命军占领后，南方革命军士气高涨，超出袁世凯的预期。当时南方的革命军力量确实不可小视，沿长江上溯，九江、武汉可遏，沿长江而下，上海可守。如此东南要地，不受他所掌控，袁世凯心中不安，面对清朝皇亲国戚的众多责难，他硬撑着许诺：3 年必灭党人。但是，其议和之心更加坚定了。

此时的袁世凯集团在全国不占优势，袁世凯借议和之机不断扩充自己的势力，例如，南北议和第四次会议提出召开国民会议代表，当时情形时是：江苏、安徽、江西、湖北、湖南、山西、陕西、浙江、福建、广东、广西、四川、云南、贵州 14 省由南京临时政府发电召集；直隶、山东、河南、东北三省、甘肃、新疆由清廷发电召集，并由南京临时政府电知各省谘议局；内外蒙古及西藏由两政府分电召集。南京临时政府成立的第十天，袁世凯不遵守和约，派属下出兵太原，控制了山西省会太原周边大部分地区，山西省由南返北。仅此一点，也可说明袁世凯及其北洋集团是辛亥革命最大的受益者。①

南北和谈开始后，革命军中一些有影响的人物也认为，如果和平解决南北军事争端，可以减少战争带来的生灵涂炭，例如，曾是激进革命分子汪精卫做了唐绍仪的参赞，居间调停，醉心议和。革命队伍中的立宪派、旧官僚也一意主和，可以说，对革命军来说，南北议和在"人和"上不占优势。

南北之议和

关于议和，如前所述，早在武汉保卫战时由袁世凯首倡。袁世凯东山再起以来，面对蒸蒸日上的革命形势，他的策略方针如时人所说，"剿抚兼施"——以剿促抚，以抚代剿。武汉保卫战开始后，袁世凯曾两次派人来议和，但无进展。② 从革命军手中夺回汉口、汉阳后，袁世凯在清廷的地位陡升，摄政王载沣被迫退位，袁世凯出任内阁总理大臣，清廷的军政实权均被袁世凯掌控。

十月十二日是武汉停战第一天，11 个省的 23 名代表在汉口英租界召开会议，形成"如果袁世凯促清朝皇帝退位，则拥戴袁世凯为临时大总统"的决议，这让袁世凯踌躇满志，更加积极地推进议和。所以，十月十

---

① 张华腾：《辛亥革命前后的北洋集团》，《民国档案》2004 年第 2 期。
② 九月中旬，袁世凯请出黎元洪的同乡刘承恩进行试探，提出维持实内阁虚君主之政府，黎元洪坚拒。这是袁世凯首次议和。十月中旬，汉阳之战结束后，袁世凯又派人请议和，并请英国领事作为媒介，又派其子袁克定到武汉运动，不成。

七、辛亥革命战争的辉煌与暗淡

七日,袁世凯被皇族委任为议和全权大臣。袁世凯立即派出议和全权大臣的总代表唐绍仪到武汉商讨大局。南方11个省的代表则推出议和代表伍廷芳。

在汉口英租界,在英国领事的斡旋下,赴武昌开会筹组中央政府的各省代表也积极推动议和,武昌方面答应和谈,形成停战协议,协商之结果由黎元洪通电全国:"(一)停战十五日,由西历十二月初九日早八点钟起至二十四日早八点钟止,期内除秦、晋、蜀三省另有专条外,两军于各省现在驻兵地方,一律按兵不动。(二)袁总理大臣派代表唐绍仪尚书,与黎大都督或其代表,二人讨论大局。(三)因秦、晋、蜀三省电报不通,恐难即时停战,期内两军于该三省,各不增兵力,或军火等。请贵省于此电到时起,实行停战。第敌情叵测,所有军事上一切筹备,仍需严密实行。恐一旦议和不成,难于措手。"①

在伍廷芳的坚持下,正式议和之地点由汉口改为上海。议和地点改变由三方面的事实所促成。一是革命军占领南京后,上海周边已经全部为革命军所掌握,清军所余力量不足挂齿,而武汉还是战场,危机重重;二是陈其美、章太炎、程德全等力争南京做首都,上海最为交通便利;三是驻沪各领事都希望南北谈判在沪进行。黎元洪不得已表示同意,已经抵达武汉的唐绍仪与各省代表遂转赴上海和南京。

十月二十二日,转移到南京的武汉各省代表选举黎元洪为元帅,黄兴为副元帅,在选出临时大总统之前以大元帅临时主持大局。黎元洪得知这一结果,甚为高兴,但是他不愿离开湖北去南京,请黄兴代他行使权力。

十月二十八日,在上海英国工部局会议室,唐绍仪与伍廷芳首次会晤,列席者有外国使臣。双方交换文书后,伍廷芳立刻提出从明日起一律停战,经过反复争议,决定尽快在湖北、山西、陕西、山东、安徽、江苏、奉天等继续军事行动的省份停战。此次会议,伍廷芳代表各省代表发表议和条件:废除满洲政府;建立共和政府;清帝优给岁俸;满人除了在新政府效力外,年老贫苦者,均优给赡养。

十一月初一日,南北双方进行第二次和谈,会议达成了在湖北、陕西、山西、安徽、江苏和奉天等省停战的协定,规定"原停战定至十一月

---

① 郭孝成编:《中国革命纪事本末》第251页,商务印书馆,2011。

初五日止。兹续议停战七日，自十一月十二八时止，期内两军于各省现在用兵地方一律停止进攻"。在国体上，南方代表表示，只要袁世凯赞成共和，逼清帝退位，就将大总统职位让给他。尽管许多革命党人反对妥协，主张组织北伐，用武力完成南北统一，但他们的主张并不占主导地位，也无法阻止议和继续进行。

列强明显地站在袁世凯一边。早在九月二十五日，英国外交大臣格雷就曾电示驻华公使朱尔典说："我们对袁世凯怀有很友好的感情和敬意。我们希望看到，作为革命的一个结果，有一个强有力的政府。"① 和谈第三天，英、俄、美、法、德、日驻沪领事奉各国公使之命向谈判代表提出意见书，要求"尽速成立和解，停止现行冲突"，这是给袁世凯撑腰。同时，又对革命政权进行军事上的恫吓。日本以"保侨"为名，由山海关调兵向京津推进。英、日、俄、法等暂驻华军队迅速增加。一时间，列强在华驻军达7000多人，分布在北京、天津、唐山、秦皇岛等地。

就在这关键时刻，孙中山于十一月初六日从海外回到上海。

4天后，十七省代表会议在南京选举孙中山为中华民国临时大总统，不再等南北和谈结果。当天，孙中山致电袁世凯，声明只是暂时担任组织政府工作之责，希望袁早定大计。

宣统三年（1912）十一月十三日，孙中山就任临时大总统，南京临时政府宣布正式成立。

袁世凯对孙中山当选临时大总统极为不满，于十一月十二日通电指责南方违背协议，表示不承认共和国国民会议办法，实际上是不承认南北和谈第三、四、五次会议的内容；还称唐绍仪"遽行签定"是逾越权限，唐被迫提出辞呈。元月2日，袁世凯批准唐绍仪和各省代表的辞呈，电告伍廷芳，以后由他与伍直接商谈。

袁世凯不仅不承认第三次会议的停战协定，还以武力相威胁。元旦当天，武汉前线的清军向武昌革命军开火，以示惩罚，直到得到黎元洪的"保证"，才从武汉前线撤退。十一月十七日，清军撤出汉阳。十八日撤出汉口。二十二日，清军司令部迁往孝感，以武汉三镇为主要战场的南北之战正式告一段落。

---

① 胡滨译：《英国蓝皮书有关辛亥革命资料选译》（上）第58页，中华书局，1984。

议和成，战争终。

但是，在北方，军事行动仍在继续，宣统三年十一月十八日，清军一举攻陷了太原，新任山西巡抚张锡銮迅速从石家庄赶到太原上任，并分兵向晋北、晋南追剿革命军，晋省大部分地区被袁世凯掌控。陕西革命军也受到了夹攻。倪嗣冲又从河南攻入安徽西部的颍州。袁世凯借"停战议和"之机，夺取了许多战略要地，用非常手段镇压了华北和东北的革命运动，进一步稳住了他的老巢。

和谈烟幕下的枪声让参加和谈的革命同志及和平人士警醒，南方代表伍廷芳就曾致电谴责袁氏有"缓南攻西"之计，指责陕西巡抚升允所部已到达西安160公里处。袁世凯回电予以澄清，表达自己对和平的"诚心"。远在运城的山西副都督温寿泉也于十一月二十三日致电孙中山，揭露袁世凯"远交近攻"的阴谋诡计。

北伐之动议与实施

在上述背景下，革命军民要求北伐的呼声日高，南方临时政府有了北伐的动议，部分予以实施。

湖北军政府的北伐在先。湖北军政府在与清方交涉停战议和前后，也准备向各地借兵北伐。宣统三年十一月上旬，面对北军压境，湖北革命军政府向易帜独立省份发出北伐请援的通电，湖南谭延闿、九江马毓宝、南昌彭程万、镇江林述庆、上海陈其美、浙江汤寿潜、江浦蒋雁行、全州赵恒惕、蒙古赵复轩、海丰黄钟英、桂林沈秉堃、广东胡汉民、云南蔡锷、贵州杨荩诚等予以响应。黄兴离开武汉前线后，一直惦念着北伐的进展，南京一光复，立即致电黎元洪，表示"联军克日来援"。不过，上述应答之省，最后落实的只有湖南、安徽、江西、广西和江苏。

湖南出援最快。在汉阳失陷、武昌危急时，湖南省派出一个协，由梅馨率领北上，于十一月二十六日抵武昌上游金口，过江驻扎在大小军山，但并未参战。在荆州助攻的王正雅部与鄂军发生摩擦后，不听黎元洪调遣就退回湖南了。十二月初二日，沅州革命军致电请出援，黎元洪回电表示停战期暂不需要。

桂军援鄂军有4支。第一支由混成协和学生军组成，约3000人，由赵恒惕、耿毅率领抵达蔡甸，欲抄北洋新军后路。耿毅到汉阳侦察后，才知道清军已经撤到孝感，追到孝感方停止。耿毅是坚决不同意讲和的。第二支是沈秉堃都督率领，派出赵恒惕后，他又亲率少数卫兵来援，到了湖北已经是停战期,经谭延闿推荐,任湘桂联军总司令,不久东下,随行的还有南武军。第三支是广西副都督王芝祥率领的6个队,约4000人,经湘、鄂开往南京。第四支是陈裕时率领的一个标,海运到南京,未经湖北。沈秉堃和王芝祥都是清朝旧官员,北伐援鄂并非真实意图,谋取个人前程才是主要目的。

安徽、江西援鄂军集中于李烈钧部。李烈钧担任安徽都督后,武昌屡电请援,他即把都督之职交给胡万泰,率皖军2000余人西上,在九江又收编2000余陆军和几艘兵舰,所部到湖北驻防在黄州一带,黎元洪任命其为北伐第二司令官。李烈钧所部在黄州期间,所带海军日夜巡逻,又以陆军威胁北军的后方。李烈钧是坚定支持北伐、反对议和者之一。当江西各界议决请他回省出任都督时,李烈钧带南雷支队返赣。这支部队是他主政江西的军事后盾。

贵州援鄂军由都督杨荩诚率领,行至湖南常德,听说停战议和,便就地待命。杨荩诚亲到南京谒见孙中山,获得孙中山慰勉和一些军费补贴。这支队伍由于贵州政局发生变化,进退无路,后自行溃散。

需要说明的是,援鄂的黎天才部从南京镇江出发,到武昌后,正是需要出力的时候,黎部众将力战,武汉形势略为缓和。南京临时政府成立后,因为黎天才援助湖北有功,对其予以嘉奖,并令他镇守襄、郧。

南京城攻下后,上海、南京先后也有北伐的动议。回到上海的黄兴在十月十一日对《民立报》记者表态:"此行目的,在速定北伐计划,并谋政治之统一。"① 黄兴坚辞不就大元帅之职,"公乃一再推让黎都督,而以北伐自任"②,故对于北伐之事甚为关心。他致电胡汉民,要求再调数营前来准备北伐,并连日与林述庆、柏文蔚商议,通过攻占黄河以南的省份来为临时政府做屏障。

孙中山就职中华民国临时大总统后,尽管他已表态"暂时承乏""虚位以待",但是,袁世凯仍步步进逼,唆使其羽翼段祺瑞、冯国璋等40余人发表通电,主张君主立宪,反对共和,声言要以"开战"来解决政体问题。这一时期,全国数位革命同志来电要求停止议和,直捣"廷虏",擒

---

① 毛注青编:《黄兴年谱》第151页,湖南人民出版社,1980。
② 刘揆一:《黄兴传记》,中国史学会主编《辛亥革命》(四)第305页,上海人民出版社,1981。

斩"袁贼"。一逼一激,坚定了孙中山北伐的决心。孙中山等遂起草了北伐计划。

1912年元月9日,陆军部正式成立,北伐是其第一要务。

1912年元月10日,孙中山宣布自任北伐联军总指挥,黄兴兼陆军参谋总长,准备实施黄兴所制订的六路北伐计划,即:以鄂、湘为第一军,由京汉铁道前进;宁皖为第二军,向河南前进,与第一军会合于开封、郑州之间;淮扬为第三军,烟台为第四军,向山东前进,会于济南;秦皇岛会合关外之军为第五军,山陕为第六军,向北京前进。第一、二、三、四军既达第一目的后,再与第五、六军会合,共扑虏廷。① 也就是说,议和一旦破裂,即行宣战。

这时,袁世凯所拥有的军队总数不过10万,所控制的省份数量远少于革命军,即河南、山东、直隶、山西、东北等省;而湖北、江苏两省的革命军即有10万余众,加上其他独立之省,革命军队总数不下三四十万。

南京临时政府北伐最后付诸实际行动情况如下:

一是柏文蔚率领的第九镇原徐树桢的班底和新建皖军,主要在津浦铁路南段展开。当时,津浦铁路南段一带宿县、徐州只有张勋的江防军抵抗,后方无增援部队,长淮上游的倪嗣冲的武卫右军也是孤军防守。十二月初八日,三路北伐军在津浦路上首战告捷,败下来的江防军停于宿州等地。清帝退位前,南北交界的徐州回到革命军手中。张勋残部向北逃窜。

二是湖北革命军由襄樊东下随、枣,并出河南唐河、邓县,威胁南阳、洛阳。段祺瑞怕后路被切断,急忙将其大本营由孝感撤至洛阳。

三是北方省份中的一些革命同志在积极筹备,比如蓝天蔚准备在烟台积极运动,坚信北伐必胜。蓝天蔚的行动得到了反正海军的大力支持。南京临时政府成立后,元月5日,孙中山正式任命黄钟瑛、汤芗铭分任海军部总长、次长。海军尚未编制整理,但为配合陆军行动即成立北伐舰队,由汤芗铭担任总司令,护卫蓝天蔚部北上。元月16日,海军舰队"海容"舰到达烟台,蓝天蔚在此设立关东都督办事处。汤、蓝本想让舰队护卫陆军在渤海湾择地登陆,枪口直指北京,但遭到日本关东都督的干涉,不准在其势力范围内行动。1912年2月初,北伐舰队除配合山东革命党光复了

---

① 刘揆一:《黄兴传记》,中国史学会主编《辛亥革命》(四)第306页,上海人民出版社,1981。

登州、荣成等沿海城市，还成功护卫北伐军在辽东半岛的大孤山等处登陆，并相继攻克了瓦房店、庄河、大连等城市，而登州之迅速光复与徐镜心领导的东北绿林骑兵南下渡海进攻有关系。① 其间，北伐舰队来往于秦皇岛、大沽、牛庄、烟台等地之间，有力地掩护了北伐军的作战行动，并保护了烟台至辽东的海上补给线的安全。② 上海北伐军登陆烟台如图7.1所示。

图 7.1　上海北伐军登陆烟台

（引自许洪新、严亚南《辛亥革命图录》第311页，上海锦绣文章出版社，2011）

北伐之目的既是尽快推倒清王朝，也是向袁世凯等示威。但是，袁世凯在北京"挟天子以令诸侯"，迫使王公大臣筹集了8万两黄金。有此充足的财力保障，袁世凯集团实力雄厚。而孙中山在南京面临的是缺物资、短经费的困境，尤其是军队饷源无以解决。

南京临时政府还饱受列强和本国立宪派、旧官僚的围攻与作难。各国公使除了3次拒绝承认中华民国临时政府外，还制造舆论，公开为袁世凯撑腰，想方设法扶持袁世凯成为他们在华的新代理人。革命队伍内部妥协之声音也不断，黄兴、宋教仁都主张对袁退让，黎元洪则冷眼旁观，风凉话不断。孙中山的大总统号令常常难以出总统府，心灰意冷的孙中山只得

---

① 曲晓范：《徐镜心与东北辛亥革命》，《学术交流》2016年第10期。
② 中国航海博物馆编：《辛亥·海军》第212页，山东画报出版社，2017。

表态同意继续议和，北伐遂半途而废。

南北双方谈判最终达成如此协议：清帝退位，孙中山就解去临时大总统职，推举袁世凯为大总统，并拟定了清帝退位的优待条件。

袁世凯得到孙中山的许诺后，立即做出新安排。其实，袁世凯也感受到革命共和之潮流不可抵挡，革命党人杨禹昌等对他的行刺虽未成功，但足以让他胆寒，除了接受共和，他别无出路。袁世凯指使心腹逼迫清帝退位，于是，在前线的第一军军统段祺瑞第一个通电赞成共和，又联同各将军电达清廷。

宣统三年（1912）十二月二十五日，隆裕太后带着6岁的小皇帝溥仪在养心殿宣布退位。

十二月二十六日，袁世凯通电南京临时政府，声称"共和为最良国体"，做出了"永不使君主政体再行于中国"的保证。同日，孙中山提出辞职，并在辞职咨文中提出3个附加条件：临时政府地点设在南京；新总统到南京就任；临时政府约法为参议院新定，新总统必须遵守颁布之一切章程。

十二月二十八日，临时参议院选举袁世凯为第二任临时大总统，又选出黎元洪为副总统。

不久，袁世凯用阴谋破解了孙中山所提的"临时政府地点设在南京；新总统到南京就任"两个条件；对于第三个条件"临时政府约法为参议院新定，新总统必须遵守颁布之一切章程"则自恃有武力为后盾，根本不放在心上。旧历年一过，正月二十二日，袁世凯在北京宣誓就任临时第二任大总统。

第二日，《中华民国临时约法》正式公布。

留守南京的黄兴捉襟见肘，军饷无着。江西来的军队哗变，黄兴事后得知是袁世凯派人挑拨所为，袁世凯却借故将黄兴提拔的十九师师长孙岳撤职，黄兴只好辞职。

议和末期的战争余波

宣统三年（1912）十二月中旬和议即成之际，"清帝退位之旨仍未发表"，而停战期限已到，相约不再延期。两军相距最近的鲁东南、皖西北，均有冲突发生。陕西升允对南北双方都不满意，仍在顽固抵抗。

鲁东南的情形是，北伐义武宪兵队司令刘基炎于十二月十二日抵烟台。烟台虽已独立，周围却处在清军的包围中。于是，刘基炎派出两营赴登州，在黄县敢死队的配合下，于北马镇展开激战，双方均有伤亡。最后，革命军获胜。"该营以二百余人之少数，战胜清军七八百人，亦足征民军之无敌矣。"①

皖北，十二月初七日，张勋侦察得知固镇（今属蚌埠市）车站革命军兵备空虚，就以火车载2000人来偷袭。原来，张勋从南京退守徐州后，在袁世凯的大力支持，所带的江防军整编扩军为40营，饷械充足，控制了津浦铁路，在徐州城四周的泰山、云龙山、子房山、九里山等处增设炮台加强防卫，不仅严密防范革命军，还遣部镇压了多股农民起义，且等待反击的机会。当天，革命军仅一队百余人在此。双方交战半日后，革命军不敌，后撤，固镇丢失。

第二日，革命军联络宪兵联队（陈干组建，兵士主要来源于齐鲁敢死队及凤阳模范营）、粤军（姚雨平率领）和苏军（葛应龙率领）与张勋所部交火，败之，得子母炮一尊、枪械无数。随后，革命军乘胜追击，以旺盛的士气和灵活的策略迫使张勋败退宿州。张勋派代表议和，双方条件没有谈妥，北伐革命军遂分三路进攻徐州。

攻打徐州的三路大军以林述庆为总指挥，中路为粤军，林震为司令，沿津浦路北上；右路军为浦军（即苏军），葛应龙为司令，经扬州北上；左路军为淮泗军，司令是陈干，自寿州经正阳关北上。当北伐军到城南郊区时，江防营中的洋枪队在同盟会会员周仲穆、韩志正等的动员下举行起义，直逼城内，韩志正等3人还代表徐州人民潜出西门至城南的三堡迎接革命军。在革命军内外围攻下，张勋带领部下"狼狈北窜"，北伐革命军追到韩庄。十二月二十四日，徐州宣布独立。清廷因徐州失利，深感震惊，不敢再拖延议和。十二月二十五日，清帝宣布退位。"徐州之役，在辛亥革命史上占有重要的一页。"②

辛亥革命战争推翻了2000多年之久的皇帝制度和封建专制统治，建立了中国第一个资产阶级性质的共和国。从此，民主、共和的观念深入人心，形成了"敢有帝制自为者，天下共击之"的社会氛围。因此，从这个角度来看，辛亥革命战争是取得了胜利的。

---

① 郭孝成编：《中国革命纪事本末》第284页，商务印书馆，2011。
② 佟立容：《辛亥元老陈干两次北伐驻徐州》，《彭城晚报》2011年10月16日第A14版。

七、辛亥革命战争的辉煌与暗淡

胜利之取得并非一日之功,乃革命志士10多年的奋斗积累而成。由于战略要地武昌适时起义,直接推动了全国十四省的起义,从而迅速打乱了清朝统治者的阵脚。尽管相继起义的各省军队仍然存在武器装备、军需供应不足的问题,但是,大部分省份的起义由于有了被革命思想激励的新军加入,大大增强了革命军的战斗力,特别是江浙联军攻克南京对南北对峙局面的形成乃至迫使清帝逊位都发挥了重要的作用。而清军方面所存在的新旧军制并存、满汉矛盾突出、管理层面腐败等问题让革命军"有机可乘"。清王朝建立"新军"的目的是维护封建统治,不料,苦心经营的结果却是为自己培养了掘墓人。这就是历史的辩证法。

南京临时政府成立、清帝退位将辛亥革命战争推向辉煌,但瞬息又走向暗淡。因为革命胜利的果实竟被帝国主义列强和大地主、大买办阶级的代理人袁世凯所窃取。这固然有列强外部干涉的因素,但革命队伍中所存在的问题才是致命的:一是支撑革命军的社会阶级力量是软弱的,辛亥革命时的中国资产阶级,经济基础薄弱,政治上易于妥协;二是革命的领导核心组织松散,意见分歧,思想混乱,锐气尽失,更不能发动群众把革命战争进行到底;三是军事战略与部署没有全局观和统一性,往往是一哄而起,各自为政;四是各省起义主要集中在大、中城市,广大的农村几乎没有被触动,旧的统治秩序依然故我。所以说,不发动占全国人口绝大多数的农民起来革命,中国的任何革命都不会取得真正的胜利。

参考文献

[1] J ESHERICK. Reform and Revolution in China: the 1911 Revolution in Hunan and Hubei. Berkeley and Los Angeles, CA: University of California Press, 1976.

[2] 曹亚伯. 革命真史 [M]. 北京: 中国长安出版社, 2011.

[3] 陈少白. 兴中会革命史要 [M]. 南京: 建国月刊社, 1935.

[4] 陈锡祺. 孙中山年谱长编 [M]. 北京: 中华书局, 2003.

[5] 陈锡祺. 辛亥3月29日黄花岗七十二烈士之役 [J]. 学术研究, 1958 (3): 46-52.

[6] 陈夏红. 辛亥革命实绩史料汇编 [G]. 北京: 中国大百科全书出版社, 2011.

[7] 陈元九, 姚泽勋. 皖浙起义前后光复会与同盟会关系辩考 [J]. 延安大学学报 (社会科学版), 2013 (2): 115-121.

[8] 仇江. 广东新军庚戌起义资料汇编 [G]. 广州: 中山大学出版社, 1990.

[9] 戴执礼. 四川保路运动史料汇编 [M]. 科学出版社, 1959.

[10] 稻叶君山. 清朝全史 [M]. 但焘, 译订. 上海: 上海社会科学院出版社, 2006.

[11] 丁格尔. 辛亥革命目击记:《大陆报》特派员的现场报道 [M]. 陈红民, 等, 译. 北京: 中国青年出版社, 2002.

[12] 方忠英. 庚戌广州新军起义 [J]. 广东史志, 1995 (4): 71-73.

[13] 费正清, 刘广京. 剑桥中国晚清史 [M]. 北京: 中国社会科学出版社, 1993.

[14] 冯天瑜, 贺觉非. 阳夏战争述评 [J]. 江汉论坛, 1981 (6): 83-89.

[15] 冯自由. 冯自由回忆录: 革命逸史 [M]. 北京: 东方出版社, 2011.

[16] 甘犁. 首义先天下: 吴玉章和辛亥荣县独立 [J]. 红岩春秋, 2001

(6):3-12.

[17] 葛凤涛. 清末铁路风潮与政府应对：以1911年四省保路风潮为中心[D]. 新乡：河南师范大学，2010.

[18] 宫崎寅藏. 三十三年落花梦[M]. 上海：大达图书供应社，1902.

[19] 郭孝成. 中国革命纪事本末[M]. 北京：商务印书馆，2011.

[20] 何一民. 《四川保路同志会报告》简介[J]. 历史教学，1983(1):61.

[21] 何一民. 现代化视野下的社会动员与辛亥革命：以四川保路运动为例[J]. 社会科学，2011(10):135-147.

[22] 贺觉非，冯天瑜. 辛亥武昌首义史[M]. 武汉：武汉大学出版社，2006.

[23] 横山宏章，马宁. 孙中山的军事战略：边疆革命与中央革命的比较[J]. 中山大学学报论丛，1992(5):105-115.

[24] 黄寿先，闭清. 浅析孙中山等组织武装起义特点[J]. 广东民族学院学报（社会科学版），1989(2):55-57,33.

[25] 金冲及，胡绳武. 辛亥革命史稿[M]. 上海：上海辞书出版社，2011.

[26] 军事科学院《中国近代战争史》编写组. 中国近代战争史[M]. 北京：军事科学出版社，1984.

[27] 克劳塞维茨. 战争论[M]. 中国人民解放军军事科学院，译. 北京：中国人民解放军出版社，2005.

[28] 来新夏. 试论清光绪末年的广西人民大起义[J]. 历史研究，1957(11):57-77.

[29] 黎国垣，林其昌. 同盟会在广西发动三次起义的原因及影响[J]. 河池师专学报，1994(2):48-53.

[30] 李立华. 辛亥汉口汉阳保卫战失败原因新论[J]. 复旦学报（社会科学版），1993(2):75-79.

[31] 李喜所，田涛. 评黄兴武装反清的战略和策略[J]. 南开学报（哲学社会科学版），1996(2):29-36.

[32] 李益杰，方少武. 孙中山选择惠州三洲田发动起义的原因浅析[J]. 广东民族学院学报（社会科学版），1993(3):47-49.

[33] 林增平，石振刚. 辛亥革命时期湖南保路运动[J]. 湖南师范学院

社会科学学报, 1962 (1): 11-32.

[34] 刘泱泱. 萍浏醴起义研究综述 [J]. 湖南城市学院学报, 1987 (1): 6-12.

[35] 吕慧芬. 辛亥志士熊成基 [J]. 黑龙江史志, 1999 (3): 43-44.

[36] 罗家伦. 辛亥革命史料 [C] // 秦孝仪. 革命文献. 台北: 中国国民党党史委员会, 1953.

[37] 梅新林, 俞樟华. 辛亥日志 [M]. 上海: 华东师范大学出版社, 2014.

[38] 孟庆鹏. 孙中山文集 [M]. 北京: 团结出版社, 1997.

[39] 宁波市政协文史委员会. 辛亥革命宁波史料选辑 [G]. 宁波: 宁波出版社, 2011.

[40] 欧凯. 近二十年辛亥革命有关军事问题研究述评 [J]. 宜宾学院学报, 2011 (9): 117-120.

[41] 萍乡市政协, 浏阳县政协, 醴陵市政协. 萍、浏、醴起义资料汇编 [G]. 长沙: 湖南人民出版社, 1986.

[42] 丘政权, 杜春和. 辛亥革命史料选辑: 上下册, 续编 [M]. 长沙: 湖南人民出版社, 1981.

[43] 全国人民政协和文史委员会. 辛亥革命回忆录: 第1-8集 [M]. 北京: 中国文史出版社, 2012.

[44] 全国政协文史和学习委员会. 亲历辛亥革命: 见证者的讲述 [M]. 北京: 中国文史出版社, 2010.

[45] 饶怀民. 同盟会与萍浏醴起义 [M]. 长沙: 岳麓书社, 1994.

[46] 荣县魂. 辛亥首义荣县双雄: 王天杰、龙鸣剑 [J]. 现代人才, 2001 (5), 55-58.

[47] 陕西革命先烈褒恤委员会. 西北辛亥革命事略 [M]. 兰州: 甘肃人民出版社, 2010.

[48] 上海社会科学院历史研究所. 辛亥革命在上海史料选辑 [G]. 增订本. 上海: 上海人民出版社, 2011.

[49] 上海市文史研究馆, 沈祖炜. 辛亥革命亲历记 [M]. 上海: 中西书局, 2011.

[50] 沈云龙. 近代中国史料丛刊 [G]. 台北: 文海出版社, 1967.

[51] 史扶邻. 孙中山与中国革命 [M]. 丘权政, 符致兴, 译. 太原: 山

西人民出版社，2010.

[52] 四川省档案馆编. 四川保路运动档案选编［G］. 成都：四川人民出版社，1981.

[53] 苏全有. 袁世凯在阳夏战役中的作用及其对辛亥革命的影响［J］. 河南大学学报（哲学社会科学版），2008（2）：98－103.

[54] 台湾三军大学. 中国历代战争史［M］. 北京：中信出版社，2013.

[55] 汪林茂. 浙江辛亥革命史料集［G］. 杭州：浙江古籍，2014.

[56] 王武. 军事视角：黄兴与黄花岗起义［J］. 求索，2011（10）：249－251.

[57] 隗瀛涛. 四川保路运动简论［J］. 四川文物，1991（4）：46－52.

[58] 吴剑杰. 辛亥革命在湖北［M］. 武汉：湖北人民出版社，1981.

[59] 吴玉章. 辛亥革命［M］. 北京：人民出版社，1961.

[60] 武汉市档案馆. 武昌起义档案资料选编：上、中、下卷［G］. 武汉：湖北人民出版社，1983.

[61] 鲜于浩，张雪永. 保路风潮：辛亥革命在四川［M］. 成都：四川人民出版社有限公司，2011.

[62] 谢本书. 云南辛亥革命资料［G］. 昆明：云南人民出版社，1981.

[63] 谢一彪. 光复会史稿［M］. 北京：人民出版社，2009.

[64] 辛亥革命武昌起义纪念馆. 辛亥革命史地图集［M］. 北京：中国地图出版社，1991.

[65] 许海泉. 试论萍浏醴起义的性质［J］. 江西师院学报（哲学社会科学版），1981（1）：78－81.

[66] 薛君度. 黄兴与中国革命［M］. 杨慎之，译. 长沙：湖南人民出版社，1980.

[67] 闫朦. 陕西辛亥革命的起义与战争［J］. 兰台世界，2012（8）：13－14.

[68] 杨东梁，张浩. 中国清代军事史［M］. 北京：人民出版社，1994.

[69] 杨振岐. 滦州起义促使清朝统治土崩瓦解［N］. 中国档案报，2001－10－25.

[70] 余子明. 论辛亥革命的城市起义战略［J］. 学术研究，2001（10）：120－124.

[71] 苑书义，等. 中国近代史新编：下册［M］. 北京：人民出版

社，1988．

[72] 曾绍敏．对四川保路运动演进的几点思考：上［J］．文史杂志，2011（5）：4-8．

[73] 张程．辛亥革命始末［M］．北京：红旗出版社，2011．

[74] 张春生．论黄冈起义［J］．江西师范大学学报（哲学社会科学版），1987（4）：159-164．

[75] 张海鹏．黄兴与武昌首义［J］．历史研究，1993（1）：112-125．

[76] 张劲．孙中山早期军事策略初探［J］．军事历史研究，1996（2）：139-143．

[77] 张诗亚，张爱和，蒋宣跃．辛亥革命前夕川鄂边武装起义［J］．西南师范大学学报（人文社会科学版），1981（3）：114-118．

[78] 章开沅，林增平．辛亥革命史［M］．上海：东方出版中心，2010．

[79] 赵春晨．孙颖．论辛亥革命时期的三次广州起义［J］．学术研究，2004（8）：111-115．

[80] 中国人民政治协商会议广东省委员会文史资料研究委员会．孙中山与辛亥革命革命史料专辑［G］．广州：广东人民出版社，1981．

[81] 中国人民政治协商会议湖北省委员会．辛亥首义回忆录：第1-4辑［M］．武汉：湖北人民出版社，1981．

[82] 中国人民政治协商会议陕西委员会文史资料研究委员会．陕西辛亥革命回忆录［M］．西安：陕西人民出版社，1982．

[83] 中国社会科学院近代史研究所．辛亥革命资料类编［G］．北京：中国社会科学出版社，1981．

[84] 中国社会科学院近代史研究所《近代史资料》编译室．云南贵州辛亥革命资料［G］．北京：知识产权出版社，2013．

[85] 中国史学会．辛亥革命［G］．上海：上海人民出版社，1981．

[86] 周锡银．辛亥革命时期四川松茂各族人民的反清起义［J］．思想战线，1986（4）：38-42，9．

[87] 周新国，等．江苏辛亥革命史［M］．北京：社会科学文献出版社，2011．

[88] 周新华．孙中山武装斗争战略发展历程述评［J］．镇江师专学报（社会科学版），1992（1）：65-71．

[89] 周兴梁．孙中山庚子惠州起义的性质和特点［J］．广东社会科学，

2001 (3): 92-98.

[90] 周勇. 重庆辛亥革命史 [M]. 重庆：重庆出版社，2011.

[91] 周育民. 萍浏醴起义二题 [J]. 历史档案，1993 (2): 109-111.

[92] 庄建平. 近代史资料文库：第1-10卷 [M]. 上海：上海书店出版社，2009.

[93] 左舜生. 辛亥革命史 [M]. 长沙：湖南岳麓书社，2011.

附录　本卷涉及的战役战斗名录

1. 广州起义（1895）
2. 惠州起义（1900）
3. 长沙起义（1904）
4. 萍浏醴起义（1906）
5. 钦廉之役（1907）
6. 潮州起义（1907）
7. 黄冈起义（1907）
8. 惠州七女湖之役（1907）
9. 钦廉防城之役（1907）
10. 镇南关之役（1907）
11. 钦廉上思起义（1908）
12. 云南河口起义（1908）
13. 皖浙起义（1907）
14. 安庆起义（1908）
15. 庚戌广州起义（1910）
16. 辛亥黄花岗起义（1911）
17. 保路同志军围攻成都之役（1911）
18. 新津保卫战（1911）
19. 犍为战役（1911）
20. 大相岭阻截战（1911）
21. 四川少数民族响应同志军起义（1911）
22. 荣县寿州起义（1911）
23. 武昌首义（1911）
24. 武汉保卫战——汉口之战（1911）

附录 本卷涉及的战役战斗名录

25. 武汉保卫战——汉阳之战（1911）
26. 湖南长沙起义（1911）
27. 陕西西安起义（1911）
28. 江西九江起义（1911）
29. 陕西东路、西路战事（1911）
30. 山西太原起义（1911）
31. 重九昆明起义（1911）
32. 娘子关争夺战（1911）
33. 平阳之战（1911）
34. 谷勒畔河之战（1911）
35. 上海起义（1911）
36. 江苏苏州起义（1911）
37. 浙江杭州起义（1911）
38. 安徽起义（1911）
39. 福建于山战役（1911）
40. 腾越起义（1911）
41. 临安起义（1911）
42. 贵州独立（1911）
43. 重庆起义（1911）
44. 秣陵关起义（1911）
45. 南京外围战（1911）
46. 天堡城之争夺战（1911）
47. 甘宁青起义（1911）
48. 滦州起义（1912）
49. 伊犁起义（1912）
50. 秦州起义（1912）

陕西东、西路包括以下战事
1. 长武之役（西路战事）（1911）
2. 邠州之役（1911）
3. 乾州之役（1911）
4. 三水之役（1911）

5. 醴泉之役（1911）
6. 咸阳之役（1911）
7. 凤翔之役（1911）

后 记

3月的北加州已经阳光灿烂，春风扑面。在安静的房子里，我把书稿的最后一段又看了一遍，算是与它做了告别。编辑的催促让我不得不就此打住，丑与美我已不能掌控了，靠天意吧，人随之变得笃定。

回过头来看，我与书稿相伴着竟然走过了3个寒暑。团队首次碰面时的情景历历在目：那是深秋燕京郊区的一个简陋会议厅里，李治亭、杨东梁两位先生做工程启动与写作计划的宣讲，慷慨激昂之余又不乏谆谆教导；9位作者精神抖擞，承诺保证完成任务，细看又各有难色；半夜赶过来的张立程无一丝疲倦地与大家边讨论，边做笔记；会后，召集人丽华非常高兴，执意要多喝几杯表达她的谢意。

接下来，搜资料，拟大纲，好几个月方动笔。神奇的是，一旦动笔，原来的慌乱与不安不见了，有空就添砖加瓦。这样，儿子的高考竟悄然地走过，顺风顺水。送儿子入学，深圳的8月还不是一般的炎热，我还想着为书稿找插图，这就有了惠州之行。惠州学院的宣传部部长是旧友，知我来意，立即领我到校园山坡上的孙中山铜像前讲解起来。来年暑假，我的时间异常紧张，要学英语，要约面签，尽管如此，也不忘日夜赶稿，希望稿子能在出发前脱手。但临近发稿，不放心，征得责编的同意，带着它漂洋过海。谁知，刚到Davis小镇第一天，就不慎摔了一跤，每天只能轻脚慢步，于是，常常感到莫名的孤寂，而修改稿子竟然成为一剂良药。先天之不足，后天勤补拙，这样的打磨让我收获很多。例如，史学界关于汉口反攻失败后同时有3人受处罚的讹传得到纠正。诸如此类的小事，让我乐此不疲。中间停笔休整已是春节。再到今天，恰好是来Davis小镇的第6个月，最能概括此时心情的是"不舍"两个字。

感谢两位主编李治亭、杨东梁，没有两位老将，就没有这套丛书的出版。9本书的编写和出版工作是一个巨大的工程，离不开他们的筹谋、策划和监督。除此之外，还需要他们专业性地审稿。他们细致的修改与评点，让人既温暖又汗颜。第一次交作业，应该不只我一个人收到一大筐子批评之语，因为我们都没有写作战争史的经验。此外，分管我工作的杨老师，在成稿的关键时期定期打来电话询问进度。这是非常管用的一招，使我不敢有丝毫懈惰。

感谢中山大学出版社的大力支持。在写作中期，我们相约在羊城，从社长到召集者，都给我们回家般的温暖。我们在美丽的中山大学校园里度过了难忘的一天，团队成员之间、团队与出版社之间其乐融融，友谊第一，写作第二。这种绵长之情还体现在丽华不远千里从兰州给我们寄来百合。这是我第一次知道有如此香甜的百合。

感谢好友隋淑英的校稿。看到我的焦虑，她主动提出帮忙看稿。炎热的夏天，她坐在开往香港的高铁上校对部分稿子，用她的火眼金睛修正错字，提出中肯的修改意见。无以回报，他日书一出版，第一个要送给她。

感谢我的家人的支持。爱人张东辉分担了家务，并在繁忙的工作之余帮助手绘作战简图，以使读者更加容易阅读；父母偶尔来家小住，总是抢着干完所有的活，并烹制我爱吃的美食；年迈的公婆也认为写书是一件好事，关心我的写作进度，宽慰之言常挂嘴边。

陈　芳
2019 年 4 月于
上海立信会计金融学院